滄海叢刊

財經文存

王作榮 著

1977

東大圖書公司印行

行政院新聞局登記證局版臺業字第〇一九七號

中華民國六十六年十月初版

財經文存

基本定價叁元貳角貳分

著作者 王作榮
發行人 莊剛彰
出版者 東大圖書有限公司
總經銷 三民書局股份有限公司
印刷所 東大圖書有限公司
臺北市重慶南路一段六十一號二樓
郵政劃撥一〇七一七五號

序

一、以下是我自民國五十九年二月至六十六年二月整七年期間，為中國時報撰寫的約四百篇社論中，所選出的一百三十二篇社論，另六篇為在中央日報與聯合報署名發表的短篇文章。凡在觀念、理論、制度、政策等方面有所闡發與建議，比較具有長期價值的社論，均挑選在內，或可供政府官員、學術界、及社會人士的參考。國家處境日益艱難，這本集子的內容主要係分析當前的急迫問題，並提出具體建議。有關方面如能仔細閱讀，深信必有助於若干重大問題的解決，開創一個新的局面。書生報國，如此而已。

二、將這裏所選的文章與在臺灣經濟發展論文選集及當前臺灣經濟問題兩書中所選的文章連串起來看，便可知道我對於臺灣的經濟發展有一整套的看法。所有這三本集子中的文章從縱的方面來說，前後是一貫的；從橫的方面來說，彼此是一體的。這一整套看法的思想來源可追溯至我的小學時代。所以假如我的這一套與其他人士的意見不一致，那並不是我有意如此，而是堅守我的想法。至於我的這一套是否正確，則當由時間與事實來證明，我深信現在正在逐漸證明中，將來歷史將更會為我的這一套作證。現在朝野上下都很注意韓國的經濟發展的成就，我國的考察團充滿漢城街頭，一如幾年以前壅塞東京道上一樣，其實韓國經濟發展的基本策略，所採取的發展路線，甚至政府辦事應有的態度，以及對研究與策劃的重視，並沒有超過我這幾本集子的內容，讀者不難細按。

三、最後，我要感謝中國時報董事長余紀忠先生及中央日報社長楚崧秋先生，聯合報社長劉昌平先生允許我選印原本屬於報社財產的這些篇短文，使這些短文有與讀者見面的機會。

王作榮 六十六年二月十四日 於臺北

財經文存目錄

貳 農業與土地資源

叁　工業

肆 財政、金融與物價

陸 教育與科技

柒 民生主義與社會建設

捌 國際經濟

玖 其他

壹、經濟發展

我們對基本經濟政策的看法

經濟部長孫運璿氏於四日向立法院經濟委員會作經濟施政報告，認爲我國經濟發展面臨新態勢，政策觀念應加修正，以資適應，並突破瓶頸，隨即列舉基本經濟政策七大項，每大項又包括細目若干項，將所有臺灣經濟發展所遭遇之問題，及時論所主張之解決途徑，均概括無遺，我們相信，孫氏的報告當深受工商各界及其他有關方面之擁護。而經濟主管當局對臺灣經濟有如此廣泛之注意與了解，並提出如此確定之主張，我們亦因此而爲經濟發展前途慶幸。

由於該項基本政策涵蓋範圍甚廣，列擧項目太多，逐項檢討評估，勢不可能。我們祇能概括的指出當前的經濟發展問題及應循途徑，則基本政策何在，便不難自明了。

首先，我們必須了解政策的意義。所謂政策乃是達到某些目標，解決某些問題的策略與手段。例如在經濟發展過程中，我們發現農業落後構成了一個嚴重的問題，要徹底解決這一問題，惟一的策略或手段便祇有使農業現代化、機械化，於是農業的現代化與機械化便成爲現階段的農業基本政策了。再進一步問，如何使農業現代化與機械化這一政策實現呢？這就包括農場經營規模擴大，減低農具成本，倡導共同經營等等了。以此例彼，要確定當前的基本經濟政策的內容，及評估其是否正確，先得要問當前的基本經濟問題何在？這又與過去二十年的經濟發展情形有密切關係。

我們過去二十年的經濟發展，無疑有重大的成就，國民所得提高，經濟結構逐漸作有利的轉變，農工產品種類及產量不斷增加等等，都是很明顯的證明。但另一方面，二十年的經濟發展，農業還是一個落後的農業，工業則停留在初級階段，對外貿易的組織與技術，較之工業發展或許更遜一籌，換句話說，我們仍是一個落後的經濟，我們的成就，韓國祇需要三、五年的努力，便有追上之勢，更明白的說一句，我們有進步，但是嫌慢了。

造成這種慢的主要原因，是我們採取了「在安定中求進步」的策略，是我們求取「平衡發展」的觀念，是我們缺乏冒險犯難的精神，是我們順乎自然的傳統，用軍事術語來說，我們經濟發展所採取的戰略是「穩扎穩打，全線推進」，這種戰略的好處是穩，而缺點則是慢，以前沒有競爭者，我們還不覺得，現在同地區的許多開發中國家，都在力爭上游，我們才發現慢了，現今擺在我們面前的基本決策之一，是繼續過去穩打慢進的政策呢？還是改弦更張呢？

假如改弦更張，那麼便要採取猛打快攻的政策，也就是「迎頭趕上」的政策，用軍事術語來說，便是中央突破，兩翼跟進，這是一種「不平衡」的發展，一種跳躍式的發展，集中力量於關鍵性的經濟部門的推進，壓迫其他經濟部門配合前進。這種戰略快而有效，但有風險，容易波動，進步而不安定。我們的經濟發展到現階段，應該在穩而慢，快而不穩兩者之間有所選擇，至少對過去的政策應有所修正。這一基本政策的決定，恐非經濟主管部門所能獨負其責，而必須由整個內閣於愼重研究考慮之後，作集體的決定，負集體的責任。

假如我們採取迎頭趕上或中央突破的政策，則次一個重要的問題，便是選擇那一個或那幾個經濟部門作爲突破的對象，換句話說，經濟發展的重點在那裏，假如選擇工業這一經濟部門作爲重點，那麼那一類的工業？那幾種工業？這些都當屬於基本決策的範圍。

再次一個問題是誰擔任主攻，換句話說，政府與民營企業在快速經濟發展中所擔任的角色是什麼；由政府領導發展，民營企業跟進呢？還是政府祇著重改善投資環境一類協助性的工作，而由民營企業領導發展呢？或視個別情形兩種方式兼採呢？這又是一項基本經濟決策。

總結以上所云，便是我們當前的基本經濟問題在於進步太慢，不能迎頭趕上進步國家，且有被後進者領先的可能，由此而產生的一連串基本經濟決策是應否加快，快到什麼程度，加快的重點放在那裏，由誰來擔負這種加快的工作。這些基本政策決定了，接連而來的便是執行這些決策的問題，那便包括各經濟部門的配合問題，放寬管制問題，推廣輸出問題，鼓勵僑外資問題等等，這些都已包括在孫部長對立法院的政策申明之內，無須復述了。（五十

九年四月）

如何開發人力資源

由經合會人力發展工作小組所主持的第三屆全國人力研討會於十月五日在臺北舉行，爲期四天，將於今日結束。研討的內容與該小組的工作項目一樣，範圍十分廣泛，從節制生育到勞資關係，幾乎凡屬與人力有關的事，都在研討之列。對於這個會議對我國人力資源的開發，究竟會產生如何的影響，難於預測。但站在經濟發展的觀點，這應是一個十分重要的會議，社會及政府似均未給與應有的重視，爲此，我們願在此特別就人力資源開發的重要性與開發的正常途徑加以簡單的闡述，期能引起應有的重視，俾有助於經濟發展的前途。

勞力、土地、資本三大生產要素中，勞力是最主要的一個生產要素，原因很簡單：如何將這三大生產要素加以適當的組合，以最有效率的方式從事生產，及如何改進土地與資本這兩個生產要素的品質，都得靠勞力。勞力是經濟發展的主力。但是由於戰後一批不辨菽麥的進步國家的所謂落後經濟的經濟學家，一天到晚强調資本的重要性，而落後國家的當局者又都以爲落後國家缺的是錢，於是進步國家，落後國家，國際組織，都一致注意於資本的流通、移轉、累積，而完全忽視了勞力的重要性。經過二十五年的教訓，全世界的人士才知道重點應放在人力上，然而二十五年已經過去了。我國於三十八年開始臺灣省區的經濟發展，而人力發展工作小組成立於五十三年，落後了十五年。而眞正全面推動人力的發展，則應從五十七年實施九年國民教育算起，又延後了四年。

我們以實施九年國民教育爲我國全面推動人力發展的起點，是因爲教育是人力資源發展最基本的也最正常的一個途徑。一個具有適當教育基礎的人，轉變爲生產性的勞力，具有四大優點：①接受能力强，容易學習新技術；②適應能力强，容易處新環境；③流動能力强，容易轉換職業；④守法能力强，容易從事集體生產工作。這四項優點都是從事現代生產行爲所不可或缺的，而九年國民教育之實施，即在培養此項優點，使年靑一代具有從事現代生產行爲的條件。

但是不幸得很，我們在這一方面遭遇到了一個傳統觀念的阻礙。我國過去由於貧窮，受教育的人極少，這些人的出路幾乎沒有例外的是作官。是以「教育為仕宦」這一觀念根深蒂固，迄今未改。而九年國民教育的推行則是「教育為生產」。於是政府的想法與民間的觀念不一致，於是我們的教育在觀念上仍停留在「窗前勤苦讀，馬上錦衣還」的階段，私立中學之興起，高中學生人數超過職業學校學生人數，升學補習熱，升大學與留學人數之衆多，在在均可證明此一論斷。這對人力資源的發展不僅是一大諷刺，也是一大阻礙。所以當前人力資源發展的首要工作，不在計劃，不在節育等等，而在政府針對實況，採取强有力的措施，改正這一不正確的觀念，清除因這一觀念而產生的種種不正常的現象。這一點做不到，任何良好的計劃，都是美麗的空談，人力資源的發展絕無前途可言。照我們的看法，做到這一點並非難事，關鍵在教育與人力發展當局是否看出了癥結，及有無決心採取改正措施。

在人力資源發展當中，重要性僅次於教育的，是職業訓練。我們在這一方面較之教育更為落後。我們的教育還有一個制度可言，而職業訓練則連制度亦無。迄今為止，我們祇有一些學制死硬、大部份師資與設備不健全的職業學校，各大企業自辦的職業訓練則方在開始。我們缺乏具有高度彈性的，針對社會需要的職業訓練制度，我們也缺乏專門技術人員執行業務的執照制度，我們甚至於缺乏這一方面的明確政策，這又是人力資源發展的一個死結，這一死結不解開，人力資源發展也無前途可言。

準上所述，我們認為與其將有限的人力物力用在太過廣泛的人力發展計劃上，而不能收取實效；不如集中力量於教育與職業訓練制度的建立及實施上，或可尅日計功，收效於三、五年之內。（五十九年十月）

解決人力供需失調的途徑

據社會處表示，為解決人力供需失調問題，有效運用人力資源，該處決建立有組織之就業市場，包括職業介紹、國中學生就業輔導、專技人力分類登記、就業訓練、職業交換、職業指導、就業市場資料搜集分析與發佈、僱主訪問聯繫、技術服務、職業分析及勞動力調查等項目，予以有系統的建立，作為求職求才雙方橋樑。

社會處此一決定，用意至善，但將來執行實效如何，及有無執行誠意，則頗堪疑慮。社會處為建立有組織就業市場，在上面所羅列的工作項目，誠然巨細無遺，堪稱完備，但一望而知係取材於敎科書或進步國家類似組織之工作計劃，或聯合國機構之會議資料，而非根據該處本身之條件，及當前社會之需要，所擬訂之有效工作計劃，可以切實付諸實行，而效果立見者。該處所列項目有需聘用大批專家者，如就業市場資料搜集與分析，職業分析與勞動力調查，職業指導等等；有需完備之組織與對外聯繫者，如職業介紹，職業交換，僱主訪問聯繫等等。以該處現有之組織、經費、與人事配備，無論如何不能勝任， 總統對我們的昭示，不但要求新，而且要求行，上列項目，新則新矣，行則距離現實太遠，如不改弦更張，必然為文學政治再添新頁。

不過，我們亦不應對社會處有所苛責，政府高階層人士及一般社會大衆對於社會處的觀念，恐怕尚停留在辦理救濟的階段，根據此項觀念而設立的社會處，其受重視的程度，其在組織、經費、人事配備方面所得到的支持，不能配合新任務的需要，是可以想見的事，而社會處在此種處境之下，公然能提出許多新的工作項目，雖不一定能貫徹執行，但總算具備新的觀念，亦屬難能可貴了。

再進一步看，在一個經濟快速發展的國家，要想解決人力供需失調的問題，有效運用人力資源，也不是一個社會處所能單獨勝任的，而必須教育、經濟等各有關單位共同負起責任來，從若干根本之點做起。所謂根本之點，至少應包括下列三項：

一、一套完善的職業介紹制度，政府宜撥出適當的經費，以全省勞動力集散地為中心，建立職業介紹網，並為了使這職業介紹網能發揮作用，訓練一批能勝任此類工作的人，像目前組織散漫，各單位孤立作業，人員程度品質不齊的職業介紹機構，絕不能勝任此項工作。事實上，此種職業介紹不一定要由政府來辦。如政府經費不足，或不願意舉辦，不妨提出適當的法規，聽由民間依法舉辦，而政府加以監督。目前的情形是政府辦而無效率，民間辦而無法律約束，亦不監督，形成一種混亂局面，傭工介紹便是一例。

二、一套有彈性的訓練與教育制度，由於在農業社會甚少需要職業訓練，而我們剛由農業社會轉變為工業社會，所以對於職業訓練制度可以說還未開始，連一套完整的立法都付闕如。至於教育制度，則更是科學時代觀念下的產物：小學，中學，大學，留學，做官或做回國學人，與職業及生產幾乎不發生關係。這幾年雖說有重大改革，然而還是說的多，做的少，對風氣未曾有絲毫扭轉。要想解決人力供需問題，便利經濟發展，一套針對現實需要，並可隨時視實際情形加以調整的訓練與教育制度，爲不可缺少的條件，這需要在這一方面有革命性的作爲。九年國民教育祇是改進人力的素材，如何使這改進了的素材適合經濟發展的需要，便得靠職業訓練與進一步的教育了。

三、一套專業執照及任職證明制度。這與前兩者都有密切的關係，這一制度建立後，不但可使社會得到滿意的服務，而尤其重要的是便利求職者的流通與僱主的選擇，這對於人力供需的配合將有極大的便利，而我們的現況是或者根本不具備這套制度，或者執行不嚴，名存實亡。

我們深知在經濟快速發展下，如何有效利用人力資源的重要性；我們更痛切感覺到年來在這一方面說的多，做的少。因此我們要呼籲中央政府的行政與立法當局，就這一方面作完善的立法，建立良好的制度，切實付諸實行。至於上列社會處所發表的工作項目，我們確切知道全部做到非社會處所能爲力，不如視力之所及，挑選一、二項去做，或可有點成效。（五十九年十一月）

經濟發展的基本策略應該是在進步中求安定

三十八年中央政府遷臺，迄今整整二十一年。二十一年來的經濟基本政策，或者說基本哲學，是穩定重於發展，順勢重於創新。所謂在安定中求進步，所謂農工貿易平衡發展，都是此一基本策略的銓釋。這一策略的採取，使我們的經濟在穩健中有進步，在平實中帶光輝。我們沒有爲經濟發展冒很大的風險，也沒有付出重大的代價；但我們的農工生產增加，對外貿易擴大，個人所得提高，人民生活改善。在全世界各國經濟發展的競賽中，我們的進度始終名列前茅，成爲開發中國家經濟發展的榜樣，受到舉世的重視。這些都是有目共睹的事實。現在經濟基礎穩固，進一步發展的條件具備，又適逢開國六十年代的起點，則如何充份利用過去辛勤建立的基礎與條件，使經濟發展有較過去更爲輝煌的成就，使人民生活水準有更大的改善，應是今後經濟方面的重要課題。

經濟策略一如所有其他方面的策略，有其時間性，過去經濟基礎脆弱，經不起波動，因此要求安定，要求平衡。但過度安定，難免停滯；過度平衡，卽是靜止。這不能適應我們未來所面對的艱巨任務。在未來的歲月中，我們要在可以預期的風險之內，作較過去更爲積極的努力；我們要在可以計算的代價之下，求取較過去更爲重大的進步。我們過去是在安定中求進步，現在環境改善了，條件較以前優越了，我們要在進步中求安定。事實上，當前的情勢亦逼迫我們非採取這一策略不可。當在動盪的環境中，人們所惟一希求的是安定。在安定既久之後，人們將不復知道安定之可貴，而必然起而追求快速的進步。此時，惟有快速的進步才能滿足人們的要求，而安定乃可同時達到。凡屬了解古今治理及人類習性者，當知此言之不謬。我們必須要追求一個為大家所接受的理想，或者說目標，才能上下一心一德，全力以赴。此時此地，快速的經濟發展，不斷提高的生活水準，應為大家所接受的目標之一。

不過，要在這裏鄭重指出的，是如前所云，我們為求快速進步所冒的風險，是可以預期的風險；所付的代價，是可以計算的代價。我們絕不主張冒沒有把握的風險，付無謂的代價。我們要在積極中有穩健，進取中有審慎。為了達到這一境界，我們提出如下的主張。

（一）對國家所能動員的經濟總資源，作適當的分配。經濟常識告訴我們，祇要經濟資源的分配與使用，不超過能夠動員的範圍，經濟穩定即可維持。但分配與使用之是否適當，可以影響經濟進步速度者至巨。在此一了解之下，凡屬費用巨大，而經濟效益不十分明顯之投資，均宜慎重處理，或竟行停止，或不予興辦。此當包括環島鐵路之興建及曾文水庫之重新檢討在內。至於工業投資，雖應列於優先分配資源之地位，然仍當視可供支配資源之大小，就各投資個案計劃排列優先次序，次第興辦，而非百事俱舉。所謂經濟計劃，即是估量可供支配資源之大小，就資源之用途編列優先次序之意。我國經濟計劃宜在此方面加强。

（二）先求生活水準之抑制，再求生活水準之提高。所謂經濟總資源之適當分配，不僅指前述投資計劃之選擇，尤指總資源在消費與投資間之分配。少一分消費，即多一分投資；多一分投資，即多一分經濟成長。而少一分消費，即是對生活水準多一分抑制。一切經濟發展，其最後目的均在提高生活水準。但在提高以前，必須先有一段抑制時期。抑制時間愈長，程度愈深，則經濟發展愈快，日後生活水準之改善即愈大。所謂經濟發展須付代價，即是此意。我們過去二十一年對於人民生活水準之抑制，亦即節約消費，盡力不多。節約消費雖可出於政府之强迫，重點還在社會風氣之養成，而養成風氣，應從政府高級官員及上層社會做起。

（三）優先發展工業而不偏廢農業。經濟發展必然有主從之分，百業齊頭並進，事實上不可能，亦無此必要。

所謂平衡發展，亦不過指各經濟部門進度相差不過於懸殊，以致互相牽制，阻礙進步速度而已。以臺灣之經濟環境及經濟發展階段而言，應以工業爲主要發展部門，爲不容置疑之事。但由於農業仍爲臺灣重要生產部門，農業人口迄今仍佔總人口百分之四十以上，任何農業方面之挫敗或停滯，勢將影響數以百萬計之農民大衆。此不僅從經濟發展觀點看，不容許如此；卽從政治與社會安定觀點看，亦不能如此。因此，農業發展不可偏廢，政府目前對農業發展之重視，無疑爲一正確之政策。

（四）勇於冒險，勤於嘗試。我們目前經濟發展的最大弱點之一，就是政府與民間都缺乏冒險精神，都不願或不知道向前看，對於舊的不忍割捨，對於新的不敢嘗試。但冒險是進步的動力：有冒險，才有進步；有重大的冒險，才有重大的進步。一切率由舊章，順勢推移，守成固有餘，進取則不足，而不進取如何能應付今天的局面？因此我們認爲對於若干重大投資計劃，如鋼鐵廠、造船廠，以及其他重工業與新工業等等，如在經濟上認爲可行，在資源上可以負擔，卽當全力進行，不必猶豫，尤不宜再如過去，築室道謀，十四年不成。

我們在此開國六十週年之際，主張將過去二十一年來在經濟發展方面所採用的基本策略——在安定中求進步，改變爲在進步中求安定，並不是一種顚倒次序的文字遊戲，而是基本精神與做法的改變，徹底執行，將爲經濟發展帶來一個朝氣蓬勃，充滿活力的局面，國家前途將爲之益見光明。我們作此主張，並不僅是站在經濟發展的立場，而是着眼全局。我們認爲唯有進步，才能安定，進步是安定之源，也是安定的有力保障。臺灣過去二十一年的安定，韓國過去八年的安定，都是從進步產生，足可爲我們的主張作見證。（六十年一月四日）

外交逆境中談經濟發展的重要性與發展前途

美國商務部在其所出版的四月五日一期的「今日商業」雙週刊中，以「臺灣已脫離短暫的緩慢時期，正保持着驚人的經濟步調」爲題，對我國經濟發展的成就、原因、與前途，有公正的報導與評論，認爲今年的經濟情勢「極爲光明」，認爲中華民國的經濟結構已進一步朝工業化社會進展。

我國經濟發展的卓越成就受到國際上的注意與讚揚，這不是第一次。但在此外交處境日益艱困的當中，經濟成就又一次的受到重視與讚揚，對我們而言，實是一個莫大的安慰與鼓勵。自從上年聯大投票結果不如理想以來，朝野上下都將注意力全部集中於聯合國席次與少數幾國的斷絕邦交等問題上。這在宣傳策略上實是失策——顯露最弱的一環；在本質上則是本末倒置——經濟的高速發展才是國力的來源，而外交不過是國力的表現而已。以色列與南非以蕞爾小國而傲視全世界，就是因爲他們是經濟進步的國家，無形中受到敵友的尊敬。有爲者，亦若是！

由於經濟發展是挽回外交頹勢與團結內部力量的重要憑藉，是決定國家前途的最重要因素之一，我們願在我們最重要的友邦若有意若無意於此時此境讚揚我們的經濟成就之際，就過去經濟發展路線作一簡略分析，並爲發展前途作一策劃，希望有助於大局的改善與前途的打開。

我們過去二十年的經濟發展，一言以蔽之，是香港式的發展。這種發展的特色，是平實進取，不好高騖遠。充份利用本地一切有利的生產條件，包括可利用的土地與低廉勞力，本地及外來的資金、技術、與管理才能，生產初級產品及較初級產品略進一步的輕工業產品，出口至進步國家，換取必需的物資與外滙。這種發展路線風險小，利潤厚，週轉快。祇要政治與社會安定，國際經濟繁榮，在很短的時間便可造成繁榮之局，而由於利潤厚，週轉快，資本累積也快，這種繁榮便成爲滾雪球的方式，愈滾愈大。香港如此，我們也是如此。這種發展方式的最大弱點是缺乏前途，是根基不固，經不起波折。正如一株快速成長的樹，表面枝葉繁茂，但壽命不永，也不能成爲棟樑之材。這種方式適合於殖民地的謀生，不適合於主權國的立國，日本之有今日，是因爲沒有採取這種方式。韓國之越出此一方式，是因爲看出不合韓國的立國需要。

不過，無論如何，這二十年的發展，已爲我們奠立了良好的基礎，我們已有高度累積資金的能力，已有經營現代工商業的經驗，已在逐漸自力的滲入國際市場，一套合於現代工商業的行政管理正在形成，一個有效率的民間企業集團正在壯大，一種有利於現代工商業發展的社會觀念正在散播。所有這些都指示出工業及整個經濟的進一步發展，或者說發展路線的轉變，將是水到渠成，毫無困難的事。唯一的要求是決策當局認清這一點，毅然採取積極的行動，不再安於過去的平易無波。

我們所謂進一步的發展，或發展路線的轉變，是指日本式的發展。是指以重工業與高級工業爲中堅，以對外貿易爲先驅，從而帶動或壓迫整個經濟向前推動的發展。這種發展有强迫性，有波動，有風險，收效未必速，代價則很大。然而前途遠大，根基堅固，假以十年，鍥而不捨，便可使我們進入現代國家之列，媲美以色列、南非、日本。

爲便利新發展方式的採取，並保證其成功，決策當局必須立即在三方面採取措施：㈠進一步的改進財政金融，一個有利於經濟發展的預算，一套現代的金融體系，一個與進步國家接近的利率水準，都是不可或缺的條件。㈡按照國家總資源的供需狀況，詳細評列重要基本設施的優先次序，務求在不危害經濟穩定的條件下，充份供應高速經濟發展對基本設施的需要，包括教育與科學研究在內。我們在評列基本設施的優先次序上，還停留在利益均霑，及以政治上的權宜爲標準的階段，非常落後。㈢一套前後一致的，貫徹到底的重工業政策。我們目前可說沒有重工業政策，我們常因病象而放棄病人，常因重工業經營不善而放棄重工業本身。這絕不足以言發展重工業，而重工業不發展，經濟絕無前途可言。

處此逆境，正是決策當局冷靜沉着就全盤策略作徹底檢討的時侯，獻此芻蕘之見，或有可採之處。（六十年四月）

如何加強經濟建設以自存自強

七月十六日及十九日，中國時報分別以「經濟建設是自存自强的不二途徑」及「現在已無可損失的時間」爲題發表社論，指出處此艱難之會，經濟建設是我們的唯一出路，「我們如其能在這個海島上快速建立起足以自存自强的經濟能力，則進可以俟機光復神州，退亦可以從容自立，等待共匪之惡貫滿盈，而毋虞內憂外患之乘時竊發」，並進一步指出「事理既明，政策已定，便需要負責人的勇氣，依循此政策，作出迅速而果決的執行方略」。想凡屬憂時愛國，具有洞察當前局勢能力，而又冷靜沉着之士，定當同意這種看法。因此，我們願進一步就如何加强經濟建設的實際作法提供淺見，供決策者採擇，並與國人共勉。

一、政府必須要擔當的任務：過去二十餘年來，我國經濟誠然有長足之進步，個人所得及生活水準誠然提高甚多，但經濟發展階段却始終盤旋於進步國家與落後國家之間，無法突破，以致遠落日本之後，而有被韓國駕凌之勢，細究原因雖然甚多，然最基本的原因則是與經濟發展息息相關的若干制度從未認眞建立，及若干基本經濟及社會設施從未及時興建。前者如金融制度、賦稅制度、預算制度、農業現代化有關制度、教育制度、科技發展制度、社會福利制度，乃致公務員人事制度等，不是內容陳舊，成爲經濟建設的阻力；便是殘缺凌亂，不成體系，完全不能配合經濟發展的需要。後者如交通運輸，電力供應，國民住宅，公共衞生，甚至國民遊憩場所，幾乎無一樣能適應經濟發展的需要，更談不上達到進步國家的水準了，我們不禁要在這裏追問：這麼多年來在這些方面究竟做了些什麼事？金融與賦稅改革結果如何？教育與科技發展有什麼效果？高速公路究竟那一天完成？又在那一年才眞的不停電？際此國難當頭，希望各主管官員激發天良，各盡本份，下定不成功卽引退的決心將這些工作做好，造成一個有利的大環境，讓民間的財力物力，讓民間的聰明才智在此有利的大環境中，自由自在的運用，自由自在的充份發揮，這不僅在經濟上可造成繁榮之局，在政治及社會上亦可造成團結一致蓬勃奮發的現象。國家强盛的唯一途徑，是讓每一國民能發揮其潛力至最大極限，而造成能發揮的環境，則責在政府，所以上述種種是政府必須要擔當的任務。

爲了能專心致力於制度及基本建設的工作，我們更建議政府除了公用、專賣、及武器生產等事業外，所有現在政府經營的軍公事業全部開放民營——或則將軍公事業移轉民營，或則准許民間投資設立同類的工業，用公平競爭的辦法，使現有軍公事業不改進，便毀滅。我們對於事業之應公營民營並無成見，但就臺灣目前實況而論，則軍公事業顯然未能依照企業經營正規辦理，仍是成爲政府安插閒員乃致退休人員的尾閭，仍是效率低而成本高，而另一方面，則我們欣見民間企業人才輩出，年輕一代尤其頭角崢嶸，充滿經營企業所應有的活力與機智。如果將國家生產事業付托於這輩人之手，不再成爲官僚退休或優遊歲月之地，則整個國家經濟水準必將爲之大量提高，而經濟水準多一分提高，國家前途便多一分光明。

二、經濟發展的基本策略：鑒於臺灣的整個經濟規模及自然環境，未來經濟發展的基本策略，必將是以貿易爲先鋒，以工業爲主體，而其他各業配合發展，農業則將是一個被扶植的經濟部門，這種情勢至爲明顯：事實上，這也是日本走成功，而韓國正在追蹤的一條路，我們也別無選擇。為了執行這一基本策略，政府對於貿易與工業之發展，無論在目標、方向、制度、機構、與人員等方面，現在卽應作澈底之檢討與安排，而且要立卽檢討，立卽執行，不能再像過去那樣拖延，或祇說不做。這方面不發動，整個經濟發展卽不能發動；這方面拖延，整個經濟發展卽拖延。而在目前處境之下，拖延就是絕路！

三、進一步發展工業的途徑：工業發展既是未來經濟發展的主體，則如何進一步發展工業，便是經濟決策當局的一個重要課題。為了進一步發展工業，首先應了解當前工業的發展階段。迄至目前為止，構成我們工業主體的還是典型的落後國家工業。其特色是經濟規模不大，所需資本額小，技術、管理、與推銷都較簡單，而最重要的是需要使用大量勞力。目前佔出口大宗的紡織、夾板、塑膠、玻璃、水泥、簡單機械及電氣用具都屬於這一種工業，其生產階段實際上高出農業及農產加工業並不多，過去之所以能有迅速的發展，一方面實由於我們是一個落後的經濟，適於發展這類工業；另一方面則是若干國家從事這類生產不經濟，逐漸放棄了或被迫淘汰掉了這種工業，使我們有起而代之的機會。

但我們不能長久停留於這種落後階段。這有幾方面的原因：(一)我們的經濟正在向更高階段發展，對於這類工業的生產，也和若干先進國家一樣，逐漸感覺到它太不經濟；(二)我們無法與比我們更落後的國家競爭；(三)比我們更進步的國家將會被迫放棄若干較高階段的工業，接辦那些工業，正好為我們能力之所及；(四)我們必須要下決心擺脫現在的落後階段，向高階段工業發展，才能突破目前境界成為進步國家。

那麼擺在面前的工業發展的要務，便很明顯了。那就是一方面應該整理及擴大現有的落後型工業，猛烈進行合理化及現代化，以加强其競爭能力，使其成為發展高階段工業的踏脚石；另一方面是利用這一踏脚石，昇高我們的工業階段，迅速發展所謂的重工業與高級工業，包括鋼鐵、造船、重機械、重電氣用具、汽車、石油化學、重化學等工業。如此雙管齊下，一個現代化的工業體系便可形成，進而帶動整個經濟的快速發展及現代化，終而完成我們建立現代國家的願望與目標。我們目前有能力這樣做，也必須要這樣做。

但是如何這樣做呢？這就是前面所說的制度與基本經濟及社會建設的問題了。其中最有直接關係的是：㈠一套有效率的貿易機構與貿易網。㈡一套有效的工業金融制度與富有彈性的金融政策。㈢一套獎勵、扶植、及保護工業發展的完善辦法。㈣一套發展科技的辦法及技術輸入措施。㈤一套維護本國工業發展，不受外資侵凌的辦法。依常理，在一個像我們這樣朝夕以實現工業化和現代化爲口號的國家，所有這些制度與辦法應該早就具備了。可是容我們坦率以道，像上述這五套必有的制度、政策與辦法，我們實在連一套都不具備，而追求工業化和現代化，不過是空喊口號聊自慰情而已。

四、解決當前農業問題應有的做法：雖然如前所云，在經濟發展過程中，農業將是一個被救助與被扶植的經濟部門，但目前我們仍有佔總人口百分之四十二的農業人口，農業生產仍佔總生產的百分之二十以上，對於農業情況絕不容許有絲毫忽視，農業問題之解決絕不容許有所拖延。

臺灣農業問題之發生，主要原因有二：一是過去在經濟非常時期加諸農民的許多不合理的負擔與限制，在經濟正常化之後，農民不願意繼續接受；一是由於經濟快速發展，造成了農業部門與非農業部門的不平衡。前一問題是短期問題，容易解決；後一問題是長期問題，不容易解決。對農民情緒之安撫，有賴於前一問題之解決；但眞正爲農民謀福利，使其所得不低於平均水準太多，則關鍵還在後者。就目前情勢而論，這兩種問題實在同等重要，應該同時謀求解決。

政府近二年所採取的措施，絕大部份係針對前一問題而發，但由於對問題的性質沒有眞正的了解，以致勇氣不夠，辦法不澈底，每一個改善措施都祇觸及表面，淺嘗輒止，對農民情況之改善，未能收立竿見影之效。以肥料換谷與隨賦征購而論，所謂改進亦不過調整一下價格，放鬆若干限制而已，基本性質未變。再以農民稅負而論，則討論經年，仍在討論之中，採取措施尙遙遙無期。

至於第二類發展不平衡的問題，則所採措施更未觸及問題核心，以農業機械化爲例，這不純是一個補貼問題，而是從機具生產到實際使用的一套新制度與新辦法的問題，再如改進運銷及加强農業金融操作，也不是枝節改善或撥一點款的問題，而是全面建立制度的問題，但是如何建立制度？建立什麼樣的制度最合我們的需要？擾攘二年，尙未聞有具體方案提出來，自然更談不上解決問題了。

綜上所述，我們認爲今後加强經濟發展之道，首在政府集中力量於制度與基本建設，亦卽創造或佈置一有利於經濟發展之大環境，使民間潛力得以發揮盡致，經濟資源得以充份有效的利用。至於發展重點則是工業，而貿易又爲工業發展之先鋒。農業在長期經濟發展過程中雖非重點所在，但其所遭遇之問題必須解決，而目前辦法不够澈底，不足以解決問題，須重新檢討，重定方案和策略。

在目前條件下，發展經濟是我們自存自强最易着力之處，只要我們有一分努力，就必將有一分成就，而經濟發展的成就，無論在增進民生、培植國力及維護和發展我們的國際關係與地位上，都有着直接的影響和積極的意義。目前最要緊的是掌握此萬分寶貴，看來已屬有限的時間，迅定大計，立卽分門別類地在一個整體的計劃下全面推行。萬萬不能再拖！（六十年七月二十日）

用經濟進步來抗拒國際逆流

最近一年國際局勢逆轉，憂國之士紛謀所以莊敬自强之道，政府當局亦在不斷採取積極外交措施，以求因應。但這是一個牽涉到國家整體力量與整體表現的問題，不能單從某一方面或某幾方面著手解決。政府決策當局與民間領袖人士必須冷靜沉著，從全面從遠景設想，擬訂整套對策，昭告國人，共同爲國家前途而奮鬪。

照目前跡象看，這一整套對策可能尙在形成之中。但無論將來所形成的這一整套對策內容如何，我相信經濟因素必然居於核心地位。這是因爲應付這種局面既有賴於國家的總體力量，而總體力量的最後來源則是內政修明與經濟繁榮。外交是總體力量的表現，而軍事則是總體力量的運用，二者都有賴於萬衆一心的團結及堅强經濟基礎的支持，道理至爲明顯，無待申論。如果這一看法爲政府與國人所接受，則經濟方面的責任便十分沉重；我們所能支配的人力物力固然要有很大一部份用在這一方面，而尤其重要的是我們在這一方面必須要有目標，有制度，有做法，俾使政府與民間能各盡本份，全力以赴，不浪費資源，不浪費時間，以最有效率的途徑，在最短的期間，運用已經有的良好基礎，達成最快速的進步，一如日本戰後二十五年之所爲，則我們必可屹立於國際之間，其誰敢予侮！以下是我認爲在經濟方面必須要立卽採取行動的幾件事。

一、政府應重新擔負領導經濟發展的責任。領導經濟發展，在落後國家爲政府不可推卸的責任；而即令經濟進步如日本的程度，政府也在若干重要發展上仍居領導地位。即就我們本身而論，我們經濟發展之有今日，政府的領導之功不可沒，特別是在民國四十年前後那段黯淡歲月中是如此。在那段時間內，國外投資者固然不來，即國內民間投資者亦時而顧慮政治局勢，時而考慮經濟環境，裹足不前。以新竹玻璃廠爲例，在有原料，有設備，有技術，有市場的優良條件之下，公然遍覓不得投資人。在中信局墊付二百餘萬元的籌備費，將一切籌備就緒之後，在一再懇商之下，才勉強有人投資接辦。在這樣的氣氛下，是政府以有限的資源全力規復並擴充了重要的公營事業；是政府運用金融政策、美援、及技術協助，發展了民營事業。今日構成我們工業生產及出口中堅的主要工業，如紡織、人造纖維、塑膠、三夾板、玻璃、水泥等等，那一業不是在政府的領導與策劃之下發展起來的？那一業不曾受到政府的切實扶植？

但這種領導力量在民國四十五年以後，便漸趨微弱。在民國五十年前後，主管美援與工業的當局，便不大容易提出新的可行的工業發展個案計劃來。這主要是受了現實環境的限制。我們處理傳統性的工業，能力綽然有餘，但缺少向前看，向外看，展開新局面的能力。而中日兩國經濟發展之分歧關鍵即在於此。幸而民間企業家逐漸興起，已能不賴政府的推動而自力謀求發展，自力打開新局面，我們已有了品質優良的民間企業家集團，超越了官員所具有的水準。這是一個落後國家謀求進步必須具備的條件，這也是一個進步國家必須具有的特色。我們最近十年的進步，主要即得力於這一集團。

我所謂政府應重新擔負領導經濟發展的責任，並不是要由政府來代替企業集團領導經濟發展，這是不可能的事。我的意思是要針對目前環境的需要，運用政府的權力，給與企業集團以非常的協助。這包括二方面：一是政府除在一般投資環境上全面謀改善外，尤應特別注意低廉資金的融通，無論在數量與條件方面，政府所掌握的金融機構都有能取代當年美援的氣魄，不再斤斤計較資金的安全與本身的利潤。對經濟發展負有特殊使命的金融機構，尤應體念時局艱難及本身的任務，發揮開發銀行應有的功能。一是假如在政府全力協助下，而民間投資猶感不足，不能達到我們經濟成長目標的需要，則政府應斷然自行籌劃，自行投資，務必做到在任何情形下都不使經濟成長受到絲毫的不利影響。這是我們的基本原則，也是我們國家前途之所繫，不容放鬆。

政府如照前述情形擔負領導責任，則加諸於財政與金融的負擔必極沉重，政府當局在這二方面亦須作細密檢討與策劃。

二、展開貿易的新境界。約在十五年以前，我就看到一句名言：「在第二次世界大戰以前，是貿易隨國旗而至；在二次大戰以後，則是國旗隨貿易而至」。意卽在二次大戰以前，帝國主義者運用强國地位，對弱小國家取得軍事與外交特權，藉以發展貿易，獲取經濟利益；在二次大戰後，則各國以平等地位互相貿易，貿易有成就後，再逐漸建立密切的外交關係，亦卽先有經濟關係，再有外交關係。我在多年前卽曾利用各種機會提出這一口號來，希望促起政府及國人對貿易的重視。最近一年的外交情形，以及我們在非州的外交成就，與最近一月中南美洲訪問團傳回來的報告，在在都證明了這句名言的正確性。更何況純從經濟發展的觀點看，我們也非全力發展貿易不可。我常想：假如我們現在進出口貿易總額一如民國四十年前後，不過三億美元左右，則當前的外交局勢必然更惡劣，我們拿什麼去訪問中南美洲、非洲，及結交亞洲國家呢？又假如我國現在的進出口總額超過百億美元以上，一如歐洲的許多小國，則我們在國際上又是何等聲勢，至少日本那批唯利是圖的政客與商人對我們應是另一付嘴臉。我們今年的貿易總額估計可達四十億美元，百億目標並非難事，端在做法如何耳！

然而，不幸得很，貿易却是我們經濟發展中最弱的一環。如果我指出我們有很大一部份出口品要經過日本商人之手，才能外銷，一定會有許多人感到驚異不已，而事實則確係如此。所以在未來的幾年內，澈底在這一方面作整頓，就貿易地區、商品、機構、人事、訓練、技術等各方面作縝密策劃與嚴格執行，樹立一種新氣象，新境界，實應列爲政府施政中最優先的項目。

不但如此，我們的貿易除了要完成經濟的任務外，如前所云，還負有外交的重任，從今以後，貿易卽外交，外交卽貿易，這需要貿易與外交兩方面的密切合作，這需要貿易與外交人員完全擺脫傳統的約束與觀念，這種擺脫需要起用年輕人，需要對年輕人加以嚴格訓練：使所有外交官都知道他就是貿易人員，使所有貿易人員都瞭解他就是外交官。這種要求與目前實際需要相距太遠，政府主管部門必須立卽採取有效措施，使外交與貿易配合，消除這種距離。

三、積極推行民生主義經濟制度，在全國上下爲國家前途作莊嚴奮鬥時，忽然提出這麼一個空口號，似乎不十分調和，但實際上這是與經濟發展同等重要的一件事。我們知道共產主義之興起，就是因爲當年資本主義社會不能完滿的解決經濟上的分配問題；我們更知道民主國家與共產國家的重大分野就在經濟制度的不同。二十年前印度與中共的競爭，常被西方學者看作是兩種經濟制度的試驗與競爭。目前尼克森宣佈新經濟政策，蘇俄卽刻指出這是資本主義經濟制度陷於崩潰末路的明證。可見在對抗共產主義當中，經濟制度的重要性。

所謂民生主義，實際上就是現在盛行於東歐以外歐洲各國的混合經濟制度。亞洲許多國家，包括我們中華民國在內，也都在或多或少的在推行這種制度。甚至典型資本主義國家的美國也不例外。它的特色是公營與民營事業共存，是重稅富裕階級，而對全國人民實施廣泛的社會福利措施，保障每一個人的生存權利與合理的生活，使每一個人有免於匱乏的自由。在全世界三十億人口中，有百分之九十是窮人；不採取這一套措施，這些人便不能安定生活，這該是人類多大的一個威脅？我們常惋惜英美勞工組織之過於强大，罷工太多，妨礙其經濟運行，我們又惋惜英國及東歐以外的歐洲大陸各國所推行的社會福利制度如何妨礙了他們的經濟效率及經濟成長，這誠然不錯，但從另一個角度看，假如沒有這些措施，這些國家可能早就共產化了。他們以實施這些措施及容忍勞工組織的種種行爲，以換取民主的政治體制和自由的生活方式，眞是所付的代價何其小，而收穫何其大！這樣做正是他們國家領導人物的明智處。

我們本身的經驗也可證明這一點。大陸之失，原因複雜，姑置不論。三十八年政府遷臺，首先實行三七五減租，繼於四十三年完成了耕者有其田，再加上農業技術的改進，遂造成了農村富裕，農民生活安定的景象。迄今二十餘年來，臺省數百萬農民始終是政府的忠實擁護者，始終是整個社會的安定力量。每一次擧辦的選擧，農村部份都是政府全勝。政府施之於農民者固厚，農民之所以報答政府者更不薄。試想當年沒有這些措施，則今日農村情景爲如何？

在今後的歲月中，農業部門的重要性愈來愈小，非農業部門的重要性會愈來愈大。政府必須把握時機，以全民爲對象，量力實施全民社會福利制度，使每一個人都感覺到其經濟利益受到了政府的充份照應，使每一個正常的人都有免於匱乏的自由。這樣政府的基礎才能安如磐石，而整個社會才能在安定中求進步。我們與共產黨對抗，固然有賴於射擊戰、外交戰、經濟戰，但更爲基本的還是觀念戰，思想戰、制度戰。而民生主義經濟制度就是觀念戰、思想戰、制度戰的有力武器。

民生主義經濟制度係　國父在半個世紀以前所提出，其基本原則與當前世界各國盛行的混合經濟制度若合符節，然亦限於原則而已。五十年來，除育樂二章外，我們未能根據原則及世界的新發展，就民生主義經濟制度的內容加以充實，更未曾擬訂施行細節，使其內容具體化，是一件令人惋惜的事。現在有關方面應指定具有現代頭腦的專人，及早參酌國際趨勢及若干國家的做法來完成這一件事。

四、結論。假如今年是我們受盡曲辱的一年，則明年便應當是剝極復反，開始走上國家復興大道的一年。明年年初執政黨必然要召開三中全會，明年也是從中央到地方舉行選舉及改組政府的一年。在全世界的華僑及愛護關心我們的國際人士之前，在全國同胞之前，執政黨三中全會必須面對變局，拿出一套切實可行的政綱來；改組後的中央政府也必須要拿出一套切實可行的政策來。然後再根據這些政綱與政策調整機構，安排人事，籌劃做法。所謂殷憂啓聖，多難興邦，正是這個意思，本文僅是從技術方面提供一些意見，備供參考。（六十年九月聯合報）

立卽採取有力經濟措施以適應當前情勢

在本年七月十五日尼克森宣佈訪問匪區後，我們卽逆料到遲早會有今日之演變。當時盱衡全局，認爲處此艱難之會，經濟建設是我們的唯一出路，當卽於同月二十日以「如何加强經濟建設以自存自强」爲題發表社論，除重申「我們如其能在這個海島上快速建立起足以自存自强的經濟能力，則進可以俟機光復神州，退亦可以從容自立，等待共匪之惡貫滿盈，而毋虞內憂外患之乘時竊發」的看法外，並就今後經濟建設中政府必須要擔當的任務，經濟發展的基本策略，進一步發展工業的途徑，以及解決當前農業問題應有的做法等等問題詳加剖析，提出具體建議，供政府及全國人士採擇施行。

現在，國勢局勢益形惡化，我們早先所預料之逆境不幸次第到來，全國軍民必須各守崗位，各盡本份，奮起應戰，渡此難關。在經濟方面，我們除要求政府及全國人士三復我們在七月二十日那篇社論中所說的話，並切實付諸行動外，再就應付此次聯合國之變所發生的新情勢，我們應立即採取的措施，提出我們的看法與建議。

我國宣佈退出聯合國，在經濟方面將產生兩種不利影響：一是包括外人及華僑在內的整個民間投資的低落；一是在國際關係益形孤立之下，對外經濟關係開展的困難，這兩點都需要政府採取明快的措施，方能阻斷或減輕其對整個經濟的不利影響。

先就民間投資來說，在此重大衝擊之後，局勢尚未完全安定之前的一段過渡期間，民間投資意存觀望，該擴充的暫緩擴充，該新創的暫緩新創，乃必然之事，然而經濟發展是一連續過程，不容許中間有暫停現象，經濟發展又是一加速過程，一旦因暫停而使發展衰退下來，便會加速衰退，以致不可收拾。目前投資延緩，到明年下半年便可充份感覺到，而等到感覺到再行防堵，則爲時已晚，損害已經造成。因此政府決策當局現在即當採取行動，這可分爲兩方面：

（一）民間在最近一、二年預備擴充舊有生產事業或創辦新事業，政府主管機構應已有所了解，宜就此等投資計劃之可行性加以研究，選出其可行者，連同政府所策劃之投資計劃，列爲今後一、二年之投資對象，招攬民間投資者，或勸請原投資計劃人繼續投資，政府除在行政、技術等各方面予以極大之便利外，尤當透過財政與金融手段予以非常之獎勵，使其投資風險減至最小，投資報酬增至最大，則重賞之下，必有勇夫，各具有可行性之投資計劃方可次第實現。然要做到這一點，必須握有決策權力之政府主管機構與民意代表機構具有遠大眼光與開拓胸襟，不爲平日之觀念與習慣所拘束，了解爲了達到非常目的，必須改變平常手段之意義，破格立法，放手做事。

（二）政府應積極投資，這又可再分爲兩方面。①如政府採取各種獎勵及便利措施後，民間投資者仍然踟躕不前，則政府宜當機立斷，自行投資，經由此種投資創辦之事業或則自行經營，或則立即出租與民間經營，或則於適當時機出售民營，視情形而定。②所有政府原擬投資興建之公共設施，如南北高速公路，海港擴建；及公營事業之擴充計劃如電力石油化學等，均當全力進行，必要時得加速推進，以補民間投資之不足。

綜合以上各點，可知今後爲維持或加速經濟發展步調，政府大量領導投資與獎勵實不可缺少，這又牽涉財源與通貨膨脹問題，尤其後者，政府一向採取極端審愼態度，今後可能更爲審愼，果如此，則勢必阻礙領導投資及獎勵政策之執行，有加以澄清之必要。無論領導投資及對民間投資予以非常之獎勵，對財政均爲沉重之負擔，故財政當局應一方面竭盡全力緊縮開支，加强直接及消費稅收，造成財政盈餘，以期將資源移轉於領導及獎勵投資上；另一方面則不妨向中央銀行融通，以補財政盈餘之不足。再就金融方面而言，除應支持財政政策之執行外；尤當放寬融通尺度，獨立執行此一方面之金融政策。此爲通貨膨脹之來源，但不致引起通貨膨脹。因①所有領導投資及獎勵辦法均在塡補民間投資萎縮之空缺，此項空缺如不塡補，經濟將發生衰退；如能塡補，則經濟發展可望正常進行，只要塡補不過度，卽無通貨膨脹危險。②在目前情形之下，民間消費亦可能萎縮，卽民間儲蓄可能增加。此項儲蓄部份將逃避至國外，政府宜嚴加防範；部份將以黃金美鈔方式窖藏；另有一部份亦可能以新臺幣方式儲存，則政府及金融機構便可利用此一部份儲蓄及因窖藏所留下之空額，轉用於領導投資及獎勵投資上。

總之，財政、金融、與主持經濟發展之機構三方面應密切合作，注視整個經濟活動之變化，隨時防阻投資之萎縮，予以適時適量之補救，而無論財源如何，絕不致引起通貨膨脹。反之，如過度審愼，以致經濟發生萎縮，則關係國家前途者至大，決策當局不可不注意。

我國退出聯合國的另一不利影響是對外經濟關係開展的困難。對外經濟關係，特別是對外貿易關係，不僅爲今後維持國內經濟繁榮及經濟繼續發展關鍵之所繫，抑且爲與各國維持關係，保持國際地位之最重要外交手段，應列爲今後政府施政之第一重要項目。但我國退出聯合國後，國際關係將益陷於孤立，政府直接從事國際經濟活動將益感困難，故宜就未來與各國之可能關係，及保持關係之方式作澈底之檢討，不爲傳統觀念與作法所拘囿，策劃一套切實可行之嶄新辦法。

依照我們的看法，將來對外經濟關係有三個重要據點：美國、日本、及歐洲共同市場。其中尤以美國最爲重要，亦最可靠，可以依賴現行經濟交往途徑繼續活動，並謀擴大。其次爲日本，與我經濟關係十分密切，亦十分重要，但極不可靠，而我們又不能輕言放棄。由於與日本經濟關係極不可靠，歐洲共同市場遂顯得重要，爲我們分散經濟關係之主要對象。但歐洲共同市場國家現在已與我們無邦交，依正常途徑從事經濟交往，顯然將逐漸遭遇困難。因此我們建議將日本與歐洲共同市場同例看待，採取以公司對公司策略。即我們在國內扶植少數具有規模而可資信賴之民營製造業與貿易商，由其在各貿易對手國尋求同樣具有規模及可資信賴之對手，發生密切貿易及代理關係，在遇有不得已的情形下，兩國貿易及一切經濟活動均可透過雙方公司進行。但在情況許可時，自然仍以發生多邊關係爲主。另一可行辦法，則爲利用友邦作爲轉口港。無論採取何種方式，現在均當有所策劃，並着手部署。

無論以上所論國內民間投資觀望不前之補救，國際經濟關係之維持與開展，以及七月二十日社論中建議各點，其成功之執行均有賴於行政觀念與作風之澈底改變，有關政府機關之調整，以及大量起用青年知識份子及有系統之人才訓練。毋庸諱言，目前與經濟發展及貿易有關之財政、金融、一般經濟行政、以及經濟策劃機構，無論其主持人如何廉潔自矢，如何踔厲奮發，但由於整個機構之作風、組織、與人事配備均距離要求甚遠，以致事倍而功不半，實際成就有限，政府令譽受損。今處此變局，實不容此種現象繼續存在。因此我們建議：

（一）就整個行政體系作全面檢討，在不違反憲法之前提下，以適應當前經濟、貿易、及社會發展爲標準，作澈底之調整，該裁併者裁併，該擴充者擴充，該加重其權責者加重其權責。其中工農發展、貿易發展、與社會發展三者，尤應列爲首要，優先予以擴充及升格。

（二）責令各重要經濟財政金融首長，就其所主持之機構應予整頓之事，應予淘汰之人，作負責之建議，不容有敷衍因循之鄉愿作風。

（三）稅務及關務雖經過多年之改革，並未觸及癢處，因此並無成效。金融系統之建立，金融業務之革新，雖然一再討論研究，及成立各種委員會專司其事，但亦乏效果。而此兩者不作全面之革新，整個經濟及貿易發展即無法推行，宜責令主管迅卽提出改革辦法，並卽予執行。

（四）退休制度從未認眞澈底執行，人員獎懲升遷亦無顯著改進，各機構仍充滿老弱疲慵之冗員，若干機構人事主管甚至受人情之包圍，對此等人員多方廻護，而忘記國家之利益及本身之職責。宜由人事主管當局擬訂全面淘汰更新計劃，大量訓練及起用青年知識份子，尤其年齡在三十歲左右之青年。此不僅關係經濟發展及貿易推動之成敗，抑且關係社會之安定與民心之向背，不可掉以輕心。

以上係就我國退出聯合國後，爲適應當前情形，在經濟方面應採之措施所提供之意見，請讀者參合七月二十日本報社論閱讀，當可對處在目前變局之下，經濟方面在長期與短期應興應革之事，得一完全概念，如能爲政府當局採納實施，必有助於國勢之增强，及難關之克服。（六十年十月二十九日）

現在是經濟平等與經濟發展並重的時候了

過去二十餘年，政府的基本經濟政策之一是加速經濟發展。這一政策又分爲兩個方向進行：一是政府將所得到的外援與政府本身所能動用的經費，大量用於經濟發展所必需的基本設施，如電力、交通運輸、港口擴建、及教育與科技研究上；一是頒佈各種奬勵辦法，盡量給與民間企業家以種種優待與便利，使其投資能獲優厚利潤，再以優厚利潤從事轉投資，藉以加速資本累積，俾能從事新生產事業的創造及舊事業的擴充。臺灣經濟成長之有今日之成就，全國人民之能豐衣足食，新興企業家階級之能形成，均是此一政策有效執行之明證。

在這一段期間，政府對於平均社會財富當然也採取了一些措施，其中最重要的便是實施耕者有其田與勞工保險，也確能收到使農工大衆受到實際經濟利益的效果。但政府將重點放在加速經濟發展上，對平均社會財富未能建立完善制度，積極有效的推行，也是不爭之事實。

對於政府當初採取此一政策，我們是衷心贊同的；對於這一政策執行之能產生今日之成果，我們尤其感到欣慰。回想三十八年我中央政府遷臺之初，臺灣一省以戰後殘破不堪之局面，承擔全國之經濟需要，農工生產兩皆落後，自然資源及現存物資又極缺乏，而人口驟增，就業困難，物價幾於一日數漲，無法控制。在這種情形之下，除動員所有力量以加速經濟發展，創造財富，創造儲蓄，創造資本，因而創造就業機會，使人人有工作，然後人人有飯吃以外，實絕無他途可循。假如當初不採取此一政策，我們的經濟早就崩潰了，豈能有今日的繁榮景象。

而且依照　國父遺敎與中華民國憲法，我們在政體上是民主制度，在經濟上是容許私人資本的混合經濟制度。在這兩種制度之下，都不容許政府將一切經濟發展的工作與所有的重要生產事業都掌握在自己手上，這樣做也必然會降低經濟發展的效率，因此便不得不扶植民間企業，不得不培養私人資本家，使他們有能力擔負起經濟發展的任務，使他們成爲加速經濟發展的有力工具。今天事實證明政府的這一策略完全成功，私人資本家也能不負政府之所托，完善的達成任務。我們願在這裏鄭重向政府及全國人士指出，今後經濟的快速發展，希望在短期內將我們帶進到一個進步的社會，私人資本家的任務絕不可少，政府還需要加意扶植，俾能產生更大的私人企業集團。

但儘管如此，經過二十餘年的發展，即使過去認爲最適當的偏重經濟發展的政策，今天也應當針對現實環境重作檢討，有所更張，換句話說，目前的客觀環境已不容許我們只顧經濟發展，而不顧經濟平等；一個有理想有責任感的政府也不能在當前環境下偏重經濟發展，而忽略經濟平等，經濟平等與經濟發展並重的時代已經到了，我們要把握時機，迎接並配合這一時代的來臨。

我們之所以作此論斷，是因爲：㈠過去是全民皆貧，根本無財富可供平均，那時是生存第一，無所謂經濟平等，但現在情形完全兩樣。㈡過去既是全民皆貧，便無財富集中，貧富懸殊的現象，但現在這種現象已經開始出現，而且在不斷加强之中，若聽其自然發展，將造成社會的不安，破壞既存的社會秩序與政治體制。㈢過去由於經濟資源有限，經濟發展與經濟平等不能兼顧，現在則有能力兼籌並顧。㈣與土地連在一起，可過安居樂業生活的農村社會正在急劇縮小，而遷居都市，生活不定的工業社會則在快速擴大，非有適當的安定這些人生活的一套制度，則整個社會均難安寧。㈤保障每一個國民的合理生活，就國際趨勢來說，是一個現代政府不可推卸的基本責任；就我國傳統的政治哲學來講，是大同世界理想的實現；就我國現在的政治要求來講，是　國父的遺敎，是憲法的規定，是執政黨的最高政綱之一。㈥如果我們了解敵人的性質，敵人所資以號召的政治資本，便知道平均社會財富，實現經濟平等是我們的主戰場之一，而這一主戰場是不能失敗的。

卽是基於這些理由，我們堅決認爲經濟平等與經濟發展並重的時代已經到來，我們必須立卽採取行動，不容猶豫。我們建議政府立卽着手籌劃一套完善的社會福利制度，視能力的許可，逐步付諸實施，我們更建議政府目前暫時設立社會福利委員會，起用有爲之士主持，逐步推行，一、二年後改爲社會福利部。一個現代的國家，一個以三民主義相號召的政府，一個與共產黨作殊死戰的社會，而竟然沒有社會福利部，是無論如何都說不過去的。此外，我們還要求政府嚴厲推行所得稅與遺產稅等限制財富集中的措施，目前這些措施距離我們的要求還太遠。一個無限制的資本主義社會前途是不堪設想的，不但會毀滅了私人資本家，也會拖垮整個社會。

最後，我們要特別澄清一個觀念，即是平均財富，實現經濟平等，不是要消滅私人資本家，不是要人人都過一樣的物質生活。而是要以合法的途徑，限制財富的過度集中；而是要透過一套制度，保障每一個國民的合理生活。在我們所要實現的這個社會裏，私人資本家將是推動經濟發展，製造財富的主力，我們應該保障他們，扶植他們，但也要約制他們。在這個社會裏，個人物質生活的享受程度，應由其對社會的貢獻大小決定，貢獻不同，生活水準自當有差別，不能强求平等，但每一個人享受合理生活的基本權利，則政府必予保障，這一觀念不清楚，也會造成重大的紛亂，因特爲闡明。（六十一年三月）

新閣在經濟發展方面應採取的基本策略

總統在其就職文告中，勉國人以民族大義、民主政治、民生經濟、國民武力、革命外交爲今後統合的努力方向，盱衡當前國內外情勢，經濟與社會發展實仍居於重要地位，其成敗利鈍足以影響國家命脈，決定國家前途。有識之士，無論在朝在野，亦無論國內國外，對於此點可謂衆議僉同。屬於經濟發展者，爲如何在最短期間，以最有效途徑，增加社會財富，造成一足可與西方自由國家媲美、且與大陸貧窮落後形成鮮明對比，因而激勵反抗精神之富裕社會；屬於社會發展者，爲推行社會福利措施，平均社會財富，使老幼壯弱鰥寡孤獨廢疾者各得其所，直追西方福利國家，由目前之小康進入大同，實現我國二千餘年之政治理想。前者爲財富生產問題，後者爲財富分配問題，實爲一事之兩面，不可偏廢。審度我們的處境，我們必須要對此兩問題求妥善之解決；而審度我們的條件，如今我們也有能力可以對此問題作妥善之解決。

茲請先就經濟發展問題一申我們的芻蕘之見。

我們謹建議新閣對於未來的經濟發展把握住三個基本策略，一切經濟施政，悉皆以此爲依準。這三個策略是：㈠佈置環境，建立制度，以充份發揮民間潛力。㈡決定重點，採取主動，以領導發展方向。㈢强化工具，健全組織，以有效貫澈政令。茲謹分別闡釋於後：

（一）佈置環境，建立制度，以充份發揮民間潛力：經過二十餘年之經濟發展，民間已形成一極有活力之現代企業家集團，由於在自由環境中之激烈競爭與淘汰，此一集團之構成份子無論在知識、活力、進取、創造等各方面，均已逐漸成熟，無遜於政府有關公務人員，而客觀地成爲今後經濟發展之主幹。政府今後在經濟方面的設施，不宜以公務人員之有限知識與能力，去指導、防範、管制千變萬化之民間經濟活動，甚而代他們作決定，代他們當家；而在運用政府地位與職權，佈置有利之環境，建立必需之制度，然後聽由民間自由活動，自作決定，自負責任。如此方可使民間潛力充份發揮，而後經濟發展乃可加速。

在佈置環境方面，包括電力、交通運輸、教育與科技研究等基本設施之配合，政府經濟行政及服務效率之提高與手續之簡化，對外經濟商務關係之加强，以及資金與技術輸入之獎勵等等。此種環境與經濟快速發展息息相關，我們原已有良好之基礎，對過去經濟發展貢獻至大。今後就此基礎繼續改善强化，實爲新閣重要任務之一，似宜指派專人就過去工商界在此等方面所表示之意見，及對現實情況之觀察，作認眞而澈底之檢討，提出具體建議，限期改進，務使達到進步國家之水準。

至於建立制度，則更爲促進現代經濟社會根本之圖，亦成更迫切之需要。此一方面應包括金融制度、賦稅制度、預算制度、農業現代化有關制度、教育及科技發展制度等等。我國有關此等方面之制度或則殘缺不全，或則陳舊不堪，對於經濟發展幫助不大，而妨礙實多，如不亟謀改革以建立現代化新制，則經濟發展終不能有遠大前程，新閣宜動員國內可用之專家，專事收集國外資料，詳細研究國內環境與需要，擬訂改革方案，切實付諸實行。

（二）決定重點，採取主動，以領導發展方向：民生主義經濟之最大特點，在於兼採自由經濟與計劃經濟之長，質言之，民間個別經濟活動固可聽其自由發展，但整個經濟發展重點，則當由政府作有力之策劃與控制，以符合國家目標與利益。根據臺灣經濟發展階段及現實環境判斷，顯然今後重點應放在工業與貿易上，此當爲今後一切經濟設施之核心。政府各項經濟制度之建立，各項投資環境之佈置，均應以推動工業與貿易發展列爲第一優先。農業在整個經濟結構中雖仍佔重要地位，但已不是促進經濟快速發展的原動力，祇是居於配角地位。惟其所遭遇之問題，政府仍應全力謀求解決，特別是農業現代化與農民所得之提高，尤應撥出適當資源，儘早促其實現。

關於工業發展，今後重點應放在工業結構之改變上。過去工業發展係以大量使用勞力，節約資本之輕工業爲主，此係工業化初期必經的道路，但不足以使我們進入現代國家之列，更不能與國防需要相配合。此種情況必須予以改變，轉向以大量使用資本及技術爲主之重工業與高級工業。惟有發展此類工業，方可大量提高勞動生產力與個人所得，使經濟發展加速，國防亦愈趨鞏固，而在最短期間成爲進步國家。此類工業均爲大規模生產之工業，其產品銷售必須以國際市場爲主，因而貿易便與工業發展成爲一體。一套現代貿易機構與貿易人才亦即成爲全面經濟發展不可或缺之要件。

無論新方向之工業發展，現代貿易機構之建立，以及農業之現代化，所遭遇之困難必多，將超過個人之負荷能力，非目前民間企業所能勝任。因此政府應積極負起領導與扶植責任，以整個國家之力量，作此項發展之後盾。

（三）强化工具，健全組織，以有效貫澈政令：本報前曾多次建言，一現代政府處理現代經濟事務，必須有一套現代工具，方可得心應手，運用靈活，而充份發揮其功效。一般言之，在前述金融、財政、預算等制度改善後，控制整個經濟活動之兩大有力工具——財政與金融，當可逐漸自然形成，而在此以前，則宜倣照日本辦法，成立財政投融資預算，集中政府從財政與金融方面所能籌得之資金，作爲推動經濟發展，領導民間投資活動，控制發展方向之用。從國家總資源供求預算觀點看，此舉亦有此必要。至於組織，主要係指民間工商組織如各業同業公會，及政府與民間之混合組織，如各種諮詢委員會或研究團體。政府宜頒佈標準組織法，並主動予以推動或改進，使成爲傳達及執行政府政令，溝通政府與民間意見，及備政府諮詢之機構。

以上三項基本策略，在蔣經國氏指導財經事務一段時期內，有些已在推行之中，有些則猶待展開。一旦新閣成立，實宜動員政府與民間人力，全面予以推動。雖不能期其立收速效，但如立即開始行動，假以時日，經濟面貌將爲之煥然一新，而整個國家前途將更趨光明。（六十一年五月）

如何使經濟發展升段

依照政府目前所公佈的六期四年計劃，估計今年每人所得爲三七二美元，到民國六十五年底將可達到五五〇美元。再根據政府所公佈的十年長期發展計劃，到了民國六十九年每人所得可達到七七九美元。這無論就我們而言，或亞洲除了日本以外的其他國家而言，都算是一個頗爲令人滿意的數字。但是如果我們知道國際公認的進步國家的標準爲每人所得美金一千元，最近趨勢且有提高到一千五百美元才算進步國家，而依此標準，我們在十年之後仍遙遙落在起碼進步國家之後，以及日本在一九七〇年已達到一、六六九美元，經過這兩年的高速成長與日元巨幅升值，一九七二年當已遠超過二千美元的情形，則我們的計劃便毋寧過於保守了。

不過，這些計劃數字並不重要，重要的是爲什麼我們的每人所得總是不能快速的增加，及用什麼方法可以使其提高，能使我們在最短期間成爲進步國家。

國民所得的高低由國民生產力的高低決定，而國民生產力的高低則由產業結構與生產方法決定。一個落後的產業結構配上落後的生產方法，便註定了經濟發展落後與低所得的命運，而我們正是如此。迄今爲止，我們的農業人口仍佔總人口的百分之四十，農業對國內生產毛額的貢獻仍達百分之十七，這卽是一個落後的經濟結構。專就工業而言，絕大部份都是農產加工業與輕工業，少數所謂重工業則停留於裝配階段，就某種意義言，整個臺灣省都是一個加工出口區，出口佔到國內生產毛額將達百分之四十，而整個國民所得水準還很低，關鍵就在這裏。再就農業來說，則當前事實證明比工業還落後，無須申述。如此，將農工及其他經濟部門拼在一起所現出的整個經濟畫面，便是一個以初級勞力爲主要生產力量的生產畫面，在這樣的生產畫面中，生產力無論如何不會高，也就是每人所得不會高，如果以後仍循這一路線發展，平均每人所得絕不會高到那裏去。我們什麼時候看到以出賣普通勞力爲生的人能有高收入的？這種經濟結構及生產方法可以使人溫飽，但不能使人富裕，我稱之爲餬口經濟，在一個二千餘年來每隔一段時間便會發生大饑荒，餓死的人以千百萬計的國度裏，現在使饑餓絕跡，人人都能溫飽，當然是一種了不起的成就，應該感到滿足。無奈我們所處的時代不同往昔，而我們當前的處境尤其特殊，兩者都有强大的壓力迫使我們不能停留於餬口經濟的階段，而必須立卽改變發展路線，使經濟發展水平升高一段。

所謂升高一段，卽是將現在以勞力爲主的生產方式改變爲以生產技術、組織能力、與資本爲主的生產方式；卽是將「勞力」改變爲「勞心」，將以「人」作爲賺錢的主體改爲以「技術」、「組織」、與「資本」作爲賺錢的主體。換句話說，卽是將目前的生產結構轉變爲以需要大量使用技術、組織、與資本爲主的生產結構，這就是所謂的發展重工業與高級工業。

這兩種生產結構或生產方式有什麼不同的後果呢？我們可以以香港與日本作爲一個對照來說明。香港由於是一個具有現代商業組織與技術的轉口港，再加上大陸撤來的資金與人力，在民國三十八年以後經濟卽呈現空前的繁榮，至民國四十五、六年，已爲國際所注意，在我國尤其朝野騰傳，認爲是自由經濟所創造的奇跡，値得模仿。卽在香港享譽國際的同一時期，日本還在戰爭所遺留的斷垣殘壁中掙扎。但時至今日，日本已是國際上的經濟大國，每人所得超過二千美元，而且前途無量；而香港已無人提起，估計其每人所得不會超過六百美元，這還是拜具有現代商業組織與技術的轉口港之賜，預測其前途也有限的很。造成這種完全不同結果的最主要原因，便是香港始終脫離不了加工出口區的階段，始終以出賣普通勞力爲主；而日本則早已進入了重工業與高級工業的階段，早已以出賣生產技術、組織能力、與資本使用爲主了。

現在，我們來談如何使經濟發展升到這一階段的問題。一般人總是以缺乏資本——沒有錢——作爲不努力升到這一階段的藉口，其實資本決不是一個問題。遠在民國五十年代初期，我們民間資本卽因沒有適當投資對象而到處從事投機活動，炒股票卽爲一例。當時美援分署署長白愼思在停止美援前一、二年，曾對我方公開申言祇要我們能提得出具有可行性的投資計劃，美援可無限制的融通支持，但我們始終提不出投資計劃。民國五十三年以後，由於國際市場的打開，造成了國內經濟的繁榮與每人所得的急速上升，於是民間資本卽流入了新的工業及投資機會與房屋建築上。最近由於情勢的演變，這兩種投資有衰退跡象，股票市場立卽呈現不正常的繁榮。此外，我們還累積了十餘億的外滙準備而不能有一套有效動用的辦法，而適在此時，美國進出口銀行總裁又提出當年白愼思署長類似的申明：祇要我們能提出可行性的投資計劃，該行願無限制的融通支持。但迄今爲止，我們所提出的計劃不是電力，就是鐵路，總離不了公用事業的範圍，對於所謂重工業與高級工業就提不出成套的可行性投資計劃來。由此可見資本缺乏絕不是不能升段的理由、目前經合會宣佈正在請美國亞瑟地利特公司爲我們在機械、電機、電子、石油化學等工業，即所謂重工業與高級工業方面，尋求及認證投資的機會，提出可行性投資計劃來。但是，有了資金與可以投資的機會及計劃後，是不是就能辦起這些工業，使經濟發展升段呢？我的答案是不一定，而且是極大的不一定，很可能不能升段，除非具備下列條件：

一、政府的意願與決心。儘管我們在輕工業方面經過戰後二十年的發展，已奠定了良好的基礎，但進一步發展重工業，由於在技術、組織、市場及其他配合條件方面，與輕工業所需要者有極大的差異，仍將遭遇重大的困難與失敗，這就得要政府對發展重工業的性質與重要性有眞正的了解，由此種了解產生眞正發展重工業的意願，由此種意願產生決心，將發展重工業的政策與計劃貫澈到底。爲了做到這一點，政府除就下面所提出的技術突破等一般的投資環境加以改善外，還需要負擔起部份發起與策劃的責任，給與民間投資者以特殊的優待或補貼，必要時並分擔部份投資的風險。政府在發展重工業中的責任要比在發展輕工業中重大的多。

二、突破技術瓶頸。我們能否順利的進入重工業的階段，技術是一個決定性的因素，而二十餘年來，我們的工業技術水準沒有顯著的進步，始終盤旋於粗淺的技術水準上無法上升。主要的原因有三個：㈠教育與經濟發展需要脫了節。以製造士大夫階級爲主的傳統教育觀念，戰時管制所演變出來的僵硬教育制度，由教師品質低落所造成的低水準教學方法，以及承繼通貨膨脹惡劣影響而來的低廉教育費用，使得教育完全不能負起時代所賦與的使命，成爲一種點綴與浪費。㈡缺乏內容充實强力執行的科技政策，我們的科技發展直到最近一、二年才確定以配合經濟發展與工業需要爲主要目標，至於如何配合，無論在組織、機構、人事配備方面，仍看不出有切實見效的安排。㈢缺乏引進國外技術的積極政策與做法。對於引進國外技術，我們沒有有系統的制度，更缺少積極的獎勵，甚至沒有一個適當的主持機構。我們所有的技術合作機構主要業務在於農業技術輸出，而非工業技術輸入。迄今爲止，我們的技術輸入主要都是靠民間零星的、臨時的引進，而且都是粗淺的小技術，我們很少在政府的決策之下，大規模的、有系統的引進足以使我們技術水準升高的技術的。

我們今後不發展重工業則已，否則便必須要全力突破技術瓶頸，而技術瓶頸的突破主要便當從這三方面着手。

三、全面改造金融。金融是我們經濟發展中最弱的一環，這是連金融界本身都承認的一個事實。在發展輕工業的時代都已感到金融不能配合，更何況發展重工業。重工業所需要的巨額資金如無長短期的健全資金市場的支持，絕對無法籌措。關於金融制度，目前大家所關注的是三家公營商業銀行應否改為民營的問題，其實這是一個小問題，無關宏旨。政府所應該做的是下列二點：（一）必須要有三、五家民營的商業銀行，配合民間大企業的發展；（二）政府必須要有幾個有效率的公營銀行作為執行政府政策的工具，政府必須集中力量使這幾家銀行充份發揮應有的功能，這包括中央銀行，融通長期資金的開發銀行，進出口銀行，中小企業銀行，農業銀行。

除整頓金融系統外，銀行利率必須要大幅降低。所謂重工業都是大規模經營資本比較密集的工業，所投資金動輒數千萬乃至上億的美元，利率高低影響成本及其在國際上的競爭能力很大。我們不可能以目前落後國家的利率水準而希望能發展進步國家的工業的。

四、建立現代貿易組織。我們的工業發展係從進口代替品工業開始，在民國四十年代，可以說不需要大規模的現代貿易組織，因而在這一方面也就未曾致力，到五十年代後期，在國際有利情勢之下，進口代替品工業轉變為出口工業，現代貿易組織便日形重要，也日益顯得落後，配合不上需要，而不得不以大部份貿易假手外商之手。以後我們所發展的重工業都是大規模經營的工業，一開始即應以出口為目標，在這種情形之下，沒有現代貿易組織即是沒有重工業，前者實是後者存在的先決條件。所以現在即應在組織、機構、經費、人才、法令規章等各方面有所規劃推動，使這種關係重大的現代貿易組織能在最短期間建立起來。

以上祇是使我們經濟發展升段的幾個關鍵措施，其他促進及便利經濟發展升段，製造一個現代經濟社會的有關因素還很多，不在此處列舉，這幾個關鍵措施有關方面並非不知道，也並非沒有採取行動，祇是未能針對問題作深入研究，以致收效不大，每一樣工作都在做，每一個問題都不曾解決，上面提出的這些問題事實上都是若干年的老問題。所以今後必須就上列問題作深入澈底的研究，提出必然可以解決問題的辦法，再以百折不撓的精神去執行，一定可以在三、五年之內收到顯著效果。（六十二年一月中央日報）

如何在加速經濟發展中求穩定？

依照政府最近一年所推行的種種措施，今年將是加速經濟發展的一年。首先我們知道，政府自上年元月一日起，曾强力執行了加速農村建設九項措施，這是一個全面性的農業革新與農村建設運動，上年執行的結果如何，是否達到了預定的進度，雖未見檢討報告，但今年應是在執行的高峯，當屬毫無疑問。其次，則是政府在上年十一月四中全會中所宣佈的九項經濟建設計劃，自今年一月起開始執行，五年完成，初步估計總投資額爲新臺幣一千八百九十億元，實際上恐遠不止此數，當在二千二百億到二千五百億之間。這項建設計劃已經列入管制作業，並分別指定政務委員專責督導進行，則勢在必行，並勢必如期完成，亦應毫無疑問。九項建設計劃實際上是基本經濟建設與重化工業發展計劃。如果執行成功，則五年之內，不僅供高速經濟發展的基本建設足敷實際需要，即整個工業，乃致整個經濟發展亦將升高一級。

照上面的分析，則今年必然是農業、工業、及基本建設同時推進，也就是整個經濟發展有計劃有目標的全面推進的一年，這種全面性的發展在過去二十餘年來還是第一次。站在加速經濟發展，强化國家經濟力量的立場，實是值得我們慶幸的事。

但從經濟穩定的立場看，則頗不容我們樂觀，這種全面性的經濟發展，即使是在正常狀態之下，也有一股强大的通貨膨脹壓力，使經濟發生某種程度的波動，何況是在通貨膨脹壓力原已强大的情形之下，則情形便會更爲嚴重了。所謂通貨膨脹壓力原已强大，係指下列四種因素而言：

（一）物價平衡關係的恢復：去年十月與六十一年十月比，躉售物價上升三五％，消費物價上升二七％，但並不是所有物價均係透過自由市場機能自行調整上升，其中有一部份價格係限價，一部份係補貼，公營及公用事業如石油及電力等，其價格則完全凍結、故各個價格間之平衡關係因政府所採政策不同已完全破壞，此種情形自難久延，今年限價、補貼、及凍結各價格均必須作適當之向上調整，其他有關聯之價格亦必隨之波動，而使整個物價水準再度向上升。

（二）重要物資的缺乏：若干重要物資如鋼鐵、石油化學原料、木材、紙張、肥料、水泥等等，不僅國內缺貨，國際市場亦有嚴重缺貨現象，而此等物資均爲國內農工生產在經濟發展，特別是九項計劃中之基本經濟建設所必需。國內因農工發展所產生之强烈需求，如無適當之調節，必然促成其價格之上漲。

（三）人力的缺乏：在約十年之連續經濟發展下，人力供應一直居於緊張狀態，工資不斷急劇上升，尤以最近二年，因勞力集約之出口加工業之大幅擴充，而使全國勞工及技術人員普遍感到缺乏。今年九項建設計劃絕大部份爲大量使用勞力之投資計劃，如果充份進行，必然對已經緊張之勞動市場加强其壓力，迫使工資巨幅上升，進而影響一般物價水準。

（四）有效需求的繼續擴大。在連續之高度經濟成長下，有效需求不斷擴大，對經濟穩定一直爲一威脅，幸賴國民有良好儲蓄習慣，所得之增加很大一部份流入儲蓄途徑，過去幾年平均每年毛儲蓄率曾接近三十％，在世界各國可能爲僅次於日本之高儲蓄率。今後數年推行九項建設計劃及農業九項措施，多爲事先有大量貨幣支出，而實質效果則須延後數年方能產生之投資，在貨幣支出與實質效果產生之間有一段時間差距，人民貨幣所得及有效需求必大幅提高，而相對之貨物與勞務並不作對等之增加，在過去一年原已感覺錢多貨少，一般人民多少具有投機及恐懼心理之情形下，必然加重通貨膨脹之嚴重性。

理論上，經濟發展與經濟穩定是可以並存的，實際上，則經濟發展稍爲快速便必然會帶起物價之波動，通常幅度並不大。就落後國家而言，此種較輕微之物價波動實有利於經濟結構之平滑調整，有助於經濟發展之順利進行，毋寧爲一受歡迎之現象。臺灣過去將近十年所謂穩定而快速之成長即係此種情形。但今年却眞正面臨經濟快速發展與經濟高度不穩定之衝突局面，這種局面不能以引用外資來完全解決。要引用外資以減輕國內通貨膨脹壓力，必須要有物資伴隨此項資金自國外移轉到國內，否則除需要在國外使用之一部份資金外，對國內情勢並無多大幫助。不但如此，即使能從國外移轉物資到國內，還必須要此項物資爲國內所需要，並適合當前之一般環境，否則仍不能發生作用，或仍不能移轉進來。目前一般消費品國內並不缺乏，奢侈品在目前之環境下不宜輸入，資本設備及工業原料有正常貿易途徑，除非有巨額貿易赤字不需要用外資輸入。國內目前所亟需者爲大量之房地產與股票，以供人民將其過剩之購買力宣洩，免危及一般物價。而房地產及股票均不能自國外輸入，即連建築房屋之建築材料不是過於笨重，不宜大量自國外輸入，即是國際市場亦缺貨，搜購困難。國內目前另一缺乏因素爲勞力，此亦不能自國外輸入。

故爲解決此一經濟發展與經濟穩定之衝突問題，仍須自國內措施着手。就我們表面觀察，今年九項建設計劃及九項農業措施之推行，雖係一全面之快速經濟發展運動，但就實質物資而言似乎並未超過我們經濟之總負荷能力，而祇要不超過此一總負荷能力，便祇是一國內總資源的移轉與分配問題，情況便不嚴重，問題便可解決，餘下的祇是移轉與分配的技術而已。

所謂國內總資源的移轉與重分配，不外兩途：一是將資源從消費移轉到投資，或更確切的說，移轉到九項建設計劃及九項農業措施上；一是將資源從民間一般性的投資或不重要的投資移轉九項計劃等項目上。這種移轉當然是人力物資等實質意義的移轉，但移轉的手段或移轉過程的完成，仍是靠貨幣。既是靠貨幣，便離不了財政與金融政策。

所以爲了貫徹九項建設計劃及繼續推行九項農村建設措施，加速全面的經濟發展，而又能使經濟維持合理的穩定，仍須仰賴強有力的財政金融政策。而在當時的環境之下，金融政策除直接選擇性的信用管制外，恐難於發揮重大的效果，所以重擔便落在財政政策上。

談到財政政策，爲使此一政策能靈活自由的運用，達到移轉資源的目的，不受任何牽制，我堅決主張公營及公用事業價格作充份的調整，充份反應這些事業的成本及合理利潤，不要作變相的浪費性的補貼。我更堅決主張取消黃豆小麥進口的補貼，讓消費大衆負擔他們應該負擔的進口成本。這樣做當然會引起物價的上漲和加重消費者的負擔，但影響不大，而且即使影響大，也要如此做，因爲要到來的終會到來，要負擔的終會負擔，延遲到來，移轉負擔，並不能解決問題，反而使得問題更沉重，更複雜，而更難於解決。因此爲廓清財政方面的一切牽制羈絆，使其能放手支援全面經濟發展運動，達成移轉資源的目的，於開始之際，應以壯士斷腕的決心，「將所有這些負擔操刀一割，千萬不要面面顧到而面面失踏。

至於以財政手段對資源作直接的移轉，當然最有效的方式莫過於課稅及公債。公債除能達到資源移轉的目標外，還可以不加重人民的負擔，但在目前情形之下，除採强迫辦法外，恐不能收到預期效果。

我是贊成對大戶或若干利潤特殊優厚的事業作有計劃的攤銷公債的，而且認為必須如此做。但重點仍應放在課稅上，特別是所得稅。政府應動員所有人力及一切設施，將今年的所得稅辦好。以今年一年的時間，來詳細追查過去一年所得的來源與出去，並事先宣佈政府的決心與辦法，使那些高所得者在報稅時卽不敢有所偸漏。除了所得稅外，所有的稅都要整頓，並認眞課稅。

較課稅為次要的一個辦法是九項建設計劃中可以發行股票徵募民股的投資，均應發行若干比例的民股。這除了移轉資源外，還增加了民間儲蓄的工具，使民間儲蓄有正常出路，可說是一舉兩得。問題在於這九項投資計劃除了石油化學以外，其餘均屬利潤不大之投資，且多為公營，投資者信心不大。故除非政府採取某種保證措施，投資者方會放手投資。我贊成政府為此採取某些保證措施，我認為值得如此做。

最後一項措施是出清那些不必由政府經營的公營事業，政府賣掉那些不必經營的舊事業，以所得資金轉用於新的發展計劃上，無論就政府講，或就整個經濟講，都是最好的打算。而現在人民手中儲蓄正苦於沒有出路，一些連年虧累，從不發紅利的民營事業股票價格却節節上升時，以股票方式出售公營事業正是最好的時機。如果有些公營事業連在這種時機都不能以股票方式移轉民營，則當以廢鐵及地皮價值標賣。在這裏我要特別提醒一句，我主張這樣做，並不是敗家子處分祖產，而是為開展一個新的局面籌集資源，意義完全不同。為開展一個新的局面實在值得如此做。

總之，在目前情形之下，推行全面經濟發展，有加强經濟不穩定的壓力，這是不容否認的事。但無論從理論上或實際技術上看，這種壓力並非不可減輕或避免，端在政府有無此項認識及決心而已。（六十三年一月聯合報）

政府的經濟政策目標在於全體人民的經濟利益

行政院於昨天舉行的院會中，通過了「行政院針對經濟近況決定當前財政、經濟、金融政策的說明」，首先列舉今年元月二十六日頒布的「穩定當前經濟措施方案」的主要內容及其產生的效果，次則分析當前經濟困難的原因及爲解決此種困難所已經採取的各項長短期措施，最後指出：「當政府在決定財政、經濟、金融政策時，必定把握大衆利益爲先的基本原則」，要求全體人民與政府合作，共同克服困難，邁向繁榮發展之路。這一聲明實際上等於宣佈「穩定當前經濟措施方案」已將功成身退，今後在繼續謹愼的維持經濟穩定之前提下，將次第展開長期經濟發展工作，並提出政府經濟決策的基本原則，作爲對過去數月爲執行穩定政策而引起工商界申訴的總答復。

關於穩定當前經濟措施方案的行將結束與長期經濟發展工作已在展開一點，我們曾於本月二日以「一個新的經濟局面的開始」爲題，著論論列，並就如何在經濟發展中維持適度的穩定提出建議，玆不復贅。現在我們所要提出，並原已如骨鯁在喉，早思一吐爲快的，是這次聲明的最後一點，即政府經濟決策「必須把握大衆利益爲先的基本原則」，亦即政府的經濟政策目標在於全體人民的經濟利益。

政府的經濟政策目標隨時隨地而異，但有幾個基本的目標則是不因時地而變的，那就是經濟穩定，經濟成長，與經濟平等。然而這三個目標互有衝突，不能同時完滿達成，政府決策當局必須視當時情形就此三項目標截長補短，損彼益此，調和至當，以求取最大的全體人民的經濟利益。在民國四十七年以前經濟政策的主要目標在經濟穩定，而以經濟發展與經濟平等爲輔。四十七年以後迄至上年初，主要政策目標乃轉爲經濟發展，而經濟穩定與經濟平等則居次要地位。自上年初以來，在國際通貨膨脹的重大壓力之下，國內經濟穩定不斷惡化至不能容忍的程度，政府乃集中力量於通貨膨脹的遏止，而暫將經濟發展進度延緩，這一政策持續至目前方始放鬆趨勢，這實是適應實際經濟情勢的自然演變，政府亦別無選擇餘地。此種緊縮與遏止政策自不利於工商企業之活動，但縱令如此，政府爲顧及全體人民的經濟利益仍不得不爾。

但全體人民由各階層構成，而各階層之間的利益又時相衝突，如農業階層與工業階層之利益衝突，勞方與資方之利益衝突，生產者與消費者之利益衝突，利潤收入者與固定收入者之利益衝突等等。作爲政府之決策者，又必須在此等利益衝突之間，抑此揚彼，移東補西，調和至當，以求取最大之全體人民之經濟利益。過去二十餘年來，政府與社會爲累積儲蓄，誘導投資，以達成經濟之快速發展，著意培養工商企業集團，對工商界優容扶植不遺餘力。

工商界之有今日，何一非政府之扶植與社會之容忍所致。但自去年通貨膨脹以來，約五百萬之軍公教人員及其眷屬，以及數以數百萬計之其他固定收入者與升斗小民，困頓於高物價之下，眞實收入不斷減少，生活水準不斷降低，而其所損失之收入，與降低生活所節省之財富，則皆集中於連其眷屬不會超過十萬人之工商企業界之手，而此輩復不知檢點，在國內外窮奢極欲，乃致一屋連城，一食萬金。政府爲保障軍公教人員，勞工和薪資階層之生活，採取緊縮措施，提高利率，加强稅收，以穩定物價，並對財富集中趨勢稍加抑制，此乃爲求取最大之全體人民之經濟利益應有之措施，亦爲一負責政府應有之態度。

在過去將近半年之緊縮措施，再加上世界性之經濟衰退與市場銷納能力減弱之情形下，工商界遭遇若干困難自爲必然之事，政府對此種困難應有所了解與協助解決，亦屬應有之義。但工商界終日奔走呼號，責怪政府緊縮措施之不當，甚至用語失態，而絲毫不自我反省檢討，此種態度，殊令人失望。尤爲令人失望者有二點：第一，工商界純粹站在本身利益立場，以政府即工商界之政府，政府除工商界無其他人民，除扶植工商界無其他職責。而不知政府必須維持各經濟目標間之平衡，各社會階層間經濟利益之平衡，以求取最大之全體人民之經濟利益。政府不能維持此種平衡，則社會秩序便將破壞，現有政治與經濟制度便將傾覆，是則皮之不存，毛將焉附。第二，工商界未能善盡本身之責任。日本及西方進步國家之工商界每遭遇一次重大危機，其技術、組織、管理、推銷，便獲得一次進步，成本便有一次降低，而新產品或舊產品之改良亦由此而出現。試問我們工商界在過去將近半年之危機中，除責怪政府當局，要求救濟外，能力謀改進措施者，究有幾何？

往事已矣，希望過去一年半之經濟動蕩及其所產生之一切不良後果，包括工商界在先前之通貨膨脹及隨後之通貨緊縮中之表現，俱隨此次政府之聲明而去，而且永不回頭。從頭再起，所有經濟活動迅即恢復正常，在政府與民間之密切合作下，爲促進全體人民之經濟利益，締造一壯大之現代經濟社會而奮鬪。（六十三年六月）

經濟發展與經濟穩定

行政院蔣院長於二十七日院會中曾表示政府決將貫徹「在穩定中求發展」之經濟政策，認爲「穩定」與「發展」兩者不僅應予兼顧，且可相輔相成，唯有以穩定爲基礎之發展方能持久，亦唯有持續發展方能鞏固穩定，因之此一方針將是政府今後不變的政策。蔣院長的這一指示爲政策原則的指示，我們願根據此一原則指示，針對臺灣經濟現狀及其需要，就如何付諸實施方面作一極其簡單之分析，以申其義。

首先，我們必須要了解國家經濟政策是多目標的，在正常狀態之下，可歸納爲經濟發展，經濟穩定，與經濟平等三大類。這三大類目標任何一個目標行之過遠，都會不當的侵害其他二個目標。如不行之過遠，則在某種程度之內可以互相調和，相輔相成。如何調和，調和至何種程度以相輔相成，這便要看當時的實際環境，國家的需要，決策者的意願與判斷而定，這是高度的決策問題。例如從事對外戰爭的國家，如二次大戰所有參戰的國家，都是在儘可能維持穩定與平等的前提下，將全部經濟資源投放到戰時生產與供應上，以求取最後勝利。再如明治維新時代的日本，將經濟波動控制於可以處理或忍受的程度之內，並不顧經濟平等，而全力發展經濟，以求於最短期間使國家現代化，免於亡國之禍。蔣院長於去年通貨膨脹壓力沉重之際，毅然宣佈九項建設計劃，希望於五年之內完成，使我們能進入現代國家之列；本月二十七日又宣佈「唯有以穩定爲基礎之發展方能持久，亦唯有持續發展方能鞏固穩定」，可見其政策重點仍在經濟發展，穩定的目的在於發展，而達成穩定的工具也在於發展。所以今後的經濟政策主流恐仍將是經濟發展，而將其加以適當的限制，不使其行之過遠，以調和經濟穩定與經濟平等，達成相輔相成的作用。我們認爲在當前的經濟環境與國家需要之下，這是唯一的抉擇，別無選擇餘地。許多學院派的人士主張經濟維持絕對穩定，等待經濟徐徐發展，這當然也是一種政策上的抉擇，但這只能行之於經濟已經高度現代化，且又無敵國外患，無需强大經濟力量支持其作生死存亡鬪爭的國家。他們可以好整以暇，一切慢慢來，我們不能！試想沒有過去十餘年的高速經濟發展，我們現在成何局面？再試想我們以後如不繼續過去的高速經濟發展，我們如何與强敵對抗？

在五十二年至六十一年的整整十年中，我們確實做到了穩定與發展相輔相成的境界。在此期間，貨幣供應量平均每年以廿三%的速度增加，經濟以一〇・四%的速度成長，而物價則僅以一・七%的速度上升，這眞是最美好的一幅圖畫。造成這種美好圖畫的主要因素爲我們的經濟結構的本質。在這十年中，我們從國外，特別從日本進口低廉的機器設備與原料，再以少量的資本與豐富低廉的勞力在國內加工，而以高價出售至經濟高度繁榮，每人所得不斷上升的進步國家。因此，我們的成長率高，但對資本與勞力的壓力却不大；我們的所得增加快，對產品數量增加同樣快而成本下降大，在這種情形之下，除農產品因農業發展落後而價格不斷上升外，其他無論生產要素與產品的價格都不曾受到强大壓力而作巨幅上升。我們的經濟發展可以勇往直前，不必往意到經濟穩定，而經濟自然維持穩定。至於過去一年多的物價上漲，則主要係國際因素所造成，再加以國內聯合獨佔與囤積居奇，遂形成了强烈通貨膨脹局面。不過，這是短期現象，是臨時揷曲，不足以代表我們的長期經濟趨勢，更不是我們太過偏重經濟發展，沒有往意經濟穩定所引起，所以我們不必爲此短期的現象給與太大的重視與憂慮。

但是九項建設計劃的執行，不僅其本身對經濟資源形成强大壓力，對生產要素與產品價格都有不利影響，而且代表一種經濟結構的轉變，卽是蔣院長所指出的，在九項建設於五年完成之後，我們卽將成爲進步國家。換句話說，迄至六十一年爲止的過去十年那種落後國家有利的經濟發展形勢將因我們的經濟升格而不復存在，今後的經濟發展再也不能勇往直前，而必須作適當的控制以免對經濟穩定有過大的損害。正是基於這一理由，我們完全同意蔣院長穩定與發展兼顧的說法。

但如前所云，九項建設計劃的執行與蔣院長二十七日的指示，使我們堅信經濟發展仍將是未來經濟政策的主流，而且現實環境及國家需要也迫使我們非這樣做不可。今後決策的重點及執行政策的技巧祇在如何兼顧穩定，使其與發展相輔相成，關於這一點，我們有如下意見：

①九項建設必須根據經濟資源的供需情形，作輕重緩急之分，使各項計劃之間及各項計劃與整個經濟發展之間有密切的配合，這點因政府成立協調小組，由蔣院長親自主持，當可獲得解決。

②政府預算必須維持平衡或稍有餘額。所有九項建設及一般企業投資必須來自儲蓄，短期資金融通必須以有商業交易行爲爲根據。目前企業本身資金外逃，而以銀行短期與長期貸款作爲企業之長期投資來源之現象，爲十足通貨膨脹性，必須予以制止。因此對現有銀行貸款及金融政策與制度必須作全面檢討與改善。

③農業與零售業必須很快現代化。

④聯合獨佔必須予以防止。

能做到以上四點，必可達到經濟在穩定中繼續發展的目的。（六十三年六月）

我們需要迎頭趕上的經濟發展

行政院於雙十國慶前夕，特將蔣院長於本年九月十七日在立法院第五十四會期第一次會議所作口頭施政報告補充部份，以「中華民國萬萬歲」爲題全文發表，其中關於經濟部份在一開始時便說：「在經濟方面，我們發展經濟，不僅要使國民豐衣足食，而且要使經濟成爲國家發展的基本力量之一」。我們認爲這幾句話是國家前途關鍵之所在，有申論的必要。

一個國家從事經濟發展，究應採取何種過程，在理論上意見紛歧。惟在西方社會中，自由經濟理論始終在思想界居於支配地位，於是在經濟發展過程方面，大多數學者亦始終主張採取進化的方式，亦卽主張還就落後國家勞力多而資本少的經濟環境，偏重於發展勞力密集的初級型產業，如農業、加工業、輕工業之類，然後循序漸進，逐步進化。至於用這種方式能否「迎頭趕上」（國父語）進步國家，或需要多少年方能趕上，則在所不問。由於西方國家之成爲進步國家，是遵循此一過程經過將近二百年的演變進化而完成的；更由於西方國家現在已經是進步國家，他們的經濟學家與主政者之有此思想，作此主張，實爲極其自然之事。然而回顧過去世界經濟發展史實，則凡屬在短期內使其經濟發展卓然有成，成爲一流進步國家者，均非採取此種進化式過程，而係採取 國父「迎頭趕上」之革命式過程。日本明治維新，蘇俄一九一七年以後之發展均是顯例。

經濟發展本身誠然有其獨立之目標，但就整個國家總目標而言，則經濟發展不過爲達成此一總目標的手段之一。在一安全和平之國家，其經濟發展所欲達成之國家總目標必然爲使其國民豐衣足食，及在豐衣足食中求取更豐衣足食，造成一富裕社會，造成一大量消費社會。但在一積弱國家，一外有强敵，內有國賊的國家，其經濟發展所欲達成之國家總目標便必須爲「富國强兵」，而「富國」之目的亦在「强兵」，卽是建立强大國防力量，足以獨立自主的保護其國家安全，亦卽「要使經濟成爲國家發展的基本力量之一」。做不到這一點，其他如國民豐衣足食之類的目標便談不上，縱然做到，亦失去意義。無安全，無一切！

如一國經濟發展之國家總目標僅在於「國民豐衣足食」，則儘可好整以暇，採取循序漸進之進化過程，歷史上之成功顯例爲所有西方進步國家。現在泰、菲、印尼等國亦可採取此一過程。另一方面，如一國經濟發展之國家總目標在於「富國强兵」，在於「要使經濟成爲國家發展的基本力量之一」，便必須要「迎頭趕上」，採取超越現實經濟環境之革命過程。歷史上的成功顯例爲前擧之日蘇二國，現在已經採取者爲以色列，而必須要採取者爲我中華民國！

我們在慶祝民國六十三年國慶之際，環顧國家處境，瞻念國家前途，再平心靜氣地回溯自民國三十八年以來迄今二十五年的經濟發展過程，及爲此過程所採取的策略，誠令人感慨萬千。我們以一個外有强敵，內有國賊的國家，竟將經濟發展之國家總目標完全放在「國民豐衣足食」上，並採取了好整以暇，循序漸進的進化過程。我們國家處境所需要的是富國强兵，我們實際所達成的是國民豐衣足食。結果在一個需要艱苦奮鬥，爭生存於頃刻的環境裏，養成了輕裘緩帶，安樂享受的氣氛，而整個國家處境則日益艱難。假如我們當初爲經濟發展所採取的是第二種過程，則國民豐衣足食的程度可能不如今日，但我們可能已擁有製造原子彈的能力，已發射了火箭與人造衞星，我們的鋼鐵生產可能以千萬噸計，汽車生產可能以百萬輛計，試想在此種情形之下，我們當前的國勢爲如何，國家的處境爲如何。我們並不主張窮兵黷武，殘民以逞，如蘇俄之所爲。但我們的經濟發展應配合國家的處境，應配合國家的總目標，應該運用一切可支配的經濟資源，先求生存，再求發展；先求安全，再求享樂，當爲全國明智之士所僉同。

蔣院長所提出的「我們發展經濟，不僅要使國民豐衣足食，而且要使經濟成爲國家發展的基本力量之一」，依我們的體認，應該是表示過去二十五年來所採取的經濟發展過程的結束，一種新的適應國家處境與需要的經濟發展過程的開始。我們的國民已經到了豐衣足食的程度，在這方面所當做的，是如何在現有水準之上，求其分配的更爲平均。而我們今後的經濟發展重點，則應當是以迎頭趕上的革命方式，運用一切可支配的經濟資源，建立國家發展的基本力量，措國家於磐石之安。直捷了當地說，我們要富國强兵，我們要建立强大國防力量。毛共曾說過，人民可以不穿褲子，但要原子彈。我們現在要在人民已經豐衣足食的情形之下，要强大的國防，要建立足以在任何情況下保衞我們的生存、並使人不能輕侮的國防。

當然，這不是一件簡單的事，需要精密週詳的策劃，艱苦卓絕的奮鬪精神，與全國上下一心一德的意志。執政黨五中全會召開在卽，已公佈了四大議題。但爲什麼不更針對國家處境與現實需要，提一「加速經濟發展以建立國家發展的基本力量」案，並以此案爲核心，在使此案能在適當時機順利完成的要求下，提出一套全面革新與全面奮鬪的方案呢！(六十三年十月)

現階段經濟方面應有的做法——經濟穩定、經濟發展、經濟平等

經濟，無論在中華民國憲法，執政黨主義、黨章，以及自中央政府遷臺以來二十五年的實際政策與做法中，均佔極其重要的地位。自民國六十年十月我國退出聯合國以後，經濟的重要性更見增加，更爲全國上下所體認，而成爲政府施政的重心。無論在經濟穩定，經濟發展，及經濟平等等方面，都有明確、積極、負責的政策宣示與執行，用能在過去二年餘國際經濟驚濤駭浪中，得以安然渡過。

爲維持經濟穩定，應付空前未有的通貨膨脹與經濟衰退同時並陳的難題，政府曾屢次頒行重要措施，大規模動員財政、金融、所得等政策工具，採取各種經濟行政措施，終能及時控制通貨膨脹，並維持某種程度的經濟成長水準，現正致力於經濟衰退的挽救中。

爲謀長期經濟繼續發展，適應國家未來迫切需要，政府曾不顧其對短期經濟穩定的不利影響，在以很大一部份人力物力用於應付經濟穩定的困境之中，仍毅然發動九項建設，並積極推動電力擴充計劃。國家長遠之圖，百年之計，並未爲短期困難所阻滯，所擊倒。

爲求經濟平等，政府更在艱難困苦之中，推動農村經濟建設，實施各項保證價格，舉辦低利及免息貸款，廉價供應農漁業所需物料，以確保農業之正常發展，及六百萬農漁民之適當生活水準；採取大規模補貼政策，平價供應民生必需物資，減輕一千六百萬人民在國際通貨膨脹中所受之損害；對於數以萬計之中小企業生產之維持，數十萬軍公教人員待遇之改善，亦均有妥善之安排。使全國人民之生產與生活，得以維持適當之平衡關係，因能樂業安居，

社會亦得以安定和諧。

惟過去之成就，僅能供進一步發展之踏脚，並非長期經濟安全之保障。展望未來，困難正多：國際經濟衰退正在加深擴展，國內所受之影響亦日感沉重；在國際局勢未能顯著改善以前，長期經濟發展尤爲整個國家安全與繁榮之所繫。國家愈是艱苦，愈須加速推動。然而以現有之條件與負擔，求加速推動長期經濟發展，眞是談何容易！經濟愈不穩定，人民生活即愈感不安，經濟愈發展，人民生活水準差距即愈大，因而要求經濟平等之心即愈迫切，愈普遍。凡此均爲當前及以後若干年所必須克服之困難，必須解決之問題。際此執政黨建黨八十週年紀念、十屆五中全會舉行之期，我們除虔申祝賀之忱外，謹就今後在經濟穩定、經濟發展、及經濟平等方面，就政策原則提供若干芻蕘之見，俾供參考。

目前最迫切之問題，無疑爲採取切實有效之措施，促進或維持出口之暢通，從而減輕或避免世界性經濟不景氣對我國之影響。在世界經濟不景氣中，求維持出口之暢通，雖說並非不可能，然其困難必千百倍於平日。但以我國經濟環境而論，此爲我們唯一之出路，別無其他選擇。我們不能像其他國家以發展國內市場來代替國際市場，刺激經濟繁榮。若果然如此做，必使現已惡化之貿易逆差立即更爲惡化，更形擴大；進而影響對外借債能力，使整個國家收支處於極不利地位。政府在促進出口，挽救經濟衰退方面，過去半年已不斷採取行動，但由於國際不景氣壓力太大，情勢未見大幅改善。因此我們認爲在全會閉幕之後，政府宜選擇最適當的時機，拿出最大的魄力，巨幅降低利率及將新臺幣作適當程度的貶值。除此以外，宜令主管經濟貿易機構，針對各業之個別困難及整個出口之一般困難，進一步尋求特別解決辦法。在尋求解決辦法時，必須要了解出口貿易關係整個國家經濟前途，非一業一廠之得失，故應以國家力量爲之。

長期經濟發展爲國家命脈之所繫，若干建設已有來遲之感，此後在任何環境之下，均不能有絲毫放鬆。九項建設及電力發展或爲基本設施，或爲重化工業，均宜全力推進。但在此十項建設之內，仍可有輕重緩急之分，甚至單獨一項之內，亦可依分期進行方式而有所伸縮。推行十項建設政策既定，如何在實施方面，視當前人力財力，移前挪後，截長補短，妥爲調整配合，當由執行機構權衡決定。除十項建設外，我們更進一步建議將汽車工業及一般機械工業亦列入重大建設項目之內，合已有之鋼鐵、造船、及石油化學，應爲今後工業發展之核心。政府宜以如何加速此五大類工業之發展爲起點，對財政、金融、貿易、科技等方面作配合性之改革。此五大類工業發展成功之日，即爲國防需要趨於自立之時，故其進度不能以任何理由受到阻礙。政府必須計日程功，課主持人以重責，同時亦當指派監督機構或人員，令其負同等責任。

此類工業均爲大規模企業，鑒於目前公營事業經營之受有多種條件限制，欲求其順利發展，勢非以民營方式經營不可。故政府宜放寬對大規模民營企業之限制，另以其他措施防阻大企業之不良影響。在目前環境下，如何以最快最有把握之途徑達到目標爲最重要，穩定考慮應在其次。然而此類工業單靠民間力量亦未必能完成，政府宜有特殊獎勵扶植辦法。合政府與民間力量以從事。

隨當前世界潮流之演變，及國內經濟之發展與教育之普及，經濟平等之要求必日益强烈急迫。目前之措施恐難適應今後情勢發展之需要，故擬訂全套社會福利措施計劃，作分期有系統之實施，已屬刻不容緩之事。

以上僅爲一粗略之政策原則建議，但今後若干年經濟方面之努力方向與重點，恐不致超過此一範圍，若能據此擬訂完善之實施辦法，切實付諸執行，則十年之內，出現一穩定平等之現代經濟社會，與獨立之國防力量，當非難事。（六十三年十一月）

我們要具有堅強的經濟與國防力量

過去二十五年來，我國在故總統　蔣公的領導之下，已將二千餘年的一個停滯的落後的農業社會轉變成一個相當現代化的工商業社會。澈底掃除了二千餘年來絕大多數人民經常在饑寒凍餒下掙扎的慘狀，而造成了一個豐衣足食不知饑寒爲何物的太平景象。在臺灣，一如在美國與西歐，任何人祇要具有正常的生產能力與意願，便不愁沒有工作，便不愁缺少衣食，而任何人祇要略爲勤儉一點，便可立致小康之境。現在，在國內，我們已能生產並有能力享受現代生活所需要的一切便利設施與產品，我們的生活水準與其他進步國家相比，毫不遜色。在國外，我們的工業產品已行銷全世界，我們的重化工業產品已在源源不斷的打入國際市場，我們的貿易、投資、與經濟發展的人員走遍世界各國，我們以三萬六千平方公里的有效控制地區及一千六百萬人民，而六十三年的對外貿易總額達到一百二十六億美元，爲多少地大物博的地區所望塵莫及。尤其值得驕傲的，是在過去將近三年的國際經濟危機洶湧波濤中，無論是起是伏，我們都能安然渡過，而從不乞援於人。所有這些都是開我中華民族自有信史二千餘年以來未有之奇蹟，而且是在戰亂破壞之餘，艱難困苦之中完成的。

過去二十五年來，我們在故總統　蔣公的領導之下，在經濟成就方面還有比上面所述更爲重要的，那就是我們已奠立了進一步快速發展的基礎與條件，使得我們充滿了發展的潛力，使得我們無形中感覺到前途光芒萬丈。在二十五年的陶冶培育中，我們已形成了一個活力充沛的企業家階層，與一批能處理現代事務的政府官員，這是推動經濟發展的核心力量，而爲多少開發中國家所想望而不可得，必須要窮數十年之力才能勉有所成的一個經濟發展條件。在二十五年的快速發展過程中，我們也培養出高度儲蓄與大量從事生產性投資的能力與意願。我們的儲蓄佔國民生產毛額的比率最近幾年都超過了百分之三十，而且是在自願之下儲蓄的，這是全世界僅有日本可與我們一比的一個高儲蓄率，這充分反映了我們是一個富裕、勤儉、及具有經濟發展動力的社會：我們有能力從事高額的儲蓄，我們也有能力吸收消化這些儲蓄。在過去二十五年中，我們也奠立了技術發展的基礎。故總統　蔣公親自下令實施九年國民教育，在國家安全會議中設立最高科學發展的指導機構，確立國家科學發展的政策。在此同時，民間工商企業因爲事實上的需要，也在不斷的引進新技術，改良舊技術，及訓練技術人才。所有這些都在使我們走向技術自立之路，未來若干年將會是我們的技術爆炸年。以上所述的公私機構的人才、高儲蓄率、及技術爆炸，即是高速經濟發展的基本條件。日本人因爲具備這些條件而成爲經濟大國，我們也將因爲具備這些條件而在未來的若干年成爲經濟大國。

經濟是國防的基礎，有堅强的經濟力量，便必然有堅强的國防力量。在國防力量方面，我們除了有亞洲最完善的兵役制度，最完善的軍事教育，嚴密的國防組織系統，及敵愾同仇的士氣外，我們已有能力製造現代化的基本武器，有能力供應現代的軍需。而尤其重要的，是我們現有的生產能力及國民所得水準，以及經濟的潛力，已足以使我們能支應一次現代的大規模的戰爭。

故總統　蔣公在爲我們建立了這樣一個堅强的經濟與國防力量，使我們立於不敗之地以後，才離我們而去。我們後死者的唯一責任，便是如何善繼遺志，在已有的基礎上發揚光大，以實踐三民主義，光復大陸國土。關於這一點，事實上，行政院蔣院長早已爲我們描繪了一個遠景，規劃了一個長程計劃。

在經濟發展方面，即使是在國際經濟危機給與我們的壓力最沉重的時候，　蔣院長仍然毅然宣佈了九大建設計劃，並限期五年完成，要將我們澈底擺脫開發中國家的境地，進入現代國家的集團，對於這一宣佈我們所注意的不在九大建設的具體內容及何日完成，而在於它代表了我們要在最短期間建立一個經濟大國的決心與信心。九大建設的開始，即是我們建立一個經濟大國的開始，也使我們更爲把握住了一個經濟大國的遠景。

在國防方面，蔣院長於四月四日在立法院就六十五年度中央政府總預算提出報告時，曾指出國防預算在總預算中所佔比例仍居第一位，目的在發展新武器，建立自力更生的國防力量。在同一報告中明白表示「强大的國防力量與雄厚的經濟力量，都是保障我們國家安全的根基所在，所以關於國防力量的强化與經濟力量的成長，政府向不偏廢」。

以上蔣院長對於經濟發展與國防建設的提示，已經正確的把握住了未來經濟發展與國防建設的核心，指出了正確的發展方向，完全切合當前的國家需要與全體人民的利益，無待我們借箸代籌。我們要在這裏提出的，毋寧是執行此項政策的技術問題，我們認爲九大建設所指出的經濟發展方向，即是國防建設的需要，政府宜將兩者結合爲一，以國防需要作爲核心，使經濟配合這種國防需要而發展，再使財政、金融、貿易等配合這種經濟發展的需要而發展。如此，經過若干年後，我們便會自然的形成一個以重工業爲主的現代經濟大國，而我們建立强大國防力量的目標也就自然的達成。

於此，我們要呼籲全國軍民，在我們遭遇如此大故之際，在我們處玆險惡國際環境之際，我們人民必須要與政府合而爲一，刻苦奮鬪，儘速實現上述經濟發展與國防建設的目標，使我們的經濟與國防力量隨歲月之流轉而愈益强大，這是我們善繼故總統　蔣公遺志的唯一途徑！（六十四年四月）

以創新精神迎接歷史的新階段

如全國有識之士所共知的，我們是處於一個激烈變動的時代，處於一個歷史的新階段。近若干年來，國際政治局勢在劇變，國際經濟及社會局勢也在劇變。我們爲國際的一份子，自然會受到影響隨之發生變化，而由於我們的國際政治及經濟處境特殊，所受的影響甚至超過一般的國家。所以我們現在不是變不變的問題，而是如何主動求變，以求自己掌握變的方向，進而掌握自己的命運的問題。我們現在主動的多一分變化，即多一份創新，多一分力量，則在適應國際的大變局中，即多一分掌握自己命運，達成自己目標的機會，而不爲人所左右。

於此，我們可以欣然告慰於國人的，是在最近這幾年，我們在經濟與社會建設方面，觀念與政策上已經在變，已經在主動的配合國際情勢及國際潮流求變，我們現在所需要做的是如何加速而已。

就經濟方面來說，我們早已改變了祇求民富的政策，而兼顧了國强，即是經濟發展已逐漸與國防需要結合爲一了；我們也早已改變了祇求眼前的民富，而兼顧了長期的更富的民富，也即是我們經濟發展的視界與領域，已擴大到經濟發展基礎的建立與潛力的培養上了。這表現在實際措施上的便是十大建設的實施；在五年之內進入進步國家的宣示；最近在全國經濟會議上蔣院長所明白指出的政治與經濟不可分，要同時達成民富與國强的目標；以及在立法院報告中所提出的建立自主的國防力量等等。所有這些都說明了我們經濟發展的觀念在變，政策在變，變的更能適應國際情勢的發展，變的更能適合我們國家的需要。

再就社會建設方面來說，我們也在向一個均富的康樂祥和的社會在變，也在向保障每一個國民合理的生活水準方面變。反映於實際措施的便是社會保險範圍的擴大，各種農業平準基金的設立，國民住宅將要大規模的興建，以及陽明醫學院的設立（社會醫療制度的準備工作）等等。所有這些都是團結內部一致對外的必須條件，而所有這些也都是現代的國際潮流，即使不對外也要這樣做。

所以在建立嶄新的經濟與社會結構上，我們不是觀念與政策的問題，我們已經有了這種觀念，已經有了這種政策。我們現在所要爭取的是實現這些觀念與政策的效率問題，我們要事半功倍；我們所要爭取的還有實現這些觀念與政策的時機問題，我們要及時趕上。多一分成效，早一點見效，便愈能適合我們的需要，愈能適應國際變局。我們現在所要爭的是「多一分」，「早一點」！換言之，我們要加速！要果進！而如何加速與果進，便須要：

第一、決心。畏難、苟安、遲疑、短視，是人類共同的弱點。而要在經濟與社會建設方面加速與果進，以達成脫國家於危難，登斯民於衽席的目標，該是一個何等艱鉅的工作，須要付出何等重大的努力與代價，又該會遭遇到何等重大的頓挫與困難，這些都會引發一般人畏難、苟安、遲疑、短視的缺點，於是議論阻撓，懷憂喪志便會隨之而來，終至築室道謀，一事無成而後已。這時便需要決策當局的決心與堅强領導，愼謀能斷，愼思明辨之後，便乾綱獨斷，貫徹到底。

第二、方法。方法方面的第一件事是配合經濟與社會建設的需要，建立一套制度。我們誠然要求多、求快，而在求多求快中最容易亂。要做到既多且快而又不亂，則唯有靠一套完整的制度。我們必須要就現有的與經濟及社會建設有關的制度，一項一項的檢討，陳舊的予以革新，缺少的予以增補。有了完善的制度，便有了完善的實現觀念執行政策的機構或管道，以後便祇是充份利用此項機構或管道，發揮觀念與政策的力量而已。

然而徒法不足以自行，所以方法方面的第二件事便是用人。用人又分二方面：一是幕僚與決策人員，這要不拘一格，祇要爲政府所需要者，便可擢用；一是執行與事務人員，這需要建立完整的文官制度，並嚴格遵守，不能以任何理由破壞。

最後，我們要向全體國民指陳的，是處在這樣一個重大變局之中，欲求個人身家之安全與幸福，必先謀國家之安全與强盛。因此我們每一個人除了在自己的崗位上努力，隨份報國外，更要：㈠對國家前途有信心，㈡守法，㈢節約。我們深信這些卽是政府與人民迎接歷史新階段在經濟與社會方面所必須要努力做到的一些事。

（六十四年五月）

六年經濟計畫的意義與做法

行政院蔣經國院長於六十四年九月二十三日在對立法院的施政報告中，提出了六年經濟計畫的構想，自民國六十五年開始到七十年爲止。以前四年的時間致力於十項建設的如期完成，後二年則規劃在十項建設完成後國家經建行進方向。計畫的主旨，在預爲建立一個現代化的、符合民生主義的經濟架構完成奠基工作，並爲農工商業進入現代化的規模，塑造一個完善的雛型。蔣院長並提出了六年計畫的十大發展方向，包括農工發展，基本建設，資源及能源開發，以及財政、金融、貿易與物價等配合措施。由於未來六年對我們而言，實是關鍵性的六年，而這一次的經濟計畫則是一個關鍵性的計畫，完全不同於過去歷次的經濟計畫，因此無論在設計及執行方面，都不宜囿於傳統做法，必須針對需要多方設想，全面更新。

這次經濟計畫的意義

我們所謂這一次的經濟計畫是關鍵性的計畫，有兩重含意：一是經濟的；一是政治的。就經濟方面來說，這一次的計畫是一個樞紐，我們要利用這一個樞紐將經濟發展轉向或升段。我們經濟的第一次起飛約在民國五十年前後，在那次起飛中，使我們的經濟由一個落後的農業型態，轉變爲一個比較進步的輕工業型態；使我們的生產與貿易結構發生了重大變化，生產力、個人所得、因而生活水準都提高了很多；使我們在落後國家中遙遙領先，成爲落後國家中的進步國家，貧窮國家中的富裕國家。這都是我們大家有目共覩的事實。

照理，我們應該利用這一次起飛的成果，立即策劃進一步的爬升，將經濟發展升到更高的一個階段，帶入一個新的境界，使我們完完全全的成爲一個進步的工業國家。但是由於種種環境的限制，將近十五年來我們都未能做到這一點。假如我們在第一段所引述的蔣院長的話及對這一段話的了解沒有錯，則這一次的六年經濟計畫的主要作用就在使經濟發展升段，爬升到更高的一個境界，完成過去十五年來所未能完成的工作。所以我們稱這一次的計畫爲關鍵或樞紐。

就政治方面來說，我們目前是萬事莫如充實國力急，惟有强大的國力，我們在現在才能莊嚴的生存在國際社會之中，在將來才能有所展布，而强大國力的核心則是經濟。我們要用經濟的力量來支持國防、外交等等其他方面的力量，我們也要用經濟的發展與進步來刺激促動整個國家全面性的發展與進步。我們要利用這一六年經濟計畫，對國家加以全面改造。六年之後，我們不僅有一個現代經濟，我們也是一個完完全全的現代國家。六年之後，我們要以一個有强大國力支持的現代國家身份，來與落後的敵人相對抗，來與國際社會相周旋。所以我們稱這一次的計畫爲關鍵或樞紐。

設計方法要作重大改變

我們既有的六年經濟計畫既具有如此重大的意義，既不同於我們過去六次的四年經濟計畫，更不同於其他國家的一般經濟計畫。對我們而言，經濟發展本身不是一個目標，祇是達到國家總目標的最重要的手段，因此一般經濟發展的指標，如所謂經濟成長率之類，除非放在達成總目標的光圈內看，才能確定它們的意義與重要性，單獨的看便毫無意義了。因此設計的方法應隨之作澈底的改變，放棄過去建立一個模型，假設幾個數字目標，收集一大堆統計資料套進去，計算出一套比率出來：經濟成長率多少，投資儲蓄率多少，貿易增長率多少，通貨膨脹率多少……等等，而完全不切實際，與國家總目標全然脫節的方法。這種方法的實用價值，早爲若干專家與若干國家的執政者所懷疑、輕視、乃至放棄，我們此時此地尤其不宜以如此重要的經濟計畫，放在如此不可靠的設計方法上。

我們認爲設計六年經濟計畫的第一步，應該是由決策階層審度國家的當前處境與需要，確定以後若干年想要達成的目標，及達成的程度有多大才能適應國家的處境與需要。在這一點決定之後，再由技術階層——即設計人員——來策劃達成目標所應採取的策略，及估量國家所能動員的資源是否足够達成目標之用。到了這一階段，爲了各部門有密切的配合，才可利用經濟計畫模型來作各種計算，求出各種比率。而即使如此，所計算出來的結果也祇能作爲參考資料，實際計畫的設計及執行不能受到這些數字的重大約束。

設計六年經濟計畫的第二步，是在總目標及達成的程度，以及主要策略都已確定之後，便當提出實現目標及運用策略所必須要有的政策及制度。此種政策也許與社會某些階層的利益相衝突，也許要國人付出相當沉重的代價，這些制度也許與現有的制度不相合，則此時決策階層便要拿出勇氣與決斷，剷除阻礙，這便是全面革新。所以一個眞正的具有改造意義的經濟計畫，必須伴之以全面革新。

茲以蔣院長歷次有關的談話爲例來說明上述的設計過程。今後若干年的國家總目標是「國强民富」（相當於清末及明治維新的富國强兵〉，六年經濟計畫卽當以此爲目標設計。在六年之內所要達到的程度是「預爲建立一個現代化的、符合民生主義的經濟架構完成奠基工作，並爲農工商業進入現代化的規模，塑造一個完善的雛型」。所採取的策略卽是「十大發展方向」。現在技術階層人員所要做的是：（一）評估一下就國家的處境與現實環境而言，所要達到的程度是否過輕或過重，或恰好；（二）評估一下基本策略是否適當，恰可達到目標；（三）根據目標及策略設計個別發展計畫，如十項建設、國防工業、重化工業、農村建設等等；（四）估計經濟資源的供求情形，並作必要的調整，包括模型運用與數字目標；（五）提出執行計畫所必需的政策及制度，亦卽配合的全面革新措施。

建立強有力的執行機構

設計祇是實施經濟計劃的一個起步，在整個實施過程中，最重要的一步是執行。沒有切實的執行，任何完善的計畫都是紙上談兵，毫無意義。我們如果想要做好六年計畫，一個强有力的具有必需權威的執行機構絕不可少。這個機構負有嚴格督促各有關機構照計行事，協調彼此之間的衝突，隨時解決困難，剷除阻礙等任務。

這個機構是內閣的本身，或是五人小組，或是就現有機構中指定或改組一個，或是另行設立一個，都無關緊要。但必須具備下列幾個條件：㈠組織不要龐大，人員不要過於複雜，但必須精選；㈡主持人必須具備應有的能力，必須乾淨公正，且得到最高權威方面的絕對信任與支持；㈢這個機構必須具有支配資金及外滙的權力。

這個機構一項最重要的任務，是運用所能支配的資金與外滙，按照計畫上面所列擧的發展項目，協助民間發起組織新的生產事業或擴大改進現有的生產事業。遇有必要，並可創辦新的公營事業。展望未來的局勢演變，這一任務將關係整個經濟前途及國家命運。回想民國四十年代初期，經濟黯淡，投資不前，一片蕭瑟景象。適在此時，成立了適當的機構，延攬了極少的人員，運用每年數千萬美元的美援，熱烈的扶助民間企業，不斷的發動新的投資計劃，遂開展了以後二十餘年經濟發展繁榮之局。追溯當前的重要工業，重要民營企業，重要企業人物，無一不是奠基於那個時代。從今以後，我們又將面臨一個投資不前的局面，而我們所要發展的工業，無論在資金需要、技術水準、市場推銷等方面，都遠較二十多年前爲繁難複雜，沒有一個强有力的執行機構，絕難達成預定的目標。

暫抑生活水準的必要

龐大的經濟發展，整個的國力加强，在短期間都會與人民生活水準的改善有衝突，雖然在長期間是一致的。爲有效執行六年經濟計畫，必須要暫時抑壓人民的生活水準，至少不能改善的太快，這是爲國家整體的長期的利益，也是爲全體人民個人的長期利益所必須要付出的代價與犧牲。日俄兩國之有今日，當初其人民都曾付出沉重的代價，並非倖致。因此我們必須要設計一套方法或制度，使人民自動的與被動的抑制生活水準，特別是中產階級以上人民的生活水準。政府宜對全體人民反覆詳細解釋理由，使全體人民都了解經濟發展在當前的重要性，及抑制生活水準之必要，並使其產生一種參與感，這也是使六年計畫成功的一個必備條件。

把握決定命運的六年

六年對我們而言，是一段非常長的時間，然而純就時間的意義來講，則轉瞬即逝。我們政府與人民必須把握住這決定命運的六年，以六年經濟計畫爲樞紐，締造一個嶄新的光明局面；以六年經濟計畫爲核心，向四方八面散發出革新、奮鬪、進取、創新的光芒，爲國家奠立萬世不拔之基。（六十五年一月中央日報）

十項建設計畫完成後的政府投資方向

報載行政院蔣院長於某一次會議中，曾指示各政府有關首長，就十項建設計畫完成後，政府應作那些新的投資提出意見，以便早日決定政府未來的投資計畫，我們願就這一點表示一點淺見供有關方面參考。

在擬訂政府未來的投資計畫以前，必須要先了解政府的投資範圍爲何，而政府的投資範圍又決定於經濟制度。在資本主義的自由經濟社會，政府投資的範圍比較狹窄，在社會主義或其極端形式的共產主義社會，政府投資的範圍則極其廣泛。我們是民生主義經濟制度，政府投資範圍介於兩者之間，具體的說，應包括：①基本建設投資，②社會建設投資，③企業之有獨佔性質，或規模過大爲私人之力所不能辦者。十項建設中之鐵路電氣化、北廻鐵路、高速公路、臺中港、蘇澳港、桃園機場，及核能發電等七項屬於基本建設；大鋼廠、造船廠，及石油化學工業等三項在目前屬於企業之有獨佔性質規模過大爲私人之力所不能辦者。我們預計在十項建設完成之後，在可預見的期間內，臺灣的基本建設已足够應付需要，縱有增建，亦屬零星建設，不居於主要地位。至於第三項規模過大或有獨佔性質之企業投資，雖然較富彈性，但爲數亦不會太多。在這一方面，政府所當做的，祇是鼓勵民間企業如何利用十項建設完成後之優良投資環境，作充份之民間投資。

根據以上分析，則十項建設完成後，政府應擧辦的大規模投資，無疑便重在社會建設投資了。關於社會建設投資，一般人士以其不能產生具體的物質結果，而常加以忽視，這實是一個嚴重的錯誤。社會建設投資一方面直接關係人民的生活，而一切經濟活動，包括所謂「生產性」的投資，最後目的都是在於人民生活；另一方面也直接間接關係到生產，沒有適當的社會投資配合，所謂「生產性」的投資的效果便會減損，在不配合的情形十分嚴重時，且可造成混亂，而發生副效果。因此之故，比較進步的國家，在政府施政或草擬經濟計畫當中，莫不力求經濟建設與社會建設的平衡，常將經濟發展計畫命名爲經濟與社會發展計畫。

我國經過二十餘年之努力，經濟發展誠然有相當成績，但社會發展則顯得相當落後。在過去，一則由於經濟發展還沒有到現在這樣的程度，經濟發展與社會發展的不平衡還沒有現在嚴重；再則由於政府及社會能力有限，一時尚無暇顧及社會建設，現在情形兩樣了，不僅經濟與社會發展之間的差距越來越大，有解決的必要，而且也有解決的能力。因此，我們鄭重建議在十項建設完成之後，政府應以最大的努力致力於社會建設與社會建設投資計畫。

當然，社會建設一如經濟建設，其中亦有輕重緩急及優先次序之分，並非百事俱擧。我們於衡量當前及以後情勢後，認爲社會建設應集中於下列三項，也卽是我們在過去所一再提到者：

㈠國民住宅的大規模興建。二千多年以來，我們都是過的貧窮生活，一般人民日夕所祈望的是但求溫飽，政府施政的最高理想是使人民豐衣足食，無虞凍餒。說來說去，祇是衣食兩項，其他住行育樂根本無力顧及，人民及政府也不作此奢望。但是在一個現代的富裕社會，衣食兩項已經不是問題，甚至住行都已不是問題。我們在臺灣已革除了二千多年以來的貧窮跡象，衣食已不再是我們的問題，現在正是人民及政府着手解決住的問題的時候了。

㈡建立全國的醫療網。這也是僅次於衣食的一個重要民生問題，而且也是祇有在衣食問題獲得圓滿解決後，才有餘力來解決的一個問題。建立全國的醫療網，包括醫生護士的訓練與物質設備的設置，必然需要龐大的投資。

㈢改善敎育設施。我們是世界上敎育最發達最普及的國家之一，但是毋庸諱言的，我們的敎育設施，包括敎室及教學設備在內，數量既感不足，品質亦復低劣。因而嚴重影響我們教學的品質，接受教育者的品質與其接受教育的年限與程度十分不相稱。要徹底革除這種現象，便必須要將大量的投資放在教育設施的改進上，尤其國民教育，尤其窮鄉僻壤之國民教育，關係國民的品質與地區間的平衡發展，非儘可能大量投資改善不可。

除了這三項重要的社會建設投資外，在基本建設方面，我們建議規劃及着手進行都市及都市與衞星鄉鎮之間的捷運系統，由於臺灣地狹人稠，而人口增加了無止境，這種捷運系統的興建勢必很快便會擴及全臺灣。這是解決人民行的問題的開始，所吸收的資金必然龐大驚人。在舉辦有獨佔性或規模過大企業方面，我們建議就土地開發及利用方面再作徹底認眞的規劃與努力，這因爲土地是我們的稀有生產要素，也是我們經濟發展的一個最嚴重的限制因素，必須儘量減輕其不利影響。

我們認爲上述三項重要的社會建設，一項基本建設，及一項土地資源開發，必將吸盡政府所能籌集與運用的投資基金，再無餘力從事其他的經濟發展計畫，那麼這些經濟發展計畫，便可由民間投資，這便是政府與民間的分工與合作。（六十五年四月）

把握時機、一舉躍進成為現代經濟國家

行政院蔣院長於本月七日行政院院會中指出：我國現正處於經濟型態的轉換期，亦即正由輕工業爲主的生產型態，步入以重化工業爲主的階段，再加上十項重要建設完成後，我國的經濟結構將出現新的面貌，決非僅是量的增多增廣，同時也是質的改進和提高。蔣院長因此希望政府與民間應立即共同注意，密切合作，面對這一經濟的轉換期。並指示在今明兩年，大家要集中精力，研訂各種政策和方案，以迎接即將進入開發國家的光明遠景。

我們對於蔣院長的這一宣佈，眞是不勝歡欣鼓舞之至。建立重工業，將國家完完全全的轉變爲現代國家，升高民族和國家的國際地位，使全體人民享有現代經濟社會的生活水準，徹底擺脫兩千多年以來的貧窮與落後，洗刷中華民族因貧窮與落後所受到的羞辱與輕視，豈止是我們這一代有志氣有愛國心的中國人的熱切願望，實是自清末維新運動迄今約一百年來，多少仁人志士拋頭顱，洒熱血，夙夜匪懈以求達成的。現在可以在我們這一代，可以在我

們自己的手裏來實現，雖然暫時僅限於臺澎金馬，但畢竟證明了我們有此能力，畢竟讓我們在這一塊中國土地上實現了百年來的願望，則我們內心的激動與興奮，又豈是筆墨所能形容的。我們願隨國人之後，提出若干意見，共同致力於這一大業的完成。

蔣院長稱我國現正處於經濟型態的轉換期，據我們所知，這是民國三十八年中央政府播遷來臺的第二次轉換期。第一次是民國四十年代的由農業經濟轉換爲輕工業經濟。當民國三十八年中央政府遷臺時，臺灣農業人口佔百分之六十以上，是一個典型的落後農業經濟，承戰時破壞貧乏之餘殃，無資本，無技術，無市場，無原料，而且最爲令人沮喪氣短的是無企業家，甚至工業發展所必需的一點基本建設，內陸海上運輸設施及電力供應，都極端缺乏。是在這樣一個絕望的情況之下，政府出面領導，以有限的一點資金與美援，努力恢復電力運輸等基本設施，與日人遺留而爲盟軍炸毀的一點工業，然後再策劃與發起新的工業，發掘民間企業家承辦，陸續解除各種阻礙工業發展的限制，頒行各種獎勵工業發展的辦法，製造優良的投資環境，開闢海外市場與建立國際商業關係。十年慘淡經營，終於在民國五十年代開花結果，將一個貧窮落後的農業經濟成功的轉變爲一個富裕進步的工業經濟。這有事實可以證明：在民國四十一年，我們的生產結構是農業佔百分之三五·七，工業一七·九，商業及服務業爲四六·四。出口結構爲農產及農產加工佔百分之九二·二，工業產品佔七·八，二十三年後，卽民國六十四年，我們的生產結構是農業佔百分之一六·三，工業三六·三，商業及服務業是四七·四。出口結構是農產及農產加工佔百分之一六·四，工業產品佔八三·六，我們毫無問題已是一個工業國家。

毋庸諱言，我們的工業主要爲輕工業，也正因如此，我們現在才又一次的面臨一個轉換期——將以輕工業爲主的經濟轉換爲以重工業爲主的經濟，將一個中程發展國家，轉換爲一個完全發展國家。我們毫不遲疑的說，我們有能力這樣做，而且現在正是時機，因爲：（一）我們已有高度的儲蓄能力，我們的儲蓄率曾經達到百分之三十，這是除日本以外，其他國家很難具有的條件；（二）我們已有一套政府機構，能够熟練的處理現代經濟事務；（三）我們已形成了一個企業家集團，足以擔當發展重工業的任務；（四）我們已有相當的技術與管理經驗的累積；（五）我們已有九年國民敎育與各種職業敎育，足以訓練所需要的優良勞工與技工；（六）我們的科技發展正在推動中；（七）我們已有相當廣泛良好的國際商業與金融關係。我們在這樣一個優良堅實的基礎之上，何愁不能一舉轉換成功。日本之成爲經濟大國，轉換期是在一九五〇年代中期，其基礎還不如我們現在優越。我們能不能轉換成功，不是客觀環境問題，而是願不願意努力的問題。現在蔣院長既已宣示了決心，我們深信政府有關官員與民間企業界會照着蔣院長的宣示：「政府與民間應立即共同注意，密切合作」。但我們仍願提出下列幾點建議：

（一）第一次轉換期之成功，得力於工業委員會→美援會→經合會的策劃發動推進者不少，現在似宜檢討一下，或就現有機構指定一個，或另行成立一個機構專責執行同樣任務。

（二）誠如蔣院長所指示的，要研訂一套政策和方案，並建立有關的制度。其中大力獎勵，放手支持，爲絕不可少之條件。

（三）民間若干成名企業家應不再囿於謀取私人私潤，毅然起而與政府合作，擔負起這一艱巨而有重大意義的任務，將個人的財富與才能貢獻給國家，貢獻給這個使你們成功與成名的社會，爲你們自己的同胞做一點事。

全國同胞們，特別是青年同胞們，讓我們響應蔣院長的宣示，共同奮起，把握時機，使我們的國家一舉躍進成爲現代經濟國家，完成我們這一代的神聖任務，讓我們這一代在中華民族的演進歷史中，寫下輝煌的一頁，這是多少代都難得一逢的機會，我們何其幸運，竟躬逢這一機會，我們絕不能讓它失去。（六十五年十月）

貳、農業與土地資源

如何解決當前的農業問題

最近半年，農業發展的相對停滯，特別是農民收入及其生活水準的相對低落，受到各有關方面的極大重視，紛紛提出對策及意見。日前，省糧食生產會議，嚴副總統及李國鼎部長均對此一問題，提出精闢的分析與指示。預料在執政黨的二中全會之後，將有嶄新的進步的農業政策出現。我們願在此一政策的形成過程中，提供我們的一些淺見，供決策當局參考。

首先，讓我們指出，目前所遭遇的農業問題是經濟發展過程中的必然現象，這正是表示我們的經濟在快速進步，差不多在所有進步的國家中，農業都是一個比較落後的經濟部門，農民都是處於被保護與被救助的狀態，以美國農業之進步，以歐洲共同市場國家農業經濟之優良傳統，其農民均在長期保護與救助之中。所以，除非我們的經濟不進步，除非農業生產技術有令人不可思議的改進，否則，像目前的農業問題遲早會發生的。我們用不着去責備或追究誰應負責，主管糧政者也用不着否認問題之存在，說出沒有問題發生，農村照舊繁榮一類的話。要緊的，是如何採取新觀念，形成新政策，建立新制度，以應付新的局勢。

西方進步國家應付因農業發展相對落後，農民所得相對低落的問題，一方面是全力研究發展，以求農業生產技術的改進，農業生產及推銷組織的健全，因而提高農業生產效率，也就是提高農民所得。西方進步國家在第二次世界大戰以後在農業方面的進步，絕不下於工業，可惜爲工業進步所掩，不爲人所注意。另一方面則是在生產技術效率提高猶不足以改善農民的相對地位的情形下，用高度保護以維持高水準的農產品價格，用補貼方式以補農民所得之不足，聞名世界的美國剩餘農產品，便是美國政府補貼其農民的結果。

不幸得很，無論保護與補貼，在現階段的經濟發展之下，我們都不能大量採用，就保護來說，我們的農產品事實上早已在保護之下，我們農產品的價格既高於落後國家，也高於進步國家。我們可以斷然的指出美國及西歐的若干主要食物，如果連品質考慮在內，其價格實較我們爲低廉，而這些國家的平均每人所得則高出我們若干倍。所以用保護或其他任何方法使臺灣農產品價格上漲，以達到增加農民所得的目的，都是降低全國人民生活水準，違背全民利益，因小失大的做法，整個經濟發展的一點利益將爲無效率的農業生產所抵銷，我們堅決反對。

至於補貼農民，則更非情勢所許可，進步國家的農民不過爲其總人口的百分之十或更低，以百分之九十或更多的人口來補貼百分之十或更少的人口，自不見其負擔之重。而我們的農業人口現在約爲總人口的一半，我們勢不能以一半人口來補貼另一半人口，事實上，目前的高農產品價格，已等於以人口半數的非農民來補貼另一半數的農民。

因此，解決當前農業問題的途徑非常明顯，那便是提高農業生產效率，減低農業生產成本。這在一定的技術水準之下，又需從三方面着手：

（一）減低農業生產投入品的成本，特別是肥料與農業生產器具，這些都是國內供應的工業製品，國內工業在長期保護之下，不求長進，製造價格高，品質低的產品應市，由於消費者是沉默的大衆，這種無出息的剝削不爲政府當局與社會人士所注意，即令注意也從不採取改進行動，現在這種弊害因農業問題而顯現得十分清楚，政府當局總應該就工業政策作全面改進了吧。

（二）改變經營方式：我們目前典型的經營方式是一家農戶擁有半甲一甲地，以種植水稻爲主，一家勤勞，勉夠溫飽，這是幾千年的傳統經營方式，這種方式不改，農業決無前途，農民生活決無改善餘地。要農業有前途，農業必須商業化。農業生產不在供本身之消費，而在供應市場。旣在供應市場，則農民便有擴大耕種規模的必要，便有選擇栽種獲利最大的作物的自由，便有買進成本最低的生產財貨如肥料農機的權利。不如此，便不是商業，而農業不商業化，便不是現代的農業。沒有現代農業，農民生活從何改善？農民那有前途。

（三）重新釐訂土地制度：要農業商業化，要提高經營效率，減低生產成本，則目前僵硬的土地制度必須要有所變更，重視土地所有權的傳統必須要轉到重視土地的最有效的利用上。

以上三點是我們認爲提高農業經營效率，減低生產成本的關鍵所在，也就是解決當前農業問題的僅有途徑。而且這三點做不到，連進步的農業生產技術都無法大量引進，則整個農業便是一池止水，無進步之可言了。爲便利這三點的實現，農業金融制度必須澈底的改進，這屬於另一問題，不在此處詳論。（五十九年二月）

農業現代化與耕者有其田

由於整個經濟的快速發展，非農業經濟部門的生產力不斷提高及所得不斷增加的結果，使得農業成爲一個相對落後的部門，農民所得也相對低落，於是便形成了種種農業問題，而且日趨嚴重，終於引起了各方面的注意，及政府決策階層的重視，農業現代化的呼聲便隨之而起。這實是一種進步的，可喜的現象：我們的經濟終於進步到要擺脫傳統的農業經濟範疇，向全面現代化推進，而政府決策階層也能不受傳統的約束，了解問題的性質，斷然採取許多革命性的觀念與具體措施，以促進農業的現代化。這是絕大多數落後國家所想望而做不到的事，而竟然發生於我國，豈不可喜。

然而不幸的是，社會仍有少數人士，由於生長於典型的落後農業經濟社會，不自覺的受傳統觀念及兒時所見所聞的影響；而對於現代經濟社會的演進及所產生的現象，又甚少接觸，因而對於經濟發展過程中所產生的問題及其性質便不甚了了，再加上對 國父遺敎的僵硬解釋，不了解 國父遺敎中的進步精神，於是便產生了相反的論調。本來對於一個問題，可以有不同的看法；對於一個政策，可以有相反的論調。但有些問題與政策，則大勢所趨，祇有一條路可走，不容置疑。正如纒足與父母代訂婚嫁，雖爲千百年的傳統，一旦大勢所趨，非廢棄不可，縱有少數人反對，亦無濟於事一樣，而農業現代化正是這一類的問題，縱有少數人反對，亦不足以阻止這股進步的力量。惟爲使社會大衆對這一問題有更深一層的了解，我們仍願不嫌辭費，就這一問題再加析論。

少數人士之對農業現代化採取懷疑態度，主要是認爲其對耕者有其田政策有破壞的作用，我們玆就這一點詳加剖析。首先我們要指出，土地所有權集中於少數人並不是一個現代的問題，而是一個我國自有歷史以來便已存在的問題。富者田連阡陌，貧者無立椎之地，便是這一古老問題的寫照。以耕者有其田或平均地權來解決這一問題，也不自我們這個時代開始，而是古已有之，井田制度及王莽的復古便是明證。但歷史上的平均地權政策都告失敗，而我們這一代的成功，這並不僅是我們的辦法比古人高明，而是我們這一代同時有經濟發展而古人沒有。因爲我們有經濟發展，能利用現代農業生產技術如化學肥料、選種、消滅病蟲害、輪作等等，使農業生產力不斷提高，一塊土地的生產量不斷增加，能養活更多的農業人口。也因爲我們有經濟發展，工商各業不斷繁榮，能吸收農村過剩人口，減輕農村人口壓力。試想假如沒有經濟發展，耕者死啃那塊分得的土地，一代兩代傳下來，生產不見增加，而食指日繁，其能免於凍餒乎？如不能免於凍餒，平均地權能成功乎？耕者能長有其田乎？所以耕者有其田或平均地權的本身並不能孤立的解決農民生活問題，眞能解決農民生活的是全面經濟發展。少數人士如果不能接受這一結論，請一查史乘，看歷史上土地兼併之風是如何興起的。

其次，我們要指出的，是在經濟的快速發展之下，現在每一農戶一小塊土地的耕者有其田辦法不能存在。關於這一點，用不着我們詳細說明。祇要注意一下，在目前我們的經濟並不算太進步，工人的生產力與工資並不算太高的情形下，農業生產及所得已顯見落後，如果我們的經濟進步到像西歐北美那種情形，工人的生產力與工資高於目前若干倍，則現在每一農戶一小塊土地的耕者有其田制度能存在嗎？如果仍能存在，則農民將是社會上最悲慘的階層。所以，爲了農民利益，現在每一農戶一小塊土地的耕者有其田辦法必須要打破。配合經濟的全面進步，農業必須要加速現代化：擴大單位耕種面積，使用現代農業生產技術與工具，這是時代要求，反對不來的。

第三，我們要特別强調指出的，是在一個經濟高度進步的社會，地權不一定平均，但有其田的必然是耕者或經營者。在一個經濟高度進步的社會，農地並不是主要的生產手段，也不是主要的財富，除了農民或經營農業的企業家以外，沒有人會對農地感到興趣，也就是沒有人去購買大批土地而成爲地主階級。凡是購買農地的，必然是親自耕作的農民或親自經營的企業家，也就是有其田的必然是耕者或經營者，不過，其擁有土地的大小，則要看其耕作或經營能力的大小而定，小者可以擁地百畝，而大者可以千畝萬畝。所以，從長期看，從進步的觀點看，耕者有其田實是一種自然的發展趨勢，用不着我們聲嘶力竭的，僵硬的去呼喊維持。大勢所趨，應該存在的，不去呼喊也會存在；不應該存在的，縱然呼喊也不能存在。少數人士如果不能接受這一結論，請一看北美西歐的例子。

由於我們現在經濟進步的程度，還不够自然的產生耕者有其田的狀態；另一方面，我們經濟進步的程度，却足以使現有的耕者有其田制度發生動搖。因而政府採取措施，在不違背耕者有其田的基本精神之下，逐漸修改及放寬現行制度，便利農業的現代化，有秩序的渡過這一過渡階段。這種謹愼而又開明的態度，實值得我們的讚佩與擁護，我們看不出少數人士爲什麼要持相反的論調。（五十九年三月）

糧食局易長談糧政

省府局部改組，除民、建兩廳易長外，擔任糧食局長達二十三年之久的李連春氏，調升行政院政務委員，遺職以在糧食局年資較李氏猶深一年的副局長施石青接充，糧政革新，久在各方矚望之中，玆當糧食局人事更動之際，我們爲整個國家利益及臺灣農業前途與夫糧農的切身利益着想，謹願就糧政今後變革的方向，一述我們的意見。

所謂糧政，就目前情形而論，包括兩方面：一是產銷制度；一是糧價與農業用品價格政策。

就糧食，或更確切的說，就稻米的產銷制度而論，二十三年來，我們是實行的戰時糧政，而且是日本式的戰時糧政。我們目前以肥料控制糧食生產的一套辦法，實源於二次世界大戰期間日本爲掌握糧食所實行的制度，這套辦法對於在戰時確保糧食的生產與軍糈民食的供應，確曾收一時之效。卽在戰後的最初幾年，對於幫助整個經濟渡過那一段艱苦黯淡的歲月，也不無貢獻。然而今日國家的整個經濟環境已經變了，這一戰時糧政早就應該有所變革，延至今日，更已經成了非變不可之局。

這一戰時糧政最大的缺點，在於不顧環境的變更，忽視生產者的自由選擇，强迫農人生產他們不願意生產的東西。强迫他們必須要賣一定數量的稻米給糧食局，而且要照規定的價格賣。强迫他們必須要向糧食局買肥料，而且要照規定的價格、數量、時間買。這種辦法使全體糧農都變成了糧食局的僱農，自己對於農作物的生產運銷，農用品的購買，一無選擇自由，不能選擇自己認爲最有利的途徑去經營，一切唯糧食局之命是從。這種辦法使農產品市場機構失去作用，一切由糧食局的行政命令決定。試問在這種情形之下，數以百萬計的糧農，其感受爲如何？還不要說糧農的經濟利益損失了。

這一戰時糧政的第二個缺點，是二十三年來，以稻米爲整個農業生產的中心的觀念未變。儘管因經濟的快速發展，人民生活的改善，稻米作爲民食的重要性已在逐漸減少；儘管由於農業生產技術的改進，新農作物與新品種的引入，對外貿易的打開，稻米已不一定是最有利的農作物；儘管鄰近國家稻米大量增產，稻米堆積如山，因而成爲一種災害，出口希望甚微；但我們仍然不放棄稻米爲主的政策，仍然要鼓勵稻米生產，仍然要强迫稻米生產，仍然要倡言三年之內必可大量將米輸往日本。這從整個經濟的觀點看，是經濟資源的誤用與浪費，而這種資源的誤用與浪費，是我們的經濟所負擔不起的。

關於糧價與農用品，特別是肥料的價格問題，也應是當前糧政的重點之一。由於近年來農民收入相對的低落，許多人士都認爲糧價太低，因而主張提高糧價以增加農民收入，糧食局則一再强調糧食價格的穩定。我們不能同意這些看法，我們認爲過去二十三年糧價並未維持穩定，它與其他物價一樣，隨大衆而波動，也隨大衆而穩定，並無特殊穩定之處。以民國四十一年爲準，至五十八年底，工業產品價格上漲一・七倍，而二級蓬萊白米上漲二・三倍，何穩定之有？至於價格偏低，則據我們所知，臺灣農產品價格，尤其是糧食價格，絕不低於美國、歐洲、日本等高所得的國家，或且高過它們。自然更高於東南亞的落後國家。以我們的個人所得水準與美國、歐洲、日本比，則我們全體國民對農產品的負擔爲如何，不問可知。是以在這種情形之下，絕不能輕言提高糧價。要增加農民收入，還得要從降低農用品價格，農業產品產運銷的現代化，農業金融的改革等減低生產成本方面着手，再不就是政府補貼，而非提高糧價。不久以前，政府改變肥料換谷的比率，實際就是把肥料的價格壓低，方向是絕對正確的，但這樣做還是不够澈底。

從以上的分析，很顯然的今後糧政的重點在於廢棄戰時糧政的體系，包括肥料換谷辦法在內；改變以稻米爲主的政策，讓農民選擇自認爲最有利的作物生產；維持糧價的穩定；減低農業生產成本。如此，則糧食局的任務將是協助農民生產，而不是支配農民生產；將是調配糧食，而不是掌握糧食；將是補市場價格機構之不足，而不是代替市場價格機構，這些都與當前的糧食政策及糧食局的作法背道而馳，但却是與整個經濟發展潮流同一方向。我們希望新任糧食局長施石青，能够不因其在糧食局服務太久而墨守成規，能够順應我國經濟發展的趨勢，配合整個經濟需要，而對糧政施以大刀闊斧的改革，使在糧食產銷制度和糧價與農用品價格方面有助於農業現代化目標之實現。

（五十九年七月）

農業產銷制度亟須改進

中央社中興新村二日電訊：「臺省糧食局已以鉅款三十三億餘元，貯備足供一百萬公頃農田所需的肥料，自即日起到明年六月止，適時適地的提供全省農民施用，以增加糧食增產」。假如電訊所傳無誤，這一儲肥備用的作法實在值得檢討。一般言之，如中央社電訊所傳，此事原屬於糧食局的例行作業，無特殊值得注意之處。但如進一步分析，則此一作法，實充份顯示當前農業產銷制度之過於保守和落後，倘不亟謀改進，農業現代化便無在短期內實現的可能。

在一個落後的經濟社會，交通運輸不便，生產不規則，因而對某些商品的供給來源無法控制，常常影響生產活動及人民日常的生活。惟一有效的辦法便是就若干重要的商品，預儲若干數量，供若干時日之用。這種預儲必須建造倉庫，並負擔儲藏過程中的損耗；而尤其不利的，是要凍結大量資金。這些都是極沉重的負擔。所幸這種現象在一個現代化的經濟社會都已不存在。由於交通運輸的便捷，生產者對市場情形的了解與供應市場態度的改進（按照市場需要作規律性的供應，是產品推銷的第一要件），產品供應已成爲一條川流不息的渠道。而且流量的大小還可根據市場情況隨時控制調節。在這種情形之下，除非預期有重大的事故發生，會妨礙正常的生產與供應；或是預期市場及價格基於某種原因，可能有重大變化發生，否則有關的生產與銷售單位都會將存貨減至最低限度，以減輕成本，自然更談不上預儲一年之所需了。

本省由於氣候關係，農作有一年二作、三作、乃至四作者。市場對於肥料的需要量雖仍可因季節不同而有波動，可能有一、二季需要量比較大，但一般說來，應該沒有太大的變動。供給方面，除磷肥外，其餘肥料均爲省內生產，對市場需要情形十分了解，交通運輸則朝發夕至。無論如何，都可從生產者到使用者之間，建立一套配銷系統，可以使肥料川流不息的按使用者的需要量與需要時間供應到使用者手上。縱然爲防意外而須在配銷系統中保留一點存貨，爲數也極有限，而且是可以計算出來的。所以糧食局的當務之急，應該是與肥料公司及農會合作，爲臺灣建立一套現代的肥料配銷系統，而非動用三十三億的巨款，購買一百萬公頃農田一年所需的肥料，儲放在那裏，慢慢使用。這種辦法顯然不合乎商業原則，卽使是在一個落後的經濟社會，也不一定會如此，何況是在各方面都走上現代化的臺灣省。幸而糧食局是一個政府機構，可以不計成本，假如是一個民營機構，試想凍結三十三億資金的利息負擔有多重？一百萬公頃農田一年所需的肥料儲藏管理費用又有多大？如果不轉嫁給使用者，必然虧蝕血本；如果轉嫁給使用者，則豈是農民所能負擔得了的？僅是從這一角度看，便知此一預儲辦法之不可行。

然而更令人担憂的，是這一不够現代化措施，所顯示的農業產銷制度的落後，並不止於肥料一端，這種現象實際是存在於整個農業生產運銷過程中，例子俯拾卽是。例如猪肉供應與價格據說又成了問題。而我們假如仔細檢討思考一下，則猪肉供應從養猪到猪肉到達消費者手中，除臺糖等極少的例外外，幾乎全部採用古老農業社會的做法。以一個猪肉零售商而言，其處理與出售猪肉的方法，與幾十年前絕無兩樣，而其每天所能銷售的數量，也與幾十年前相差有限，每天不過半隻一隻，或最多二隻猪而已，而一家五口乃至八口十口之家，便靠這點猪肉零售所賺取的利潤維持生活。這一家的生活能過得好，便是無數的消費者被剝削；如果消費者不被剝削，則這一家的生活便無法維持到適當的水準。因爲從養猪到零售都落後，所以猪肉供應始終不能穩定，價格始終偏高，而養猪者却無利可獲。

我們平常一談到農業現代化，便偏到技術方面去了，不是選種施肥，便是機械操作。這些對於提高農業生產力，增加農民收入，降低農產價格，誠然重要。但至少與這些同等重要的，是農業產銷制度的一面。這是今後農業能否迅速現代化的關鍵所在，而我們在這一方面可以說一無準備，甚至連觀念都還有待澄淸，上面所說的儲備三十三億元的肥料與猪肉供應問題，便是很好的例證。

我們堅決認爲現代化是整體的，農業不現代化，整個經濟的現代化便會受到妨礙；同理，農業制度不現代化，整個農業的現代化便會受到妨礙，我們誠懇希望因我們評論儲備肥料一事，而使農業產銷制度能受到適當的重視，並着手謀求必要的革新。（五十九年八月）

糧食政策應採取機動

省議員賴榮松日前在省議會農林質詢中建議去年遭受風災和海水倒灌的臺中、彰化、雲林等海岸幾千公頃地區的災民，三年內必須做清田工作，無法復耕，故農民生活極爲困苦，有勞働能力者皆往都市中謀生，影響農業生產甚大，加之目前本省各地倉庫稻穀都已滿倉，爲免日久生腐，不如撥貸該地區農民食用，再由災民以蕃薯解繳政府抵充折價，改作飼料之用，可謂一舉數得。糧食局代局長施石青當卽表示：該局將立卽通知各地糧管處，將存儲的稻谷，以無息的方式貸撥給該地區災民食用，但將來復耕時，必須以稻穀償還稻穀。

由於上述事例，使我們感覺到，政府今後的糧食政策，應儘量採取機動方式，不能單以掌握糧食爲已足。臺灣自光復以來，糧食政策的重心，有兩大目標：一是政府儘量掌握餘糧；二是力求糧價穩定。歷年來在糧政方面所採取的各種措施，諸如禁止糧食出口；實施糧區制度；採取肥料換穀以及隨賦征購稻穀等，都是為達成上述目標而設想。這些措施，在二十年前由於糧食供不應求，糧價領導物價上漲，尚不失為適切而有效的辦法。可是，二十年後的今天，一切情況，均非昔比，如果在政策上還故步自封，顯然是不合當前需要而有悖實情了。

試以現況而論，不僅民間存糧滿倉，即政府之倉庫，亦多無法容納，且因連年累積，已有腐爛變質情事，因此，政府在最近不得不撥出大批餘糧，充作飼料。就使用價值來說，以經濟價值較高的稻米，充作廉價飼料，不僅是莫大的浪費，而且對飼養牲畜者來說，他們却不一定歡迎，因為高價的稻米對牲畜的成長和食用習慣，也許不如廉價的玉米，所以並不合算。可是，在食米過剩的現況下，捨改作飼料外，已別無他途。蓋稻米過剩，已成為世界性的共同趨勢。以日本為例，十年前日本是食米的主要進口國家，而現在非但可以自給自足，且有大量剩餘可供外銷，目前日本的餘糧已積存達七百五十萬噸之巨！即是很明顯的一例。

針對這種趨勢，我們早該未雨綢繆，例如食米出口的底價應該隨國際價格的跌落而降低以利輸出；米麵等加工品早該開放出口，以爭取外滙收入；與其他缺乏糧食國家進行易貨或貸放方式，以我們的餘糧，換取必要的工業原料等。如果這些措施，早在三四年前積極進行，則今天將不致發生以食米充作飼料的困擾。這顯然是糧政當局未能適時變更政策的結果。

為了補救這種缺失，除了對農作物生產作重大改變外，我們認為與糧政有關的若干重要問題，也應該及時檢討改進。例如肥料換穀制度，在本月九日的財經會報中業已決定，改為七成貸放稻谷，三成現金銷售，並試辦一年後再作檢討。我們早有建議：肥料換穀制度可以取消，因為農民領取肥料時，須以稻谷交換，不僅搬運麻煩，且稻谷在驗收時，動輒以不合規定而遭退回，使農民困擾不堪，而農民所換之肥料如不合用，尚需出售後另行購買。目前臺灣肥料生產已可自給自足，而糧食供應亦呈供過於求，此一制度，實無繼續存在之必要。

再如隨賦徵穀制度，原為徵收地主餘糧而設，但自「耕者有其田條例」實施後，耕地為農民所有，每一農戶平均耕地不到一・一公頃，每戶所繳稻谷僅數十公斤或十數公斤，隨賦徵購不但手續麻煩，且使農民費時費事。蓋部份農會在收取稻谷時，每以重量及乾度不合標準而拒收，使農民怨聲載道。而政府收到大量稻谷後，固然需要龐大人事及保管費用，且時常發生侵佔舞弊等流弊，其因保管不善而糜爛變質之損失，更相當可觀。因此，我們認爲隨賦征穀制度亦無存在必要。

此外，如糧區制度，其主要目的在穩定糧價與防止囤積居奇。但此一制度與貨暢其流的原則完全違背，且加諸糧商很多麻煩。何況，近年來糧價已很少波動，囤積操縱之事，幾已絕跡，此一制度之前提，已不存在，幾無作用之可言，亦應廢除。

我們認爲穩定糧價之基本問題在於供需平衡與一般物價水準之安定，如果這兩個條件均已具備，則糧價便無波動之理由。反之，如果糧食供需不能平衡或其他物價波動甚烈，則任何行政措施均無法使糧價安定。臺灣是一個海島，而國際糧價又在下跌，走私幾無可能，目前糧食既已供過於求，糧價欲大幅波動，勢不可能。因此，我們主張今後的糧食政策，爲適應國內外情勢需要，應儘量採取機動方式，隨時因應，才是正確的途徑。

（五十九年十二月）

農業現代化聲中的土地政策

內政部爲修訂土地法，二十六日下午邀請各大學有關科系教授、專家、學者，就土地法有關條文如何修正，廣泛交換意見。與會人士大多數認爲對於土地面積的分割宜有限制，對於自耕的解釋宜從寬，藉以配合實行農業現代化。但爲貫徹耕者有其田政策，此後無論農場面積如何擴大，經營方式如何改變，耕地仍應爲實際經營耕作者所有，我們對此項看法持贊同的態度。

在目前及以後可以預見的歲月中，農業部門與非農業部門個人所得的差距，將爲最爲困擾、最難解決的經濟問題之一。目前政府雖然已從降低農業用生產物資的價格，加强低利農貸等方面着手，以減低生產成本，增加農業所得，達到縮短差距的目的，並已收到效果。但此項政策衹能收效於一時，並不能根本解決問題，根本解決問題的途徑還在農業的現代化，而農業現代化則與擴大耕種面積有不可分割的關係，這一點業已爲有關各方面所接受，無待中論。

擴大耕種面積的第一步，當然是防止現有的單位耕種面積的再分割，但防止再分割僅是一個政策目標，要見諸實施，除法令的正面限制外，更要有一套獎勵與便利的辦法，使當事人樂於遵從法令，這便得租稅與金融措施雙管齊下了。這套辦法如不能容納於修正後的土地法中，亦須在其他有關法令中載明。

防止再分割僅是消極的辦法，修改土地法的重點應當是如何便利土地的移轉與合併，這也就是今後土地政策的重點。依照實施耕者有其田的有關法令，所謂自耕農能擁有多大耕種面積，法令上並無限制。但由於傳統的想法，及落後的耕作方法，一般均認爲耕作面積應甚小，爲防止新地主階級的產生，破壞了耕者有其田政策，於是藉對土地移轉與合併的嚴格限制及對自耕農的嚴格解釋，實際上將單位耕種面積限於極小的範圍。在經濟發展達到某一階段後，實施耕者有其田政策終將成爲歷史名詞，但在經濟發展的現階段，此一政策勢必要貫澈下去，而要使此一政策不致成爲擴大耕種面積，建立現代農業的絆脚石，則惟有從寬解釋自耕的意義。

依我們傳統的想法，以及對現行法令的解釋，都認爲自耕係指直接從事耕作，這顯然不合未來農業發展的趨勢。在未來的趨勢中，農業將一如商業與工業，成爲一種企業。持有資本的人，可以投資於一塊農地，雇用職員和工人爲其操作經營，一如投資於商業與工業，雇用職員工人爲其操作經營一樣，兩者之間，實無任何區別。另一方面，新型農業的經營者，亦絕對不同於以往的地主，地主並不參與土地生產的經營，僅憑恃其土地所有權坐享一定成數的收益。而新型農業的經營者則不然，他將決定經營方針，設計並推行各種增加生產的措施，對於農業生產，他提供價值更高於農場員工的勞動。在此種情形之下，所謂自耕，便不當是指直接耕作，而係兼指投資經營。既係投資經營，則面積大小便無一定的標準與限制，如果此一解釋被接受，則現行法令中對於土地移轉與合併之種種限制，便當大量排除。這是我們所了解的放寬對自耕解釋的意義，也是我們贊同前述學者專家主張從寬解釋的理由。

這一解釋無論對臺灣農業，對整個經濟發展都十分重要，由於經濟結構的改變，以糧食作物爲主的農業將逐漸減低其重要性，非糧食農產品的比重將逐漸提高，而此類生產多採企業經營方式，對其所需要的土地的取得，限制愈少，則發展愈快，對農業及整個經濟的貢獻也就愈大。如果一獨資或合夥經營的企業，投資購買一、二百公頃土地種植牧草，發展牛奶或肉牛事業，其生產力當遠在現行以糧食爲主的小單位耕作者之上，土地利用的程度也要大得多，而其產品則更能適合今後的需要。

因此，我們懇切呼籲主持農業發展及土地政策的官員，建立新的土地政策，放手解除對土地移轉與合併的限制。不要使耕者有其田政策僵硬化，更不要因懼怕新地主階級的產生而阻塞新發展的契機，以一切可能的政策與措施，幫助農業企業的建立與發達，以迅速改變農業生產結構與農業經營方式，早日達成農業現代化的目標。

（六十一年四月）

我們需要一個正確的糧食政策

近日米價曾不斷上揚，且發生囤積、惜售、與缺貨現象，這與前些時日用百貨及工業原料之價格不斷上揚，及有囤積、惜售、與缺貨現象發生，在原因及性質上完全相同，不過由於日用百貨等價格已上揚到適可而止的程度，現在輪到食米而已。至於漲幅過度，則是不正常心理反應的結果，假以時日，這種不正常心理會漸趨消失，而過度上漲的價格也就會回跌至合理的程度。但消費者必須要有心理準備，儘管民以食爲天，在百貨價格齊升之後，米價不能獨低，更不能維持不升，我們必須要接受米價漲至適可而止的程度這一事實。假如準備接受這一事實，則消費者千萬不要搶購，尤其不可囤購，以免反應過度，使米價上漲超過其應有的程度，終於爲糧商所乘，徒然使糧商獲致暴利，而自己受到不必要的損失。是則貪一時之小利而小利未必可得，反而要承受更大更久之損失，其愚孰甚！

但糧食關係民食，爲生存所必需，究竟不同於其他商品，因此本報曾於二月五日社論中就調節米價問題有所論列，並提出若干建議，以供有關方面參考。日昨報載政府曾專案檢討糧食政策，得出三項結論：（一）加强隨賦收購，以合理價格收購農民存米；（二）對大都市食米供應加强調節；（三）全面清倉，查點存糧。至於肥料換谷制度則繼續廢止。同日糧食局長施石青宣佈，民間米可以自由買賣，糧食局批售米仍照現價無限制供應。我們願藉政府全面檢討糧食政策之機會，就我國的長期糧食政策加以申論，並就應付當前情勢的措施再提幾點意見，作爲二月五日社論的補充。

在過去二十餘年來，爲應付通貨膨脹情勢及促進國內工業發展，曾採取若干政策與措施，頗與基本經濟原則不符，常形成經濟平滑運行之阻礙。近數年來，在各方檢討建議之下，已有逐漸改變或廢止之勢，實爲可喜之現象。但近一年來，由於特殊情勢，使此一正確之發展趨向又受到抨擊，在似是而非之理由下，頗有回到舊路線之勢，我們實不勝其隱憂。肥料換谷制度即是一例。去年肥料短缺，不去追查原因，而歸咎於肥料換谷制度廢止之不當；目前食米之過度漲價，仍不追查原因，仍歸咎於肥料換谷制度之廢止，這豈是務實公允之論。

我國食米價格在二十餘年之肥料換谷，隨賦收購，田賦征實，及糧區制度等等嚴格管制之下，其漲幅絕不低於一般物價水準。自四十一年至肥料換谷制度廢止前夕之六十一年，一般躉售物價上漲一．五倍，二等蓬萊白米在同一期間竟上升至二．六倍。如改以米價上升最劇烈之四十二年爲基期，則兩者至六十一年同時上升一．二六倍。而由於嚴格管制關係，米價常呈不正常之波動。在其他物價上漲時，當局者每誇稱米價如何平穩，而在其他物價穩定後，米價便必然作超水平之上漲。民國四十一年至四十二年躉售物價上升九％，二等蓬萊白米價格竟由每百公斤之一九七元上升至三一二元，上升指數爲五八％；四十八至五十年，躉售物價上升一八％，米價由三七二元上升至五八一元，指數爲五三％；五十五年至五十九年，躉售物價上升七％，米價由五九三元上升至七〇六元，上升指數爲一九％。在嚴格之管制下，米價何曾平穩過，而且遠較一般物價上升爲快。此次米價之上漲與上述各次之波動如出一轍，何能歸咎於肥料換谷制度之廢止。財經首長決定繼續維持九項農村建設中之廢止肥料換谷制度，實爲明智之決定。

從長期的觀點看，由於食米關係民生者至大，我們建議：(一) 建立良好之儲購制度與倉儲設備，依臺灣實際供求情形，精確計算政府應儲備之食米數量；(二) 設立平準基金，即以儲備食米之資金作爲平準基金之一部份。在收穫季節，即以此項基金收購食米，在青黃不接時，即以食米在市面拋售，藉以維持食米價格與稻農所得之穩定；(三) 在任何情形之下，均不能以維持低廉食米價格來穩定整個物價。此種辦法在絕對落後之農業社會可望有效，在一高度經濟發展及富裕之社會完全失去意義。無論收購或拋售必須讓食米價格與其他作物價格維持適度之平衡，更必須讓食米價格與一般物價水準維持適度之平衡；(四) 稻農生產力必須予以提高，使生產成本降低，讓全國人民有較廉價之食米，並使國內食米價格與國際價格維持平衡；(五) 應容許米之進出口，作爲國內供求及價格之調節；(六) 政府此次全面清點倉庫，爲我們多年之主張，現已有來遲之感，並且此時全面清點，將使市面更形缺米，米價更形上升。但我們仍極力主張全面認眞清查，及全面檢討糧食制度，糧食政策，藉此一機會就糧政作全面之革新，一舉而長期解決此一關係民生之要政。我們認爲解決任何問題，政策固然重要，但制度、能力、效率、操守同等重要，要革新應一併革新。

至於應付當前之米價問題，因爲不知道究竟是否缺糧，缺至何種程度，及政府已作何種打算，我們無法提出切實可行之意見，但除二月五日社論所提各點外，我們仍願强調：(一) 完全贊同施局長之宣佈，民間米可以自由買賣，價格上不受限制；(二) 如眞有缺米現象，則應即刻進口大量供應；(三) 在進口米未到達前，如有剩餘軍糧，應計算時間，動用部份軍糧供應市面。(六十三年二月)

我們對農業基本政策的看法

由農復會主辦之中央研究院院士農業組研討會原訂七月二十四日至二十五日擧行，後經延期於八月一日擧行，原邀約之參加人士名單亦予縮減，會議內容保密。我們對主辦機構這種關起門來進行之態度深不以爲然。公共政策，公共關心，公共討論，我們看不出有由少數人密談之必要。中研院經濟研究所主辦之當前臺灣經濟問題座談會邀約國內外學者專家及政府負責官員近二百人參加，內容逐日披露，爲近年來少有之盛擧，融洽愉快，結果圓滿。農業經濟問題不過爲當前臺灣經濟問題之一環，不知何故需要保密，誠令人難解。

儘管研討會內容保密，仍有部份外洩，爭論焦點亦仍不脫市場機能與政府干預孰優孰劣的範圍，我們對於此類問題不感興趣，更不擬加入爭論陣營。但我們對於臺灣農業基本政策一向有一套完整看法，願於此簡略提出以就教於國人。

首先，我們必須坦白指出，當前臺灣農業爲一落後之農業。在當前之農業型態下，農業生產力必然低落，農產品生產成本必然不斷提高，農產品價格必然不斷上升，而農民所得必然不斷相對降低，農民與非農民所得差距則不斷擴大，而農業問題亦將愈形嚴重。在當前之農業型態下，全體國民勢必負擔高昂之農產品價格，普遍降低生活水準；政府勢必負擔對農民不斷增加之各項補貼，而不勝負荷；而農民所得與生活水準與非農民比較則不斷下落。事實上，我們已是國際上農產品價格最昂貴地區之一，全體國民生活水準已在受高昂農產品價格之侵蝕；我們政府已在年撥巨款直接間接補貼農民，財政上已是一沉重負荷；農民所得及生活水準雖由於去今二年農產品價格劇升而有所改善，但一旦整個經濟恢復平衡，一般物價趨於穩定，時間稍久之後，卽會相對下沉。這與日本當前的情形完全一樣。我們的經濟發展遠落日本之後，應該可以吸取日本的經驗教訓，而預爲之計，避免這種不良現象之發生，然而未曾採取行動，仍然亦步亦趨蹈上日本覆轍，殊爲可惜。

要想對這種問題澈底解決，祇有一個途徑，那卽是大規模擴大單位耕種面積，採用大量使用資本之耕作方法，使農民之生產力大幅提高，成本大幅降低。然後農產品價格可以低廉至國際水準，而農民所得及生活水準可以升高至與非農民距離不遠。換言之，在工業發展高速推進之際，我們要促進農業進步，祇有使農業現代化。在整個經濟向前推進，農業保持落後狀態的情況下，而可以解決農業問題，或不使有問題發生，事理上無此可能。

假如上面推斷被接受，則剩下的問題便是如何使臺灣農業迅速現代化的問題，這必須要在下列各方面採取有力的措施：

㈠一套便利土地移轉買賣合併的土地政策與土地法規。對於農業經營者在一定範圍內之取得合於經濟規模之土地面積，在基本政策上及辦法上不再是阻撓，而是獎勵與給與便利。

㈡一套便利農村勞力移轉至非農業部門的政策與制度，包括農民移轉時之職業介紹，職業教育與訓練，以及移轉時短期所需費用之融通。

㈢農業耕作技術之全面革新，農業生產工具之澈底現代化，以及因此而引起之教育、訓練、推廣、與資金融通之需要，亦須一套政策與制度。

㈣在擴大耕作面積與使用現代耕作技術後，農業卽不再是傳統之農業，而係商業化之農業。在此種情形之下，則農產品之儲運推銷，農業生產器材原料之購買供應，以及與此有關之商情收集與傳播，均得建立新制度與新機構。

㊄所有以上四項措施均離不開資金，包括長期與短期資金，是則全面整理現有之農業及土地金融機構，劃清各機構之任務，分別支援上項措施，應爲最優先之工作。

在採取上項各種措施，促進農業現代化過程中，我們認爲政府在過去數年對農業及農民所採取之扶植措施有其必要，我們作此主張，並非基於經濟觀點，而係基於政治及社會觀點。我們深知這些措施從長期發展及經濟資源之有效利用觀點看，不一定有利，因此對於實施之時機及程度應富彈性，應隨時注意調整。我們更深知政府決策不能僅偏於經濟一面，而必須從政治及社會各方面作全面考慮，就目前情勢審度，我們勢非採取此類措施不可，因此我們贊同此類措施，這是我們與海外學人主張的不同之處。

我們現在所要問的，是長期主管農業發展的機構，以其龐大之人力及財力，對於前述農業現代化及農業問題之基本解決，究竟有無全套看法及計劃，究竟進行了多少，有多少績效，有無完成的大概期限。我們切勸主管農業發展的機構不可故步自封，自劃範圍，應廣開言路，接受外界意見。農民可以保守，但主管農業的政府官員必須不斷求取進步。（六十三年八月）

新土地政策亟待確立

最近執政黨中央正在磋商協調平均地權條例，討論頗爲認眞熱烈。但據我們所知，無論將來完成立法程序之平均地權條例內容如何，均無法解決我們的土地問題。欲求此一問題之完善解決，對現行土地政策必須從根檢討，作革命性之改進。否則土地問題必將日趨嚴重，而陷於混亂局面，妨礙一般經濟活動及人民生活。事實上，現在已經是這種情形，祇是將來會愈演愈烈而已。

土地由於供給數量一定，一般情形不能隨需要之增加而增加，爲一有高度缺乏性之生產要素，在各時代各國均構成一個難於解決的問題。我們現在以一千六百萬人口，居住於三萬六千平方公里的面積上，而四分之三的面積爲不能有效利用的山地。我們人口密度爲每平方公里四三六人，居世界首位，再加上快速的經濟發展與都市化，約千分之十九的未脫離落後國家型態的人口增加率，遂使我們的土地問題無論在理論上，在實際上，都遠較其他國家為複雜嚴重。

在土地資源分配與利用方面，現在所遭遇而難於解決的問題，至少有下列幾項：（一）農作物爭地問題：若干年前有糖米之爭，迄未解決。現在則不僅有糧食作物與現金作物爭地問題，還有魚塭、牧地之爭。（二）農工爭地問題：工業位置是一門專門學科，工廠用地有其一定的條件。最適於工業的用地，也許就是最優良的農業用地，而過去幾年的情形也確是如此，遂形成農工爭地問題。政府雖規定若干等則以下的土地不能改作工業用地，及獎勵工廠下鄉，但終不是正常解決之道。（三）房屋建地，及公共設施用地，如道路、公園、遊樂場所等，或則覓地困難，妨礙有關政策的推行，如省市政府都感興建國宅土地難覓；或則因缺乏土地而受到忽視，如公園、遊樂場所等。（四）海埔新生地及山坡地如作適當改良開發，可大量增加可用地之面積，然由於缺乏切合實際之政策及制度，始終未能全力推動。（五）由於僵硬之政策及制度，及對土地投機未能作有效之制止，遂使都市及鄉村均有大量空地未能使用。（六）在高速之經濟發展下，在缺乏適當之土地政策與制度下，供給有限而需要無窮之土地便成為最優良之投機對象，形成大量暴發戶，並擾亂土地之適當使用，迄無妥善解決辦法。

對於以上各種問題，我們尚未聽說有整套解決辦法。現在正在研商中之平均地權條例偏重於土地增值稅等所得及財富分配問題，對於更為重要之土地資源利用問題則予以忽略。而土地資源利用問題未得到完善解決，平均地權問題也不會得到適當解決的。因此我們認為與其將時間精力放在平均地權問題之研商上，不如放開眼光，以土地資源之有效利用為中心，對土地問題作全面之檢討，據以確定一新的土地政策，一舉而解決所有上述各項問題，包括平均地權問題在內。在進行此項工作時，有二點必須要特別注意，此二點一為觀念問題，一為實質問題。

㈠就觀念方面來說，如前所云土地既為供給量固定不變，有高度缺乏性之要素，則為求此一要素之有效利用，及其所產生不斷增加之剩餘價值得有公平之分配，對於土地所有權應作適當之安排。最直接了當之辦法莫如全部土地國有，此亦與民生主義經濟制度之基本思想相吻合。我們是贊成此一辦法的。惟實施土地國有，更張頗多，此時此地，在安定中求進步之大原則下，是否宜於有此更張，或有關方面是否願意有此更張，均是問題。折衷之道，似應建立一種制度，以强化政府對土地之控制，而同時兼顧私有財產制度，不妨礙土地所有人對土地之充份使用。其控制之程度必須達到一如土地之置於國有。根據此項論斷，則在確立新土地政策時，我們必須具有土地爲公物，儘管可以私有，政府仍可爲公益而全權加以支配之觀念。此在立法技術上可以做到。

㈡就實質方面來說，政府必須對臺灣土地資源作周詳之測量與調查，然後預計日後若干年之經濟社會發展，及對土地資源之需求情形，就土地資源之利用作詳細之規劃。在規劃過程中，必須尊重專家之意見。此項意見可能與社會上大多數人士之意見不同，包括政府有關官員及民意代表在內。我們必須容忍。

土地、勞力、資本爲生產三大要素，而就臺灣來說，以土地最爲珍貴。然而二十餘年來，我們追求經濟發展，一直都將重點放在資本累積上，最近幾年才轉而注意到人力資源的開發，至於土地，則我們的觀念及注意力始終消極的盤旋於耕者有其田，課征增值稅等平均地權上，對於積極的如何使此一有缺乏性之珍貴資源得到有效利用，始終予以忽略，實屬遺憾。對土地資源建立新的觀念，新的政策，新的制度，現在已到了刻不容緩的時候，盼政府迅速採取行動。（六十四年十二月）

建立全面性的土地政策

臺灣省政府根據中央的指示，對個人或團體私有各類土地面積的最高標準，已擬定草案。私有農地最高額限制以七至十二等則水田三公頃爲標準，住宅以十公畝爲準，團體擁有興辦事業用地則以不訂定最高額限制面積標準爲原則。又立法院內政、財政、經濟、司法四委員會正在審查實施都市平均地權條例修正草案，對於土地利用及增值稅與地價稅高低，各與會委員亦多所主張，對於這兩則消息所揭示的內容，我們不擬作直接的評論。但要提出一些原則性的意見，原則確定後，技術細節縱有差異，亦容易解決。

如我們所一再指出的，土地在臺灣爲稀有生產要素，而且爲無法大量增加之要素，對經濟發展與財富分配有決定性的影響。因此政府應對土地有絕對的控制權，而無論其爲公有私有。就臺灣的情形而論，理論上應將土地全部收爲國有，這自然變動太大，實際上做不到，但政府可經由立法程序予以絕對控制，則屬毋庸置疑之事，亦爲建立一全面的進步的土地政策的一個大前提。

二十餘年來爭論不休而迄無完善解決辦法的土地問題，實際上爲三大類不同的問題：（一）土地利用與開發的問題，如山坡地與海埔新生地的開闢，農工爭地及十二等則以上土地始可用於建築，公共保留地的開放等等；（二）土地所有權問題，如耕者有其田，前述私有農地以水田三公頃爲限，住宅以十公畝爲限，及耕地面積應否擴大與擴大至何種程度的問題等；（三）平均地權或漲價歸公問題，主要爲土地增值稅如何課征問題。一個全面性的土地政策應將這三類問題一併予以解決。茲陳述我們的意見如下：

（一）土地利用與開發。我們一直都主張我們應該有一個國土綜合開發計畫，就全省三萬六千平方公里土地面積的利用與開發作全盤性的規劃，這是一件非常不容易做的工作，但是必須要做的工作。所謂非常不容易，是因爲作綜合規劃時，必須考慮到未來若干年的人口增加，都市化的進行，交通運輸設施，經濟發展趨勢，特別是工業發展趨勢與農業發展趨勢，以及消閒遊樂的需要等等，而這些因素都極難預測，且與政府決策有密切關係。舉例來說，設想在未來若干年人口有大量的增加，非有大規模的工業發展不能支持這樣的人口享受合理的生活水準，於是居住、遊樂、工業發展、交通運輸等等將全省土地佔用極大一部份，農業用地大幅縮小，這時農業政策便祇有兩條路可走：一是放棄農業自給自足政策，絕大部份農產品自國外輸入；一是就縮減後的農業用地作高度密集的投資，以提高單位面積的產量（可以做得到，關鍵在成本的高低）。這種設想好像距離現在很遙遠，但這種趨勢現在已十分明顯，必須要順應這種趨勢設計，將來的土地利用便不致於陷於困境，而現在所面臨的許多土地開發利用問題，包括農工爭地問題便都可得到全盤合理的解決。

（二）土地所有權。土地可以私有，也可以對持有面積的大小加以限制，但第一，持有面積的大小，不能隨意規定，應有一定的根據，而此項根據必須與實際需要或未來發展趨勢相配合，農地以水田三公頃爲限從長期趨勢看，顯然不是一個適當的標準，住宅以十公畝爲準是否適當，還得看地區及未來生活水準與土地利用綜合規劃而定。第二，對土地的移轉應有較嚴密的規定，以避免土地囤積投機。例如對於土地移轉可以規定承受人於承購時必須提出利用計畫，經有關機關按綜合開發計畫審核合格後，方准購買，購買後必須立即照提出之計畫予以利用，無論農地與住宅均可照此辦法移轉。至於公共保留地應由有關單位在一定期限內照市價予以收購以免私人受損。

（三）平均地權或漲價歸公。漲價歸公爲 國父遺敎，亦爲制訂土地政策必須遵行之原則。惟漲價全部歸公顯然有失公平，必致窒礙難行。應一如其他投資，土地漲價有一部份須爲土地所有人或投資人所有，另一部份則以課稅方式收爲政府所有。土地漲價所產生之收入，其性質與其他投資所產生之收入相同，均應視爲所得而課征所得稅。如此，漲價既不必全部歸公，而漲價收入又爲一般投資所得性質，便當歸倂到一般所得中課征所得稅。則現在所爭論之三級或四級課稅便不成其爲問題了。

以上三點屬於擧例說明性質，我們希望政府就土地問題作一全面的長期的研究設計，將以上三大類問題都包括在內，建立一個全面性的土地政策，爲一勞永逸之計。這當然不是短時期所能完成的，因此，現在正在進行的許多政策與立法，不妨照舊進行，但同時着手此一全面性的土地政策之擬訂，於時機成熟時代替現行的辦法與制度。

（六十五年六月）

擴大農場經營規模推行機耕的重要性

臺灣省政府秘書長瞿留華於本月二日在省議會表示：目前本省農村由於工資偏高，成本增加，造成農業所得無法大幅提高，因此省府決循四個方向，將小農田輔導合倂經營，使小農田變爲大農場。所謂四個方向爲：（一）輔導家庭農場擴大經營規模，減少農業人口，將其轉移至工商業；（二）限制繼承，補助購買農地，實施委托經營及共同經營；（三）輔導土地面積〇・三公頃以下農戶轉業；（四）修改法令，以配合需要。我們完全同意這幾項做法，如能切實執行，必可達到擴大經營規模之目的，問題端在如何在最短期間內，將其付諸實行。

關於改進農業及提高農民所得問題，我們最爲關切，曾一再提出意見及建議，並主張從根本謀求解決。所謂根本解決，亦卽前述瞿秘書長在省議會所提出之方向，擴大農業經營面積，採用機耕，使農業現代化。年來政府在農業改進及農民所得增加方面所作之努力，不可謂不大，亦已收到良好之效果，使農民生活有重大之改善，縮減了民國五十年代由於工商業快速發展所造成之農業與非農業差距，緩和了因此而產生之緊張情勢，可說是農業政策上一大成功。但如果我們稍加留意，便知道過去這幾年的農業政策係屬於短期救急性質：以提高農產品價格來提高農民收入，以低利、免息、低廉肥料電費等來降低農業生產成本，從而增加農民所得，縮短農業與非農業差距。這種屬於所得再分配範圍的政策，在美國日本及其他進步國家，亦普遍採用。但就我們的情況而言，這種政策祇是兩大政策體系之一，而且是屬於短期的、權宜的、輔佐性的。如前所云，爲解決當前的農業問題，有採取此一政策體系的必要，而且十分成功。但另一政策體系亦不可偏廢，那即是比較長期的，根本的，主導的政策，也即是實施前述擴大農業經營，採用機耕，建立現代化農業的政策。

惟有在這一政策之下，才能改良農業經營效率，提高農民生產力，從生產上增加農民的所得，也即是用農民本身的生產能力，發揮其潛能，使能永久的，自力的增加收入，改善生活，而非依賴救濟，依賴優惠待遇，依賴人爲的提高農產品的價格及直接的與變相的補貼。任何救濟與補貼，都祇能救窮而不能致富，祇能濟一時之急，而不能求長久之安。農民長期依賴救窮與濟一時之急的辦法，絕無前途可言，所謂農業問題也就不能眞正解決。

現在，屬於短期的政策體系既已運用得十分成功，暫時的緩和了農業問題。那麼便當在此緩衝時間，集中全力於長期的政策體系，一擧而從根本解決農業問題。此點行政院蔣院長在上週院會中亦曾有所指示：「……但即以農村爲例，現在農村勞動力嚴重缺乏，影響增產成績，雖然國軍助民割稻可爲補救，但畢竟是臨時性質，而非應有之常規，因此全面推行農業機械化……改善生產力，强化競爭力，實爲必要之擧。」這即是屬於長期的政策體系，從根解決農業問題的一個指示，瞿秘書長的四個方向可能即係根據此一指示而來。

政策原則已定，剩下的便是如何迅速有效的執行的問題。關於這一點，我們雖曾提出過若干意見，但不願再在這裏重複提出。我們祇强調一點，那便是研究與設計的重要。我們認爲省政府應立即採取行動，集合中央與地方有關的專家與具有實際經驗的人士，從事有關問題的研究，並根據研究的結果擬訂實施計劃，限期提出詳細報告及建議，以便採擇施行。研究及設計的內容，至少應包含下列各點：(一)在未來二、三十年之內，本省農業究居何種地位，耕作面積及其他農業經營規模究應擴大至何種程度，方爲適當；(二)擴大的方法如何；(三)農業金融在此項擴大過程中所擔任的任務爲何，中央及省農業金融機構應作何種配合改進；(四)教育、科技、職訓、轉業機構，在此項過程中，將擔任何種任務，如何對這些機構作改革，以配合需要。如能對這些問題作透澈的研究，提出具體的解答，據以修改有關法令，籌集必須經費，彙集可用人才，切實執行，必可使本省農業完全改觀，不僅農民本身為直接受益者，即全體國民亦將蒙其利。

誠如蔣院長所說：六年經濟建設計劃的主要目的是改善生產結構，增加生產力。在過去，農業在這方面已經落後了，因而造成民國五十年代的農業與非農業的差距問題。這一次如果又是非農業部門在改善生產結構，增加生產力；農業部門又再一次的落後，那農業及農民的前途便將受到較前次遠為嚴重的打擊，超過現行短期的、權宜的、輔佐性的政策體系所能彌補的程度。這豈是我們所願見的。願有關方面重視這一問題的嚴重性，因而遵照蔣院長的指示，重視瞿秘書長所提出的四個方向，在中央領導之下，促其付諸實現。（六十五年十二月）

我們主張增設農業部

政府為加速農業發展，推動農工並重政策，初步研議在經濟部設立農業局，集中事權，積極促進農業增產，使農工互相支援，以加速我國的經濟發展。

加强中央政府的農業機構，是我們多年來的主張，現在終於要在經濟部增設農業局，我們至感欣慰。但我們的主張不止於此，我們主張增設農業部，而且我們堅信這是必然的趨勢，現在不設，在不久的將來還是要設立的。正如多年前我們主張强化中央農業機構，當時未曾實現，拖延至現在，在情勢逼迫之下，仍然要增設農業局一樣。然則與其將來在情勢逼迫之下設立農業部，何如現在就順應情勢需要主動設立呢？

我們主張增設農業部，而且堅信遲早必會設立，不僅是從農業發展的需要看，主要還是從整個經濟發展，特別是貿易與工業的發展需要看。就農業發展需要來看，儘管在未來的發展過程中，農業部門的比重會愈來愈減輕，其生產價值在國民生產毛額中的比率將低於百分之十，甚至百分之五，但問題却會愈來愈多，愈難於解決，例如：（一）如何使農業現代化的問題；（二）農業現代化的方向問題；（三）在現代化過程中，大量農村勞力與土地所有權的移轉問題；（四）農民所得維持的長期政策問題；（五）糧食政策與糧價政策問題；（六）漁業將是未來經濟發展的重點之一，漁業發展的政策問題。這些都是長期的、複雜的問題，不是一個農業局所能勝任的，也不是在經濟部多設一個專管農業的次長所能勝任的。

另一方面，我們未來經濟發展的主導當然是工業與貿易，而這兩者是分不開的。有工業無貿易，或有貿易無工業，都不能成事，所以應置於一個決策系統之下，統一決策，統一指揮。由於這兩者是未來經濟發展的主導，爲整個經濟發展前途，甚或國家命脈之所繫，祇許不斷的成功，而不能有任何嚴重一點的挫折，責任重大，而問題却又十分艱鉅複雜。例如當前的基本經濟政策是使經濟發展升段，所謂經濟發展升段就是工業發展升段，但是工業如何升段？向那一個方向升段？升段會遭遇什麼困難？如何解決？貿易沒有升段，工業能升段嗎？貿易又如何升段？這些問題詳細演繹起來，實在是整個國家現代化的問題，即使有專責機構與專人來處理，都恐不能勝任，更何況沒有專責機構與專人。

現在農業與工業貿易發展這兩項重擔都放在經濟部與經濟部長身上，這以進步國家的行政效率與健全幕僚及文官制度，都不能勝任，而必須分開，我們如何能够承擔得了。這樣放在一起，祇有兩種結果：一是經濟部長虛領虛忙，實際上由農業局、工業局、貿易局各自爲政；一是經濟部長忙碌不堪，大幅減低決策及執行效率。

即是基於上述理由，我們多年來主張將經濟部分解爲農業與工商兩部。現在若干人士傾向於設立農業局，這是一種不成熟的，不徹底的，未能照顧全局的解決辦法。他們所持的唯一理由是設立農業部牽涉太大，這也不成其爲理由：第一，我們不知道什麼地方牽涉太大；第二，即使牽涉太大，如事實上有需要，也可將牽涉斬斷。

無論設農業局或農業部，都會涉及農復會的地位與職掌問題。農復會全名爲中美中國農村復興聯合委員會，不是中國政府機構，但與以前的行政院美援運用委員會共同負責美援的運用，兩機構職員均在美援相對基金項下支薪，待遇較政府機構爲優。民國五十三年美援停止，這兩個機構照理亦應撤銷，相對基金亦應照其他國家慣例，移交財政部，轉用於經濟發展上。我們未曾這樣做，却將相對基金改爲中美基金，美援會改組爲經合會，再改組爲經設會。農復會則降低地位，原來美方委員二人，中國委員三人，均由兩國總統任命，改爲美方委員一人，中國委員二人。美方委員由駐華大使館參事級官員兼，故在美方已視此一機構爲結束，中國委員一人爲兼任，所謂委員會亦已名存實亡。當時這樣做的動機與理由很多，最重要的理由之一，是這兩個機構曾經是臺灣經濟發展的兩根支柱，兩大功臣。

現在殘存的中美基金約三十餘億，由於幣值的貶低及我國經濟規模的擴大，一個像樣的投資計劃動輒以數十數百億計，三十餘億基金除支持幾個機構的人事費用與幾個小型的建設計劃外，實在發生不了什麼作用。合理的做法是與美方協商後，撤銷中美基金，撥交財政部轉撥適當金融機構供作經濟發展資金之用。農復會撤銷，改組成為農業部的農業技術局，與經設會同為政府機構，同受政府預算控制。這當然涉及到這兩個機構的現行待遇問題，關於這一點，政府不妨作特殊安排，暫維現行待遇，徐求統一。

最後，我們要進一步闡明的：㈠我們知道政府正在精簡機構，不願新設機構。但我們認為設農業部與精簡政策無牴觸。政府機構應以適應實際需要為主，有新的情勢發生，舊的機構不能應付，便當設立新機構。同時舊的情勢改變，舊的機構已無需要，則不論其過去成就如何，亦當功成身退，予以撤銷；㈡我們是一個泱泱大國，我們有一個現代的中央政府，設職官，立機構，必須有一定的體制，可以從權，但不能離經。上述建議即係根據這兩點而來。（六十六年一月）

叁、工　業

工業發展環境應作全面檢討

報載行政院昨天舉行財經會報，會中決定為加速工業發展，今後的工業政策，將由消極性的保護，改變為積極性的輔導，有關輔導的具體措施，決議交由經濟部工業發展局儘速擬定，這表示政府對行之有年，備受責難的保護政策或將有所改變。我們願藉此機會提供一些淺見，作為形成新工業政策的參考。

首先，我們要強調指出，保護政策並不是一個壞政策。保護政策祇是一個工具，用得適當就是好政策，用得不當就是不好的政策，它本身並無好壞之分，關鍵完全在使用的人的智慧與技巧，全世界除了過去不能自主的殖民地以外，沒有一個落後國家不採用保護政策這一工具，這些國家如果不採用保護政策，他們幼稚的農工業將永無發展的機會。全世界也沒有一個進步國家不採用保護政策，如果不採用，在强大的形形色色的國際競爭壓力之下，他們的農工各業便會失調。美國對工業產品的保護，歐洲共同市場對農產品的保護，我們豈止是親眼所見，而且是身受其苦。全世界最具有保護傳統的是自由經濟的美國，保護得密不透風的是天天高喊經濟協力的經濟大國日本。

我們的保護政策之備受責難，是因為我們保護政策運用得不够適當。多少年來，將保護政策釘死在管制進口那一道高墻上，一成不變，談不上運用，更談不上運用的技巧。再加上縱容國內大企業的獨佔或聯合獨佔，於是國內外競爭力量完全扼殺，工業競爭成為一池死水。獨佔者可以肆無忌憚地限制產量，降低品質，抬高價格，不求進步，不求發展，每人覇佔一部份市場，剝削消費者，坐地分肥。但這些絕不是保護政策本身的錯誤，而是運用保護政策不當，和縱容國內獨佔的結果。如果將這些現象歸咎於保護政策本身，則美國的，歐洲的，日本的，全世界的保護政策都將為我們的保護政策抱不平。

因此，專就保護政策本身來說，當前所要做的不是放棄它，不是代之以輔導，而是如何靈活的運用它，如何打破國內的獨佔及聯合獨佔。我們不曾見到財經會報的決議原文，究竟如何措詞。但我們深信財經會報之決議，也不過是加重輔導的重要性，而非放棄保護政策。

至於積極性的輔導，並非是新政策，實際上亦已行之有年。我們還曾為了輔導而訂有工業輔導準則。但事實告訴我們，我們的輔導並無顯著效果，工業並未因輔導而大量擴展。反之，輔導常成為對民營企業的變相干涉，使得一些民營企業心存畏懼，輔導也常成為對民營企業的變相優惠待遇，使得一些民營企業以此為生，這種輔導附帶的對工業行政風氣產生不良影響。主要原因是我們的輔導內容，對一般民營企業無實質上的利益與便利，却充滿了管制精神，而且不合經濟法則。現在既經決定要以輔導代保護，那麼第一件事應該是檢討過去輔導失敗的原因，而不是立即加强。

但無論是保護與輔導，都不是促進工業發展的全部辦法，甚至不是主力辦法。要使工業今後有迅速的發展，還須要對工業發展環境作全面的檢討與更新，這至少要包括兩方面：一是投資環境的改善；一是政府領導的加强。

改善投資環境，是十多年來的一個老口號，但從來很少有人明白它的意義，以致年年歲歲都在喊，年年歲歲都沒有做。我們願意在此稍加詮釋，一般人一提到改善投資環境，便以爲是減免稅，這完全是誤解，苛捐雜稅足以妨礙工業發展，但減免稅絕不能促進工業發展。所謂改善投資環境，應該指①基本經濟設施，包括電力、港口、運輸、工業用地等的擴充與廉價供應；②一套適合工商業發展的法令，及對這些法令嚴格公正的執行；③一套合理的租稅制度與廉能的稅務行政；④一套能發揮作用的金融體系；⑤一套促進貿易的辦法，包括組織，機構，及人員訓練；⑥一套密切配合的教育與訓練制度；⑦一套嚴格的品質管制法令。所有這些項目，做與不做，其權均在政府之手。

我們認爲以上七點加上政府的領導，才是促進工業快速發展的主要動力。財經會報既然對保護與輔導有所決議，何不責令經濟部與經合會就上列各點逐一檢討，提出具體辦法，藉以全面革新工業發展的環境？

（五十九年六月）

欣聞部份國營事業開放民營

決策方面爲謀整個社會經濟的發展，已原則決定將若干非獨佔性的國營事業開放民營。開放的方式有四種：出售股票、公私合營、特許及委托民營、政府以倡導方式出資與民間共同經營。如果此一決定確能於短期內付諸實施，則將是近年來經濟方面一項最關重要的變革，不僅可以刺激民營事業的發展，減輕或完全拋却政府所背的一些沉重包袱，而尤其重要的，是可以普遍的提高生產效率，使國家經濟資源得到更有效的利用。換句話說，國家整個經濟情況可以因此而獲得改善。

本來，我們對於生產事業之爲公營或爲民營，並無好惡之分。在我們的觀念中，進步國家公營事業與民營事業同樣有效率，落後國家民營事業與公營事業同樣無效率，前者如美、英、法、意等國公營事業的情形，後者則在所有落後國家中例子俯拾卽是。但臺灣的情形例外。臺灣的公營事業，無論在監督與經營方面，始終未曾建立良好的制度，有制度亦從不認眞執行。因此，公營事業之成敗，完全繫之於主持人之是否廉潔有能力，如主持得人，則經營成績足可媲美甚且駕凌民營事業；如主持不得人，則其貪污腐化，缺乏效率，爲少數人用作剝削政府利益的工具，早已達到不堪忍受的程度。以紡織工業爲例，當民國四十年左右，政府大力扶植紡織工業時，差不多所有民營紡織公司都是基礎薄弱，機器陳舊，而所有公營紡織公司都是勢力雄厚，設備新穎。二十年發展下來，今日情況正好完全相反。所有民營者除大秦外，都是欣欣向榮，並向其他事業發展，變成大財團；而所有公營者則無例外，都是虧累不堪，坐吃政府，而且繼續把持，不肯輕易放手。所以政府早就應該斷然處置，移轉民營。現在作此決定，實在有來遲之感。

關於開放的方式，根據前述消息，共有四項，而四項都是公私合營的性質。我們了解政府將公營事業移轉民營之不易，非採取此類辦法不能達到目的。但我們要鄭重指出，這是一種非常不適當的辦法：容易使政府官員干涉民營企業，而不爲後者所歡迎；亦容易導致官商勾結，公私不分，而致出賣政府利益。所以政府應當另覓其他途徑，縱然非採取此種公私合營方式不可，亦當視爲一種過渡期間不得已的辦法，政府股份應儘早退出，使其成爲完全民營。

爲使政府能順利執行此種移轉民營政策，我們願建議政府對於若干經營不善之公營事業，應賠本出售，政府立場係統籌國家經濟資源，作最有效之利用，而不在斤斤計較政府利益之一時得失。若干公營事業在政府手中，既不能善爲經營，對整個社會而言，即爲資源之浪費，即爲全國經濟利益之損失。如移轉民營而能作有效率之經營，則是對經濟資源之適當利用，則是對全國經濟利益之貢獻，是則政府於移轉時雖有虧損，承受之民營事業似乎有額外利得，兩相比較，後者實無關宏旨。此一觀念關係將來公營事業移轉民營能否順利進行者至大，政府決策當局，各級民意代表，以及全國人民，必須對此有清晰之了解。

除此之外，據我們所知，現尚有若干公營事業日在虧累之中，且毫無改善之希望，聽其繼續營業，實爲政府之沉重負擔，此種負擔完全爲浪費經濟資源，毫無其他意義，我們建議此種公營事業應立即關閉，俾政府可將有用之資源轉用於其他方面。財政部最近將雍興公司斷然關閉。決策者之見識與膽量，深值吾人欽佩。

此次政府所作之決定，主要係將非獨佔性之既有公營事業開放民營，但我們認爲可以根據作此一決定之基本想法，更進一步將電力、石油等一向認爲在公營範圍內之事業，亦開放准許民間投資另設新廠，使公民營事業並存，使彼此互相競爭，以提高彼此之經營效率，此較之將既有之公營事業開放民營，更容易實施，亦可能產生更大之有利影響。而無論從理論方面，從實務方面，以及制度方面看，均無不當之處，望決策當局鄭重考慮之。

（五十九年八月）

請迅速確定健全的汽車工業政策

假如將裕隆開始生產汽車之日，作爲我們發展汽車工業的起點，則迄今已有十四年之久，而十四年以來，我們始終沒有堅定的明確的政策，更沒有執行政策的一套有效辦法。我們所聽到的祇是要發展汽車工業的口號，我們所看到的祇是一道不准汽車進口的命令，我們所得到的收穫就是仍舊停留在裝配階段的汽車工業。汽車工業是一個國家的基礎工業，是走向重工業的起點之一，對我們來說，發展汽車工業該是一件何等重要的事；而十四年的時間，足可使一個落後經濟轉變爲進步經濟，足可使一個衰敗的經濟轉變爲繁榮的經濟，不可謂不長。以如此重要的工業，以如此長的時間，而不能獲得寸尺的進展。十四年來所有與汽車工業發展有關的政府官員與企業界人士，面對國家的利益，都應該有歉然的感覺，都應該虛心檢討，認眞策劃，在最短期間內把我們的汽車工業建立起來。

就我們十四年以前的經濟情況來說，建立汽車工業是一件非常艱難的工作，決非民間企業家所能勝任。必須以政府的力量，乃至整個國家的力量來辦這件事。至於實際經營方式是民營或公營，都無關重要。在發展汽車工業這一點上，公私利益完全一致：私人的成敗，就是政府的成敗，就是國家的成敗（現在對大多數重要民營企業都應作如是觀）。假如這一看法被接受，則十四年前裕隆開始生產汽車時，政府當局所採的措施便不僅是一道不准汽車進口的保護命令，而是在資金、技術與管理方面的大力協助，再加上嚴格的監督。簡單的說，我們應該是以國家的力量，來發展國家的汽車工業，祇不過假裕隆之手而已。然而我們沒有這樣做。今日這個樣子的汽車工業，成爲社會一致指責的對象，汽車工業固不能辭其咎，應當負起這個責任，然而政府主管當局又何能辭其咎，又何能不負起這個責任。

在經過十餘年的所謂保護政策而無效之後，又輕易聽信所謂加强內部競爭之說，一口氣核准了四家新汽車工廠的設立，凡是稍有一點工業知識的人，都知道汽車工業有一個起碼的生產規模，一般爲十萬輛，低於十萬輛，單位成本太高，不宜於設廠，超過十萬輛，則愈多成本愈低。而我們國內目前的汽車市場，每年不到三萬輛。裕隆一家生產，已嫌規模太小，成爲其成本高的主要理由之一。現在一次核准四家，連裕隆共五家，分享每年三萬輛汽車的一個市場，平均每家不到一萬輛。以這種方式來發展汽車工業，豈非緣木求魚。新設四家汽車工廠的投資人並非不知道這種情形，其所以不怕賠本而甘願投資三數億元者，動機可能在於追隨裕隆之後，進口零件裝配成車，在保護之下，高價出售，分享裕隆之獨佔利益而已。試思每家三數億元資本又如何能設立一個合於現代標準的汽車工廠。政府主管當局不知道這種情形而核准四家新廠，或明知這種情形而核准這四家新廠，都難辭失職之咎。我們所要特別指出的一點是，裕隆也罷，四家新廠也罷，民營企業爲謀自身利益，忽略國家利益，誠然令人遺憾，但在商言商，並未十分逾越份際，如何使公私利益相一致，如何阻止不以私利損害公益，關鍵還在政府政策。

頃聞汽車六項自製零件規定刪除後，外商頗有興趣來臺投資設廠，而部份人士也曾表示歡迎。我們不知道這是否是代表政府的新汽車工業政策，假如答案是正面的，則不但過去十四年我們在汽車工業方面所作的努力，十四年消費者的犧牲，全部付諸流水；而且今後將永無建立自己汽車工業的希望。西方投資者積二十年之努力，政治與經濟手段並用，要打入日本的汽車生產工業，而日本政府與民間則想盡辦法拒之門外，要一直等到日本汽車工業競爭能力强大，使西方投資者望而却步時，然後才全面開放外人投資於此一工業。中日兩國工業發展政策之不同，有如此者！

鑒於汽車工業在我們今後工業發展中的關鍵地位，鑒於我們十四年的努力與犧牲，而未收到效果，我們認爲現在正是適當的時候，政府與民間投資者平心靜氣的坐下來，檢討過去失敗的原因，及今後可能遭遇的困難及解決的途徑，重新擬訂發展汽車工業的政策，迅速建立我們自己的汽車工業。在此一新政策中，應該作的犧牲，應該付出的代價，無論政府與民間，都應該負擔起來。我們不必追究過去，但應集中力量追求將來。汽車工業如此，其他凡百措施亦莫不如此。（五十九年十二月）

從福特投資計劃談汽車工業政策

美國福特汽車公司董事長亨利福特二世先生於三月二日來華訪問，與我研商共同發展汽車工業問題。依新聞報導，福特的構想，係在亞洲太平洋區域若干地點設立專業化的工廠，來供應整個區域內對汽車零件的需要，這種零件專業化與互相交換的辦法可使參與國家大量生產，降低售價，因而參與國大家都能享有廉價的自己製造生產的汽車。福特氏稱此一構想爲「亞洲人的汽車自由區域貿易方案」，想像中參與的國家有印尼、新加坡、馬來西亞、泰國、菲律賓及中華民國。福特氏就此一構想與我政府高級官員交換意見後，已於三日離去。福特氏與我政府當局會談的內容不詳，目前所知的是，經濟部長孫運璿將就各方面與此有關的因素加以考慮，俟福特提出具體投資計劃後，再行定奪，而唯一被邀參加會談的工商界人士嚴慶齡則拒絕答覆記者所提問題，且其表情凝重，若有深憂。

就我國長期發展經濟的前途言之，加强汽車工業是一件非常重大的事。但自我國人自行設廠製造汽車以來，迄今已有將近十五年的歷史。十五年物移星換，多少國家强弱易勢，而我們的汽車工業政策尚在搖擺之中，無固定不變的方向可循。這次福特氏挾其「亞洲人的汽車自由區域貿易」構想東來，更使我們的汽車工業政策面臨抉擇的重大關頭。爲了整個國家經濟發展前途，我們認爲有從基本觀念着手加以澄清的必要。

一般人士談到汽車工業政策，常因國人設廠製造之未如理想，認爲自己製造汽車政策之不當。其實，國人設廠製造之失敗係政策執行方法之有待商討，與汽車工業政策本身無關。我們討論今後臺灣的汽車工業政策，不能將其與某一個別廠商之成敗混爲一談，以致觀念混淆，難期獲得正確的結論。須知，方法爲方法，政策爲政策；豈可因方法不當而廢棄政策？又豈可因個別廠商之失敗而根本捨棄自己的汽車工業？

多年以來，我們基於輿論的言責，是贊成建立我們本國的汽車工業的。我們作此主張，毫無年輕人的衝動，愛國者的狂熱，無知者的模仿等感情成份，而是基於國家的需要，汽車工業的性質。汽車工業由於其與鋼鐵、機械、電器、橡膠等等工業關係密切，其發展可以帶動許多重要工業的發展；由於其技術比較簡單，投資額比較小，爲落後國家所能勝任；由於其需要勞力比較多，落後國家發展起來比較佔優勢；由於其產品爲工作與生活的必需品，不然沒有市場。因此，遂成爲一些徘徊在進步與落後邊緣的國家求進一步發展的一個據點，一個踏脚石。這些國家稍有工業基礎，技術及資金水準剛够得上發展汽車工業；這些國家已脫離貧窮狀態，剛有資格談追趕進步國家，於是以汽車工業（以及其他類似的工業）爲中間站，爲踏脚石，先搭上這一點，再一躍而進入進步國家之列。我們就是這些邊緣國家中的一員，我們發展汽車工業的目的，不僅着眼於消費，供應人民以廉價的汽車；而尤在着眼於生產，利用其爲中間站，將我們帶到進步國家的境地。我們經濟發展的終極目的，不在於買中國的或外國的廉價汽車，而在於造成一個富强康樂的進步國家，發展汽車工業（以及相似的工業）是我們達到這種境地的必經之途。我們多年來主張發展包括汽車工業在內的重工業，原因在此。

許多專家學者，政府官員，以及社會人士討論發展汽車工業以及其他重工業時，便說我們的規模如何小，技術如何差，成本如何高；外國的規模如何大，技術如何好，成本如何低，兩相對照之下，便得出一個結論，買外國貨比自己製造要經濟得多，與其自己設廠，不如進口。我們完全同意這種說法，問題是落後國家，那一個重要的工業能趕上進步國家？依照這種說法，落後國家能發展那一種重要工業？如果沒有一個重要工業可以發展則落後國家豈不永遠落後？那一個進步國家不是先付出高成本的代價，然後再成爲進步國家的？美國某名經濟學家在新聞週刊撰文譏誚落後國家好模仿進步國家創辦新事業，曾舉例說他的一輛舊別克車在美國賣二十二美元，而在印度則賣一千五百美元，認爲落後國家不應自己造車，而應從國外進口。但問題是印度如果現在忍痛以一千五百美元買美國舊車，而同時自行發展汽車工業，則將來必有一日可以二十二美元或更低的價格買印度製的舊車；如果現在貪圖以二十二美元買美國舊車之利而不自行發展汽車工業，則百代以後，印度還是要以二十二美元買美國舊車，而且祇有坐舊車的可能。這位經濟學家的話可謂書生之談，孺子之見，不足與言落後國家的經濟發展。富貴子弟而爲窮人策劃，沒有不失敗者。

如果我們以上的觀點被接受，則福特的構想便有進一步推敲的必要。福特的構想顯然是從消費的立場着眼，要爲亞洲人民供應廉價的汽車；而非從生產的立場着眼，要爲亞洲人民建立進步的工業，以促進經濟發展。誠然，消費者的利益必須加以維護，當國內汽車需要量日益增加之今日，使廣大消費者長此忍受重價的剝削自非允當。且外國的投資與其進步的技術以俱來，亦足以促成我汽車工業更爲快速而合理的發展。正因爲如此，所以對於福特的投資計劃，我們毋寧採取歡迎的態度。問題是如何使生產與消費的作用、眼前和長遠的利益取得調和，不因福特的投資而妨礙我們自己的汽車工業，且進而發生一種促進的作用。此爲當局就福特投資設廠計劃加以考慮研商的重點之所在。亦必得遵循着這一方向，才能形成健全而正確的汽車工業政策。（六十年三月）

加速投資的有效途徑

前曾指出，加强經濟建設爲今後自存自强的最主要途徑，並就經濟建設應遵循的方向，應採取的策略，及應有的配合措施詳加論列。茲再就如何加强經濟建設的執行技術方面，提供我們的意見，以就教於政府當局。由於執行技術是多方面的，不像方向和原則那樣單純，不可能逐項提出而無遺漏，我們所以特別提出加速投資的技術問題，不過是擧例性質。

我們知道政府爲加速經濟發展，早經擬訂若干重大的個案投資計劃，如鋼鐵廠、石油化學廠、造船廠、機械廠等。又爲配合經濟發展，也曾經擬訂若干基本建設計劃，如高速公路、港口建築等。所有這些計劃不是進展緩慢，便是根本未曾開始，這並非是主管官員不努力，而是客觀環境的限制：需要民間承辦者難覓投資對象；需要政府擧辦者又缺少資金。展望以後局勢，此種客觀環境所形成的限制勢將愈益嚴重，倘非採取非常的手法，當必難以突破，而非常手法之採取，則必須要有一套新的觀念和理論作爲基礎。

先就尋求民間投資對象來說，政府官員、民意代表、以及全國人民務必要了解整個國家與民間投資者利益之一致性，以及兩者合作無間之必要性。外人分析日本經濟高速成長，致有今日之成就，常將日本政府與民間投資者貫穿一氣，合作無間列爲主要的原因。惟其如此，政府當局才能給與民間投資者以必需之優惠與保障，使其投資利潤高而風險少，而一個重大投資計劃成功，全國經濟蒙受利益。反觀我國，則公私界限分明，有若鴻溝，不可逾越，甚者且成對立現象。一個重大投資計劃之提出，反覆計算較量，惟恐「圖利他人」。於是民間投資者裹足不前，這種態度與作法必須要澈底改變。對於目前若干重大個案投資計劃，政府必須不怕責難，不避嫌疑，在資金方面給與最大可能之優惠，在市場方面給與最大可能之保護，在技術方面政府更當考慮分擔輸入技術之成本。在此種安排之下，相信民間投資者必踴躍響應。爲證明我們的主張之正確，玆舉一大家記憶猶新之歷史事例，兼作今後政府當局採取新措施之具體參考。

約在民國四十年前後，政治與經濟情況極不穩定，民間投資躊躇不前，且可投之資金亦十分有限，工業發展方在開始，而前途黯淡。當時主持工業發展之尹仲容氏決定先發展在技術與市場方面較有把握之紡織工業，於是一方面斷然管制紗布自日本進口，使紗布價格上漲；另一方面則實行所謂代紡代織辦法，供應各廠原料，收購各廠成品，各廠不需一分一毫之週轉資金，坐享優厚之工繳費，頓成暴富。一時社會輿論譁然，攻擊不已。然而其結果如何？如人們所知，不僅目前年賺四億餘美元外滙之紡織工業係在當時奠基；此擧對於由紡織工業獲利而轉投資於其他工業，因而造成全面經濟之繁榮，則貢獻尤大。這一歷史事例充份說明國家利益與民間企業利益之一致，政府與民間之屬於一體，無分彼此；也告訴今日主政者今後應有之勇氣與做法。我們實在需要這種非常勇氣與做法衝破今日難關。

至於各種基本建設計劃多因財政困難，資金難於籌措而延緩或不能開始，在我們看來，事實上並非眞正缺乏資金，而是理財未能擺脫傳統方式，這也是一個觀念問題。以毛儲蓄率高達百分之二四的一個經濟社會，籌措若干基本建設所需資金應該不致有太多的困難，何況吸收儲蓄存款達四百億元左右之各銀行經常有爛頭寸存在，更可見資金供應相當充裕。如此一方面籌集基本建設資金感到困難；另一方面却有爛頭寸存在，足見係吸收資金至建設計劃之中介機構有了問題。我們認爲政府當局不妨作一切實調查，以視各銀行究否有爛頭寸，爛到如何程度，即可據以將此種頭寸以公債方式或建立一種制度，移轉於財政當局之手，轉作公共建設甚至融通民營企業之用。事實上，政府目前已將郵政儲金集中使用，不妨逐漸擴大範圍至其他各種保險金與基金，如各銀行對一般儲蓄無法充份利用，亦可移轉一部份於財政當局之手，集中使用。當然，加强所得稅征收，使預算有大量盈餘，在任何情形之下均爲最重要之籌集公共建設資金之手段，殆無疑義。

總之，處非常之局，必有非常之勇氣與做法，方能克服困難，獲致成功。切不可因循泄沓，以致處處都是阻礙，寸步難移。總統昭示我們要愼謀能斷，現在是決策者運用其最高智慧，爲國家謀的時候，而故步自封不得謂之謀，至於當斷而不斷，那就只是拖延時間，坐待死亡了。（六十年七月）

工業才是臺灣經濟發展的主流

最近數年由於農業與非農業部門所得差距有擴大趨勢，及農業生產成本與農民負荷有偏高情形，影響農民收入及耕作興趣，逐漸形成問題，而且日益嚴重，受到政府當局及社會人士普遍的注意，紛紛提出意見及採取具體措施，以謀解決。農業人口現仍佔總人口的百分之四十，爲臺灣社會構成份子的中堅，我們欣見政府及社會人士對這一部份人民所遭遇的困難的重視，我們尤其擁護政府所採取的各種解決措施，我們認爲這些措施充份證明了我們的政府負責任，有效率，確實在爲人民做事。

但農業問題十分重要，宜亟謀解決是一回事：臺灣當前經濟發展的優先次序如何，重點何在，則完全是另一回事。若因農業問題的重要或甚至如一般人所說的嚴重，而遂認爲臺灣經濟發展當以農業爲優先，那就本末倒置，犯了嚴重的錯誤，表示不但不了解臺灣經濟發展問題，而且完全不了解臺灣農業問題的本質，不知道臺灣農業發生問題的原因了。假如政府竟然眞的以農業發展爲優先，則臺灣農業問題將永無解決之望，而且將阻礙整個經濟的繼續發展。華裔美籍經濟學人吳元黎博士提出的農工並重應爲臺灣經濟發展的目標，應縮短都市與農村的差距的意見，如果所指的係政府應當注意當前農業問題的重要性，應早謀解決，勿使問題愈拖愈深，都市與農村所得差距愈來愈大，則我們應當欣然接納。事實上，這已是臺灣社會的公論，政府也早已採取了行動，並在繼續採取行動中。但如所指係在現階段將農工業平行發展，或甚至臺灣建設要以農業爲優先，則是不明瞭臺灣經濟發展實況，我們斷然不敢苟明。不過，我們相信吳先生係指的前者。

我們作此論斷有堅强的理論與事實根據，必然會爲稍有理論修養與明瞭實況的人士所接受。臺灣農業之所以發生問題，不是因爲政府過去的政策錯誤，更不是因爲過去忽略了農業的發展，而是因爲這是經濟高速發展中的一種自然現象，是高度進步的副產品。祇有快速進步的國家如日本與中華民國才產生這種問題，其他落後國後是不會產生這種問題的。臺灣近幾年由於工業與貿易乃至整個非農業部門的高速成長，勞工生產力大幅上升，工資隨之提高，並吸引了部份農村勞力流入都市。而另一方面，則農業因受單位耕作面積及傳統耕作工具與技術的限制，勞工生產力無法像非農業部門那樣提高，因之所得也就無法作同等增加，造成農業與非農業部門所得的差距，及農村勞力外流，農業勞工成本上升等現象。在這些現象之下，原來加諸農民的負擔，如高肥料價格，高農機價格，高利率，繁雜的稅負等等也就無力繼續負擔了。這便是臺灣農業問題發生的根源。

政府目前所採取的主要措施，在降低肥料與農機價格，擴大低利貸款，減輕租稅負荷等等。這些措施可以減輕農民負荷，稍舒民困，自爲農民及關心農民利益的人士所歡迎。但這些措施不是根本解決之道。根本解決之道還在使農業勞工的生產力隨着經濟發展而不斷提高，可以追得上非農業勞工的生產力，因而其所得也就不斷的提高，可以追得上非農業部門的所得。但要大量提高農業勞工生產力，便必須要擴大耕作面積，改變傳統耕作技術與經營方式，也就是要實現農業機械化與商業化。擴大耕作面積，農業機械化，與農業商業化三者是一件事，合起來便是所謂的農業現代化。而要達成農業現代化的目標，便需要非農業部門快速進步，能大量吸收農村勞力，同時並提高農業勞工成本，迫使農業非以機械代替勞力不可。

如此，問題便非常明顯了。解決農民所得偏低的問題，有賴於農業現代化；農業能否現代化及其速度如何，則在於非農業部門的發展速度；而所謂非農業部門的發展，則關鍵又在工業上。所以工業的高度發展，不僅爲整個經濟發展所必需，尤其是根本解決臺灣農業問題唯一可循的途徑。工業發展愈快，農業問題也解決的愈快愈徹底。我們所以力主以工業發展爲主流，原因在此。我們對工業毫無偏愛，對農業尤其絕無忽視之意。我們作此主張，係從整個經濟發展的利益着眼，當然也包括農業部門的利益在內，爲臺灣經濟發展指出關鍵之所在，爲政府選取一個正確的發展策略。假如要反其道而行之，以農業發展爲優先，則二千餘年的歷史，那一年不是以農業發展爲優先，甚至還是以農立國，又何曾解決過農業問題。所以，地方政府依其地方環境，可以將農業列爲優先發展工作；但中央政府統籌全局，則絕不可採行以農業爲優先的政策。（六十一年一月）

欣見國營事業將移轉民營

殘歲向盡，萬象更新，在此全國同胞在豐衣足食的環境下，謳歌鼓舞，歡度春節之際，政府亦在振刷精神，勵行各項革新，以圖與民更始。最近一項值得大家注意與讚揚的革新舉措，便是行政院在十日所舉行的某項會議中，決定國營事業將以吸收民間資金的方式逐漸轉移民營，在未轉移前應謀求經營企業化。將若干國營事業移轉民營，是一個討論已久而遲遲未見決定的問題。我們欣見行政院終於作了這個決定，我們更願這個決定得以早日順利的付諸實施。

對於某些事業之應否國營或民營，我們一無成見。依照民生主義經濟制度，我們是可以公民營事業並存的，再依照國際趨勢，也差不多所有自由國家都在走向公民營並存的混合經濟制度。因此，在對某一事業作國營與民營的選擇時，我們沒有任何學理、制度、或教條上的約束，一以當時的環境與需要為斷。而依我們對環境與需要所作的判斷的結果，認為有將大部份國營事業移轉民營的必要。理由如下：

㈠一般人都公認國營事業效率較差，並認為較差的原因在於有許多法律上的束縛，公文程式上的糾纏，及人事上的干擾。但我們則認為最大的原因在於以國營事業作為安插酬庸大員的尾閭，以致主持人員率多年事老大，教育訓練背景與職務不相稱，再加上以事業為結納之工具，因而冗員充斥，業務離軌。在此種情形之下，當然缺乏活力，談不上開展、冒險等企業精神。於是除具有獨佔性之國營事業外，其餘事業莫不年在虧累衰敗之中，成為社會的浪費，政府的負擔。惟一改革途徑，只有開放民營。

㈡臺灣經濟經過二十餘年的發展，已培育出一批具有活力與開創精神，能力與知識夠現代水準的年輕企業家階層，這一階層實是國之瓌寶。政府可以放手將整個社會絕大部份生產事業交托給他們，而退居監督輔導扶植的地位。這是我們遠優於其他亞洲落後國家，而足可與日本媲美的地方。

㈢臺灣經濟正面臨一個新的界溝，過此一步卽是現代國家與進步經濟。而越過此一界溝為一極其艱巨之工作，一方面既需要政府之週詳策劃與積極領導；另一方面又需要鉅額財力方能推動。故如政府此時將大部份國營事業移轉民營，然後以所得之資金，所省下之人力，集中使用於新工作上，則對國家之貢獻必然遠超過現狀之維持。而審度目前情勢，政府亦非如此做不可。

基於以上理由，我們完全贊成行政院此一決定，並願就有關移轉的原則、範圍、與方式提出我們的意見，供政府採取進一步行動時之參考。

關於移轉原則，我們認爲應以迅速脫手爲主，千萬不可斤斤計較出售價格。政府當局與全社會人士均應了解國營事業移轉民營，爲一種政策之執行，並非通常之交易買賣，重點在政策之能否迅速執行與貫澈到底，而不在售價之高低。過去公營事業移轉民營每每不能完成，價格實爲最大之阻礙。此次務必改變觀念，只要付托得人，能使出售之事業發展擴大，即是達到政策目的，售價高低無關重要。政府此次決定以吸收民資方式逐漸移轉民營，恐主要原因還是在一次出售價格難於決定。

其次關於移轉範圍，除部份公用事業、國防工業、與財政目的之事業如菸酒公賣局以外，我們認爲所有其他國營事業均可移轉民營。我們看不出民間不能經營煉油、肥料、製糖等業之理由。政府如必須保留此種事業國營，亦當准許民間投資另行創辦同性質之新廠，使公民營事業並存，互相競爭，亦可由此測出國營事業之效率究竟如何。

最後，關於移轉方式，行政院所作逐漸移轉之決定，顯然在顧慮出售價格易起糾紛；資金太多，難於覓得買主；及現有工作人員難於安排出路。但我們認爲這一辦法難於收效，將使移轉時間拖長至十年八年，致移轉效果消失。而由於眞正企業家絕不願在公私混合之情況下，投下大筆資金；更不願承擔國營時之包袱，故即令拖十年八年，亦未必能移轉成功。因此我們堅持主張以優惠條件一次脫手爲原則。

不過，不管將來移轉效果如何，國營事業移轉民營在經過長時期爭論與猶豫不決以後，終於由政府作此決定，實值得我們的讚佩，並祝其能順利實施。（六十一年二月）

積極輔導中小企業

經濟部長孫運璿前天在中華民國中小企業協會成立大會上表示：政府爲了加強對中小企業的輔導，今後將採取下列四項措施：①在技術上，新合併的聯合工業研究所，將協助業者發展新產品，引進新技術。②在管理上，將由經合會、工業局及生產力中心密切合作，以解決中小企業所遭遇的困難。③對外拓展業務上，將由外貿協會加强對業者的服務，並搜集國外市場消息。④在資金融通上，財政部擬將修正中的銀行法，增列成立中小企業銀行一章，以解決中小企業所需資金問題。以上四項措施，若能切實推行，對中小企業所面臨的困難，大部份均可獲得解決。

根據經濟部和經合會兩年前聯合調查報告，在臺灣的各類工業中，有百分之九十九皆屬中小型企業，但其所雇工人約佔工人總數六〇%，由此可見中小企業在整個工業中所佔地位非常重要。這些年來，主管機關對中小企業所遭遇的困難雖相當重視，但截至目前爲止，只是談談而已，並未採取具體行動，以致中小企業所處困境，依然存在。現在負責經濟決策的孫部長，公開宣佈了政府即將採取的各種措施，以協助中小企業，不僅使業者感到興奮，即社會人士也同感欣慰。如果我們的中小企業能夠蓬勃發展，對促進經濟繁榮與社會進步均有莫大裨益。

我們認爲孫部長所宣示的四點措施，已確實把握了問題的關鍵。首先從生產技術方面來說，中小企業由於財力的限制，大多是沿襲舊的生產方法，很少有創新的勇氣，即是主持人有此願望，由於客觀條件的限制，往往力不從心。採取古老的生產方法，效率低而成本高乃是必然的結果，於是獲利率亦受連帶影響，要更新設備，擴大企業規模，均不可能。如果政府機關能夠在技術改進上予以支持，使其生產成本降低；或指導其生產新的產品，對中小企業來說，實在是一大德政。不過，中小企業數以萬計，政府必須儲備大量技術人員，然後分門別類予以輔導，我們認爲，在順序上應以外銷工業絕對優先，內銷工業居其次。並且先由業者主動提出申請，以緩急定其先後。我們並希望政府對這種服務，儘可能予以免費，必要時僅由廠商提供指導人員的差旅費即可，倘收費過高，業者將會裹足不前。

其次，談到管理方面，今天中小企業有一個共同特點，就是以家族工業居多，或以少數人合夥爲主，在經營方式上根本談不上科學管理，要使他們具備現代化的經營觀念，在輔導上需要費相當功夫。今年五月間美國名企業家弗蘭德博士來臺考察後，曾特別强調：我國的中小企業在現代企業激烈競爭的情況下，唯有「合併經營」，才能有更大的發展。當然，由於多年來的傳統，這是一個相當困難的問題，但是，企業規模太小，在競爭上處於不利地位，這是人所共知的事。爲了降低成本，減少惡性競爭，並增强競爭力量，中小企業合併經營，實爲唯一可循的道路。爲了達到此一目標，我們主張政府可用各種鼓勵方法，例如對合併經營的企業，在技術指導上可享受優先權益；在稅捐負擔上可有各種減免；在銀行貸款上可以第一優先。使業者感到合併經營對他們有各種好處，然後便樂於從事。

至於拓展外銷業務，目前中小企業所有外銷產品，絕大部份皆是透過代理商，一般業者對國際市場情況均很茫然。因此，當國際市場需要增多時，由於設備和產量的限制，往往無法增加，而失去有利機會；相反的，當國際市場需要減少時，便形成生產過剩，增加損失，一般廠商對應付國際市場變動的彈性極小，加之人力財力所限，主動開拓市場，也心餘力絀。如果外貿協會能够幫助他們搜集商情資料，並且介紹外銷機會，對中小企業將是莫大的幫助。

最後，談到資金問題，也是中小企業多年來最關切、最困擾的問題。資金不足在中小企業是一種最普遍的現象，由於資金不足，乃無力更新設備與採用新的生產方法，從而妨害新產品的製造。而金融機構爲了資金安全，對中小企業的放款亦特別愼重，因此，中小企業所需資金，大部份皆求之於民間的高利貸，使得生產成本加重。就我們所知，今天有若干中小企業，其產品外銷頗有前途，但因資金不足無法擴充，這是國家和社會的莫大損失。許多先進國家，爲了扶植中小企業，除有專業銀行供應資金外，並專設機構負責解決此一問題。如日本早在一九三七年，便在東京創設「信用保證協會」，該會爲中小企業所保證的債務，在六七年前已達三千億日元之巨！美國專設有中小企業局，辦理貸款保證，銀行貸給中小企業的貸款，該局最高可承擔九〇%的風險，其他如荷蘭、義大利、比利時等，皆有類似組織。這個機構作爲中小企業與金融界的橋樑非常有效，孫部長在前天的演說中也希望臺灣能有類似組織。我們認爲此一構想須積極推動，其他國家既有成規可循，應非難事。我們希望財經兩部共同成立一個專案小組，儘速推動此一工作，以澈底解決中小企業所需資金問題，對臺灣經濟發展與社會繁榮將有莫大貢獻。

（六十一年七月）

建立自力成長的工業生產體系

爲了籲請國人體認現實環境，沉着應付變局，並指出共同奮鬥途徑，我們曾於前昨兩日分別以「以加速投資建立自力更生經濟來表達我們的悲憤」與「以維持貿易的活力安定經濟面對未來局勢」爲題，就行政院蔣經國院長的六項經濟指示中有關加速投資與發展貿易部份加以申述，使此一重要指示的眞意更易爲國人所了解，更能身體力行。玆本此原則，再就六項指示中有關工業發展部份予以闡釋。

蔣院長關於工業部份的指示，不僅在於解決各工業因國際局勢變動而遭遇的困難，尤在提高工業水準，建立能自力成長的中間資本財工業，包括機械、電機、電子、汽車零件等等，希望將我們的工業從裝配與包裝的水準提高到使用大量資本與高級技術從事生產中間財貨的水準。而如一旦達到了這一水準，也就是從依附外國工業的境地走到了自力成長的境地。必須如此，我們才能談自力更生的經濟，我們才能有强大的經濟力量以應付未來的變局。

我們過去二十年的工業發展，始終是一種爲環境所左右，不能突破環境創立更高境界的發展，可以稱之爲餬口工業的發展。沒有龐大的現代化的企業組織，沒有獨立的技術發展，沒有强有力的金融支持，沒有完密的貿易組織，也不需要巨額的投資。技術、市場甚至資金融通都要或多或少的依賴外國人。這樣的工業當然就是比農業生產過程略爲進一步的工業，當然只是些裝配、包裝、與加工的工業。這種原始性的工業平時用以餬口維生固屬綽然有餘，頗見其繁榮茁長之狀；但一遇大局有變需要工業力量支持的時候，一遇到彼此要較量國力，對抗國力的時候，便不但不能勝任其應負擔之任務，而且卽作爲一種餬口的工具亦受制於人，不能隨意動彈。

來日變局方興未艾，工業發展改絃更張，建立一個從內部自力成長的現代工業生產體系，爲應付未來變局絕對不可缺少的要件。雖然已不無來遲之感，但只要有開始，便有希望。我們仍望全體國人，特別是與工業發展有關的政府官員及工業界人士，體認局勢的沉重與責任的重大，切實執行蔣院長有關這一部份的指示。我們並願作如下的建議供有關方面參考：

㈠我們再度重複建議要建立工業金融體系。我們金融業在這次中日邦交破裂後的表現令人失望。金融業界諸君，竟拿不出一套辦法去接替日本金融業與商社在此地融通資金的任務。我們要求決策當局將行政革新立卽擴展到金融業方面，澈底變革制度，調整人事，並應限期完成，不許再有拖延。我們主張對民間開放商業銀行，聽由現代的民營企業與金融力量密切結合；我們要求政府全面調整公營銀行的結構，分別設立專爲照應中小型企業、巨額冒險性投資事業、新工業、及與工業有關的進出口業的事業金融機構。我們認爲金融不沿此一路線迅速澈底改革，工業發展難有遠大前途，而這將關係國運，決策當局應三思其事。

㈡我們再度建議確立技術發展的政策、制度、與辦法。我們不能將生產技術的發展寄望於國科會，政府應另有一套發展的系統與做法。我們認爲過去幾年政府對技術發展的構想與做法不切實際，不能產生所期望的效果，應參照其他國家的辦法，並深入研究本身的情況，另訂一套辦法出來。

㈢對於蔣院長在指示中所提到的那幾個工業，以及未曾提到但工業當局認爲應優先發展的工業，應頒佈一套特別獎勵的辦法，於必要時，並由政府分擔部份的風險。目前所謂的獎勵投資辦法已至無業不包的程度。每一業都受獎勵即是每一業都不受獎勵。對於困難大、風險重的生產中間財貨的高級工業，在現階段應有特殊的獎勵與扶植。

我們深信假如政府在這三方面以及昨日提到的貿易方面採取迅速有效的行動，則以我們現有的經濟發展基礎，建立一個自力成長的工業生產體系絕非難事。沒有人能阻止我們達成這一目標，假如有人能阻止的話，那就是我們自己。如果我們沒有志氣，沒有目標，安於現狀，則這一目標便永難達到了，但目前的處境豈能容許我們不能達成這一目標？願全體國人奮起。（六十一年十月）

中小企業的困難與解決途徑

自從去年下半年通貨膨脹進入嚴重階段，中央銀行加緊信用收縮措施以來，中小企業即遭遇不斷增加之困難，政府亦不斷予以扶助。關於資金方面，中央銀行曾指撥新台幣十億元作爲購置固定設備之長期融資，交通銀行、臺灣銀行、合作金庫等金融機構均紛紛撥出款項，設立機構，專對中小企業融資。且有各銀行對中小企業貸款不得低於總貸款20%之倡議，隨後又設立中小企業信用保證基金。關於資金以外之困難，則設立中小企業聯合服務中心以求解決。反應之熱烈，愛護之週到，步驟之積極，可謂至矣盡矣，然而中小企業未曾受到實惠，困難如故，倒閉如故。實際上，則何謂中小企業，定義解釋都未嘗確定，遑論其他？國人之勇於言而慎於行，這是一個典型例證。

日昨據工業局長韋永寧報告，迄至目前爲止，中小企業停業停工者已有四百三十八家，佔工廠總數22%，範圍包括製衣業、針織業、毛衣業、塑膠鞋業與裝飾燈業。對於這一統計數字，我們持有不同的看法。我們認爲不能單憑此一數字卽確定問題的嚴重性。實際上，中小企業資本額小，設備簡陋，關門容易，開門也容易，在正常情況之下，原已開門關門次數頻繁，何況在去年通貨膨脹情勢之下，百業看好，伸手是錢，人人做生意，人人都賺錢，因爲人人都賺錢，於是人人做生意，更是大店小廠，不斷開門。三、五友人，東拼西湊，多則三、二百萬，少則三、二十萬，一棟破房屋，幾架舊機器，一個中小企業便形成了。這類中小企業在目前銀根緊縮，內外市場呆滯，經濟正由過度繁榮恢復正常過程中而宣告停業停工，毋寧爲正常現象，如果不發生這種現象，倒反而證明我們的穩定當前經濟措施方案未曾收效，經濟仍在畸形繁榮中了。如果韋局長能將過去二年新設立的中小企業家數與同期倒閉的家數對比一下，便可知道這些倒閉統計不能完全代表問題之嚴重程度。

但這並不是說中小企業沒有困難，或困難並不嚴重，或雖嚴重但可置諸不理。恰好相反，我們完全了解中小企業的困難重重，以及這些困難已嚴重到什麼程度，我們更了解中小企業對我國經濟的重要性，如果不對這些嚴重困難迅予解決，對我國經濟將發生多大災害。也因此我們非常遺憾，自民國四十年前後開始經濟發展以來，便已經存在的中小企業問題，歷時二十餘年未曾有適當的解決。中間雖曾無數次派遣官員專程出國考察，皇皇報告成篇累牘；也曾設立過專門機構，撥出過專款，各級主管官員也一再信誓旦旦，非解決中小企業困難問題不可，然而迄今沒有一個融通中小企業資金的金融體系，沒有一套融通資金的法律及辦法，沒有在技術、市場、原料、組織各方面有效協助中小企業的機構或組織，更沒有培養出一、二個扶植中小企業的專家。每一次經濟循環到下坡，中小企業發生嚴重困難時，我們都熱烈反應，表示關切，申言要如何如何採取步驟予以救助，每一次都在熱烈反應之後消散到了無痕跡，什麼都沒留下來。我們懇切希望這一次不要覆轍重蹈。我們誠懇請求政府當局以這一次的中小企業的困難爲對象，切實擬訂短期及長期解決辦法，並立即明確責成有關機關限期一年或二年予以完成。

就短期解決辦法而言，則萬事莫如資金急，應透過適當的途徑，讓資金以最快的速度，最低的成本，與最小的風險流到有歷史的、有前途的、健全的中小企業身上。這顯然不是從未或很少與中小企業打交道的金融界所能勝任的，自然更不是行政機構所能勝任。我們建議利用與中小企業有密切來往的大企業。這些大企業平常本在對與其有來往的中小企業融通商業信用，在目前銀根普遍緊縮情形之下，大企業爲了本身利益，縮減或取消了這種商業信用融通，這實在是這次中小企業危機最主要的原因之一。如果政府規定一個辦法，中小企業如能得到與其有來往之大企業之擔保或僅僅證明，便可予以適度之融資，以代替從前之商業信用融通，則目前融資速度及範圍必可大爲增加，手續亦可大爲簡化，而風險亦不致太大，同時大企業與中小企業可以兩蒙其利。

至於長期解決中小企業困難，則我們贊成立法委員陸宗騏的建議，立卽着手訂定中小企業法，就中小企業在資金、技術、組織、市場、原料等各方面所需要之協助，予以制度化，同時對於中小企業與相關大企業之適當關係亦應有所規定。對於平時及特別在危機時期，如何運用政府力量促成中小企業之現代化與合理化，尤當詳細載明。當然，任何良法美意必須要有適當人員去執行實現，因此培養一批扶植中小企業專業人才亦不可少。

（六十三年四月）

整頓公營事業的關鍵所在

行政院蔣院長於四月六日在立法院院會中曾宣布今年爲公營事業整頓年，在前天行政院院會中又指示主管單位就公營事業作切實整頓。本報曾以連續幾篇專欄就如何整頓公營事業加以報導，文中曾指出公營事業的積弊與諸多不合理的現象，同時亦指出公營事業所遭遇的困難與解決的途徑，玆再就本問題加以論列，以供主管機關的參考。

一般人對公營事業的指責不外二點：一是效率太低；一是時有貪汚情事發生，而這二項指責都不無根據。就效率太低而論，我們有一個非常可靠的衡量標準，那便是與民營事業對照，我們如果稍爲注意一下過去二十幾年公民營事業的發展演變情形，便可知道凡屬有同類民營事業與之競爭的公營事業，不是倒閉，便是在政府支持之下苟延殘喘。在三十八年，公營紡織工廠有中國、雍興、臺北、中本四家，這四家紡織廠設備新穎，規模宏大（與當時民營紡織廠比較），都有金融機構在背後支持，無論進料、售貨、資金融通都居於優越地位，但幾年競爭下來，四家公營紡織廠在虧累不堪的情形下，宣告清理。同時的民營紡織廠如臺元、遠東、六和、申一等等，不但本身日趨壯大，成爲紡織業中的領導者，而且以其盈餘轉投資，成爲龐大財團。其他有民營競爭之公營事業如機械、造紙等等，都是虧欠累累，朝不保夕。現在所有巍然存在，年有巨額盈利之公營事業，均為無民營事業與其競爭的獨佔事業，或一家獨佔，或幾家聯合獨佔。顯然他們之獲利，很大部份係來自其獨佔地位。

就貪污情事而論，則除開道路傳言，官場耳語以外，所有由司法機關偵辦之大貪污案，絕大部份都涉及公營事業。而部份公營事業主管階層人員公私生活之未能自行約束檢點，亦為不爭之事實。

何以造成此種無效率及貪污現象，公營事業本身及其主管機關之解釋為法令束縛太多及待遇太低。此實為似是而非之理由，至少不是基本原因，但却頗為社會及政府決策階層人士所採信，因而不斷修改法令，放寬若干監督及制衡措施，給與公營事業以極大之便宜行事權。同時並實施用人費率辦法，將待遇大幅調整至遠超過一般軍公教人員待遇，而優厚之福利措施，諸如房屋之移轉為私有或貸借巨款興建，尚不包括在內。然而無論效率與操守反有每況愈下之勢；以致各方指責紛至沓來。事實上，放寬監督，提高待遇，適足以加强此種趨勢而已。

我們仔細觀察分析此種情形之產生，不外兩個原因：一為缺乏懲罰；一為缺乏監督。兩者聯在一起，便造成一種無紀律狀態。就缺乏懲罰而論，每一公營事業單位，其內部發生重大錯失或貪污行為時，主管階層為其本身之利益，多層層掩蓋，而一次掩蓋，即每次均須掩蓋，終至單位之內法紀蕩然。再如董事長總經理或經理等上層階級有錯失或操守不良而被揭露，亦是多方彌縫，終至無事，偶有調職，或則不久即恢復原位，或則調至其他公營事業擔任同等或更好之職位。而此類職位，常由一人任職若干年，從不問其成就功績如何。

再就缺乏監督而言，公營事業之直接監督機構為董事會或常務董事會，然而董事或常務董事多為關係人員兼任，屬於調劑性質，對於公營事業業務，既無力過問亦無意過問。代表政府執行直接之最後監督者為主管部或省市政府。然而此等機構中之主管人員或則即在公營事業支薪，為公營事業之職員，或則其眷屬在公營事業任職，或則其所住之房屋，所乘之車輛為公營事業所供應，似此情形，自無法監督。至於旁系之監督機構如主計與審計，亦常有類似情形，難於嚴格執行職務。如真正執行監督職務，則公營事業及其主管機構每以妨礙經營效率為理由，多方攻擊，從根剔除此種監督。

一個從事營利之公營事業，每日交易進出動以千百萬計，無處不是陷阱，無處不是引誘。一個從事現代企業經營之公營事業，無時不需要新知識，無時不需要新技術，然而却如此缺乏懲罰與監督，亦即如此缺乏紀律，其造成效率低落與貪污現象，實爲極其自然之結果。

故如欲有效整頓公營事業，關鍵當在如何建立有力量之懲罰制度及監督制度，從而建立公營事業之紀律。紀律一旦建立，縱無一流人才主持，亦可保持中等水準。如紀律不能建立，則縱有一流人才，亦無濟於事，適足以濟其惡而已。

蔣院長前天在行政院院會中的指示，表示決策當局已有整頓公營事業之決心，並已了解重點所在，我們極希望在人事與管理兩項中，特別着重懲罰與監督制度之建立，從而建立公營事業之紀律，紀律一旦建立，其他問題即可迎刄而解。

最後，我們要特別申明的，是以上所述公營事業的情形，當然僅是一部份公營事業。公營事業亦有不少經營健全，主持人能力及操守均佳，對國家及社會有重大貢獻者，我們謹致敬佩之意。（六十五年四月）

為什麼不拿出一套辦法來發展汽車工業

工業局韋永寧局長本月四日在立法院經濟委員會上表示：政府已考慮有限度開放小汽車進口。所謂有限度的進口，也就是對於歐美及日本小汽車的進口，施以限額進口。對於政府應否開放小汽車進口，我們並無意見，我們所關心的是整個汽車工業的發展，更具體的說，是整個汽車工業的發展政策與有效辦法。

我們發展汽車工業已有二十餘年的歷史，我們的汽車禁止進口，管制進口，限制進口，開放進口，暫時停止進口，有限度的開放進口，這樣開開限限，半開半限，也有二十餘年的歷史，但就是形成不了一個有效的汽車工業的發展政策，建立不了一個完整的現代汽車工業。汽車工業在進步國家早已是一個傳統性的工業，陳舊的工業，技術傳播到全世界每一個角落的工業，略爲有點工業基礎的國家便會製造的工業。汽車工業是第一流的工業國家有逐漸放棄趨勢，第二流工業國家的主要工業。然而就是這樣一個普通陳舊的工業，我們却建立不起來，始終停留在進口零件裝配的階段。我們當前的工業政策是發展高級工業，資本密集工業，技術密集工業，然而對於一個對我國而論，毫無疑問應屬於高級工業，資本密集工業，與技術密集工業的汽車工業，經歷了二十餘年都停留在裝配階段，却拿不出一套有效的發展辦法來。我們有機構、有經費、有人才、有技術，更有浪費公帑的買主，同心合力的發展祇能在區間行駛，日行百里，全世界獨一無二的電動車，却沒有機構，沒有經費，沒有人才，沒有技術，去發展每一個像樣的國家，包括韓國在內，都能製造，全世界國家，包括中華民國在內，都在大量使用的傳統汽車。所有這些現象，又豈僅是令人遺憾而已。

二十餘年來，我們是堅決主張全力發展汽車工業的。我們作這種主張的理由有二：(一)我們深切的了解，每一個落後國家在開始發展工業時，第一個要發展的便是紡織工業或類似的工業，因爲對這些國家而言，發展這類工業最容易，也最需要。每一個中程發展的國家，第一個要發展的工業便是汽車工業，也是因爲對這些國家而言，發展這類工業最容易，也最需要，而我們是一個中程發展國家；(二)汽車工業是國防的核心工業之一，我們在國防上有發展此一工業的迫切需要。爲了能使我國迅速的建立此一工業，我們曾一而再，再而三的提出我們的政策建議及實施政策的具體辦法，然而二十餘年過去了，無論主管機構，科技機構，製造廠商都一無反應，仍是進口的進口，裝配的裝配，電動的電動，各行其是，各得其利，各遂其願。

因此，我們又不得不舊事重提。首先，我們要向立法院經濟委員會及韋局長呼籲，不要將時間與精力浪費在小汽車應否開放進口的問題上，這是附屬於建立汽車工業政策下面的一個小政策問題，建立汽車工業的政策不能決定，討論這個小政策問題便失去了準繩與依附，便會得不出適當的正確的結論。反之，如能有一個明確完善的汽車工業政策，便自然會連帶的確定汽車應否進口，或如何進口，這一小政策問題便會迎刃而解，我們建議經委會與韋局長即停止這個問題的討論，而共同合作擬訂一套汽車工業的發展政策與辦法出來。

其次，我們要敬謹的向決策當局呼籲，立即下令有關機關以最迅速的行動在年底以前提出一套建立汽車工業的計劃來，以五年爲期建立完全自製的汽車工業（配合六年計劃，六年計劃已去了一年，還祇剩五年了），其內容應包括：

㈠汽車全部零件均能自製，汽車品質與成本售價應合於國際標準，應以汽車工業作爲我們日後的主要出口工業之一爲目標訂定發展規模及做法。

㈡應全面檢查現有汽車製造廠商，能否負擔上項使命。如能，則不遺餘力的扶植這些廠商；如不能，則另行籌款建立新生產單位，而聽由現有廠商自生自滅。新單位可以公營、民營，或公民合營，但必須照國際標準組織，並完全由國內投資。

㈢必須之經費，指定由現存多餘外滙中撥借，利息按國際利率水準計算。

㈣所有技術困難指定由國科會負全責解決。

㈤在這一計劃提出，並經核定實施後，方可確定汽車應否開放進口及如何開放進口等問題，但在計劃中不妨先提出方案來。

㈥限期五年全部完成，不能以任何理由作任何拖延，所有一切客觀環境上、制度上及人事上之阻礙，由最高行政機構一肩承擔解決。

我們深信以上的建議並不是苛刻的建議，我們更深信我們的技術、資金、市場等客觀條件都能使我們貫澈上項計劃，問題端在決心與做法，然則我們爲什麼不下定決心與採取有效做法呢？（六十五年十一月）

論造船廠大鋼廠的經營

造船廠和大鋼廠是十項建設中的兩個項目。現在前者已提前完成，而後者亦將於近期內逐步完成而開始生產。這原是值得欣慰的事，也是我們久所期待而終於實現的事。但是據傳，按照目前的情況計算，造船廠大鋼廠成本較高，每年都將發生虧損，經營企業而發生虧損，往往被認爲是嚴重的事情，於是不免有人爲此憂慮，甚至懷疑到這兩項建設是否值得。也有對問題癥結故予廻避隱諱的。這種由於觀念不清楚所引起的不正常現象，影響未來經濟發展及國家前途者至鉅，有加以澄清的必要。

我們認爲對於這兩個事業的評斷，應從企業的個體觀點與從國家的總體觀點兩方面來探討，玆先從企業的個體觀點來看：

（一）應先查明這兩個企業的生產設備與所採用的技術，是否都最新最進步的，也是够生產規模的經濟水準的。這是設廠的兩個基本條件，必須具備，如果不具備，那便是嚴重的錯誤。據我們所知，這兩個條件是具備的。

（二）應照影子價格（Shadow price）計算成本。由於我國的利率人爲偏高，所有兩企業的投資利息應按照該企業在政府擔保之下所能融通的國際資金利率，例如說八%計算。同時由於新台幣對外價值高估，所有現在進口之器材零件原料成本與所製造之產品價格，均按一美元對四十二至四十五元新台幣，互相折算美元及台幣。由此計算之成本及價格與按現行銀行利率及滙率所計算之成本及價格之虧損差額，係政府外滙金融政策所產生之結果，責任不在兩企業，應由政府補貼。

（三）如在政府補貼此項差額後，仍有虧損，則當進一步檢討現行國際船價與鋼價是否爲正常價格，抑或爲不景氣下之傾銷價格。如係因國際價格爲暫時之傾銷價格而有虧損，則此項虧損應由政府負擔，以補貼方式付給兩企業。

（四）如國際價格爲正常價格，或雖非正常價格但政府已予以補貼，而仍有虧損，則此項虧損可能係初期生產時，技術管理不熟練；或某些零件一時尚不能製造，須仰賴進口；或須暫時給付巨額技術合作權利金等所引起，屬於一時現象，時間稍長即可正常，此項虧損可由企業本身負擔，遞延處理，亦可由政府負擔。

（五）如從長期的因素檢討，仍有虧損，則當由於操作技術、管理等有問題，應立即派遣大批技術、財務、組織及管理人員至國外接受訓練，然後就這些方面全面改進革新。其實，在一開始設廠時，便當大批派遣此類人員至國外學習，或與外國公司合作在廠內訓練，而將此項費用作爲投資之一部份。

（六）造船與鍊鋼工業對進步國家而言，已經是一個長遠的傳統性的工業，此類技術到處傳播，沒有什麼了不起的秘密訣竅。如果我們的技術新，規模够，組織與管理合格，利率與滙率按眞實情形計算，則以我們之低廉工資，在經過一短暫熟悉調整時期後，沒有理由有巨額虧損發生，沒有理由在生產效率及成本上不能與其他國家競爭。假如仍有虧損，那便是犯了公營事業的老毛病，政府及企業本身現在應嚴格的逐步檢討，求出眞象，澈底改進。

再從國家的總體觀點看：

(一)我們是一個獨立自主的國家，爲了一個獨立自主的國家必備的條件，有許多投資與生產是不能也不必計算成本盈虧的。美國用在發展原子彈、火箭、人造衞星、太空船上的投資與生產的錢，當以若干千億美元計，何嘗計算過成本盈虧。造船廠、大鋼廠建設的目的是交付任務，達成目標，只要克完使命，盈虧只是一個小問題。

(二)造船與鋼鐵工業都是建立强大國防力量所必需的基本工業，國家前途之所繫，豈可斤斤計較盈虧。發展造船鋼鐵工業是整個國家的事，應由整個國家負責，而不是由這兩個企業負責。

(三)這使我們想起了遜清末葉的事，以當時那樣的民窮財盡，以當時那樣的閉塞落後，竟在幾個疆史的主持之下，不怕朝野上下的反對，不計成敗得失，毅然決然的設立了江南造船廠，漢陽鐵工廠，築鐵路，開航道，設銀行，辦工業，以求富國强兵，救亡圖存，維持國家民族的命脈於不墜。而這些人如曾國藩、李鴻章、張之洞等一輩子都是讀的詩云子曰，未曾接受過現代教育，然而其謀國之忠，任事之勇，識見之遠，決斷之明，實在令我們具有現代觀念的人慚愧。也使我們想起了日本明治維新時代的君臣，他們爲了富國强兵，建立了日本的鋼鐵工業，政府補貼了一百年，以有今日的經濟大國。我們今天的處境遠不如他們，我們對這些工業的需要遠大於他們，起步已遲了二十年，絕不能因一時的虧損而有所氣餒。

最後，我們要向政府呼籲：客觀的，科學的，全面的分析判斷未來二十年國內外情勢的發展，決定我們今後經濟發展的方向，以及須要建立何種樣的工業，然後不計犧牲，不問代價，淬勵奮發，戮力以赴，這才是大有爲政府的應有作法。市井之議，僅見其小，是不足與言國家大計的。(六十六年一月)

改進公營事業必須具有的觀念與做法

行政院蔣院長在最近的一次行政院院會中指示經濟部，應全盤檢討各國營事業，以改正公營事業效率不如民營企業之現象。隨後經濟部孫部長在立法院有同樣表示，並有將公營事業人員改爲聘雇人員之議。這是繼蔣院長於去年初宣示去年爲國營事業整頓年之後，政府當局再度表示對公營事業經營現狀仍未能認爲滿意，而有整頓改進的決心。

公營事業經營之未臻理想，是多年的老問題，政府決心整頓公營事業，過去也已經有過多少次了。但似乎從未收到預期效果。這一次若不將有關的一些觀念澄清，並面對現實擬訂做法，恐仍難收效。爲清晰起見，我們用列舉方式表示我們的意見如下。

（一）公營事業缺乏效率，不如民營事業，係源自人性，所以這個問題不但我國有，外國也有。正因如此，民主國家才採取以民營企業爲骨幹的自由經濟，而與事事公營的共產主義相對抗，並認定共產主義的這種經濟制度缺乏效率，沒有前途，終必崩潰或修正。也正因如此，民生主義否定共產主義的經濟路線，而傾向於西方民主國家的經濟路線，以民營企業爲我們經濟社會的骨幹。 國父指出：所謂發達國家資本，節制私人資本係指：「凡本國人及外國人之企業，或有獨佔的性質，或規模過大爲私人之力所不能辦者，如銀行、鐵道、航路之屬，由國家經營之」，可見公營事業限於①有獨佔性質，②規模過大爲私人之力所不能辦者，其餘則「凡事業之可以委諸個人或其較國家經營爲適宜者，應任個人爲之，由國家獎勵，而以法律保護之」。這正是現在西方民主國家在自由經濟制度下所循的途徑。

（二）公營事業的效率與一國的經濟發展階段及一般政治風氣有密切關係。儘管公營事業缺乏效率，係基於人性，但如在一個進步的國家，一切都上了軌道，講制度、講法律、講公平、講公開，所有公務人員的行爲都在十目所視，十手所指之下，無特權可用，無背景可倚，則公營事業的從業人員也都會奉公守法，奮發有爲，這時公營事業與民營事業應有同等效率。英法兩國在二次大戰後將許多重要生產事業國營化了，據專家比較研究的結果，這些事業國營前與國營後的效率並無顯著差別，也很少人指摘這些國營化了的事業效率低。反之，如不具備這種條件而有公營事業，便產生效率低落的結果。這種效率低落如僅從公營事業本身改進，不會產生迅速而顯著的結果，所以必須在整個的環境改良、風氣改革中求之。

（三）我們仔細觀察自三十八年以來臺灣公營事業的經營情形，便可發現凡屬有同類民營事業與之競爭的公營事業，不是倒閉，便是靠着政府優惠條件，成爲政府的包袱。最顯著的例子是當時條件優越的臺北、中本、雍興、中國等全部公營紡織廠都倒閉的無影無踪，而當時條件較差的台元、遠東、六和……等民營紡織廠都發展成爲大財團，不但本身財源茂盛，而且對臺灣經濟發展亦起了作用。假如當初所有紡織廠都公營，則現在政府連塡補虧損都來不及，那裏能每年有二十億美元以上的紡織品出口。另一方面，凡屬能巍然存在的公營事業，都是祇此一家的獨佔事業。

(四)孫部長認爲將公營事業人員改爲聘雇制度便可改好，這使我們想起了以前有人認爲將待遇改爲用人費率便可改好一事，用意至佳，求好之心亦切，但還是不易收到效果的。我們公營事業之缺乏效率，除了其他國家所具有的一般原因外，還有兩個重要因素：①部分公務員缺乏榮譽感與責任感，廣結人緣，以和爲貴，以求在政府佔一席之地；②做一日和尚撞一日鐘。在這兩種因素之下，便抱着得過且過的態度，而不願有所興革。這也是人情之常。這樣對於聘雇的然而有背景的人員又何能解聘解雇，假如能解聘解雇，那麼根據人事法規，現在就可對這些人員免職資遣，予以淘汰了。

(五)鑒於以上種種理由，我們多年來卽主張除有獨佔性的公用事業及民間不願意辦或在開創初期無力辦，不政辦的事業外，其餘公營事業，應按照過去政府屢次宣示過的政策，儘量移轉民營。我們作此主張，乃是仔細權衡世界潮流，民生主義經濟制度，民間大企業之流弊，公營事業改進前途有多大，以及公營事業移轉民營之一切利弊得失等一切因素的結果。我們認爲政府並非不曾有鑒及此，而是沒有決心徹底去做罷了。

(六)政府可能顧慮到民營事業規模太大，不容易配合政府政策，同時也易造成財富集中的現象。我們認爲這是一個行政效率的問題。如果政府行政部門强化，決策正確，管理嚴密，一個重大政策決定了，民營企業無法不合作，一條法令頒佈了，民營企業不能不遵守。在大規模民營企業下，照樣課重稅，照樣推行社會福利政策。

(七)對於保留下來的公營事業，則必須要做到：

①愼重董事長與常務董事的人選，必須專任，必須負一定的責任，必須對之有獎懲任免。

②公營事業的主管機關必須不干涉公營事業的日常業務，祇負決策、核准預算、董事長與常務董事的任免責任。

③主管機關絕對不可向公營事業借調人員，亦不准許其員工在公營事業兼職或兼薪。

④公營事業應有一定的投資報酬率，不能抑低其產品價格作爲其他的政策工具，使其作爲經營效率不彰的藉口。如必須抑低其產品價格，則國庫應予以另案補貼或補償。

以上這四點，實是整頓公營事業的最低條件，是否能夠做到，則端賴政府的決心了。（六十六年一月）

肆、財政、金融與物價

銀行利率必須降低

最近數年，日韓兩國經濟成長率均駕凌我國，朝野警惕，紛紛檢討我國落後原因何在，而見仁見智，迄今未見定論。將來無論檢討結果如何，有一點是可以肯定的，即金融未能密切配合經濟發展需要，當爲主因之一。茲以利率爲例加以說明。

我國利率一向偏高，目前定期放款利率仍高達年息百分之十四，而一般進步國家及國際金融機構最高利率亦不過百分之八。韓國利率雖高達百分之二二・五，然其所有主要農工放款年利率均不超過百分之六。日本則有更低者。我國此種偏高利率，在過去一則由於通貨膨脹時期，物價不斷上漲，有利於借款人，兼且工商業利潤高，負擔得起；再則由於工資低，足以抵銷一部份高利率的負擔，現在這兩種有利的因素都告消失，利率如不降低，經濟發展絕無前途可言。

我們知道，進步國家資本多，利率低，是其優點；勞工缺乏，工資高，是其缺點。落後國家則正好相反：利率高而工資低。我們過去之所以在高利率之下，猶能輸出部份工業產品，在國際市場與進步國家競爭者，主要是因爲我們工資低廉，而輸出的工業品又都是多用勞力的產品，足以抵銷高利率而有餘。最近二、三年，由於經濟發展已逐漸進入另一階段，工資不斷上升，此即表示早先的一點優越條件正在消失之中。而另一方面，使我們處於劣勢地位的高利率則扳持不下。如此，有利因素消失，不利因素不變，經濟發展如何能有前途？

尤其令人擔憂的，是過去所發展的工業，由於工資低而利率高，多是用勞力的初級工業。現在則因為（一）許多落後國家都在發展同類的工業，國際市場競爭激烈；（二）我們工資逐漸上升，發展這類工業的比較利益已逐漸消失，因而非發展大量使用資本的高級工業不可，既然需要大量使用資本，則利息負擔必重，而利率水準的高低，便成為能否發展這類高級工業的關鍵所在，其理至明。利率不降低，高級工業決無發展前途；高級工業無前途，整個經濟發展即決無前途，影響所及，豈止經濟成長率落後於日韓兩國而已。

不幸得很，決策者不能十分了解其中道理，迄今仍堅守高利率原則不放。他們所持的理由不外二點：（一）降低利率會引起信用擴張，造成通貨膨脹，危害經濟穩定；（二）利率降低，減低人民儲蓄誘因，與鼓勵儲蓄之政策相違背，這些理由實在都是表面之見，經不起進一步的分析。就前一點理由而言，我們並不像進步國家，有完善的金融市場供各種因素自由活動：利率降低，信用立即擴張；利率提高，信用立即收縮。我們沒有金融市場，而信用之擴張與否，完全在僵硬的管制之下，利率升降，與信用數量的變動，幾乎沒有關係，或至少關係不大。利率儘管降低，信用數量可以不必擴充。

就後一種理由而言，儲蓄有三大來源：政府、公司、與個人，而個人儲蓄並不是最重要的來源。因降低利率而受到影響的儲蓄，祇是個人儲蓄。個人儲蓄中，有大部份儲蓄是為了防老、防疾病，子女教育、造房屋、買用具等等，這些儲蓄不但不十分受利率降低的影響，有時候降低利率，反會刺激或壓迫其作更大的儲蓄努力。

銀行利率之不能配合經濟發展需要作大幅的降低，眞正原因，還是過去在惡性通貨膨脹環境中所養成的不良習慣或惰性——坐吃利息差額。現在銀行業者仍以無息至百分之九的利息吸收存款，然後以百分之十四的利息放出，而且團結一致，形成絕對的獨佔局面，牢不可破。統籌經濟發展全局的決策人士，宜正視此一情勢，冷靜衡量當前經濟發展的情勢及需要，迅速採取下列幾項措施：

①全面降低銀行利率；

②縮小存放款利率差距；

③由國庫及中央銀行大量籌集資金，以不高於年息百分之六之利率，貸放給應予鼓勵之農工貿易業。

我們深信，這是今後經濟快速發展必須要採取的一個步驟，愈早採取愈好。拖延一日，經濟發展便被阻延一日，這將是國家的重大損失。（五九年六月五日）

建立正確的物價穩定觀念

近一年來，政府對於維持物價的穩定，曾一再表明決心。尤其公務員薪津自七月一日起全面調整，政府當局惟恐物價藉機波動，減輕調整的效果，曾三申五令，不准商人投機漲價，並控制預算及信用，減少有效需求。事實上，除少數物品如水泥依照慣例必然有節令性的上漲外，市面上在薪給調整時確實平靜無波，我們一方面慶幸政府當局維持物價穩定之成功，另一方面，則爲了健全的經濟發展前途，願從觀念方面就如何穩定物價作一簡略的論述。

物價波動有很多種，有些波動是可以有效控制的；有些波動則幾乎是不可避免的現象。因此，在採取預防或壓制措施時，必須先明瞭原因，對症下藥，方不致因穩定物價而使整個經濟受到不利影響，下面列舉了六種物價波動，這一列舉未必完全，但此處目的在舉例，不完全並不妨礙本文結論。

一、生產成本增加，例如進口原料漲價，工資全面上升，國際或國內運輸成本提高，農礦產因報酬遞減律的作用而邊際成本上升。凡此種種，均可影響物價上漲，均不能用財政金融政策或行政管制加以有效控制。

二、生產結構變動，由於經濟發展，使得許多物資與勞務供求脫節，因而漲價，包括聯合獨佔的漲價在內，經濟愈是落後，發展的速度愈高，這種漲價便愈是普遍而激烈。這種與快速經濟發展以俱來的漲價，幾乎是不可避免的，而避免常常會減緩經濟發展的進度，得不償失。

三、季節性的波動，這是大家所熟悉的一種漲價，對整個經濟穩定並無大礙。

四、因天災人禍所產生的臨時性物價波動，這用不着解釋。

五、人爲操縱，我們常將人爲操縱列爲漲價原因之一，事實上，人爲操縱乃是漲價的結果，而非原因。先有漲價的跡象，然後才有人爲的操縱。所以嚴格的講，人爲操縱不是物價上漲的原因。

六、需求過度增加，因貨幣供應量過度增加，而引起的公私消費與投資的過度增加，因而引起物價的上漲。

爲防止這種種的物價上漲，政府宜採取下面幾項基本措施：

一、必須貨暢其流，換句話說，儘量增加市場的供給彈性，即某種物品或勞務一有上漲情形，供給即可源源增加。這在落後國家往往難於做到。但政府宜儘量讓市場力量自由發揮作用，愈能自由發揮作用，市場反應即愈快，也就是供給彈性愈大。不幸的是我們常採取相反的措施。一有上漲情形，即刻加以管制，不讓市場力量發生作用，這祇有助長物價上漲。當然，並不是所有的管制都有害，但政府必須先了解原因，再採取措施。

二、合理的經濟計劃可以減少物價的波動。經濟計劃的主要作用之一，就是在防止供求的脫節，計劃如有相當的正確性，則在人力可以控制的範圍之內，可以將物價波動減至最低限度。

三、注意貨幣供應量的調節，按照通常的說法，政府消費加民間消費加投資，構成對總資源的需求，如果因貨幣供應量的不當增加，而使需求超過了總資源的供給，那麼便會形成通貨膨脹。這是我們過去經歷最多，也即是政府當局意念中的通貨膨脹。要阻止或壓制這種通貨膨脹，惟有收縮通貨。但在這裏必須要强調指出的是收縮通貨的途徑。如果政府收縮一般銀行信用，則直接受影響的是工商業，也即是投資一項，這將減緩經濟發展的進度。如果政府加强稅收，以收緊通貨，則將減少民間消費，如果政府緊縮經常預算，以收緊通貨，則將減少政府消費。

衡量我們當前的情勢，經濟穩定與經濟發展不可偏廢，在這樣一種情形之下，一般銀行信用不可輕言收縮，是則惟一的出路，爲政府緊縮預算，減少政府消費，及加强稅收，減少民間消費，或鼓勵民間儲蓄，亦可收減少消費之效。

總之，如果要經濟發展與經濟穩定兼顧，魚與熊掌並得，則正確的途徑應該是儘量讓市場力量自由發生作用，合理的經濟計劃，控制政府經常預算以限制政府消費，加强稅收，並鼓勵儲蓄，以限制民間消費。但將這些全部都做到了，是否經濟即可維持穩定呢？不一定，要經濟快速發展，就有通貨膨脹的壓力。不過，假如能將通貨膨脹控制於適當範圍之內，則爲了快速的經濟發展，付出這一點代價又何妨！（五十九年七月）

配合經濟發展需要，澈底改革金融

據傳在即將提出的銀行法修正草案中，政府將賦予中央銀行極大的調節信用的權力，並減少對銀行界放款的限制，以適應今後經濟發展的需要，詳細內容雖未見透露，但此一原則無疑是正確的。不過，我們所關心與憂慮的，不在此一原則，也不在根據此一原則所訂定的辦法，而在金融業積弊之深，落後之遠，一銀行法修正草案是否能挽救的過來？如果挽救不過來，則以金融在經濟發展中所擔當的責任，其對經濟發展前途所產生的不利影響爲如何？當局是否有通盤的打算，作全面的整頓與改革？我們願於此一抒所見，或有助於金融的澈底革新。

首先我們要明白指出的，是我們並不缺少金融機構。所有一個現代國家應該具備的金融機構，我們應有盡有。從中央銀行起算，我們有農業、工業、商業、貿易外滙銀行；我們還有專責的開發銀行；我們有平民金融機構和各種各樣的合作金融機構；我們也有保險、信托、投資機構；我們還有資本市場。以所有權來分，則我們有中央的、省的、市的、民營的、外國的，我們不但不缺少任何一種金融機構，而且有些機構還疊床架屋，顯得太多，農業金融機構便是一例。

其次，我們要指出的，是一般人動輒將金融業落後和種種不合理現象，歸咎於銀行法規太過陳舊落伍，這是不公平的。我們的銀行法規誠然陳舊過時，但並非不可作新的解釋與新的應用。法律本是死條文，如何應用解釋，還得看人，死條文絕不會約束一個有企業精神的銀行家。

我們金融方面的根本問題，在缺乏銀行家，缺乏有思想，有見識，肯開拓新局面的眞正銀行家。無數種不同性質的金融機構，千篇一律的做商業銀行的業務，都集中於都市從事短期的存放款，而置原先設立時，章程或條例中所規定的業務於不顧。至於貸款的限制，條文的解釋，則因人而異，因利害得失而異，這也是盡人皆知的事。在這種情形之下，創辦更多的銀行與修改銀行法規雖然有事實上的需要，但遠不如就現狀加以整頓來得急迫而重要，所謂就現狀加以整頓，係指：

(一)政府當局宜就公營銀行，或雖爲民營，但政府有重大利益在其中的銀行的人事加以刷新。政府年來勵精圖治，在行政與軍事方面勵行新陳代謝，人事更新。銀行爲所有經濟事業的領導者，發起者，扶植者；銀行家應爲企業家中之企業家，一國經濟發展中堅份子中之中堅，更應加强新陳代謝，使優秀份子不斷流入金融界，爲金融業本身，爲整個經濟發展打開新局面。

（二）嚴令各金融機構應依照設立時的章程或條例所規定的業務辦理，不得辦理規定以外的業務，並以此作爲對各機構主持人升降黜陟的標準。這點十分重要，實是建立有系統的金融制度的起點，也是政府運用金融工具協助各經濟事業發展的開始。

（三）全面降低銀行利率，並縮短存放款利率的差距。我們銀行利率偏高，這是人爲的增加生產事業的成本，在過去勞力供應豐富，工資低廉，所發展之事業又多爲輕工業時，尙可負擔。現在情形完全改變，如仍繼續維持高利率，將構成對經濟發展的重大阻礙。在降低利率時，宜同時縮短存放款利率差額，藉以降低銀行利潤，迫使各銀行對內從事改革，對外從事競爭，以提高效率，改善服務。此外，我們認爲放款最高利率，與存款最低利率宜由金融決策當局規定，而放款最低利率與存款最高利率則應由各金融機構視競爭情形，及各自競爭力量的大小而自行決定。

以上三點，都平實可行，而效力深遠。政府當局如立即採行，必可收立竿見影之效。當然，這絕不是說銀行有關法規不應修正，或修正內容欠健全，而是上述三點實是配合經濟發展需要，澈底改革金融的起點。

（五十九年八月）

是認真建立資本市場的時候了

國際銀公司資本市場考察團來華考察之後，其初步報告書，業經整理完竣，即將由財政部、經濟部，及中央銀行等有關機關據以研擬具體可行的方案，建立我國資本市場。

該考察團認爲中華民國經濟成長至現階段已具備必要條件，足以發展更有意義之貨幣及資本市場。報告書主要內容除建議建立長期資本市場及短期貨幣市場外，尙在證券融資，民營企業票據市場，發展新型機構從事資本市場業務，及獎勵證券之供求等各方面提出具體建議，值得政府與民間有關方面重視。我們未能獲覩全文，無法加以完整之評論，玆僅根據報紙所披露之內容，初步表示我們的看法。

臺灣證券交易所成立於五十一年二月九日。假如卽以此一成立之日作爲臺灣具有有組織資本市場之開始，則迄今已歷時九年有半。在此漫長歲月中，經濟面貌固已全部改觀，卽有關人事亦已幾度滄桑。祇有一點始終維持不變，那就是所謂證券市場從未發生應有的作用。證券市場之經營與管理從未走上正軌，當然也從未作過應有的改革。細查其所以不能發生作用，走上正軌的原因，除行政與人事等因素略而不談外，僅就技術方面而言，約有三點：

①當初負實際策劃責任者完全不了解現代資本市場的性質與實際操作過程，僅照美日等國制度死抄條文，再加上我國公務員防弊遠重於興利的積習，使證券市場發生作用的條文抄的少，防弊的條文抄的多，將一個以投機爲生命的證券市場變成了三家村的菜市場，構成市場主要動力之一的中央銀行與商業銀行完全不能發生作用。

②在所謂獎勵證券上市與增加證券供給以壓平證券價格的觀念與口號下，對於上市證券從不嚴格審查，以致優良證券多不願意上市，而踴躍上市者則多不優良，終至欺詐百出，證券市場信譽喪盡。

③儲蓄存款利率始終居高不下，購買證券與儲蓄存款所得到的收入相差有限。我國人民及機構本無購買證卷的習慣，現在購買證券與儲蓄存款在收入方面既相差無幾，自然捨棄證券而樂於儲蓄存款了。

以上三點實是臺灣證券市場不能發生作用的死結，然而九年半以來始終未曾針對問題採取行動，却採用了一些藥不對症的方法，如設立證券投資公司，獎勵證券上市及購買證券辦法，以及近來高唱入雲的所謂證券金融公司等等，實令人扼腕歎息不已。

國際銀公司考察團或由於未能深入了解實際情形，或由於禮貌，從報紙所披露該團考察報告之內容看，似未曾涉及以上各點。但其在證券融資一段所賦與商業銀行與中央銀行之任務，以及有關各點，確爲中肯之論，道出了證券交易的本質。至其建議創設一種專業性並以資本市場交易爲基礎之機構，對證券投資買賣提供專家服務，以臺灣目前之環境，我們雖懷疑其可行性究有多大，但仍值得一試。

該報告曾就採用獎勵措施以增加證券之供給與需求，提出若干建議。對不明瞭實際情形者或動輒愛用獎勵辦法者而言，或視爲十分重要。但我們不能同意此類建議。我們認爲臺灣資本市場之能否發生作用，關鍵還在前述三點，及投資於證券習慣之養成，而不在於有無獎勵。此種獎勵辦法作用不大，而內容細微複雜，徒然增加行政及其他管理手續，而無補實際，九年半之經驗足可爲我們的論斷作證。

臺灣經濟發展至現階段，一方面需要建立資本龐大之巨型生產單位；另一方面則需要對金融及經濟活動有更靈活有力之控制，而此兩者則有賴於長短期資本市場之建立，並使其發生正常功能，否則經濟發展及經濟穩定都會受到妨害。因此政府有關當局宜利用國際銀公司提出此項報告之機會，就資本市場全盤局面加以認眞檢討，包括當初設立證券交易所之制度規章，以後九年半之演變及所遭遇之困難，整個經濟發展情形，與資本市場有關之金融機構及其活動情形，以及國際銀公司之報告與建議各點。然後根據檢討結果，釐訂資本市場制度及今後營運政策，使臺灣資本市場眞能建立起來，並眞實發生作用。以往九年半時間雖已空耗，倘能就此覺悟，從頭做起，當亦不爲太晚。（六十年七月）

農業金融制度必須澈底更新

據稱政府當局鑒於農業資金融通對解決農業問題，促進農業現代化的重要性，決定採取三項新措施以健全農業金融：①强化農會信用部的地位，②實施政策性的資金融通，③增訂「動產擔保交易法」的實施細則，使其切實可行。我們很欣慰政府當局能看到農業問題的嚴重性，及了解農業金融在解決農業問題中的地位，並採取了上述的改進措施。但我們也願很坦白的指出，當前農業問題的解決，不是這些許局部性的改進所能奏效的，甚至連是否足以減輕問題的嚴重性都值得懷疑。眞要解決農業問題在金融方面的阻礙，必須從澈底更新全面金融制度及作風着手。

當前農業問題本質上是一個如何使農業現代化的問題，所以解決問題的惟一途徑是促進農業現代化。其他辦法可以減輕或延緩問題的嚴重性，但不能從根本上求得問題的解決。這一點諒爲政府當局及農業界有識之士所接受。而所謂農業現代化概略的說，不外三個方面：擴大耕地面積，使用機械操作，及農業商業化。這三方面實在是一脈相連，不可分割的。要進行便必須同時進行。而這三方面都與農業金融有關，沒有健全完善的農業金融的支援，根本不可能推動。

我國舊式農業的金融支援多來自地主，以後雖有現代農業金融機構出現，但眞正農民受惠不多。臺灣情形比較良好，農民可從農會信用部得到部份融通，另一部份則靠高利之私人借貸。舊式農業需用資金比較少，且多爲短期週轉性的，此種融通方式尙可勉强應付，雖然農民負擔重些，也有許多不方便之處，但總算能取得所需要的資金。如今要進行農業現代化，情形就完全不同了。就擴大耕地面積來說，農民爲取得某一數量的土地，所需要的資金數量既大，期間又長，豈是過去那些融通方式所能濟事？再就購置農業機具來說，也是數額相當大的中期信用融通，也非舊式融通方式所能適應。卽就農業商業化所需要的短期資金而言，也與舊式農業爲維持一家生活所需要的週轉資金，在數量上不可同日而語，試想假如沒有完整的農業金融系統，則農業現代化所需要的這些巨額長期、中期、短期資金將從何而來？如果沒有這些資金的融通，則農業現代化便不可能，而現階段的農業問題也就不可能澈底解決。

日本人對於金融支持生產事業的重要性有深切了解，因而對於農工商業特別是中小企業的金融體系都有極妥當的安排，其農業金融體系更有獨特之處，而爲其他國家所稱道。本省在日據時代，支援農業的金融機構如現在的土地銀行，合作金庫，與農會信用部，都有特定的業務範圍與任務，在體系上也頗稱完備。無奈自光復後迄今，一方面受資金短缺的影響，一方面也是各農業金融機構未能嚴格遵守本身的業務範圍，善盡支援農業的責任，紛紛將資金用於融通都市工商業以博取厚利，使農業資金融通陷於偏枯。這種情形尤以土地銀行與專爲扶植農業而復業的中國農民銀行最爲顯著。他們所負責任最大，而其偏枯農業的程度也最爲嚴重。

尤有進者，我們雖然有自中央至鄉鎭各級的農業金融機構，然而在業務上無配合，在資金流通上無體系，各自爲政，互不相屬，形成一些孤立的個體，既無自上而下或自下而上的縱的支援關係，也無各單位互相扶持的橫的關係，不能構成一個互相關聯的農業金融制度。這完全違反了現代金融操作與管理的法則，自難望其發生重大作用。

從上面的分析，便可知道我們認爲政府這次所採取的三項措施，不能達到解決農業金融問題的斷語，「並非虛妄。我們願建議政府當局在採取這三項措施之後，立卽着手策劃自中央至鄉鎭的一套完整的農業金融體系，包括長期、中期、及短期資金融通在內。所有現有的農業金融機構均應納入這一體系，並非常明晰的劃分各自的業務範圍與在整個體系中的地位，並嚴格監督執行，使二十餘年來未能走上正軌的農業金融一擧而走上正軌，爲臺灣的農業現代化催生。我們知道中央銀行有一個農業金融小組在負責這一方面的事，我們翹首以待其成功。

（六十一年一月）

六期四年計劃應有的利率與工資政策

根據政府日前所公佈的六期四年計劃，明年出口將佔國內生產毛額的卅五%，至六十五年將達到四六%，超過全世界所有國家對出口貿易依賴的程度。再以民國五十九年爲例，我國出口佔國內生產毛額的比率爲卅一%，僅次於荷比兩國，而自然資源貧乏須大量仰賴對外貿易，處境與我們相似的日本則僅爲十二%。再根據民國六十年的資料計算，平均每一個人的出口價值，與日本一九六九年情形相近，但該年日本平均每人所得爲一千三百至一千四百美元，而民國六十年我們的平均每人所得僅爲三百三十美元。這充份顯示我們所得之低及對出口依賴程度之大，國內外許多專家認爲應該儘量發展國內市場以改正這種缺點，我們不能同意，我們認爲這是沒有看清楚問題的性質。

造成這種不正常的現象的主要原因，也可說是唯一的原因，是我們對出口品所增加的價值太少。僅值一千美元的出口品，其中絕大部份爲進口原料、設備、零配件的成本，外人投資的利息與利潤，外人技術與組織管理的報酬，我們所作的主要貢獻不過一點低廉的勞力而已。如爲國人投資，便加上一點利息利潤。在這種情形之下，自然出口雖大，而國人所得却少；造成出口大，所得低，對出口依賴程度大的不正常現象。如果再進一步追查原因，便是因爲我們的工業多爲多用勞力的低級工業，所需要的資本及技術因素不多，對國內的主要需要僅是低廉的勞力，而由於勞力生產力低，工資也低。再看日本的情形：日本雖然也大量仰賴進口原料，但他們的工業多爲大量使用資本及技術的高級工業，價值一千美元的出口，絕大部份爲資本及技術的貢獻，小部分才是進口原料的貢獻，而由於大量使用資本及技術，勞力生產力高，工資也高，因而出口多，國民所得也大。如此兩相對照，情況便十分明顯了。

改正這種不正常現象的惟一途徑爲發展需要高度技術的多用資本的工業，增加出口品價值中國內對技術與資本的貢獻。第六期四年計劃强調對資本密集工業發展的重要性，無疑爲一十分正確的政策。這一政策如果認眞執行，則資本的生產力將逐漸降低，因而使用資本的價格——利率也將逐漸降低，另一方面，由於大量使用資本及技術，勞力的生產力將不斷上升，因而使用勞力的價格——工資也將逐漸上升，這與臺灣目前的經濟發展階段及趨勢完全吻合。現在的問題是如何在六期四年計劃中加速這種趨勢，即如何儘可能降低利率，提高工資，以便利及加速資本密集工業的發展，早日糾正出口大而國民所得低及過份依賴出口貿易的不正常現象。

關於臺灣利率應予大幅降低以配合經濟發展的需要，我們曾一再爲文主張，並從各種角度分析應予降低的理由，希圖解除決策者的疑難及恐懼，迅即採取堅決有效的行動。雖然未能收到預期的效果，但政府的政策仍大致在沿着我們的建議路線走。

關於工資政策，我們過去很少提到。據我們的了解，雖然如前所云，我們所發展的工業多爲勞力密集的輕工業，資本與技術成份不高，勞力的生產力很低，因而工資也低，但儘管如此，近年來由於資本的不斷增加及技術的不斷改進，勞力的生產力仍在不斷提高之中。另一方面，却由於過去勞力供給的比較豐裕及勞力市場的不完全，工資普遍的被壓低至生產力之下甚多，使勞工得不到合理的報酬。對於這種勞力生產力與工資的差距，因而使得勞工受到損失，而企業家比較上得到豐厚利潤的現象，我們一向採取容忍甚或贊成的態度，這是因爲：(一)在一個快速發展的落後社會，這實是一種不可避免的情形；(二)這種差距有利於投資及資本累積，也即是有利於快速的經濟發展，這一點對我們而言十分重要。

但這種現象絕不能持久，一則是爲了社會公平，我們不能讓工人長期受損害，何況我們是一個民生主義經濟制度，先天即含有社會主義成份；再則經濟力量也會慢慢壓迫工資上升，最近幾年的工資動向即是明證。

我們在這裏所要求的是決策當局應順應整個經濟發展的大勢，在六期四年計劃期間，加速利率的下降，而聽由工資自然的上升，切不可加以阻撓，尤其是對最低工資的規定，應按合理生活水準的需要迅速調整，更不可不顧及事實硬性抑壓。我們深信如果此一政策確被採用並認眞執行，使資本密集及需要高度技術的工業大量發展，則過份依賴出口的現象卽可消除。（六十一年七月）

我們對平抑物價上漲的幾項建議

行政院蔣院長於本月二十三日曾就最近半年來物價波動問題向立法院提出報告，並說明政府的對策：（一）最近部份物價上漲，主要是由於國際價格的影響，例如國際小麥價格上漲了百分之七十，黃豆上漲了百分之九十四，玉米上漲了百分之六十四，原油上漲了百分之十三點五；（二）政府對於上述民生必需物資及鋼鐵已有儲備措施；（三）對於出口之影響國內物資供應者，暫停出口；（四）進口價格太高者將降低關稅；（五）公營事業不漲價；（六）建立國內運銷制度。謹按這次物價上漲是一個很嚴重的問題，我們很慶幸蔣院長已對這個問題予以重視，並已採取了補救措施。我們也願就我們所知貢獻一得之愚，期能對政府在防止進一步惡化，縮短通貨膨脹時間，及預防以後不再重蹈覆轍等方面有所幫助。

在談到當前物價問題的嚴重性時，首先所遭遇到的一個難題便是我們不知道物價究竟上漲了多少。據公佈的資料，去年一年躉售物價祇上漲百分之四・四七，臺北市消費物價上漲百分之五・三六，以今年二月中旬與上年同期比較更祇上漲了百分之五・一七。這些都是比較溫和的上漲，世界十大富國最近通貨膨脹的情形，除美國祇有百分之三・五左右，日、加兩國與我們相近外，其餘七國都較我們爲大。但一般人民對最近物價的感受與公佈的資料頗有一段距離，所有民生必需品，日用百貨，原料器材價格全面上揚，而且幅度驚人，甚且有惜貨不賣，等候物價上漲的惡性通貨膨脹中所慣常有的現象發生。專就進口品來說，無論其來源爲貨幣貶值或升值國家，也都一致報高。這種全面性的物價上漲必然會引起以後工資、中下級工商業雇員及軍公教人員待遇的調整，公營事業在目前當然不會漲價，但在這種情勢逼迫之下，一、二年後還是非調整不可。換句話說，等到這次漲風塵埃落定，我們整個的物價水準會向上升一大段，其中雖有部份回跌，亦不過大漲小回而已。理論上，在經濟成長中，上升了的物價永不回頭，假如竟然回了頭，那是經濟蕭條，是另一種災害的到來，所以我們也不必盼望能回跌多少。

造成最近半年來這種物價劇烈波動的原因多而複雜：㈠由於外滙準備增加過速而引起的貨幣供應量的大量增加，去年一年因此而放出的貨幣卽達二百四十億元之多。㈡國際物價上漲，這點蔣院長的報告中已經很淸楚的指出了。㈢民國六十年十二月新台幣對外貶值。㈣國內季節性的波動及供求失調。㈤這次國際貨幣危機所造成的心理上的與實質上的影響。這些原因在形成這次物價波動中所負的責任孰輕孰重，我們無法下判斷，但我們必須針對這些原因尋求解決辦法。如前所云，蔣院長在立法院的報告中已經指出政府正在針對這些原因採取措施，我們深信假以時日必可收到預期的效果。不過，我們仍願提出我們的補充建議。

㈠我們主張中央銀行應以最快速的方式以發行公債的同等條件，公開在市場發行一年期的儲蓄券（或其他名稱），吸收因外滙準備增加過快而引起的過多的貨幣供應量，並予以凍結，俟以後情勢許可時再解凍。發行數量無限制，直至央行當局認爲貨幣供應量達到正常水準時爲止，此項儲蓄券在政府公債數額及操作情況尚未能用作公開市場政策工具時，卽代替公債成爲央行運用公開市場政策之工具。因此不但其發行數額無限制，央行得視情勢需要隨時買賣，而且應在證券交易所上市，其價格由買賣情形決定，除非超過某一非常之幅度，央行不必干預。

我們之所以主張應由央行發行儲蓄券，而不由財政部發行公債（財政部發行建設公債宜用作建設之用，會再行支出，不能凍結，對緊縮貨幣供應量無重大較長期之影響，一時也不能用作調節貨幣供應量之工具），不僅在於後者將使國庫負擔沉重，而尤在於前者有此負擔能力與義務。央行去年一年所累積的外滙準備卽達六億美元，如以年息百分之四·五存在外國銀行，一年利息收入折合台幣卽達十億元，而央行爲此項資產及利息收入所負擔的成本不過是印刷二百四十億元台幣鈔券所付出的印刷及發行費而已，此十億台幣利息收入在國內可以支付一百億元以上儲蓄券的利息。由於儲蓄券吸收回來的貨幣是要凍結的，所以祇有央行有能力有義務吞下這種死負擔。

㈡去年八月中日邦交快要破裂時，蔣院長曾針對當時經濟政治環境作了六點經濟指示，其中有一項便是儲存三個月需要量的民生必需品與工業原料。如果有關當局能切實執行，則這一次國外漲價對國內物價的衝擊便要緩和得多。當時之所以未能切實執行，當然是資金來源無着落，及成本太大無人願意承擔的緣故。這種儲藏物資的工作是政府有關機構的當然責任，不能期望民間來做。我們建議決策當局立卽責令有關機構建立一套儲藏制度並負起應負起的責任，承擔應承擔的費用，不能將責任及風險推到其他的機構，更不能推到民間。

㈢對於民生必需物資及重要農工業原料，如不嚴重影響國內生產者之生存，應徹底開放進口，由民間隨時自由決定進口數量及時間，外滙及貿易當局不宜過份干涉，尤其不宜以大宗進口為藉口加以控制，而應居於供給商情、協助對外交涉、組織國內廠商及給與資金融通及其他便利的地位。

㈣民國五十七年八月物價曾有一次重大波動，延續約半年之久，政府為此成立了一個物價會報，當時的主要工作之一就是要澈底改善國內運銷制度。如今時隔將近五年，而不僅運銷制度未能改善，即連糧食毛猪等重要民生必需品之生產政策都未認眞確立，連產銷及儲存統計數字恐怕都有問題，這一任務必須要澈底檢討策劃並認眞執行。

最後，我們要在此沉痛地指出，在以往，我們發現政府若干財政經濟金融機構遇有重大問題時，其主管者及左右幕僚人員多不盡能識大體，全大局，而各自堅守他們認為是其本機關利益的立場，將責任、風險，及負擔都儘可能推給其他機構及民間，或則坐視問題發生、演變、與惡化，而不問不聞，忘記了作為一個形成政策與執行政策的機構及主管官員應有的職責。自蔣院長主政以來，此種情形確有改善，但並未能完全消除。為此，我們謹建議：凡與這次物價上漲有關的政府機構如財政部、經濟部、中央銀行、經合會、中信局、國貿局、物價會報等，決策當局宜召集其主管就這次物價問題作一次示範性的檢討，究明責任，並策劃解決問題的長期與短期途徑，嚴厲監督其執行。（六十二年二月）

穩定當前物價的基本觀念與對策

行政院鑒於當前國內外情勢，為安定國民生活，維持經濟發展，於六月二十八日舉行的院會中通過穩定物價十一項措施。此十一項措施涵蓋範圍甚廣而策劃極為周詳，實為自去年九月政府開始注意物價問題以來，最勇敢，最負責任，亦為最强有力之一次平抑物價措施。如人們所知，任何以限價、凍結等為手段平抑物價之措施，其目標均為短期效果，長期物價平穩仍在市場因素之調整。故我們深信政府此一措施當可在短期內收到預期之效果，一方面使國家能平安渡過此次國際物價衝擊之危機，另一方面也使政府獲有一較充裕的時間，為今後長期物價的穩定預作部署。

平心而論，在近來國際劇烈通貨膨脹聲中，我國物價反應可謂十分溫和，遠較美日西歐等國物價上漲程度爲低。此一方面是政府過去九個月以來不斷採取防阻及減輕措施所致，另一方面亦反映我國經濟基礎之雄厚與經濟力量之强大。但儘管我國物價對世界金融危機之反應極爲溫和，而政府當局仍不措採取上述十一項重大措施，以求進一步之穩定，由此可充份說明政府對穩定物價之重視，對一般平民生活之關注，亦可充份說明我們政府爲一絕對負責之政府。我們深望全體國民善體此意，安份守法，照常生產，照常消費，照常儲蓄，使政府措施能發揮充份效果，整個經濟得以穩定，而全體國民本身實爲唯一之受惠者。

關於此次措施之政治及經濟意義，我們日昨在「應付物價衝擊的有效對策」社論中，已有詳細分析，玆不復贅。但願在穩定當前物價的基本觀念與應採對策方面作深一層之剖析，俾有助於此次措施之有效執行及長期健全物價政策之形成。

我國當前物價上漲在性質上與過去的惡性通貨膨脹不同：後者是由預算赤字無限制發行通貨所引起；當前的物價上漲則是經濟發展過速與國際物價上升的混合產物。一個落後國家在經濟快速發展時，整個經濟結構都受到巨大衝擊，發生反應，便必然會有些我們不希望的現象發生，物價上漲便是現象之一。這一方面是由於物資與生產要素的供給不能適時的調整，有短缺的現象；另一方面由於國民所得急劇上升，對需求快速增加的結果。遍觀各國經濟發展的歷史，快速的經濟成長常與物價的上漲同時發生，日本就是一例。祇要經濟成長，每人所得的增加率大於物價上漲的幅度，每人實質所得在不斷增加，則此種物價上漲是可以容忍的。不但如此，我們還可將這種物價上漲看作是調劑供求，便利經濟結構的調整，進而便利經濟發展的一種手段，或一種自然存在的規律，無須過份爲之憂慮。

再進而言之，國際物價上漲，是我們最近九個月來物價上漲的主要原因。我們的對外貿易差不多佔到國民總生產的一半或更多，換句話說，我們經濟活動的一半甚或一大半與國際經濟有關聯。在這種情形之下，實在無法避免國際經濟波動的衝擊。當然我們可以靠商情收集，可以靠預測，而事先採取一些防範措施，在衝擊來臨時，也可採取一些減輕損害的措施，然而要想以我們的力量去對抗或壓服國際經濟的衝擊，實爲不可能之事。我們所能做的事，祇有選擇最有利，損害最小的方式去承受，如此而已。

我們相信，政府這一次爲穩定物價所採取的措施，主要的着眼點爲體恤民艱，今後，如何長期間穩定物價，必另有其整體的政策。對此我們謹願提出下列建議：

(一)民生必需品及重要工業原料宜繼續以較低利率融通資金，無限制進口。此點我們於本月廿八日社論中已詳言之。我們深以爲，就長期的觀點看，此舉實較平價供應的補貼政策爲更有利，亦更有效。

(二)對於非民生必需物資或不重要之原料，其因市場不正常的需求或人爲的操縱致使價格上升，因而有擾亂人心之虞時，政府自可以課稅方式予以限制。例如四層以上之樓房建築，多爲較富裕之人民所購買，負擔能力較大。倘因此等建築過多而影響建築材料上漲時，則除短時期的限建以外，政府可加課特別捐，一方面使購買者減少，自然減少此項建築，另一方面亦可得到一筆額外收入，供建造平民住國民住宅之用。此不過舉一例而言，凡政府認爲奢侈或不希望其發生之消費行爲，均可以寓禁於征方式解決。

(三)獨佔或聯合獨佔係物價趁機哄抬的主要原因，美、日、韓等國對部份物價予以凍結或開放進口，主要作用卽在打破此類獨佔，我政府宜制訂一套反獨佔法令及防止獨佔之辦法，從根消滅哄抬物價的可能。

(四)改進產銷，疏導來源。國內所供應之民生必需品如蔬菜與豬肉等，其價格波動與哄抬常受季節氣候及中間運銷之影響，此等影響均可由人力予以補救改進，關鍵單在政府之決心與執行效率。

(五)鼓勵民間發起大規模投資計劃，以吸收民間儲蓄，使流動性較大之儲蓄（游資）變成流動性較小之生產資金，並由於此項投資之一部份須向央行結購外滙採購機器，故可以收回一部份通貨，有助於通貨壓力之減輕。

(六)央行發行儲蓄券原在吸收市面資金，因股票及房地產投機利潤較大，致銷售不如理想。我們建議對出口結滙者以一定比例配售若干儲蓄券，此種儲蓄券利率甚高，而且可在市面流通，對出口商人並不構成任何損失，自亦不會妨礙出口生產事業。

最後，我們對於此次限價之執行，不能不對主管機關寄與殷切的希望，此卽在限價期內必須有效掌握限價物資之來源，維持充份之供應。必如此，始能貫澈行政當局的意圖，保證限價的效果。（六十二年六月）

與孫運璿部長談長期穩定物價問題

經濟部長孫運璿氏於二十八日在立法院經濟委員會答復立法委員對於物價問題的質詢時，曾提出若干長期穩定物價的辦法，包括：提高融資以便利業者購儲原料，達成以量制價之作用；鼓勵採用半自動化機器以減低生產成本；發展國內市場以減輕過份之國際影響；提高利率，鼓勵儲蓄，推行節約；强化物價會報功能；及修改有關經濟法令，以配合長期穩定物價之需要。

目前物價穩定工作雖劃歸經濟部職掌範圍之內，但經濟部所能過問者僅爲商品之生產運銷與貿易調節，故孫部長上項長期穩定物價辦法亦僅以此一範疇爲限。不過，我們都知道物價涉及每一個經濟活動，特別是金融與財政，關係尤其密切。僅從經濟部的職掌範圍內求物價問題之解決爲不可能之事。幸好物價會報即將改組，我們深信改組後的物價會報，其活動範圍及權力必然會擴及所有與物價有關的各方面，使穩定物價的工作得以在統籌全局下順利推進，不致如目前有所顧慮及束縛，難以發揮應有的功能。

對於穩定當前物價的基觀念與對策，我們於六月三十日的社論中曾有詳細剖析，玆願再就此一問題提出若干新的構想，一以補充上述社論之不足，一以備孫部長及改組後的物價會報之參考。

首先，我們仍願强調物價不可能絕對穩定的基本觀念，除了極端落後的農業經濟社會，物價水準可以數十年甚至百年都無重大波動外，在一個快速發展的經濟社會，物價波動乃必然的事。事實上，經濟結構的調整，若干發展計劃的順利推行，落後社會是否能平滑的轉變爲現代社會，都有賴物價的波動來潤滑，來完成。從這一觀點看，我們這樣一個經濟社會的物價波動不僅是必然的，而且是必要的。這是就長期趨勢而言，至於季節性的波動與特殊情形下的波動，如歉收，戰亂等等，則雖靜態的與孤立的農業社會亦有米珠薪桂的時候。所以政府在物價穩定方面所能做的事，是儘量使波動的幅度不大，波動的時間不長，而不是使物價靜止不動。我們之所以一再强調這一點，是盼望政府及人民都能了解物價波動的性質，特別是這一次的物價波動性質，沉着應付，共渡難關。惟有了解，才能沉着應付；惟有沉着應付，才能共渡難關。

其次，關於長期穩定物價辦法，我們特別提出下列各點，作爲上述六月三十日社論的補充：

（一）注意下列各項價格的穩定：

①工資：工資的波動在目前並不構成嚴重的問題，工資遠在工人生產力之下，相當幅度的調整不會影響生產者的成本及利潤，至要調整產品價格的程度。但我們正在快速工業化，工資遲早會成爲重大問題，過高與過低都非所宜，物價會報宜特別注意此一問題的處理。

②房屋租金：房屋爲民生必需品之一，對於都市固定收入者及升斗小民均爲一主要生活費支出及沉重負擔。中央政府宜專設機構，集中事權，有計劃大規模興建十樓以上之堅固平民住宅，以壓低租金至合理水準，在都市土地昂貴，高樓並非富裕階級之象徵，平民照樣可以使用電梯，居住高樓，我們要改變平民僅能住陋室茅舍的觀念，在都市住高樓可能較住陋室茅舍便宜。

③民生必需品：對於關係平民健康合理生活之基本必需品，如糧食、牛奶豆漿、鷄蛋肉類、蔬菜水菓、一般服裝衣料等等，必須要維持低廉價格，使全國人民不受基本生活之威脅。維持低廉的最重要辦法是充份供應，本地生產不足，可以隨時自由進口。如政府財力許可，可以選擇若干項目補貼，但補貼有效的先決條件還是充份供應。

（二）防止獨佔：在一個工業化的社會，物價不合理的上漲，在供給方面主要有二個來源：一是工資的不合理的提高，一是生產者以獨佔或聯合獨佔的方式不斷抬價。我們目前的情形是前一種現象尙未發生，後一種現象則極普遍。政府必須制訂反獨佔法案，使管理物價者有阻止此類抬價的武器。另一方面，則當强化公會組織，使管理物價者可以透過公會協商、交涉、執行法令、及施用壓力。

（三）增加儲蓄工具：我們國民所得及儲蓄不斷增加，但儲蓄工具並沒有相對的增加。政府祇鼓勵人民存儲蓄存款，但儲蓄存款並不是一個完善的儲蓄工具。在物價平穩時，大家都存儲蓄存款，以致銀行資金太多，發生濫頭寸及拒絕或勉强接受儲蓄存款的現象。一旦物價有波動時，則所謂儲蓄存款便有很大一部份變成了游資，反而成爲擾亂物價穩定的主要來源之一。增加儲蓄工具除目前發行的公債外，最好的辦法是大量發行股票，這又涉及政府領導策劃大規模資本集約的公開投資計劃了。

在未能大規模發行股票以前，我們建議開放黃金進口及自由買賣。如政府不願意如此做，則由政府進口一、二億美元之黃金，按市價抛售，以增加人民儲蓄的出路。否則在目前情形之下，人民儲蓄除了炒股票、炒房地產、囤積貨物外，還有其他的好出路嗎？記住：政府執行任何帶有强迫性的政策，都要先開一個出路，所謂網開一面，否則執行不會成功的。

（四）儲備重要物資：以我們的經濟條件及政治環境，儲備適當數量的重要物資有絕對必要。以美國那種生產能力及國力，都要儲備所謂戰略物資（不是軍火），何況我們。但這種儲蓄的責任應由政府負擔，且要建立制度，千萬不可寄望於民間，民間祇有在商言商，可以愛國，但絕無責任為全國利益去儲備戰略物資。

以上這四大項都是長期穩定物價所絕對不可少的措施，也都是改組後的物價會報的基本責任與工作。這可能使物價會報的工作十分沉重，但不這樣做物價會報就不能完成任務！（六十二年七月）

建立短期資金市場的起點

據中央銀行十一日宣佈：該行將依據國庫券發行條例於十八日正式首次發行國庫券二億元，期間九十一天。以後預定每兩星期發行一次，數額將參酌當週的金融情況決定，循環週轉。該行並指出，近年來我國財政情況良好，此刻並無發行國庫券的必要。此次所擬一連串的發行國庫券，乃單純地以穩定金融為目標。其對金融之影響計有：（一）有助於信用之調節；（二）有助於貨幣市場的建立；（三）有助於合理的短期市場利率之產生；（四）有助於提高金融機構資金運用的效率。

國庫券經過政府當局一再籌劃，一再延期，終於在通貨膨脹壓力增强，各方殷切盼望之下發行，應是我國金融史上一件大事。各方之所以殷切盼望其發行，當係認為其有收縮通貨與決定合理利率水準的作用。但是否能發生這種作用，恐尚需作進一步的分析與判斷。

若干進步國家常運用國庫券作為控制貨幣供應量及形成短期利率水準的工具，其操作過程如下：在貨幣供應量過多，信用鬆弛，通貨膨脹壓力强大時，中央銀行即在金融市場抛售國庫券。此時產生兩種收縮效果：一是大量資金由商業銀行轉入中央銀行，各商業銀行準備金大幅下降，被迫提高放款利率以收縮信用；一是因大量拋售而使國庫券價格下降，亦卽利率上升，增加短期資金市場一般借款成本，達成收縮信用的效果。由於進步國家長短期資金市場息息相聯，短期資金市場利率上升，終會引起長期資金市場利率之上升，因之一國商業與投資活動同時受阻而發生收縮現象，經濟過熱現象得以減低或消除，通貨膨脹壓力因之消失，而經濟之穩定得以維持。

但卽使就進步國家而言，此種過程之進行亦有其限度，實際操作並非如理論推衍之完備。第一、在通貨膨脹壓力過於强大，經濟過度繁榮時，利率之上升實已缺乏制止能力；第二、利率過度提高將增加國庫之負擔至不能忍受之程度；第三、如各商業銀行從其他來源得到準備金之補充，則直接控制貨幣供應數量之效力亦被削弱或抵銷。因此，此一工具之運用，祗能在經濟情勢演變尙稱溫和，未趨極端時方能產生理想之效果。亦卽基於此一理由，目前全世界主要國家均籠罩在通貨膨脹壓力之下，以其長短期資金市場之完備，與對此類工具運用之純熟，尙未聞能因運用國庫券而獲致經濟之穩定者。事實上，在目前之情勢下，所有中央銀行三項傳統控制信用之工具俱不能收預期之效果，甚至較有直接效果之財政政策亦告失靈，而不得不同時採取直接行政管制。主要原因當然在於此次世界性通貨膨脹之性質特殊，已非傳統工具所能完全控制。

我國在此世界大環境中，自亦遭遇與其他國家相同之困難，因而亦難以國庫券等傳統工具解決此項困難。更何況我國對於國庫券之運用尙有較其他進步國家更多之限制。

第一、我國並無眞正之短期資金市場，發行國庫券並不表示短期資金市場之建立。我國利率係由銀行同業公議經中央銀行核准公佈者，爲固定利率，不受國庫券操作之影響，因而對於所謂合理利率水準之決定，及經由利率影響貨幣供應量，均係徒托空言。不僅如此，如國庫券利率過高於銀行之固定利率，將會使儲蓄存款大量轉入國庫券市場，徒然增加國庫負擔而已。

第二、我國長短期資金市場俱不完備，兩者間更無所謂關聯，不能期望因國庫券利率升高而對投資活動有阻滯作用。而如前所云，此次通貨膨脹性質特殊，亦非國庫券利率之升降所能影響或控制。

第三、國庫券如作小額之發行，對於銀行準備金影響不大；如作鉅額發行，則非國庫能力所能負擔。

因此，我們一方面希望社會人士了解此點，不必對國庫券作過高之期望，反而因希望落空而影響安定氣氛。另一方面希望財政金融當局將發行國庫券視作建立短期資金市場的起點，隨即進一步對當前利率決定過程及決定政策有所調整，以配合國庫券之發行。同時，並增加其他短期信用憑證，以建立眞正完善之短期資金市場。從此一觀點看，則我們對於此次發行國庫券仍表示極大之歡迎。（六十二年十月）

如何從經濟方面打擊囤積抑平物價

有關「儲備物資」與「囤積居奇」應如何劃分認定的問題，現已引起社會公衆普遍的關切。此一問題之所以引起議論，當與邇來治安當局破獲若干被初步認定爲囤積居奇的案件——特別是「臺興」、「三富」之塑膠原料囤積案有關。日昨臺北地檢處曾就「三富」案發表聲明，强調陸耀彬之被扣押，主要係因塗改帳簿、僞造文書及涉嫌違反稅法等情事，至於合法生產塑膠成品之工廠、公司，單純儲備塑膠原料，而無投機、壟斷或其他操縱之行爲者，不能成立違反非常時期農礦工商管理條例之罪名。又據聞司法行政部爲使執法人員與工商業者同有遵循，亦正與經濟部有關人員研商，就囤積居奇之行爲，作出明確之解釋，一俟司法行政部公佈其研商的結果，各方對此事之疑慮，當不難獲得澄清。

我們深知政府當局一方面鼓勵工商業者儲備物資，一方面又責令治安機關嚴格取締囤積居奇，目的均在求物價之平穩。然而當此經濟情勢尚未十分穩定期間，少數商人藉以哄抬物價者，非止囤積原料一端。往者如若干廠商之聯合控制貨源，造成市面缺貨，引起心理恐慌，然後再經由形式上的議價而達到大幅漲價的目的，並使此種哄抬物價的行爲合法化。其手段之惡劣，實尤甚於原料的囤儲。値得注意的是，經由此種方式而達到漲價目的者，已有紡織、味精、清潔劑等業，而其他業者如汽車、水泥、冰箱、冷氣機等，亦正意在效尤，躍躍欲試。其對物價飛騰構成直接而嚴重的影響，實乃不容忽視。

請容我們坦率以道，諸如此等現象所以產生的主要原因，顯在各有關機關未能在決策當局政策指示之下，迅作通盤考慮，而將有關要點加以精密的法律化。亦即是未能以法律的嚴謹邏輯，就關鍵之點加以解釋，給與明確的定義，藉以杜絕一切投機操縱的行爲。對於司法行政部之急起直追，主動就囤積居奇一辭加以詮釋，我們至爲欽佩。惟願在研議時亦能兼顧前述少數廠商控制貨源，「合法漲價」的事實，明定其哄抬物價的罪責，藉以嚇阻類似行爲之繼續發生。

此外，我們更願從經濟方面提出若干建議，以徹底消滅囤積，抑平物價：

（一）加强收緊銀根：在這次破獲的許秋滄囤積塑膠粒案件中，發現許秋滄係以囤積的貨物作抵押向銀行借款，以借得之款囤積貨物，再以貨物抵押向銀行借款，再以銀行借款囤積貨物，如此循環不已。換句話說，實在是銀行在幫助許秋滄囤積居奇，破壞政府穩定物價的政策。依統計：自去年九月至今年九月一年之間銀行對民營事業貸款增加五百七十億，而今年迄至九月止的最後七個月對民營事業貸款平均每月竟以約六十億元的增加率增加，這是何等巨大的數字！我們深信凡此銀行融資之用於不動產買賣、股票投機及囤積居奇者，爲數必不在少。而我們的銀行系統絕大部份屬於政府，這無異於政府以左手來打擊右手，助長了物價的動盪與經濟的不安。然則與其揚湯止沸，何如釜底抽薪；與其一筆筆去查囤積案，何如去追查大宗銀行貸款的出處？與其勸說工商業者勿再投機操縱何不屆期收回貸款，或立卽收回貸款，使更無投機操縱的可能？我們籲請政府在這一方面作全面清查與檢討。

（二）再度提高利率：利率具有限制資金用途的功能，前此央行兩度提高利率對於利用銀行資金從事投機者，已構成相當的打擊。必要時自可考慮爲利率的再次提高，以增加囤積居奇者的囤積成本。迫使其拋出物資。

（三）加征臨時倉庫捐：就貨物存倉規定一定期間，超過期間，卽命令各公私營倉庫代征累進之臨時倉庫捐，至代征額累積至存倉之貨物價值時，卽將貨物拍賣。

（四）開放進口：過去政府曾宣佈取銷二千餘種物資進口管制，但因未解除進口地區限制，實際並不發生解除管制效果。遂於上月再度宣佈開放八百餘種物資進口地區限制，而國內物價漲勢已成。我們要求不僅開放地區限制，且要開放進口人限制，卽任何進口商人均可進口，不以廠商業者爲限。

（五）加强限制出口：行政院上月十八日所決定的四項措施，其中第二項爲對出口之日用品，如國內缺貨者，立刻停止出口，今年九月因「缺貨」而價格暴漲，而議價使價格上漲百分之五十左右之貨物，顯然構成「缺貨」之條件。此等貨物，倘其國內價格居高不下，自應限制其輸出。

（六）迅即降低關稅：我們的工業是在限制進口及關稅壁壘雙重保護之下獲取厚利的。開放進口而不降低關稅等於不開放進口。我們要求對已經因缺貨而漲價的貨物，及正在因「缺貨」而醞釀漲價的貨物，除開放進口外，一律降低進口關稅百分之五十。財政、金融、經濟三方面應密切配合作業，千萬不可執行一個政策，此起彼落，以致一個良好的政策得不到預期的效果。

上述六點建點倘能付諸實施，必可使「缺貨」物品的價格回復到合理的水準，而一切囤積居奇投機操縱的伎倆亦再無施展的餘地。由於過去工業利潤優厚，凡此措施可能會減低業者的利潤，但仍有相當利潤可賺。我們作此主張，不僅為了經濟穩定，也是為了政治及社會的穩定，這是關係全體人民切身利害的事，包括資本家在內。

（六十二年十一月）

干預股市難獲效果

據新聞報導：證券管理委員會鑒於最近股市連續巨幅下跌，除已另籌具體穩定辦法外，並臨時規定所有上市股票跌幅暫以百分之一為限，必要時並可能暫行關閉證券市場，藉以先行遏阻目前之跌風。該會並再度懇切要求投資人切勿於此時過度驚慌，保持冷靜，與政府合作，以全力維持股市之穩定。我們對於該會所持此種立場不能完全同意，為避免政府重蹈民國五十三年之覆轍，我們認為對於此次股票價格下跌之性質有加以澄清之必要。

由於經濟的持續繁榮與高度成長，股票價格在六十一年已有相當幅度的上升，然尚可謂為反應各發行公司之獲利能力與財務情形。但自六十二年起，股票市場在一般物價上升之環境下，便成為一主要投機場所，在為時一年多人為的操縱與投機之下，股票價格之上升更如脫韁之馬，莫可控御。以六十二年十二月與上年十二月比，竟平均上升一・三四倍，即上升一三四%，遠超過一般物價四〇%之上升幅度，與發行公司之獲利能力及財務狀況亦告脫節。即此已足說明，股票已純粹成為賭博籌碼：股票市場亦成為刺激物價，浮動人心主要來源地之一。此次政府頒佈穩定當前經濟措施方案，大幅提高利率，壓迫股票市場使其恢復正常操作，不再成為危害經濟穩定，亦為主要目標之一。現在股票價格連續下跌，正足表示政府之穩定措施業已收效，股票市場已逐步恢復其正常的狀態。一年多來危害經濟穩定動搖人心三大害之一——另兩害爲房地產投機與囤積居奇——割除在望。全體政府官員及全體國民正慶幸之不暇，實無必要採取此類行動以維持其「穩定」，阻止其下降，以致與政府辛苦策劃，鄭重頒佈之「穩定當前經濟措施」方案之作用與目標相違背。

再說穩定股票價格必須要有穩定之目標。「穩定」本身並不是一個目標，穩定於某一「價格水準」才是穩定之目標。現在卽採取措施穩定股市，是卽表示要穩定目前之「價格水準」，而盡人皆知目前之價格水準爲操縱、投機、賭博所造成之水準，完全不能代表發行公司之獲利能力與財務狀況，而且相去甚遠。如果「穩定當前經濟措施」方案收效，物價就此穩定下來，則目前之股票價格水準政府能穩定下來嗎？在過去一年多政府既無能力阻止其作投機性之暴漲，目前又安得有此能力阻止其不作投機性之下落？如果要勉强維持其穩定，阻止其不作投機性之下落，則政府預備付出多少代價？五十三年政府曾傾全力維持當時不正常之股市，而股價則一直下跌至應有之水準方才自動停止。政府穩定措施何曾收到絲毫效果？目前距五十三年不過十年，當時爲穩定股市所支付之巨款可能尙未結帳，豈可遽爾忘記前此慘痛之教訓，而再一次地違背經濟趨勢，意圖力挽狂瀾？

猶憶民國五十三年政府不惜巨大代價力圖維持股市穩定之理由，主要的爲保護小戶之利益。此次證管會申言要維持股市穩定可能係基於相同之理由。卽使不是專爲保護小戶，亦當是保護全體持有股票者之利益，用心仁厚，良用敬佩。但有三點必須予以澄清：（一）在過去一年多股票價格不斷猛漲，刺激一般物價上升時，政府曾一再懇切籲請從事股票買賣者顧全國家利益，兼爲本身利益着想，不可從事股票投機，而炒戶置若罔聞。政府此時實無任何責任對此輩之損失加以救濟或彌補。以維護全民利益爲職志的政府，自不能對賭徒負責，包贏不輸。（二）卽使政府願意負此責任，亦無此能力。過去事實一再證明凡抗拒市場力量及違背經濟趨勢之政策，無論政府願意付出多大代價，最後終必歸於失敗。我們深信這一次政府如果仍如此做，仍必歸於失敗。（三）卽使政府有此意願，有此能力，要在此時維持股市穩定，但從事股票投機者在全國人民中畢竟爲少數中之少數，而政府施政目標則爲全體人民或全體人民中之大多數人之利益，我們實看不出有任何理由政府要爲此極少數之投機者與一直蔑視政府政策不顧與政府合作者之所謂利益，而採取特殊之措施，甚或加重全體納稅人之負擔，一如五十三年之情形。

因此我們建議政府對於目前股票市場應採取香港去年之政策，聽其自然發展，除過去為抑制股價上升所採取之不合理干預與限制，宜予取消，以符合一般證券市場之管理原則外，不必再採取任何干預措施，試圖維持股價之穩定，以致日後難於收拾。我們始終認為證管會之基本職責為防止欺詐與非法操縱，為證券市場之監督人與仲裁者，保持證券市場之公平操作，而非證券市場之保鏢，要為賭博者包輸包贏，既無此必要，也無此能力。至於維持證券市場之合理穩定，則屬於一般財政金融政策範圍，不在證管會職責之內。（六十三年二月）

當前工商業困難的原因與解決途徑

自政府於元月二十六日頒行穩定當前經濟措施方案後，工商業界即不斷傳出銀根太緊，週轉困難，停工歇業，出口停滯等消息，隨之便有要求放鬆銀根，降低利率，甚至希望政府予以救濟及優惠待遇的呼聲。工商業界如此，部份輿論及學者專家如此，一般社會人士亦復如此，以致情勢顯得十分嚴重，一若經濟大恐慌即將來臨，有不可終日之勢。處此時機，我們要求政府決策官員，工商界人士，及社會大衆應特別冷靜沉着，仔細觀察現象，分析原因，求取對策。切不可浮動盲從，隨聲附和，而對於附和的對象反而一無所知。我們不否認當前工商業有困難，我們尤其主張困難應予解決，但我們認為在採取解決措施或要求政府採取措施之前，應徹底了解此次困難的性質與原因，這才是對國家對社會負責的態度。

為使社會大衆對當前情勢有簡略了解，茲列舉幾個關鍵性的統計數字如下：㈠以今年三月與前年十二月比，十五個月時間，躉售物價上升七四%，消費物價上升七○%。以今年三月與去年三月比，一年期間，躉售物價上升六○%，消費物價上升六三%。這在國際上，在同一期間是物價上漲幅度最大的國家之一。㈡政府於元月二十六日採取穩定措施後，二月物價與元月比，躉售物價上漲十六%，消費物價上漲十九%。以三月與二月比，躉售物價僅下落一．一%，而消費物價仍上升○．八%。換言之，一般物價水準仍扳持於過去投機取巧，囤積居奇時代所造成的高峯狀態。儘管所謂銀根緊，利率高，並無大量拋售囤貨，壓迫物價巨幅下跌的現象發生，連在正常情況下所常有的脫貨求現都不多見。卽以房屋價格而論，一年之內，上漲在二倍以上，而下跌不過二〇%而已。㈢再就所謂銀根緊而論，以今年二月（三月數字未公佈）與前年十二月比，十四個月期間，全體金融體系對民營事業貸款增加六百四十億元，以今年二月與去年二月比，一年期間增加六百億元，以今年二月與去十二月比，二個月內增加六十五億元。僅與今年一月比方減少十八億元，約爲對民營事業貸款總額之一%，這種小額減少，不過表示未如過去一年之大幅增加而已。根據上項統計，可知整個經濟仍停留於過去一年多之通貨膨脹高峯，未再上升，亦未下降，暫行僵持之局。在此局面下，工商業竟感到嚴重困難，當不外下列幾個原因：

一、不繼續通貨膨脹所造成的困難：在高度通貨膨脹中，一般人都預期物價會不斷的上升，以此爲依據，便發生幾種常見的不健全的商業行爲：㈠過度的擴充；㈡投機性的投資；㈢高價大量購進物品與原料；㈣囤積居奇。由於我們眞正有國際眼光的商業人才不多，眞正可以從事國際商業經營的企業組織更少，上述四種行爲便更爲普遍。一旦通貨膨脹停止或減緩之後，那些已經擴充完成的或正在擴充中的投資，那些見財起意東拼西湊的投資，那些高成本進手的物品原料；那些高價囤積的貨物，便都成爲困難的根源。除非銀根鬆，利率低到物價不斷的上升，否則解決不了這些困難。現在政府的抉擇是解決這些困難而讓物價繼續上漲呢？還是不繼續通貨膨脹而聽由經濟調整去消除這些困難呢？

二、國際市場停滯：在過去一年多，我們受到通貨膨脹之害，而採取緊縮措施，其他國家也一樣；我們在大通貨膨脹之後，市場出現停滯局面，其他國家也一樣。出口是我們經濟繁榮，百業興盛的原動力，出口既因國際市場停滯而受打擊，則有關生產事業遭遇困難自是當然之事。再加上我們缺乏國際商業知識，在全世界價格看低時，我們的生產者竟漫天喊價，將顧主嚇走，將訂單趕到香港韓國，於是使問題更形嚴重。四三八家中小企業絕大部份不是因爲資金週轉不靈，利率負荷太重而倒閉，而是因爲國際市場訂單不來，沒有生意可做而停工停業。放鬆銀根並不能招來訂單，也就不能挽救停工停業的命運。

三、企業財務結構不健全：我們常稱讚某些企業家有企業才能，可以白手起家。白手起家值得稱讚，但起家以後仍以白手辦企業便難乎爲繼。我們自民國四十年前後開始，便有少數人將自己的資金抽逃至國外，而專靠美援與政府銀行貸款辦企業的現象發生。二十餘年來此風未斷，而且於今爲烈，倘銀行貸款一旦不繼，或貸款數額或時機稍不配合，便高喊週轉不靈，銀根太緊。以工商各業去年獲利之豐，何止倍蓰，今年無論如何資金不會緊到那裏去，而如果眞是週轉不靈，那便是採用了白手起家的辦法，無論固定投資或週轉資金均仰賴銀行貸款的緣故。

面對此種情形，我們完全贊同行政院在答復立法委員莫萱元時所宣佈的原則：「政府爲穩定物價所採緊縮信用措施，在基本原則上是以選擇性的信用管制爲主題，除限制不必要的貸款並防止投機性的融資外，對於工商企業所需外銷購料及各種生產資金，仍由各銀行繼續辦理」。準此原則，我們建議：㈠對於進出口交易憑證充份供應所需資金；㈡對於新擴充之事業，或正在擴充中之事業，其所需長期資金，經過銀行應有之調查徵信手續認爲健全後，指定交通銀行及中華開發信託公司予以融資，短期資金由商業銀行比照辦理；㈢中小企業所需資金如銀行直接融通有困難，設立專業銀行又緩不濟急，則可經由其有關聯之大企業之擔保或推薦，或憑與大企業之交易憑證予以適量融資。以上三類融資之利率在一般利率未普遍降低以前，不妨先行降低，貸款銀行之利率損失由央行補貼。至於整個銀根之放鬆及利率之普遍降低，在目前物價扳持不下之際，我們認爲尙非其時。

國家處境艱難，總希望全國各階層人民團結奮鬥，稍稍放棄一點私利，略爲顧及一點國家利益及前途，則國家與個人實兩蒙其利。但過去一年多之經濟困境中，各重要階層的少數人士所表現者恰好相反，儘量利用困境，攫取個人之最大私利，誠令人痛心不已。現在我們所希望的是各本良知，誠實不欺，勿誇大危機，勿謀取特惠，共措國家於磐石之安。（六十三年四月）

貿易逆差與機動調整滙率

報載今年一至四月貿易逆差爲二億二千萬美元，政府有關機構估計今年全年貿易逆差總額可能在七億至十一億美元之間，因此爲平衡進出口貿易，正着手研擬「機動調整滙率」方案。但本月十五日經濟部孫部長於接受記者訪問時却指出：目前對外貿易的入超，是短期性的，從長期看，不致於發生很大的影響，到了今年下半年，出口貿易將可大量增加。這兩種顯然不能調和的說法，我們實在無法判斷孰是孰非。但有一點我們可以確定指出的，卽是決策要冷靜靈活，但要冷而不僵，活而不浮。決策也要統籌全局，兼顧長短期利益，不能祇看到一斑，或祇顧到眼前。不然的話，貿易出現了二、三年的短期出超，便惶惶不安，要將出超拿掉；現在出現了三、四個月的入超，又惶惶不安，要將入超拿掉。去年物價上漲，便不問原由，一味責怪貨幣供應量太鬆；今年出口稍有減緩現象，又不問原由，一味責怪貨幣供應量收縮太緊。如此，不去深入追求原因，沉着求取對策，祇憑表面現象下判斷，急急忙忙提建議，政府決策如果跟着團團轉，誠然够機動靈活，其奈必然引起混亂何！然而決策是大事，豈可混亂。

據我們的看法，去年出超不是我們出口太多，而是進口太少；今年入超不是我們出口太少，而是進口太多。至少迄至目前爲止是如此。去年政府在消除出超的高度壓力之下，不斷採取限制出口，獎勵進口的措施，這些措施並不是採取的當時即可生效的，必須要有三、五個月的時間落後，是則去年在消除出超高潮所採取的措施，現在開始收效，逐漸轉爲入超，豈不正好證明去年所採政策之有效，所謂求仁得仁，則又何怨？

至於出口，根據我們所有的正確資料，今年一至三月工業產品總出口較去年同期增加百分之七十五，去年一至三月較前年同期增加百分之四十五，所以今年第一季的增加率較去年的增加率要高出很多，工業品出口佔總出口值約百分之八十五，工業品出口增加率增加如此之高，總出口增加率便不會低多少。當然我們可以說這還是去年接到的訂單，四月以後情形便要大幅降低，但即使如此，我們也不能斷定這就表示我們出口能力的削弱，須要立即機動調整滙率。因爲第一，如大家所熟知，目前是世界性的不景氣，各國均在採取緊縮政策，市場消納力量削弱，出口遭遇困難，不止是我國一國；第二，我們不能希望出口每年都要以百分之四十或更高的增加率增加，總有降低的時候，這種降低也並不表示我們的經濟內部惡化。這裏我們再引財政部李部長在本月十七日公開發表的談話：新臺幣貶值並不能解決目前的問題，我們很多工業仍有豐富的競爭力，新臺幣貶值反而會因進口成本增加而影響國內物價。李部長也是權威官員之一，其談話自應值得我們重視。

我們對目前的入超不願輕下判斷，但我們可以指出幾點：(一)貿易之有入超或出超屬於正常現象，假如一個國家的貿易剛好出口等於進口，不多不少，那是巧合，不是常態，我們所當注意的是出超或入超的數額及時間的長短，而不是年年歲歲都相等。(二)出超不一定是好現象，入超不一定是壞現象。但由於入超引起外滙準備的收縮或枯竭，問題較嚴重，各國給與較大的注意，並採取較迅速的校正措施。（三）必須判斷出超與入超是長期的基本的經濟因素所造成的結果，抑或祇是短期的表面的現象，前者要採取調整滙率，改變經濟結構及生產力等措施，後者則可聽其自然調整消失。

至於機動調整滙率以消除目前的入超，雖在理論上爲可行辦法之一，但必須要注意：（一）先分析清楚目前入超的原因與性質，不是一有入超就要調整滙率的。（二）必須要了解我們經濟的體質，調整滙率是否有效。我們的進口中農工原料及機器設備通常佔百分之九十五左右，而這些進口主要都是爲了出口，缺少需求價格彈性，臺幣貶值不能使進口減少，假如減少，則出口亦隨之減少。另一方面，我們的出口並非國內資源所形成，出口能力完全受進口能力的限制，貶值並不能使出口大幅增加而不讓進口作同程度的增加，所以用貶值來平衡貿易收效不大。（三）所謂機動滙率意義模糊，要如何才算機動？每一次機動的程度要多大？標準如何確定？這些都是問題。

我們並不排除今年下半年滙率要調整的可能性，我們也不相信每一美元多換二元或少換二元的新臺幣有了不起的影響，但我們認爲有關方面現在應詳細搜集國內外的資料，研判國內外的經濟情況作一冷靜判斷後，再提出滙率調整或機動問題較爲恰當。（六十三年五月）

評「今後臺灣財經政策的研討」兼陳我們的看法

（一）關於浮動匯率問題

今年暑期，在一系列海內外學人的集會中，最引人注目、並與當前國是關係最爲密切的是中研院院士、六位旅美經濟學人所策動與主持的對臺灣今後財經政策的研討。此六位經濟學人，海外歸來，本其對國家的責任感，經多日精心擘劃，周諮博採，企求對當前國家財經事務及今後長程的經濟發展，提供足資依循的方針與意見，其心懷與精神實彌足令人欽佩。我們深知，自去年世界性的通貨膨脹，物資短絀暨能源危機日趨嚴重以來，可謂無一國家在肆應上得能全無困難，亦無一國家政府的政策與作法得能保證其絕對有效。是以在當前情勢下對財經現況及政策的研討，實爲一最有意義的課題。特別是海外學人，本諸其精深的學理與世界性的眼光，所提意見即使與現行政策未盡一致，亦多足資參考與借鏡。惟據報導，旅美六位經濟學人此次所提研究報告，其範圍兼及短期財政金融政策與長期經濟發展，內容殊非本月七日所發表的「今後臺灣財經政策的研討」一文所能概括。細讀本文，主要爲金融部份的摘要，兼及小部份賦稅改革意見，與財政部份關係不多，完全未涉及經濟部份。意者，此或自該一研究報告中抽取而來，而我們實以未能窺其全豹爲憾。

旅美經濟學人此次對臺灣經濟所提之意見，一鱗半爪，報章時有披露，但我們爲愼重起見，始終未置一詞。玆旣已正式公佈，我們自當本諸報人的責任，出自對六位經濟學人衷心尊重的態度，表達我們的看法和意見。此種看法和意見容或與旅美經濟學人不盡相同，然眞理愈辯愈明，即使所見未盡得當，甚或略有牴牾之處，只須有利於國家，當必能獲得學人諸君及全體國人之諒解。我們前於七月十四日社論「當前臺灣經濟問題座談會之意義」一文中即曾明白表示：「……尤其旅美經濟學人，風雨如晦，而故人萬里來歸，共同致力於海內外八億中國人民前途希望所寄之基地的經濟建設，其愛國情操實乃感人肺腑，我們於此併致無限欽敬之意」。

縱觀六位旅美經濟學人八月七日所發表之全文，得到三點初步印象：(一)文中强調「貨幣也是一種物品」，「它的國外價格可以解釋爲匯率」，「我們若要控制貨幣的供給量，就不能不使其……國外價格(匯率)機動化(按即浮動化)」。請恕我們在此指出，貨幣與貨物實有一重大區別。貨幣是測量價值的尺度，尺度必須要維持穩定。而匯率乃貨幣對外價值之表徵，其變動即爲貨幣尺度之變動。(二)文中一再强調以浮動匯率控制國內貨幣供應量，謀求經濟穩定，而對於控制國內貨幣供應量之主力——國內財政金融措施——未能給與應有之重視。(三)全文精神在於藉市場機能謀求短期平衡，對於長期平衡及發展似有忽略，而對於外匯市場及貨幣市場在嚴格管制干預及制度亦不具備之情形下，如何能藉市場機能達到平衡，其所達到之平衡爲何種平衡，則亦未曾論及。

現在容我們單獨就浮動匯率提出意見。按布列頓森林協定精神，戰後國際貨幣制度爲固定匯率制度，容許有上下一%之波動及定期調整。一九七三年二月美元貶值後，各主要貿易國家一方面受有美國要求其貨幣升值之壓力，一方面爲壓抑美元之繼續投機，乃採取浮動匯率，實施貨幣升值，故若干國家之採取浮動匯率並非出於主動，其目的亦不在平衡貿易收支與阻止國內通貨膨脹。事實上，自去年三月迄今，所有採用浮動匯率之國家，無一國無巨額之貿易入超或出超，亦無一國無巨幅之通貨膨脹。去年各國之國內物價上漲以百分之幾十計，國際重要物品價格之上漲以百分之幾百計，而浮動匯率變動則通常以百分之零點幾或百分之幾計，根本不成比例。此種情形一按日、德、意、法、新加坡、香港、菲律賓之記錄卽可瞭然。是以法國前任財長現任總統季斯卡卽曾明白表示，浮動匯率從未能阻止貿易收支不平衡與通貨膨脹。在過去一年多及當前之情形下，各實施浮動匯率之國家，仍藉國內財政、金融、貿易等措施謀求收支不平衡及通貨膨脹問題之解決，此亦有明白紀錄可按。亦卽基於此種理由，各國之所謂浮動匯率均經固定於一極小範圍內，以免利不可必而弊先生，所謂浮動匯率，早已變質。卽學人諸君亦承認：「在遠東方面，新加坡自採用機動匯率以來，其匯率的波動亦極輕微，更可爲明鑑。其實祇須央行能把握國內貨幣數量，同時準備按國際貨幣基金所訂的機動匯率運用原則，對短期內過大的波動，略事抵消，則其變動必甚輕微」。對此，我們所不能了解者，何以對過大波動略事抵消，其變動卽甚輕微；我們更不了解輕微波動如何能抵擋以百分之幾百計的國際物價上漲。我們願意順便一提的，是去年一年新加坡消費物價上漲四二·六%，貿易入超十五億美元，變動幅度都比我們大。當然，如果新加坡不採浮動匯率，則情形可能更壞，但這種未發生的事非我們所能知曉。

至於臺灣的匯率制度，則我們早已指明爲釘住美元並透過美元與其他國家貨幣匯率浮動之制度，或與美元聯合浮動之制度，一如西德、丹麥、荷蘭、比利時、盧森堡等國之聯合浮動情形。現在問題不是新臺幣應否浮動，而是新臺幣應否脫離美元單獨浮動，抑或與美元聯合浮動。我們是贊成後者的。我們認爲臺灣缺乏完善外匯市場，新臺幣不能自由兌換，資金與貿易受到嚴格管制，不具備單獨浮動之條件。另一方面，我們與美國之投資及貿易關係至爲密切，而一切對外貿易及資金移動均係以美元進行，新臺幣必須與美元保持穩定之關係，而國內外經濟方始不會受到重大擾亂，得以順利進行。因此我們明白建議，新臺幣應釘住美元，與美元在國際市場聯合浮動。主管當局所應注意者爲維持新臺幣與美元之適當匯率，作適時之調整。至於國內貨幣供應量之控制，物價之穩定，以及貿易收支之平衡，應以國內之財政金融措施爲主，一如現在實施浮動匯率之國家。

我們認爲，如堅持應在臺灣實施臺幣單獨浮動匯率，並因實施浮動匯率而推行買賣結匯證或銀行記賬等繁複管制辦法，則必須具體解答下列問題：（一）各主要貿易國家當初實施浮動匯率之動機何在？一年多之效果如何？（二）各國是否眞在浮動？如不是，則原因何在？（三）在國際經濟大幅變動之下，浮動匯率在平衡貿易收支及阻止通貨膨脹方面究有多大作用？（四）我國實施浮動匯率之條件如何？在此種條件之下浮動匯率所得到之結果對整個經濟之利害得失如何？（五）與美元聯合浮動及離開美元單獨浮動之利弊得失如何？

前已言之，當前經濟情況極爲複雜，非任何一項政策或辦法所能保證絕對有效。經濟學諾貝爾獎金得主沙繆爾遜氏說過這樣的話：「這些天來，已證明世界太過複雜，非（現有的）單純的經濟學所能應付。解決之道不在放棄經濟學。補救過度簡單的經濟學的唯一辦法是使經濟學更精密」。我們願以斯言作爲本篇的結論。

（六十三年八月）

評「今後臺灣財經政策的研討」兼陳我們的看法

（二）貨幣市場、利率與物價

六位旅美經濟學人認爲「增進中央銀行對貨幣數量的控制，應先建立一個健全的貨幣市場」，對於這一建議，不僅我們欣然同意，我們還深信所有國內學者，政府有關官員，及工商界均將一致同意。長久以來，我們即主張政府應充份運用財政與金融兩把工具以控制經濟活動，而金融工具之有效運用，則以有一健全貨幣市場爲先決條件，然而多少年來此一貨幣市場始終未能建立。主要原因爲缺乏工具。在外匯貿易管制之下，佔短期商業票據重要部份的匯票不能自由買賣，國內期票不流行，遠期支票雖已合法化，但不受信任，事實上亦過於浮濫，不能看作可靠之票據，一年內到期之公債及國庫券有一半或更多握在銀行之手，其餘部份亦不在市場買賣，如此既無票據，何來貨幣市場。其次，除銀行外，所有與貨幣市場有關之主要或輔助機構，如經紀人，承兌及貼現市場等均付闕如。是以多年醞釀，建立貨幣市場始終未成事實。六位學人認爲「使遠期支票，商業期票，及各銀行之存單俱能流通於證券及貨幣市場」，再加上不限底價之國庫券，「則一活潑有效的貨幣市場即可謂建立」，我們認爲可以一試，但「一活潑有效的貨幣市場即可謂建立」却仍未必。根據上述理由及我們長期的經驗與觀察，可以判斷必然勞而無功。如眞要建立健全貨幣市場，恐須就進步國家之制度與操作，及我國之現狀，作深入詳盡之分析後，再分別從工具、機構、操作方面作技術性之建議，但那已是三、五年以後的事了。

六位旅美經濟學人在「一活潑有效的貨幣市場卽可謂建立」的假定下，進一步主張透過此一市場，「以國庫券的市場價格決定短期利率」，而此一利率「就可視爲標準的短期利率」。這在進步國家毫無問題是正確的，但就臺灣情形而言，則有二點應予注意：(一)前述假定是否可以成立，國庫券是否可以靈活運用；(二)我們不像進步國家，有全國性的資本市場與貨幣市場，可以決定所謂標準利率，適用於全國。就這一方面言，我們是一羣市場，各自有不同的資金借貸者，各自有不同的借貸條件、方式、與利率結構。上面所謂的標準利率很可能僅適用於一部份人，因而就整個經濟言，這一利率也就不是標準利率或均衡利率了。不過，如前所云，建立貨幣市場，向這一方面走，總是好的。

六學人再進一步認爲由此而決定的均衡利率爲最適當的利率，「爲選擇投資計劃的重要標準，此一觀念似不甚爲大衆了解。近來特案貸款，優利貸款之多，卽表示此一傾向。須知利率是一個極重要的經濟指標，不宜爲某一目的加以歪曲」。這就是學術界人士缺乏政策敏感了。我們必須要了解利率誠然是一個重要經濟指標，但同時也是一個重要的政策工具；均衡利率（且遑論此爲一理論上的抽象觀念，何處去求均衡，如何知道是均衡，均衡是指長期或短期，長到什麼樣，短到什麼樣等爭論不休的問題）是一最適當的利率，但從政策觀點看未必是可欲的（Desirable）利率。以出口爲例，在我們的激烈競爭對手韓國、香港、菲律賓，甚至日本均以低利率扶植其出口事業時，我們如何能不對這「一個極重要的經濟指標」「加以歪曲」，而不顧所謂的均衡利率以同樣的低利貸款給與我們的出口事業，俾能在國際市場競爭。再以農業爲例，經過所謂市場由農貸成本與風險所決定的高利率，農民如何負擔而能維持農業生產及推動農業機械化，世界有幾個國家不對這種受壓抑的產業給與低利貸款的優待。再擴而大之，世界上有那一個國家不對經由所謂市場機構決定的結果，從政策的觀點加以修正改變，所得重分配政策就是一個最好的說明。際玆二十世紀的下半葉，沒有一個國家在遵行十九世紀的自由經濟法則，聽由所謂純市場機構決定一切，利率何能例外。

六學人同時主張「金融當局如能依照均衡利率決定存放款利率，則非通貨膨脹性的資金供給及投資，乃可以同時提至最高水準」。對於這一點，我們無意見，但請讀者一查具有健全貨幣市場之國家是否有通貨膨脹及所謂「經濟過熱」的情形。

至於國庫券是否應該無底價標售，及學人諸君在其他場合主張的公債應該在證券市場出售，問題尤其簡單。在目前情形之下，對於前者祇要財政部願意負擔高成本，對於後者祇要政府不在乎公債跌價而引起政治風波便行了。

細讀全文，主要精神還在控制貨幣供應量以消滅通貨膨脹，貨幣市場，均衡利率，浮動匯率等等建議，目標均匯集於此。六學人認為「在現時國際膨脹勢將延續的情況下，國內貨幣供給額是物價水準最主要的決定因素。今後穩定物價的重點應當特別著重貨幣供給額的控制。如果貨幣供給額能嚴格的控制，即令有一部份商品價格，為成本所推漲，平均物價水準的變動幅度，必然很緩和」。我們同意貨幣供應量不適當的增加，會從需求方面增加通貨膨脹的壓力，但對上段內容我們不能接受，我們認為這是純從貨幣方面來看問題的偏差。茲即以過去一年多臺灣所經歷的二個實例來作說明。例一：當國際小麥價格由每噸五八・五美元漲至二七〇美元時，麵粉固然要漲價，與麵粉有密切代替關係的米便非漲不可，進而所有食物，進而工資，一般物品生產成本及價格均非上升不可。政府可以緊縮貨幣供應量，但不能減少對這種缺乏彈性的民生必需品的需求及降低其價格。因成本上升而漲價的東西可以減少其需求，但對方的反應不是降低價格而是減少生產。例二：當國際油價由每桶一・七美元漲至十美元時，所有電力、交通運輸，以石油為原料之原料及製品成本及價格均必然上升，再進而影響所有有關產品之成本及價格均上升，政府可以緊縮貨幣供應量以減少其需求，但反應不是虧本跌價，而是相對需求之減少而減少生產或關門，但價格不下落。此即近一年多來各國所遭遇之所謂停滯性通貨膨脹的眞正原因，即是經濟蕭條與物價上漲同時存在，這是古典學派自由經濟論者所不曾見到，經濟學書本上所不曾記載的。

於此，我們要特別强調指出，在這種情形之下，貨幣供應量增加便不是物價上漲的原因，而是結果——需要更多的貨幣支應由進口價格上升所引起的物價上漲後的交易。「這種因果關係不應倒置」。如果不相應增加貨幣供應量，經濟便要衰退到崩潰的程度。此外討論過去一年多臺灣的物價問題，必須要記住：（一）去年商品及勞務輸入佔國內生產毛額的四十三%，輸出佔五十二%的世界獨一無二的經濟結構；(二)與日本同樣强有力的聯合獨佔的制度因素。

總之，我們欣然贊同貨幣市場的建立，關鍵在如何克服困難；我們也希望利率由貨幣及資本市場決定，但對於均衡利率的作用在實際上是否有如此之大，則持懷疑態度。同時我們認爲利率也是政策工具之一，政府可以加以操縱運用。我們不認爲貨幣供應量增加在過去一年多是物價上漲最主要的決定因素，因而將穩定責任完全放在貨幣供應量之管理上。我們認爲正確的物價政策是適當控制貨幣供應量，保持進出口的暢通，讓進口成本充份反應在物價上，及嚴格制止聯合獨佔。(六十三年八月)

評「今後臺灣財經政策的研討」兼陳我們的看法

(三) 財稅政策

旅美經濟學人所發表之建議書中，關於財政僅有一小節，而且僅限於幾項不太重要之稅收：主張地價稅及土地增值稅宜即加强征收；加值稅的立法宜即準備進行，俟物價確趨穩定時，再付實施；綜合所得稅最低扣除額應予提高。凡此建議雖甚重要，然在整個財稅政策中所佔比重究竟有限，因此亦無法置評。下面僅就我們所寄望於財稅政策者略陳鄙見，以供當局參考。

現代經濟政策之主要目標不外經濟發展，經濟穩定，與經濟平等三項。而財稅政策實爲達成此項目標最主要工具之一。然而逆溯過去二十餘年之歷史，在前半段時期，由於年年預算存在有赤字，亦年年在爲平衡預算而忙碌，財稅政策始終居於被動地位，某年能使預算赤字縮小至百分之若干或達成平衡，即爲財政上之重大成功，舉國相慶。在此種情形之下，所謂財稅政策自是毫無活動餘地，更不能加以運用以求達成某種經濟目標了。在民國五十年前後，財政隨整個經濟好轉而好轉，又值經濟快速發展須要大力推動之際，財稅政策乃首先主動運用於經濟發展上，在當時財政當局之合作下，透過獎勵投資條例，對於各類生產事業，特別是出口事業，以及外人投資，均給與巨額減免稅之優待，甚收獎勵效果。最近十餘年之經濟快速發展，此種減免稅政策貢獻至大。

但財稅政策之運用於經濟穩定及經濟平等者仍甚有限。在過去一年多之巨幅經濟波動中，除大幅降低關稅及對若干進口物品實施補貼外，財稅政策對經濟波動之壓抑卽難以爲力。至於經濟平等方面，僅透過公營事業廉價出售其產品或勞務，對一般人民，尤其農民，有所補貼。此外則爲輕微之社會福利措施，二者對平均社會財富均無重大意義。根據上述情形，可知二十餘年來財稅政策工具並未發生應有之力量，卽使在經濟發展方面較有成就，亦僅限於被動之減免稅，而非主動作巨額之資金融通，財稅政策及目標仍限於應付政府預算上之一般需要，求取預算之平衡。整個財政仍以消極應付需要爲主，而非積極運用此一重要工具求取更遠大更重要目標之達成。在以後經濟日趨現代化，而現代經濟所必然發生之繁難問題如經濟穩定，經濟平等等，亦必不斷出現，並日益嚴重，此顯非一落後經濟社會之財稅體系及財稅觀念所能應付。爲此我們建議：

①根據過去數年之經驗，對租稅制度，稅務行政及組織系統，課稅技術等重作檢討，全面革新，此爲財稅政策現代化及運用此項政策達成三項經濟目標之起點，租稅如不健全，則整個經濟目標甚至國家目標均難望達到。

②檢討現行公債發行政策及公債管理技術，使其與經濟發展及經濟穩定之目標得以配合。單純以公債彌補財政赤字，及預算有餘額卽用於償還公債之普通償借觀念宜予擯斥。現代公債管理不僅在於借債償債，而尤注重以公債作爲達到經濟目標工具之運用。

③建立財政投融資帳戶，成爲指揮、控制、促進經濟發展之有力工具，其力量實遠較被動之減免稅爲大。目前減免稅辦法已陷於浮濫瑣細，應予整頓刈削。

④建立社會福利基金及專案預算，視財力許可，就主要社會保險，國民醫療制度，國民住宅興建等三項先行着手，逐漸及於其他社會福利措施。

於此，我們願特別指出稅務行政之重要，如有健全之稅務行政，則稅收增減卽可成爲有力之經濟穩定工具，所謂加稅減稅方始有其實質上之意義。如稅務行政健全，方可有足够之收入供財政投融資之用。而後租稅方能成爲有力之經濟發展工具。如稅務行政健全，則取有餘，補不足，以平均社會財富之目標方可實現。爲使稅務行政健全，我們願再向政府作懇切之陳詞：指派得力人員，授以全權，就現行稅務行政作切實深入之檢討，再根據檢討之結果，及參酌進步國家之制度與辦法，仔細擬訂革新方案，汰舊更新，建立一套完整之稅務人員人事制度。我們切盼政府以二年時間，不惜任何代價，不顧任何阻撓，全國上下以無比之決心與毅力，將此一革新工作貫徹到底。此一革新如果成功，不僅財稅政策可以現代化，充份發揮其建立三大經濟目標之威力，尤在於能以此為起點，使整個行政革新，徹底剷除貪污腐化，提高行政效率，使國家眞正成為一現代國家。如謂整個國家前途均寄望於此，亦不為過。（六十六年八月）

評「今後臺灣財經政策的研討」兼陳我們的看法

（四）長期經濟發展

如在八月八日第一篇關於六學人建議所作之評論中指出：六學人在其公開發表之文件中，對於長期經濟發展未曾論及，顯然與文件標題不符，而且既然研討臺灣經濟問題，長期經濟發展至少應與短期經濟穩定並重，事理上不容許不提。因此我們相信六學人在其致政府之建議中必將提到長期發展問題。至其內容如何，可以臆測而不便臆測，但為使國人對當前臺灣經濟問題有一完整印象，我們願繼以前三篇評論之後，提出我們對長期經濟發展的看法。

日前六旅美經濟學人招待記者，曾一再說明經濟對國家前途之重要，及强調現已面臨轉捩點，國內外有識之士亦認為我們的經濟已面臨轉捩點，我們亦深有同感。但據我們所知，早在十年以前美籍專家杜納（Turner）在撰寫臺灣經濟報告時，其標題即為臺灣經濟已面臨轉捩點，我們當時不僅深有同感，而且曾指出今後臺灣經濟發展的方向與方法。所以現在說臺灣經濟已面臨轉捩點，應是衆議僉同之事，問題在於十年轉捩，仍未轉過來，在時間上未免長了一點。就個人而言，人生有幾個十年？就我們國家處境而言，則寸陰如金。過去已矣，目前應是分秒必爭的時候。

我們之所以要以十年的時間使臺灣經濟轉向，而竟然仍停留在轉捩點，不在於客觀的條件不具備，而在於下列因素：（一）理論上，一國經濟資源之最有效利用應完全由市場機構決定。依此原則，臺灣勞力豐富而資本缺乏，應發展勞力密集工業，亦卽手工業與簡單加工業，超過此一水準卽不經濟。這是最美麗的古典學派的理論，而理論愈美麗，實用價值便愈少，正如幻想的美麗天堂救不了現實的苦難人間一樣。理論上，天堂之美麗無懈可擊；實際上，人活着上不了天堂，純自由經濟理論多半類此。（二）我們整個國家對於經濟轉向缺乏意識感，因而缺乏魄力和做法。同時，在中美協防條約之下，我們對國家處境也缺乏急迫感，因而在經濟發展方面便採取了順應自然的態度。這是經濟進化，並非經濟發展，而進化過程要產生結果，動輒以百年計，十年轉捩，何足為奇。

卽是在上述理論支持與實際做法之下，整個臺灣成為了全世界最大的加工出口區。在一九七三年國際經濟未發生劇烈變動以前，我們以新臺幣對美元價值低估之利，大力開展了對美對歐出口；我們再以新臺幣對日元價值高估之利，廉價從日本進口了機器、原料、零件、技術；於是在國內以微小的資本，落後的管理與組織設加工廠，利用最重要的質優價低的勞力加工出口，其中一半還要經過日本商社。我們從這一簡單加工過程中賺取外匯以維持這一過程的循環不絕；賺取低廉的加工費以維持及改善生活；以逐漸擴大這一循環的規模以提供就業機會。在這種情形之下，我們出口三十億四十億美元，絕大部份實是代日本或其他國家輸入臺灣之機器、原料、零件、技術之再出口，我們所得僅是國際市場出售低廉勞力之微小所得而已。因此之故，我們的出口佔到國民生產毛額的五二%，進口佔到四三%，估計今年二者合計會超過一〇〇%，破世界紀錄。六學人之一認為應改正這種過度依賴國外的現象，發展有國內市場的產品，我們同意前者，不同意後者。目前如果以發展國內市場產品的方法來減少進出口佔國民生產毛額的比例不能成功，而必然造成嚴重的國際收支逆差，縮小加工出口的規模，降低人民所得與經濟成長率，引起大量失業，所以目前這種加工出口型態還非得維持甚至繼續擴大不可。

但是這種型態終究不能長期繼續維持，理由有二：①我們以加工出口方式在國際市場出賣低廉勞力，可以維生，但絕無前途可言，人民生活固然無法作大幅度改善，以與進步國家人民相當；整個國家亦不能成為經濟大國，這更將影響國家前途。②經過過去一年多的石油與原料巨幅漲價，物資愈來愈值錢，勞力便愈來愈不值錢，以後每出口一美元的產品，其中所含的石油與原料的價值便愈來愈高，所含的勞力的價值便相對的愈來愈低。換句話說，卽使我們要重度過去十年那種歡樂日子亦不可得。因為以勞力換物資的條件惡化了，而且惡化得非常厲害。

解決這一問題的唯一途徑，是在繼續目前的加工出口型態之下，以最大的決心，猛力使經濟發展轉向：由簡單的加工出口，變成複雜的加工出口；由進口機器、原料、零件、技術的加工出口，轉變爲進口初級原料，主要利用自己的技術，在國內製造二級原料、機器、零件，然後裝配出口；由在國際市場出售低廉勞力，轉變爲出售腦力、智慧、與技術，一言以蔽之，發展重化工業而已。在這種情形之下，所有上面所提到的一切現象和一切問題都一掃而清。十年以前與現在所謂臺灣轉經濟已面臨轉捩點，均係指此而言，六學人招待記者之所謂轉捩點，亦可能係指此而言。

九項重大建設計劃係在物質建設上促成此一轉向，但與此項物質建設相配合的還有二樣東西：①有關制度與政策的重檢討，重建立；②嶄新的觀念與無比的決心。而尤以第二點最爲重要，它才是轉向的眞正推動力量，十年轉捩，未能如願，眞正阻礙在此。

無論是九項物質方面的建設，制度與政策的重檢討及重建立，以及觀念與決心，都需要政府與人民對此轉向的嚴肅態度與重大犧牲。將一個落後經濟轉向爲現代經濟談何容易，更何況我們需要配合國家處境的需要，必須要以最快的速度完成，如全國上下不能嚴肅工作，刻苦生活，如何能順利達成目標。反之，如能嚴肅工作，刻苦生活，自能在穩定中求進步，經濟便可在平穩中轉向了，所謂九項重大建設的通貨膨脹壓力豈足爲慮。而要維護國家前途安全，及個人自由生活與生存，此時此地，又豈能容許我們不嚴肅工作，刻苦生活。勤儉起家，古有明訓；勤儉與國，則請從我們始。

我們原想以四篇的篇幅，就臺灣經濟的短期問題與長期發展作一系統的剖陳，以供國人參考。但因標題係評六旅美學人的「今後臺灣財經政策的研討」，不能不配合該文的內容，便不得不犧牲原意了。評述之際，雖有若干處與六學人之意見不盡相同，然絕無損於我們對六學人的尊敬之意，及對他們在溽暑之下，遠道回國，勤勞國事的欽佩之忱。何況彼此均係以國家利益爲前提，目標一致，意見不同便無關重要了。（六十三年八月）

對當前物價問題應有的認識與態度

報載政府財經首長對於旅美經濟學人提出的「今後臺灣財經政策的研討」有關穩定物價的建議加以研討，認爲穩定物價以穩定物價平均水準爲目標，不以個別物品價格爲對象，值得研究採行。政府對於今後的物價政策，決不輕易管制，並在可能的範圍內全部解除限價、議價、及平價、補貼等措施。同日據報載，臺灣省物資局昨日邀請食油業者開會原則決定，自本月二十日起對臺灣地區全面實施平價供應食油。

讀了以上兩則消息，眞可謂感慨萬千。如果上引消息屬實，則我們不禁要問：(一)各方面對於過去一年半通貨膨脹的性質有無基本認識？(二)歷次所採取的穩定物價的政策及措施是否經過審愼研討，有所根據？(三)旅美經濟學人的建議並未超過國內經濟學人的建議範圍，亦未離開基本敎科書的範圍，何以要經旅美經濟學人指點後，方始恍然大悟？(四)旣已恍然大悟，何以又要全面實施平價供應食油？

爲使社會人士對我們過去一年多所遭遇的通貨膨脹問題有正確的了解，玆作一簡單解析於下。(一)我國過去一年半所遭遇的通貨膨脹，係由國際性通貨膨脹所引起，由於我國經濟環境非常不利，經濟結構特殊，此種國際性通貨膨脹幾乎全部反應於我國通貨膨脹上。(二)此次國際性通貨膨脹僅有一部份係由需求過度所引起，但絕大部份則是偶然因素輻湊在一起，造成糧食、原料、石油價格猛漲，從成本或供給面推動一般物價上升。(三)此種國際性通貨膨脹傳染及於所有自由世界的國家，使這些國家的進口及生產成本猛升，影響一般物價水準隨之猛升。(四)各國受影響及國內價格水準上升之程度，由各國經濟環境及經濟結構決定，一般而論，凡自然資源豐富，對外依賴程度不大，經濟規模大，經濟富有彈性，制度不僵硬的國家受的影響小，國內物價上升亦小。(五)各國均採取積極措施企圖阻止此種輸入之通貨膨脹，但均無效。各國所採之辦法包財政、金融、外滙、貿易、直接行政管制如對個別商品之限價、議價、平價、補貼、及工資之凍結等。各經濟學派的理論與所有知道的平抑物價的工具在慌亂之間全部採用，包括旅美經濟學人之居住地美國在內。其所以無效的原因在於①大多數的理論與工具均係用於單獨處理國內通貨膨脹，而現在是國際性的全自由世界一律的通貨膨脹；②大多數的理論與工具均係用於處理需求過多的通貨膨脹，而現在幾乎完全是生產成本過高的通貨膨脹。如此，經濟理論及工具與問題不相配合，所以勞而無功，所以經濟學諾貝爾獎金得主沙繆爾遜曾慨乎言之：「處理當前的世界複雜問題，經濟學太簡單了」。(六)

在過去一年半。我們與世界各國同其命運，受到通貨膨脹的侵襲，而因我們經濟環境特殊，受到損害是最大的國家之一。我們也與其他國家一樣，所有平抑物價水準的傳統辦法全部採取，但全部都是其他國家在施行的（例如日本現在仍有個別物價管制），其施行結果也與其他國家一樣，極其微弱。

現在世界的經濟情勢是：（一）各國在承受了原料、糧食、石油價格劇漲之後，現正在調整其國內經濟，適應新環境，這種調整當然會引起物價的繼續上漲，我們可以稱之爲調整性的通貨膨脹；（二）各國爲儘量抑低物價上漲的程度，均採取高度緊縮政策，大幅提高利率，再加上一年多物價上漲傷了元氣，於是經濟成長率降低，發生經濟衰退現象；（三）一方面由於高價進口的原料、糧食、與石油，特別是石油，大量吸走了各國的外滙，一方面由於前述各國的經濟衰退，出口困難，各國都發生巨額入超，僅西德及石油出口國例外；（四）爲改善各國本身的此種不利環境，各國都在加强出口競爭，管制進口。各國都希望將災害送往鄰國，各國行動一致，於是各國本身的災害更重。綜合當前世界經濟情勢爲：（一）調整性的通貨膨脹，（二）緊縮政策與經濟衰退，（三）巨額貿易入超，（四）加强出口競爭與進口管制。

以上四點國際經濟情勢可全部移用於我國的當前經濟情勢：我們將會有調整性的通貨收脹，六、七兩月已經顯現出來了；我們在國內外的緊縮措施中，已在遭遇經濟衰退的困境；我們的貿易收支已出現巨額入超（幸而去年多累積了一點外滙）；我們的出口正遭遇强力的競爭與其他的阻礙。這種情勢在可預見的一、二年內似乎難望有全面的好轉，除非有特殊有利的因素發生。我們不能扭轉國際經濟情勢的大局，但我們應該設法適應這種新環境。適應的基本原則應該包括下列各項：（一）讓原料、糧食、石油等進口成本充份反應於國內物價上，讓國內物價對其作充份的調整；（二）革新生產結構，提高勞工生產力，以降低生產成本，長期抵補此種進口漲價的損失，這點爲根本適應之道，非常重要；（三）選擇性信用管制，對重要生產事業及出口予以低利適額融資，對其餘經濟活動應繼續目前之緊縮政策；（四）平衡預算，加緊稅收；（五）扶植出口；（六）維護市場機能，對個別價格不輕易干預，保持進出口暢通，尤不宜以行政干擾必需之進口行爲，嚴禁聯合獨佔；（七）政府及全體人民應厲行節約。

最後，我們不能已於言者，是我國現正在向進步國家邁進，我們的一般知識水準及自信心亦在不斷的上升，遠非十年甚或五年前可比。因此過去一些幼稚的行為與觀念便應該相對的減少而至於消失。國外人士可以五年十年前的水準看我們，但我們應有信心不是十年或五年前的水準。因此如前引第一段的報載消息，無論有無其事，均不宜讓其重複發生，人必自侮，而後人侮之，我們沒有理由要自侮，即使謙遜，也不應到自侮的程度。（六十三年八月）

請接受調整性的通貨膨脹

自政府於元月二十六日頒佈穩定當前經濟措施方案，並經過二月份的調整期間後，躉售物價即自三月份起一直在輕微下降中，零售物價則僅四、五兩月有相當幅度下降，自六月份起又開始上升，七月份上升幅度更達一·七%，八月份由於食油、猪肉，及若干民生日用品價格均有相當幅度波動，相信零售物價漲幅必然更大。事實上，一般人民已經感受到此種上漲壓力，並為之憂慮不已。另一方面，政府緊縮措施並未十分放鬆，若干生產及出口事業且陷於不景氣中，貿易亦復有巨額入超。此一景象完全與世界其他主要貿易國家所謂之停滯性通貨膨脹相同，可見我國經濟與國際經濟動向已結為一體，不能有所例外。此種通貨膨脹並非由於國內財政金融貿易等政策不當所引起，而實為過去約一年半期間國內外物價劇烈上升之後遺症，我們可以稱之為調整性的通貨膨脹，此種調整經由二種途徑：

（一）糧食、原料、及石油均為民生及生產所需之基本物質，其價格同時巨幅上升必然滲透於每一經濟部門，使得所有物價均受影響隨之上升。在過去劇烈波動期間，包括我國政府在內之各國政府均採取各種直接間接壓抑措施，使此種劇烈波動之影響力量不能充份發揮，或時間上來不及充份發揮，現在在情勢稍趨緩和，時間間隔稍長後，便逐漸顯現出來。所以儘管銀根仍緊，利率仍高，貿易仍舊入超，均無力阻止此種調整力量之發散。在我國因無工資上升之巨大壓力，情況應較其他國家為優。

（二）在過去壓抑物價上升期間，部份生產受到損害，發生萎縮或減產行為，現在便產生缺貨及價格上升現象。如我國之養猪與美國之養鷄養牛事業，便因飼料價格遽升，而產品在供給不變之情形下，價格不能作同程度之上升，生產者或則無利可圖，或則虧累甚大，於是相率減產或甚至大量屠殺。在美國生產較具彈性，代替品亦多，故情形不太嚴重。在我國則猪肉為主要肉食，代替品少而增產慢，便形成嚴重缺貨及價格遽升情勢。

根據上項分析，此種調整性之通貨膨脹，既係由於過去壓抑政策或反應過程緩慢，使當時之通貨膨脹壓力未能充份發揮所引起，必須經過此種調整過程，整個經濟方得恢復平衡而安定下來，則政府便不宜再度採取干預壓抑措施，徒然延長調整時間及痛苦，而無裨實際利益。過去壓抑，現在上漲；則與其現在再度壓抑，以後再度上漲，何如現在即聽其上漲，早日調整完畢，早日使經濟安穩下來，恢復常態。因此建議我們政府及全國人民以小心謹慎態度接受此種調整性之通貨膨脹。

但接受並不等於政府及人民不採取行動，坐視其發展。在此種調整過程中，政府宜特別保持警覺，嚴防趁火打刼，藉機哄抬一般物價。因此一般性之信用緊縮政策仍宜繼續；財政支出仍宜看緊；任何方式之聯合獨佔仍宜嚴禁，一旦發現即予嚴懲；進出口通道仍宜維持暢通。務將調整過程限於必須調整之限度內，勿使逾越。

至於一般人民，則我們願在此懇切呼籲保持鎮靜，任何越出理智之搶購囤積，最後受損害者均為人民本身，過去一年多之事實可以為證。我們尤其要向人民大衆提醒者，為克服此類性質之經濟災難之唯一途徑為節約消費。如每人每月平均少吃一公斤猪肉，即可節省一千六百萬公斤，即一萬六千噸，此對猪肉價格之抑低較之任何方法均為有效。俟此青黃不接季節過去，即可恢復平日之消費水準。

最後，我們對於主管猪肉牛肉之有關當局有不能已於言者三點，亦於此一併提出：

（一）據報載政府對於抑低猪肉價格已有若干有效措施將付諸實施，物資局正在配售冷凍牛羊肉，同時報載政府將撥款十五億元作為猪肉之平準基金，如果屬實，則我們不禁要問，此時猪肉之漲價早在去年飼料飛漲，百貨騰貴，而猪肉價格獨能持平，養猪戶大量屠殺幼猪時，即為大家所料到，可說無人不知，則何以現在所採之措施及擬撥之十五億元不在去年採行，或在缺貨漲價以前採行，而非要等到已缺貨，且已漲價之後，再來亡羊補牢？

（二）二十餘年來猪肉價格始終在循環波動，未曾穩定，而猪肉為我國主要肉食，然二十餘年來對於養猪政策尚未確定：獎勵現代化專業養猪乎，抑或維護落後方式之農民養猪副業乎？以充份供應內銷為主乎，抑或鼓勵出口乎？儘量大規模養猪以降低猪肉價格乎，抑或限制產量以免價格降低損害猪農乎？迄今無一機構能作裁決，亦無一機構採取行動。

（三）隨經濟之進步及人民知識與生活水準之提高，牛肉消費勢將大量增加，亦為盡人皆知之趨勢，然而進口牛肉乎，國內大規模發展養牛事業乎？如決定大規模進口，則何以要造成一種形勢，除物資局外，其他進口商人無人願意插手，而物資局進口則又若有若無，使牛肉價格高漲至世界之冠？若決定發展國內養牛事業，則具體計劃何在？何以要對大規模養牛者加以種種阻撓？迄今無一機構能作答覆，自亦無一機構採取行動。

我們提出以上三點，一本我們一貫態度，不在追求過去，而在展望未來。追究過去徒然引起紛爭，而展望將來則可為國家帶來進步。我們誠懇企望負責當局對以上三點指定機構或個別官員作切實之解答，則我們經過一次災難，便可解決一項問題，得到一次進步。人類及國家進步即係由此而來。如果因此次豬肉之漲價，而使上述三點得到切實之解決，則目前高據世界前列之豬牛肉價格必可大幅下降，是則全體國民將因禍得福了。（六十三年八月）

在國際經濟危機中的應付之道

對於為時約二年的國際經濟危機，我們可以八個字概括：「原因不明，辦法不靈」。當前國際經濟危機的病癥是：通貨膨脹，經濟衰退，與貿易入超。這些病癥在過去很難同時並存，有通貨膨脹就很難有經濟衰退（除非是惡性通貨膨脹），有經濟衰退就很難有貿易入超（除非是惡性經濟衰退），但是現在同時出現。造成這一危機的原因，可說衆說紛紜，歸納起來可分為五大類：長期的高度經濟成長與繁榮，使需求超過供給；由於氣候及人口快速增加而引起的糧食短缺；由於經濟過度發展及消費水準提高而引起的自然資源的短缺；美元危機與國際貨幣制度的解體；以及石油危機。此外，我還可以加上一個原因，即國際卡特爾的操縱，使國際市場機能失掉調整作用，平時不作小幅調整，累積而成為調整風暴。石油便是在國際油商的控制之下，二十餘年未曾作合理的價格調整，而一旦調整便是六、七倍了。提出這些原因的都是國際間著名學者、企業領袖、高級官員，然而他們之間很少有一致的意見。例如福特總統申言石油漲價造成通貨膨脹壓力，石油輸出國家立即反駁，說是國際貨幣制度解體才是眞正原因。所以，原因不明迄今爲止，各主要工業國家面對這種嶄新的危機，並無新觀念、新理論、新政策。所有政策措施並未脫離傳統思想與教科書範圍；財政則平衡預算；金融則緊縮信用；貿易則獎勵出口，限制進口；滙率則表面浮動，實際釘住；物價工資則有力量便凍結，無力量便開放。此外，還有主張恢復金本位制的，節約消費的，提高生產力的等等。所有以上已採行的措施與未採行的主張，都出自名家，都言之成理。然而危機依舊，而其終結或好轉則遙遙無期，有半年說、一年說、二年說，不知所終說等等。所以，辦法不靈。

國際經濟危機的眞正基因

依照我們的觀察與分析，我們認爲造成當前的國際經濟危機，上面所列舉的原因都有影響，但眞正基本的原因則祇有二個：（一）二十餘年來國際經濟情勢的演變所形成的美元危機，由美元危機而導致的國際貨幣制度的解體，由此種解體而造成的國際金融市場與國際商品市場的混亂；（二）由石油危機而引發的各種石油輸入國的成本與價格的高漲，及貿易的巨額入超，一時尚無法調整適應。

要解除這兩個基本原因，首先要將石油價格抑制於一定的水準之上，並建立國際貨幣體制，恢復國際金融市場與商品市場的秩序；其次，則爲從事新投資以改良生產技術，提高生產力，降低生產成本，以部份抵銷石油價格的上漲。但這兩者都是比較長期的辦法，遠水難救近火。爲應付當前的情勢，第一、所有國家均應接受石油價格上升的事實，聽其不良影響充份發揮，即聽由國內價格作適當的調整，以吸收石油價格上升的影響。第二、自然資源貧乏，發展落後的貧窮國家除努力增加生產外，必須要降低生活水準，減少消費，使經濟迅速調整恢復平衡。第三、自然資源豐富及經濟發展進步的國家，應增加短缺物資的生產，並對遭遇困難的國家給與短期的援助。在以上三項適應辦法之下，聽候長期解決辦法之完成。

水來土掩的觀念已不適用

但各主要工業國家現在所採取的對策，幾乎千篇一律的是提高利率，緊縮信用，希望用傳統的壓抑因需求過多所引起的通貨膨脹的辦法，來壓抑因石油價格上漲所帶動的成本過高所引起的通貨膨脹。其結果是一方面造成經濟衰退，另一方面不僅未能壓抑成本上升所引起的通貨膨脹，而且因利率過高，更提高了生產成本與產品價格。在勞工組織力量强大的國家，工資也隨之上升。如此，構成生產成本的幾個要素：地租（石油及自然資源價格）、利息、工資均告大幅上升，而利潤則由獨佔力量的强大與普遍，不但未能下降，且有升高趨勢。在此種情形之下，物價焉能不漲，如何能壓制得下來。用緊縮信用壓制下來，如何不造成經濟衰退。而且在高度緊縮與高利率之下，消費未必減少，而增加生產的可能性則爲之減退，改良技術的投資也受到障礙。換言之，短期的適應與長期的調整機能都爲之窒息了。所以我時常認爲適應當前的情勢，應有一套新的觀念、理論、與政策。不應該一成不變的水來土掩，兵來將擋。

因應經濟危機我具優越條件

由於我們特殊的經濟環境與經濟結構，對外依存度非常之大，而本身經濟又非常之小，這種國際經濟上的大危機、大風浪，我們之受到强烈衝擊，自是極其自然之事。所以對於近二年來的物價高漲，最近數月的經濟衰退，以及貿易入超，應無所用其驚恐，沉着應付，儘量減輕衝擊，但也應勇敢的接受這一衝擊。另一方面，在應付這種危機中，我們也還有較其他國家處於優勢的地方。第一、我們勞工組織重視國家的整體，不會强行將工資提高至其生產力之上，這不僅減少了對通貨膨脹的一大威脅，而且也使政府在其他的政策運用上有較大自由。第二、一般而言，我們的生產技術與組織較爲落後，改進的可能性與幅度遠較其他進步國家爲大。因此生產力可以相對的提高，成本可以降低，以抵銷一部份油價的上漲。由於這兩點，我們經濟的適應能力與彈性都要較進步國家爲大。現在，我們所面臨的問題，是如何在這樣的經濟環境之下，採取適當政策措施，渡過目前難關，並謀求維持長期的經濟發展。

六項政策性措施的建議

（一）接受所有進口物資——包括石油在內，漲價的事實，聽其反應於國內物價水準上。對於這種漲價的抑制，利少弊多，也不可能長期收效。但另一方面，對於國內各種獨佔及投機力量利用情勢，興風作浪，操縱市場，哄抬價格，則當加以制止。

（二）在我們的經濟結構之下，出口如能維持，整個經濟即不虞衰退。因此在任何情形之下，均必須使出口暢通無阻，進一步與出口有關之進口及民生必需物資之進口亦當保持暢通無阻。換言之，對外貿易必須全力維持。

(三)爲做到以上二點，而又同時控制貨幣供應量於適當水準，避免自經濟內部引起通貨膨脹，便有實施選擇性信用管制的必要。卽對於囤積居奇、房地產投機、不必要的公私投資、以及一般消費行爲所需之資金融通，應予嚴格控制，並將融資成本卽利率維持於高水準，以便對此類經濟活動加以壓抑。另一方面，對於出口事業及重要生產與建設投資，則應予以充份之資金融通，並大幅降低利率，減輕其成本，抵銷部份原料燃料之漲價。

(四)從長期觀點看，輸入較新技術，擴大生產規模，以大幅提高生產力及降低生產成本，增加在國際市場之競爭能力，平抑國內價格水準，實爲使經濟具有充份發展活力，建立强大經濟體之唯一途徑，平時卽應全力推行，處此石油及原料價格高漲及國際經濟危機中，更應加速執行。因此而需要之資金融通，亦應低利充份供應。

(五)我們爲一富於人力而缺乏自然資源的經濟。我們謀生與建立强大經濟力量的過程，本質上是出賣勞力，換進自然資源(包括石油)。現在自然資源價格巨幅上升，卽是以一定量的勞力換進來自然資源愈來愈少，也就是一單位勞力的實質所得不斷下跌。實質所得既已降低，消費及生活水準卽使不隨着下降，也當不再增加。換言之，面對這種情勢，全國人民應節約消費，增加儲蓄，至少也不要反其道而行之。

(六)以上大部份屬於總體經濟政策的範圍。除此以外，在個體經濟方面，也應採取行動，包括各行業獨佔操縱的防止，個別重要商品及勞務的供求情形的調節，以及產運銷的改進，這卽是當前物價會報所做的工作。政府最近對中央市場的整頓可爲實列之一，但重點似放在除害方面，應進一步興利，卽建立完善的產運銷制度及設備。此外對於個別商品的國際商情及進出口情況，亦應有周詳的情報資料及完善的操作機能。

以上六點均屬於政策性建議，但實施技術亦不困難。我們深信在此項政策措施之下，再配以政府官員的認眞執行，工商界及全體國民對現狀的了解與合作，必可安然渡過困境，重新走上繁榮發展之路。縱有損害，亦可減至最低程度。(六十三年十月中央日報)

用國家力量協助工商界克服危機

上月杪，行政院蔣院長曾分別邀集工商界各業領導人士座談，聽取他們對當前經濟危機的報告，這是一件很重大並且有絕對必要的事。迄今爲止，我們祇聽說經濟危機十分嚴重，現年底將有許多大企業不能過關。我們也聽說現在停工減產的現象很普遍。但究竟嚴重到什麼程度，由於幾乎所有有關的重要經濟指標都未見發佈，實在無法判斷。現在最高決策當局親自聆聽報告，親自取得第一手切實可靠之資料，必可對現實情形有眞切之了解，從而採取適當有效之對策，我們深信此項對策之公佈與實施將爲期不遠。

假如決策當局根據第一手資料研判之結果，認爲情形確實如傳說之嚴重，則爲國家利益計，我們認爲有運用整個國家力量協助工商界克服危機之必要。我們特別提出此項主張，有二點理由：

（一）就挽救經濟危機的責任而言，如果僅是少數工商企業有危機，則是個別企業經營良窳的問題，應由個別企業自行承擔解決的責任，此項解決是否超過個別企業的能力，是否能夠成功，政府可以置之不問。反之，如是大多數或甚至全體工商業都遭遇危機，則顯然是整個經濟環境所造成，其挽救毫無問題遠超過了個別企業的能力，故應由政府負責，運用國家的力量求解決。

（二）挽救當前經濟危機既是政府的責任，則負責執行挽救政策的機構便當注意如何全力貫徹政策，達成任務，而不必斤斤計較本身之利益，對本身之地位作過多之保護。但在過去一年多的經濟危機中，各有關機構所表現者並不完全如此，以致政策之執行往往爲執行技術所挫敗，而政策本身則十分健全，此卽所謂不明大義者。卽以九月十九日降低利率之最近措施而言，所謂如何計算利息之技術糾紛竟拖延四十日，竟需要財政部長與央行總裁聯席出面調停，方能解決，誠令人失望之至。在外國，利率可以早晚市價不同，而中央銀行一月數易其利率者，比比皆是，若每次均有所謂計算糾紛，則如何得了。九月十九日降低利率之糾紛非常容易解決；依國際銀行慣例辦理，如央行或財政部爲要立卽貫徹降低利率之政策效果，而有違反國際慣例之規定，是屬於政策範圍，其損失由央行或國庫負擔，何糾紛之有。如一方面既要貫徹政策效果，另一方面又要斤斤計較執行成本，惟恐本機構受到損失，其不使政策全盤失敗者幾希！

在假定當前經濟危機果如傳說之嚴重，及了解挽救危機責在政府，應運用國家力量之前提下，我們主張對出口事業作大幅之融資，並大幅降低利率，我們不主張全面放寬融資，因爲通貨膨脹壓力仍然存在，我們所患的病症不單是經濟衰退，也有通貨膨脹。我們主張單獨對出口事業低利融資，是因爲出口事業爲關鍵所在，出口有起色，整個經濟便繁榮。我們主張大幅降低利率，是因爲降低利率可以減輕成本，加强出口競爭能力，而又不致受到其他國家之非難與報復，同時亦可減輕存貨累積之負擔。九月十九日之降低利率，程度太輕，作用不大，僅能看作轉變政策之一種指標或象徵而已。因此項大幅降低利率而引起之利率差額損失，應由央行以低利重貼現或再貸款方式全部負擔，這不僅因爲央行爲執行國家金融政策之最高機構，也因其爲發行銀行。其他國家中央銀行如德國銀行與日本銀行，一次外滙市場操作，其損失常以若干億美元計，我國央行應有此氣魄。爲使此項貸款不致浮濫，應訂立合理之貸放原則。

傳聞央行爲放寬信用，將降低存款準備率，此一措施是否適當，央行自有權衡，毋庸我們置喙。但我們要明白指出的，是此一措施不能代替我們所主張的低利選擇性信用融通政策。而假如照我們的建議，央行將有大量强力貨幣流入市場，不降低準備率銀根亦會鬆弛。反之，如僅降低準備率而不大幅降低利率及專對出口大量融資，其效果將極爲有限。

於此，我們要特別提出二點：(一)信用融通之寬緊與融通成本之大小，完全在金融當局控制之中，金融當局應靈活運用此一政策工具，不要自陷於凝滯之境；(二)當前仍是衰退與膨脹交併的局面，信用融通要放寬，而不能濫。該鬆的鬆，該緊的緊；利率該低的要低到有效果，該高的也要高到有所作用。

除運用金融政策外，如果情勢確實嚴重，我們認爲便是考慮調整滙率的時候了。照我們所觀測的目前一般經濟情勢，將滙率恢復爲四十比一，對整個經濟穩定將不致有重大危害。蔣院長在立法院本會期開議時，也曾申明滙率不是不可以調整的。

無論是降低利率，放寬融資，或是調整滙率，時間因素都很重要，第一流的政策也必是最適合時機的政策。亡羊補牢，畢竟祇是一句安慰話，事實上畢竟晚了一步！(六十三年十一月)

利率與滙率宜在短期內予以調整

政府剛於本月十四日宣佈了十四點金融、財政、與經濟處置，以挽救當前經濟危機，中央銀行俞總裁即於十六日在立法院表示，政府將針對外銷工業的困難，採取特別辦法，協助業者拓展外銷。並特別强調打開外銷市場，拓展國際貿易，是解決當前國內經濟問題的重要方向，認爲國內市場無法消化我們的工業生產品。而尤其重要的，是俞氏宣稱政府將考慮降低銀行利率，以協助改善工業生產，減低工業負擔。我們欣然同意俞總裁的看法，但同時亦可看出十四日所宣佈之十四點處置，僅爲政府採取更重大更全面性政策措施之先聲，並未將挽救經濟危機之希望完全寄託在此十四點處置之上。

我們特別贊同俞總裁的說法：打開外銷市銷，拓展國際貿易，是解決當前國內經濟問題的重要方向，因而對外銷工業的困難，應採取特別辦法解決。這一說法實完全把握住了臺灣經濟的特質與當前問題的癥結所在。但特別解決辦法究竟內涵如何，也許部分越出俞氏職掌之外，未見明言。唯無論如何降低銀行利率當是特別辦法之一。

在經過對國內外通貨膨脹的性質作過詳細分析後，我們自始即認爲這種通貨膨脹問題非全面性的緊縮信用與貨幣供應量所能解決，我們主張嚴格的緊縮信用，但那僅是對打擊囤積居奇，壟斷操縱，及各種投機活動，有助長通貨膨脹的經濟行爲而言。對於正常的生產投資活動，特別是出口，我們始終認爲不應緊縮，以免造成經濟衰退，這也即是我們一再提出選擇性信用管制的根據，此一主張迄今並未改變。我們所患的是雙重性半身不遂症，一邊的半身不遂是由通貨膨脹所引起；另一邊則是由經濟衰退所引起，同時有不同的病因，應同時用不同的藥來醫治；一邊緊縮，一邊放鬆。

對出口事業而言，問題還不單是放鬆融資，而且還要降低融資的成本，即是降低利率。我們出口原來的競爭能力主要來自工資低，經過最近約二年的大變動後，工資低的優勢已相對減弱，而進口原料、能源、設備的巨幅漲價則更爲減低了我們相對的競爭能力，剩下在短期間可以在政府掌握之下降低成本的工具便祇有稅與利率了。關稅及其他有關的稅，政府已經在陸續降低，這次十四點處置中又復有多項減免延繳的規定。則目前可以有效運用減低成本的政策工具便祇剩下降低利率一項。我們建議除普遍性降低利率外，應專對出口融資巨幅降低利率至適當程度，例如說八%左右。

俞總裁在立法院的報告中，對於降低利率對一般民衆儲蓄存款意願的影響頗有顧慮，認爲放款的來源爲存款，如因降低利率而影響存款來源，由中央銀行增加發行來應付，則將引起通貨膨脹，反將得不償失。我們對於此一顧慮有二種解說：

㈠像目前這樣高的儲蓄存款利率絕對無法長期維持，遲早必然會陸續降低，降低的時機及幅度與當時的經濟環境有密切關係。以目前的經濟環境而論，經濟穩定大致可以維持，且一般經濟在不景氣中，人民儲蓄除存儲蓄存款、窖藏，或放高利貸外，看不出有何更有吸引力之出路。至於像年前提出儲蓄存款大量購存物資及從事投機之現象可能性不大，此點俞總裁可能較我們更爲了解。故如對各項存款利率，作適度降低，如將儲蓄存款利率降低至一○%—一一%，應無不良現象發生。

㈡長期投資有賴人民儲蓄，至於商業性之短期資金融通，則其來源並不在儲蓄存款，而在銀行貸款能力，貸款創造存款。至於整個銀行體系短期貸款能力之大小，是否過多造成通貨膨脹壓力，或過少造成緊縮壓力，則權在中央銀行，不在人民之存款。因此對出口事業作低利短期融資，不受一般人民存款之約束，而受中央銀行政策決定之影響。央行如認爲巨幅低利短期融資有助於外銷市場之打開，因而可克服當前危機，便當毅然爲之，而自行負擔利率差距之損失，所失甚小而所得則至大。

至於滙率調整，由於進口佔國民總生產比例甚大，及由於進口成本佔出口總成本比例亦大，調整之利益不如想像之大，而調整之不利影響則可能立即出現，政府當局持審愼態度，爲可以理解之事，但據粗淺觀察，新臺幣對主要貿易國家，尤其出口國家之貨幣價值，顯然偏高。如不作適當調整，無論目前之短期利益及以後長期利益均將受損，而最後仍須調整，反不如目前當機立斷，將新臺幣貶值五%——十%。

以上兩項均宜在短期內採取行動，時間愈延後，危機愈深，需要調整之幅度便愈大，而對經濟之衝擊便愈強烈。一切政策措施，時機都佔重要地位，經濟措施亦不例外。如經過此項調整後，危機仍不能減低至預期之程度，則當作更進一步之檢討，採取如俞總裁所云之特別辦法了。（六十三年十一月）

從豆油取消限價談限價政策

經濟部十二月二日公告，即日起解除黃豆油與黃豆粉廠價平價價格的限制。至此，行政院爲安定國民生活，維持經濟發展，於六十二年六月二十八日所頒行的穩定物價十一項措施中關於限價部份，或則由政府公告取消，或則未認眞執行而告名存實亡，已全部宣告結束。我們願以在一年半之執行期間，親耳所聞，親目所覩之事實爲根據，於此結束之際，一抒我們的觀感。

首先，我們必須要指出所謂限價、議價、平價等等，論歷史，則古已有之；論地區，則遍及中外，並非新鮮政策。即以最近一、二年而論，爲壓抑通貨膨脹，全世界所有主要進步國家，包括美、英、法、德、日等等，均曾採取凍結物價工資政策，且均有某種程度之成功，對緩和當時物價上漲，確有效果。我們如果進一步分析其成功的原因，便發現這些國家正是進步國家，都具備下列幾項特質：

（一）官員能力强，行政效率高，操守廉潔，在人民中具有一定的尊嚴與權威。這些官員對於實施限價當時的一般經濟環境，受限價商品的生產成本，利潤高低，供求情況，均瞭如指掌，擬訂限價水準有切實可靠資料可資依據，對於限價以後所將發生的影響及副作用，有周詳的分析。因此一旦公佈之後，便無窒礙難行之處。同時由於此等國家之官員廉潔公正，知識能力卓越，受到社會各階層應有之尊敬，從而產生必須之權威，故政令可以貫徹，人民亦心平氣和，願意充份合作，不敢違抗，或陽奉陰違。

（二）整個社會具有高度守法精神及誠實的品質。這些國家的政府所擬限價辦法既屬合理，人民亦願忠實遵守。即使有不平之鳴，亦必透過議員、輿論、及其他合法途徑，要求改正，而絕不自行其是，違抗政府法令，或假報資料，欺騙政府。而政府亦從善如流，尊重議會、輿論、及一般人民之意見，對政策加以修正。英國戰時定量定價分配鷄蛋，本週甲戶得大鷄蛋，乙戶得小鷄蛋，則下週甲戶必得小鷄蛋，乙戶必得大鷄蛋。美國年前限價時，規定某物應市在某日以前者賣舊價，某日以後者賣新價，結果照舊價賣者均有舊標價籤，照新價賣者均有新標價籤。**如此官員，如此人民，其限價政策之能成功，豈是偶然！**

（三）限價政策爲短期政策。限價政策本質上爲一短期政策，主要作用在爲整個社會提供一暫時喘息時機，以便籌畫更基本之辦法；或希望藉此渡過暫時危機，危機一過，即恢復正常。蓋因以人爲力量干預市場，必不可持久；而在高利之引誘下，壓抑人民追求高利之機會，終是違背人性，違背人性者亦不可持久。無論道德規範，法律限制，均不能長期違背人性，長期違背人性者必然不爲人民所接受，而終歸淘汰。因此，即使官員廉能，人民守法，此等國家之政府於頒行限價時，均申明爲短期辦法，情勢一有轉變，或雖無轉變而時間過久，即均告取消，並不依靠其官員之廉能與人民之守法精神，而長期執行違背市場法則與人性之政策，反促使道德規範與守法精神之破壞，以致得失太不相稱。

我國於去年六月底執行限價等政策時，無論限價、議價，勿庸諱言在當時即已發生黑市，而限建則造成都市近郊之大批畸形房屋。及至去年底，除公營事業外，所有私人企業生產之限價物品，無論有無補貼，價格一律巨幅上升，若干民生必需物資甚且人爲缺貨，如味精、衛生紙、肥皂、紡織品、水泥、鋼鐵、食米、及近日之黃豆油均係如此。造成此種情勢之原因很簡單，我們缺乏上述（一）（二）兩項條件。幸而大部份限價措施已於今年元月廿七日之「穩定當前經濟措施方案」中取消，玆殘存之黃豆油平價亦告取消，市場機能得以及時恢復，整個經濟運行亦得以步入正軌。

未來若干年經濟情勢演變難測，未必再無限價之需要。如果眞再有此日，而上述有效限價之（一）（二）兩條件仍未具備，則於決策時，宜就下列三途徑擇一而行：

（一）如對某商品加以限價，則必須按該項限價充份供應市場所需之數量，不能有所短缺，有短缺即有黑市，而限價政策即告失敗，此即限價不限量。

（二）如事先無把握按限價充份供應市場需要，即不宜限價，聽由市場就當時供求情形自動決定價格，此即限量不限價。

（三）如既要限價，又不能按限價充份供應市場需要，則唯有利用戶籍制度，實施嚴格之限價限量之定量分配制度。捨此之外，別無他途。

從韓幣貶值談肆應當前經濟危機之道

韓國民族是一個具有硬幹苦幹，於必要時不惜作孤注之一擲的悲壯精神的民族。這種民族性過去充份表現於其復國運動中，自一九六〇年代以來，又充份表現於其建國及經濟發展上，而卓有成就，廣受國際讚譽，然而弊隨利至，所形成之損害亦大。即以將近二年來應付國際經濟危機而論，在所有自由國家物價均劇烈上升，我國物價波動幅度亦大之際，韓國竟能以硬幹精神將其物價上升率壓制至堪稱輕微的程度。以一九七三年一月爲基期，至同年十一月（約在石油危機爆發二個月之後），我國物價上漲已達三〇%，而韓國物價上漲僅八%，無論就理論或事實而言，此種低物價均絕難維持長久。果然到今年一月，我國物價上升達到四五%，而韓國亦急追至二〇%。及至今年十月，我國停留於五七%，在上升後基本上已恢復穩定，但韓國則更劇升三三%，追到五三%，且物價猶在劇升之中。預料經此次「改善國際支付及商業惡化的特別措施」實施後，韓國物價上升率將必超過我國。是則當時之硬幹精神，硬壓辦法，雖能收效於一時，而終於種下目前不得不巨幅調整之因，最後仍須面對現實，接受經濟巨潮所造成之後果，而損害更大。

韓國此次所頒行之措施，一方面在補救過去硬幹所造成之缺失，另一方面則仍欲維持經濟高速成長之傳統政策。目前舉世經濟均呈衰退，無不兢兢業業祇求安渡難關，而韓國仍欲維持高速成就，是其性質除在經濟穩定方面旨在彌補過去硬幹之缺失外，在經濟發展方面則更欲新闢一硬幹的戰場。其能否成功，實在值得懷疑。

唯就韓國此次措施本身而論，仍有二點值得稱道：（一）大幅提高國內物價水準，以求更切合現實情形；（二）貨幣對內對外價值有一定平衡關係。韓國既已提高國內價格水準，將韓幣對內價值大幅貶低，則理當同時貶低對外價值，以維持內外價值之適當平衡關係。於此，我們應當了解韓幣貶值之本質，不在以貶值降低成本，加强韓貨在國際市場之競爭力量；而在以貶值抵銷國內價格調整，生產成本增加之不良影響。換言之，韓幣貶值對出口而言，不在積極的鼓勵和改善，而在消極的防阻因對內價值貶低所帶來的惡化，是對內價格政策的外延，政策核心在對內。這是一種迫不得已的悲壯情況。

以後韓國出口之美元報價是否因貶值而降低，端賴貶值程度是否能抵銷國內物價、工資，因而生產成本之上升而定。如抵銷而有餘，美元報價會下降；如恰好相抵，美元報價不變；如不能相抵，則出口還會惡化。就目前情形而論，與生產成本有密切關係的石油、電力、鐵路等價格調整自三〇%至四〇%以上不等，對成本必然有重大影響。如因此而牽動一般物價水準，特別是工資水準作適當幅度之上升，再加上韓國出口多爲加工性質，進口佔出口成本之比例甚大，此一部份成本勢必與滙率成比例上升，則總結起來，可能韓幣貶值程度還不够，很可能韓國出口困難更大。推想即是因此之故，韓國於貨幣貶值外，還同時採取了若干促進出口的措施。

此外，韓國爲達到挽救出口停滯所帶來的經濟衰退，及保持高度經濟成長的雙重目的，在此次措施中還同時宣布了龐大的國內投資計劃，包括公路修築及國民住宅興建，這顯然是凱恩斯經濟理論之誤用。如果認眞執行，則以韓國之經濟環境與經濟結構，國際收支與通貨膨脹將更形惡化，局面將更難收拾。以我們的觀察，韓國將無力執行此項龐大之國內投資計劃，此等計劃將必落空。

在分析此次韓幣貶值及「特別措施」之意義後，讓我們回頭看在此國際經濟危機不斷加深，及各國紛紛採取國內措施以求安渡危機之環境中，我們應採取之態度及在採取因應措施時，我們應遵守之原則。

就態度而論，當前的經濟危機是空前未有的國際性危機，解決之道，無理論可憑，無前例可援，即使在最進步的國家，亦仍在摸索嘗試之中，而迄無良策。比較之下，像我們這種經濟環境與經濟結構，問題反而比較簡單，決策路線反而比較單純。但我們的政府是一個以全民利益爲依歸的政府，凡一切措施，均必須照顧到全民久遠的利益。故仍須密切注視情勢發展，保持消息靈通，對事實作精細分析，徹底了解。而於擬訂對策採取行動時，謹愼中有機敏；靈活中有凝重。政府當局過去如此，今後亦然。

具體言之，今後決策及採取因應措施，似宜遵循下列原則：

(一)進口成本增加不在我們的控制範圍之內，亦無能力控制，我們所能做的只是採取一些緩衝或輔助性的措施，盡全力照顧消費大衆的生活。尤其是要防止國內藉機囤積居奇，操縱投機，使國內物價不作過度之反映。爲做到此點，保持進口暢通最爲必要之措施。

(二) 在物價上漲過程中，對貨幣之需求將增加，對於此項增加，金融當局宜充份供應，不宜採取過份緊縮政策以致引起經濟衰退，而通貨膨脹局面仍不能壓抑。在正常時期所計算之所謂適當貨幣供應量增加率，如一五%或二〇%之類，顯已不適用於此種非常狀態。

(三) 我們整個經濟本質係以勞力出口換物資進口以維持生產及生活，現國際物資價格既已劇升，相對的勞力價格即已劇降，即每人實質所得隨之降低，因之生活水準必須降低，換言之，即非全體國人一致厲行節約不可，這是沒有辦法的事。我全體國人必須坦然接受這一事實，並與政府保持密切的合作。

(四) 以我們的經濟環境而論，維護出口為挽救衰退之唯一途徑，不能以擴大國內市場代替。擴大國內市場，增加國內消費及提高國內生活水準，將立即擴大國際收支赤字及加速物價上漲。基於同一理由，國內投資宜予減低，或限制於一定範圍之內，經濟成長率在短期間宜聽其減緩。事實上，祇要出口暢通，經濟成長率即不致下降太多。

(五) 無論為短期及長期利益，無論為降低物價及促進出口，減低生產成本都是首要之圖。減低成本分為業者與政府兩方面。業者方面必須減少浪費，提高效率，加强管理，及在可能範圍內進行合併以擴大規模，提高效益，並儘可能改進技術，更新設備。政府方面則當降低關稅及減少各種不必要之手續與手續費，及所有能以行政措施減低之成本。

(六) 但政府最能大幅減低成本者為降低利率，除一般性降低利率外，尤應對出口事業融資巨幅降低利率，其因此而發生之利率差額損失由央行負擔。此並非基於業者利益，而是着眼於國家整體的利益。根本上，當初提高利率之主要作用應在打擊囤積居奇與房地產股票投機，不在阻止進口性之通貨膨脹，如前所云，此種膨脹無法阻止，且會造成衰退。所有降低利率及放寬融資均應有選擇性，除出口外，國內其他經濟活動仍宜嚴加限制。

(七) 政府、業者、及工人，目前宜盡一切努力維持工資之穩定，忍受一時痛苦，同舟共濟，渡過難關。

(八) 如前所云，自去年一月至今年十月，躉售物價已上升五七%，即新臺幣對內價值已貶低五七%。但另一方面，對外價值以美金為標準則反而上升五%。同一時期，美元國內價值貶低三七%，日元對內價值貶低四七%，故新臺幣對外價值顯然偏高，當爲不爭之事實。長期間必然阻礙出口及經濟發展。故新臺幣貶值乃終不可免，但時機及幅度當由決策者於統籌全局後決定。

我們深信根據上述態度及原則決策及採取措施，當不致有何錯誤，應可渡過難關。至於韓幣貶值估計對我國出口影響不大，決策上不宜作過度之重視。（六十三年十二月）

沉痛談銀行整頓

報載青年公司貸款弊案涉嫌人員三十一人已於九日被提起公訴，起訴書透露該公司積欠行庫三億，行賄多達千萬，而據臺中地檢處首席檢察官石明江書面談話，此不過爲全案之一部份。再據常情判斷，以此案牽涉之廣泛，內容之複雜，犯案人之狡詐，卽使將來全案起訴，漏網者又不知凡幾。捲入此案中之學校三百餘所，全部爲公立學校；捲入此案之金融機構除一家爲民營之信託投資公司外，其餘亦全部爲公營。僅有的二家民營商業銀行及全體外國銀行無一家一人一文涉及，眞可謂公私分明了。而尤令人痛心者，爲大部份貸款之時間，正爲通貨膨脹壓力沉重，百物價格飛揚，決策當局及全國憂時愛國之士寢食不安，學者專家輿論聲嘶力竭呼籲緊縮信用，而政府當局亦一再三令五申收緊貸款，並派遣檢查人員反覆檢查監督之時。公營金融機構有責任執行政府金融政策，檢察人員有責任監督政府金融政策之執行，而竟然使貸款總額最高達九億，積欠亦有三億，而每筆貸款則動以千萬計，此種不明本身對國家、人民、及政府之責任，玩忽職守之現象，就整個國家長期利益及行政風氣言，其嚴重性實千百倍於此一冒貸案之犯罪行爲。

或卽由於此種原因，行政院蔣院長年前曾有親筆函分致各公營行庫主管人員，要求善盡一己之責任，辦好銀行業務。各行庫主管及從業人員亦反應熱烈，蔣院長原函固高懸正堂，複印本亦人手一份，背誦討論，無日無之。然而請恕我們誠懇坦白以道，蔣院長函僅具有道德上約束力，道德上約束力在此時刻，原極薄弱，何況日久玩生，繼之以金錢誘惑，長久效力如何便值得推敲了。如要使蔣院長的期許收到長期完滿之效果，唯一途徑便是將蔣院長函之用意及內容予以法律化，制度化，別無他途。近日傳說三家公營商業銀行將移轉民營，又傳說各行庫負責人將有大量調動，或即爲法律化，制度化之始，我們願就此事提供淺見。

首先，我們要指出者，爲我們早在十餘年前即曾大聲疾呼請政府注意金融不能配合經濟發展需要之事實。在落後國家，金融機構爲經濟發展之領導者，責任重大，玆我國金融機構不但不能領導，反而成爲經濟發展重大阻礙因素，其對國家利益損害之嚴重，可說已到絕難容忍之程度。我們對於金融機構所最爲痛心疾首者，對於此次冒貸案揭露之事實所最引以爲憂者，不在金融從業人員之貪汚要錢，而在其無能，不能使金融機構發生應有之作用，蓋前者對國家利益之損害有限有形可以防範，而後者則無限無形，難予預防。過去二年爲應付經濟危機，公營金融機構之表現及其執行政府政策之成績，可爲佐證。

我們深入觀察公營金融機構從業人員，除少數能力卓越，操守謹嚴，態度積極者外，其餘較高級人員概可分爲五類：（一）有位、無職、無權、無能者，不能作事；（二）有位、有職、有權、無能者，不能作事；（三）有位、無職、無權、有能者，無機會作事；（四）有位、有職、有權、有能者，要錢才作事；（五）有位、有職、有權、有能者，要錢，且專利用職權爲自己作事。總括此五類人員，沒有一類能善盡職守，發揮應有之作用。但同是中國人，在同一文化社會背景之下培育成長，一旦進入外國銀行或民營金融機構，態度作風便完全不同。論者常歸因於待遇高低，實則待遇相差有限，而外國銀行及民營金融機構且缺乏保障。問題關鍵顯然在制度與風氣。因此我們建議決策當局成立一臨時小組藉此次冒貸事件對公營金融機構之積弊作澈底之檢討，提出整套之改革整頓計劃，然後再貫澈執行。關於改革內容方面，我們進一步建議二點：

（一）機構方面：除下列作爲政府政策工具之金融機構外，其餘全部無條件的澈底的開放民營：①中央銀行，②將交通銀行與中華開發信託公司予以合併，澈底改組，成爲開發銀行，央行之郵政儲金、中美基金、及其他政府信託保險基金、國庫經濟發展專案撥款全部交由該行運用；③以農民銀行爲首之長短期農業金融系統；④以合作金庫爲首之中小企業金融系統；⑤國際商業金融系統；⑥其他爲達到特殊目的之專業金融機構，包括省市銀行；⑦爲適應當前國際情勢，開發銀行應在國內成立一民營形式之聯行，作爲與國外交通之用，或透過國際商業銀行系統向國外融資。依照民生主義經濟制度及當前世界潮流，所有銀行均應公營，但就我們目前情勢而論，唯有民營才能解決問題，我們不妨暫時從權。

(二) 人事方面：外傳之銀行主管人員調動，即使實現，亦無補於銀行風氣與業務之改進，不妨作為例行之調動，不必寄以太大希望。政府應從卽刻起，建立公營銀行中上級人員集中人事卡，仿安全調查例，就其操守、能力、過去表現作詳細調查記錄，作為任免調動之根據，並將現有不稱職者予以無情之淘汰，同時着手建立公營金融機構之整套選用、訓練、調遷、待遇、退休制度。

我們深信治重病，用重藥，欲去銀行痼疾，必須正本清源，無急救方，無特效藥。(六十四年一月)

我們對國內油價政策的看法

石油輸出國於上月二十七日決定將油價平均提高百分之十，我們即於次日社論中以「我們對油價上漲應持有的態度」為題，對我國因應油價上漲政策提出原則性的建議。日昨行政院蔣經國院長在立法院宣稱：電力、瓦斯、運輸用的柴油、船用油、工業油、漁業油均不漲價，祇有汽油價格作小幅度調整。同日下午中油宣佈高級汽油由每公升十二元調整為十四元，普通汽油由十一元調整為十三元。政府採取此項決策的理由為：(一)大衆生活必須顧慮；(二) 物價必須穩定；(三) 農工生產正在復甦，不能太過增加其成本；(四) 增強對外貿易力量。

政府此項決策有二大特性：(一) 將用油戶分為兩大類，而予以差別待遇，消費性用油戶之漲價負擔由消費用油戶自行負擔，生產性用油戶之漲價負擔由政府負擔；(二) 為適應當前環境之短期性政策。我們深信政府作此決策，必已有周詳之計算與考慮，我們願在此呼籲全體國民，特別是工商界之合作，貫徹政府此項決策之目標，力謀經濟穩定與經濟景氣之恢復，不負政府之苦心。

但油價決策牽涉範圍既廣，影響時間亦長，此次決策並非最後之決策，政府必然會在此次決策之後，繼續研究，求出更為妥善之長期政策。因此，我們仍然願意提出我們的看法，供政府以後決策之參考。

首先，我們必須要了解政府負擔油價上漲部份的眞正性質。我們平日習聞工商界動輒要求政府負擔差價部份，或要求政府補貼，一若政府卽是財源或能產生財源，其實政府本身既不是財源，也不能產生財源。政府負擔差價或補貼之財源爲全體人民。政府對某一產業或某一產品實施差價負擔或補貼，卽是全體人民對某一產業或某一產品實施差價負擔或補貼，這卽是加重全體人民之負擔，而對某一部份人民予以優惠。因此，各工業進步國家對於差價負擔或補貼之給與都十分謹愼，除非對全體人民有利，否則不輕言差價負擔或補貼，以加重全體人民負擔。在決定此項政策時，通常要考慮五點：（一）有無必要負擔差價或補貼；（二）政府有無能力實施；（三）是否是一次負擔或長期連續性負擔；（四）是否造成所得及財富之不公平分配；（五）是否過於歪曲資源之最適當利用途徑。

以此次國際油價上漲百分之十而論，至明年六月底止，我們要增加負擔三十四億六千萬元。這三十四億六千萬元負擔落在我們頭上，毫無逃避或減輕的可能，問題僅在於由誰來負擔：由工商界負擔抑或政府負擔。由工商界負擔，工商界可能全部吸收或轉嫁一部份給有關之國內外消費者。由政府負擔，則政府負擔之財源不外：①責令中油公司吸收，中油公司爲國營事業，中油公司吸收卽是全體人民吸收；②加間接稅，一般物價上漲，全體人民負擔；②加直接稅，全體納稅人負擔；④發行公債，仍由全體人民負擔，還得加上利息。

現在政府既已決定此次油價上漲由政府亦卽全體人民負擔，我們深信政府必已作多方面考慮，諸如不負擔對經濟穩定及經濟景氣恢復之不利影響，政府負擔能力等等。我們完全信賴政府之決定。但我們仍有二點憂慮：

第一、我國石油消耗約有百分之九十八仰賴進口，而石油價格一旦上漲之後，在可預見之三、二年內似難回降。不僅如此，明年六月以後頗有再度上漲之可能。如此，則巨額差價負擔將成爲難於解決之問題：繼續則不勝負荷，中斷則前功盡棄。

第二、如不將國際油價眞實反應於我們之生產成本中，則一方面鼓勵石油之浪費，與節約用油之政策不符；另一方面，使成本結構歪曲，生產型態及資源利用受到不利影響，長期必然不利於經濟發展。

因此，我們對於國內油價政策提出二點意見：

㈠在過去油價低廉時，我們曾利用石油進口作爲政府財源，卽一方面對石油進口課較高之稅，另一方面使石油公司在獨佔之下賺取高額獨佔利潤繳庫，因而使國內油價遠在國際市場平均油價之上。現在廉價時期既已過去，而石油又爲最重要能源。政府此項政策必須要徹底修改，大幅降低稅率及繳庫盈餘，以減輕石油進口成本。

㈡在第㈠項情形之下，將國際油價漲幅全面轉嫁給用油戶，政府不輕易負擔。我們作此主張的最後用意，在讓石油進口成本眞實的充份的反應於國內生產成本上，從而確定國內長期的最適當的生產與消費型態，以及最有效的經濟資源之利用。此一原則不僅適用於國內油價政策，亦適用於所有重要進口物品之政策。

政府在宣佈此次油價政策時，很明顯說明爲適應當前需要，亦卽爲一短期性政策，我們相信不久必有更長期更基本之油價政策宣佈。

最後，我們還要附帶說明一點，卽此次國內油價政策能否收到經濟穩定及經濟景氣恢復之效果，關鍵恐不在國內，而在國際對油價上漲之反應，及最近之經濟趨勢。（六十四年九月）

再論當前的金融政策

鑒於過去半年來國內外經濟情勢的演變，我們在衡量當前及較長期之經濟可能變化後，曾於十月二十、二十六及本月一日先後發表社論，要求立卽在金融方面採取行動。前天，代表工商界的二十餘位主要企業負責人邀請中央銀行俞國華總裁早餐，正面提出了放寬融資及降低利率的要求。金融政策本應該領先經濟情勢，而對經濟情勢有所影響與左右，使符合決策者的願望及國家最佳益利。等到要求之後再有所行動，那就已經晚了一步了。

對於工商界的要求，根據報載，俞總裁卽席的答復是政府將考慮放鬆銀根，提高外銷融資，滙率不調整，利率未提。隨後央行宣佈了三項措施：（一）以重貼現方式，支援各銀行辦理合格票據貼現業務；（二）暫停發行每兩週一次的兩種國庫劵；（三）央行暫不要求各外滙銀行購買外滙。對於這三項措施，我們的論斷是除非繼續採取更强有力的措施，否則不能振衰起疲。於此，爲了國家的整個利益，我們願向決策當局一陳我們的意見。

從長期的觀點看，健全的經濟發展與繁榮必須奠基於一個合理的滙率上，此對於一個幾乎完全靠貿易維生的經濟社會而言，尤其重要。目前新臺幣對美元價值過於偏高，爲不爭之事實。故除非（一）與我們有主要貿易關係的國家，特別是美國，有高度的通貨膨脹；或（二）我們的生產力在未來歲月中有大幅提高，否則新臺幣對外價值便必須貶低。照目前情勢看，上述二點都甚少發生的可能，因之就長期觀點，新臺幣勢必貶值。但是我們並不斷言目前即應貶值以及貶值多少。我們認爲貶值的時機及幅度應留待決策階層去決定。決策當局曾經明白宣示過，滙率不是不可以調整的，祇是時機問題，我們誠懇的接受這一宣示。

就短期言，我們可以接受滙率不調整的政策，但必須同時採取其他措施，足以完全或大部份抵銷釘住滙率的不利影響。我們在斟酌國內情勢後，認爲祇有大幅降低利率，可以部份抵銷釘住滙率的不利影響，而且其效果迅速直接。除此以外，還有二點要大幅降低利率的理由：（一）就短期言，降低利率爲各國脫出經濟衰退，恢復經濟繁榮的重要手段之一，我們自亦須採取同樣的手段，不能例外，但我們目前的利率水準型態還是當初抑制高度通貨膨脹時的型態，以高度通貨膨脹時的利率水準型態來挽救經濟衰退的局面，戛戛乎其難矣；（二）就長期看，現在國內國外，朝野上下，都在一致的强調高級工業，資本密集工業的發展，但資本密集工業和勞力密集工業各有其利率水準型態，我們現在要以勞力密集工業的利率水準型態，來適應資本密集工業的發展政策，而欲達成政策目標，又戛戛乎其難矣。

因此之故，我們一再重申大幅降低利率的主張，而金融當局一再提出利率應由對資金的供給與需求決定，認爲目前利率適當，不宜降低。我們知道多年以前，少數海外經濟學人習慣於西方國家資金市場情形，及根據此種情形所發展而載於教科書上之供求決定利率之理論，罔顧國內情形及需要，堅持高利率政策。我們不知道金融當局是否受這些學人影響。但我們要在這裏明白指出，這是一個不適當的理由：

第一，所謂供求決定利率，必須要有一個像西方國家那樣完善的貨幣及資本市場，使供給與需求能透過市場，正常而充份的發揮決定利率的力量，但是我們的市場在那裏？我們的金融操作與當舖操作一樣，當舖操作是由當舖單方規定利率及典當的條件，祇要有窮人，便不怕無人來典當。我們的金融操作是由金融業者單方規定利率及貸款條件，祇要有工商業，便不怕無人來借錢。在這種情形之下，誰能知道臺灣對資金的供給與需求是什麼，誰能繪出一條供給與需求曲線來？連供求情況都不知道，如何知道現在的利率是由供求決定的適當市場利率？

第二，即使現在的利率是由供求決定的適當利率，但利率是一個政策手段，我們也可不顧供求情形，而視國家整體政策需要靈活運用這一手段。對農業低利貸款，對出口低利融資，不都是以利率作爲手段來達到國家整體政策目標嗎？然則現在爲什麼不同樣以利率爲手段來達到恢復經濟繁榮，促進長期經濟發展的國家整體目標呢？

因此，我們建議：㈠立即大幅降低利率；㈡放鬆頭寸不以停售國庫券爲限，央行應考慮情勢需要，在市場收購國庫券，有買有賣，有去有回，才算是央行的公開市場操作；㈢憑必需的商業憑證，無限制的對出口融資。這是正常做法，不能算是對工商界的優惠待遇。

猶憶六十二年高度通貨膨脹時，我們曾强烈主張大幅提高利率，加緊收縮信用。但遲至六十二年七月始將利率由百分之八·五提高至九·五（以重貼現率爲標準），十月再提至十·七五，病重藥輕，無濟於事。到六十三年一月始巨幅提升至百分之十四。然而物價漲幅已達百分之五十左右，爲時已晚。當我們主張提高利率，收緊信用時，頗不爲工商界所諒解，而爲政府有關官員所接受，但我們從不考慮這些因素，一切以國家利益爲依歸。自從經濟衰退後，我們即一再主張大幅降低利率，放鬆信用，但自六十三年九月至現在雖連續降低四次利率，仍僅從百分之十四降至百分之一〇·七五，相當於六十二年通貨膨脹顛峯時期的利率水準，而自最後一次至現在，已整整七個月未變動利率。在這樣一個全世界自由國家都在急劇調整經濟，以適應瞬息萬變的情況時，金融政策七個月未見變動，現在總可一變了。我們提出這些建議，可能爲工商界所歡迎，而不爲政府官員所諒解，但我們同樣不考慮這些因素，仍是一切以國家利益爲依歸。（六十四年十一月）

改造金融機構的時機

金融主管機關對各行庫辦理啓達企業集團貸款案中失職高級人員，已報奉行政院核定予以行政處分。在發表的名單中，涉及經理級以上的人員達十六人，其處分重者免職，輕者記過。有無刑事責任，將移由司法單位偵辦。毋庸諱言，這又是金融業務方面一件十分令人痛心的事情。發現缺失，毫不隱諱，斷然的加以處置，固然表現了政府整飭風氣，有過必改的決心。但是焦頭爛額，何如曲突徙薪。我們與其對啓達案的不當，作事後的論列，不如就今後金融機構可能發生的錯失，作事先的防範。據悉主管機關對各行庫在放款業務中所發現之缺失，已擬訂改進辦法，即行通函實施。我們此刻尙未獲知其內容。不過就我們所見，單單作頭痛醫頭，脚痛醫脚式的改革，還是不够的。政府應該對整個金融機構，作澈底的根本的改造。我們願就這一方面，略抒所見，以供當局的參考。

現在許多進步的國家，特別是日本與德國，在其過去經濟發展的過程中，各類金融機構都曾作過重大貢獻，甚至還居於領導經濟發展的地位。但多年以來，我們卽痛感我國的金融機構不但未能善盡促進經濟的功能，有時甚至成爲阻礙發展的因素，制度不健全，部份主持人缺乏現代知識及應具備的才能與品格，都是原因。因此，差不多二十年來，我們都在堅主對金融機構作全面的整頓改造，並一再提出改造的方案。去年七月，新銀行法公佈實施，我們原以爲有關當局將忠實執行此一歷時六年方告成立之法案，對金融機構作一整頓。不料時經一年，並未在這一方面採取有力的行動。最近數年，當局曾一再宣佈我國經濟發展將進入更高階段，並全力推行十項建設計劃，作爲實施此項宣示之起步，謀國之殷，求治之切，令人感動。我們正自憂慮現在這種情形的金融機構如何能負擔得起這一重任，如果負擔不起，則當局所一再宣示的目標，又如何能順利的完成。不料果然又掀起了啓達貸款案。在此國家處境艱難之際，我們實在經不起這一類的衝擊。不過，如能因此次啓達案而對金融機構作全面改造，一擧而去腐生新，轉變成爲促進經濟發展的原動力，那便是因禍得福了。

以下是我們建議改造金融機構的構想：

(一) 我們主張政府金融機構以執行政府政策之專業金融機構爲限，其餘現有之政府金融機構原則上應考慮開放民營，同時並有條件的開放新商業銀行的設立，以競爭的方式促使其改善，政府再以嚴密監督及嚴刑峻法從後督促，使其業務不越常軌。至於專業金融機構則因負有執行政府政策之任務，縱使效率不如理想，亦非由政府經營不可。

(二) 第一個專業銀行便是中央銀行，中央銀行業務雖多，任務雖繁，但我們認爲中央銀行祇有一個基本任務，那便是調節短期信用，控制貨幣供應量，以維持經濟之穩定與促進經濟之成長。爲執行此一任務，中央銀行有權監督控制各有關金融機構之主要業務，並得隨時檢查糾正。因此，在全面改造金融機構的過程中，中央銀行有兩件事要做到：①將不屬於短期信用融通的業務如郵政儲金及其他若干基金，移轉財政部轉交其他專業金融機構辦理。中央銀行進出均爲强力貨幣，不宜直接吸收儲蓄及從事長期性放款，應集中精力於短期信用調節及貨幣供應量之控制。②應加强金融檢查業務。財政部與中央銀行應就金融檢查度制、技術，與人員及經費配備作全面檢討，澈底改進。千萬不要為了節省幾百萬元用人費而引起若干億元的有形損失，及價值難以估計的無形損失。

（三）其他專業金融機構即依新銀行法嚴格執行。但對於這些機構的任務及組織應在嚴密檢討後，重新規定。至於人員方面，我們建議人事行政局與安全機構合作，就高級人員之品格、能力、及平時之作為作全面清查。以後在任用新人時，亦應有完善之個人資料紀錄。國家處境如斯，我們全國上下同心協力，多爭取一點時間來從事建設，多作一點努力來强化國力，國家前途便多一分光明。我們實在經不起內部的挫折，讓我們即日開始全面改造金融機構，使啓達案成為這一類事件中的最後一件吧。（六十五年六月）

對中小企業銀行的期望

臺灣合會儲蓄公司將從七月一日起改制為「臺灣中小企業銀行」，這不但是金融業一件大事；也是工商界多年來的一大期望，即將正式實現。據昨日本報報導：改制後的中小企業銀行，將採取三項措施，以加强對中小企業的服務。第一是積極辦理各項中小企業專業貸款，並協調經濟部工業局等有關單位，給予經營管理方面的配合措施。第二是配合經濟發展計劃及年度施政計劃，辦理中小企業行業別之集體輔導。第三是建立中小企業關係銀行制度，斟酌各地分支機構所在地之實際情況，每年選擇若干中小企業為其關係客戶，隨時瞭解其財務及業務情況，同時對於雖無往來而具有潛力的中小企業，亦將主動發掘，予以輔導。我們認為上述各點倘能切實做到，對中小企業財務結構的改善以及經營管理的改進，均有莫大助益。

據有關方面去年統計：臺灣現有企業其登記資本額未滿五百萬元之工廠——中小企業，計有五萬二千餘家，約佔總家數百分之九三・七，員工人數達七十七萬餘人，佔從業員工總數五三・四%，其對國家經濟效益之貢獻約在六〇%以上。由此，可見中小企業之榮枯，在國家經濟發展過程中，不但佔相當重要地位，而且具有決定性作用。多年以來，政府有關部門曾不斷强調輔導中小企業，以改善其財務與生產結構，但截至目前為止，並無一家專業銀行，於是談到中小企業最急需而又最需要支持的融資問題，始終無法解決。自從銀行法修正公佈後，因明文規定有中小企業銀行之設置，故政府決定將臺灣合會公司及其分支單位，正式改制為中小企業銀行，這在銀行體制和金融政策上是一項重要決定。

問題是如何促使中小企業銀行今後確能發揮其功能，並使中小企業在資金融通上所遭遇的困擾能夠獲得解決。據中央銀行統計：今年四月臺灣合會的普通放款僅有八億三千餘萬元，連同所墊付合會金卅六億一千餘萬元，其總額共僅四十四億四千餘萬元，而該月全體銀行的放款餘額共達三千三百五十五億元，亦卽臺灣合會的放款連同墊付合會金，所佔放款總額的比例，僅有一·三%；同時，這中間有很多放款及墊付合會金，均係以一般民衆爲主，對中小企業的放款，可以說微不足道。針對此種情形，我們認爲中小企業銀行成立以後，如何充裕其貸放資金，以增加放款能力，此爲第一要務。我們主張財政部及中央銀行已經決定用於中小企業的各種專案融資，今後一律撥交中小企業銀行統一運用，以專責成。

其次，中小企業所需更新設備之資金以及採購原料等所需融資，應由中小企業銀行充分供應，當該行資金供不應求時，中央銀行應儘量協助並辦理重貼現。爲了保障放款安全，凡是採購機器設備所需資金，可辦理動產抵押，以減少放款之風險。因爲中小企業多因設備陳舊，以致生產效率較低，且品質不够標準，動輒發生貿易糾紛或退貨比率偏高等情事，故在設備方面必須汰舊更新，藉以提高品質，降低生產成本，這是改善生產結構與促進貿易發展的當務之急，此一業務必須積極推動，以宏績效。

兩年前政府爲了協助擔保能力薄弱的中小企業，透過保證方式，以補充其信用之不足，特設置基金，使其易於獲得金融機構的貸款；同時亦可減輕銀行的放款風險，節省銀行許多放款手續，諸如徵信、調查以及催收等，從而鼓勵各銀行儘量對中小企業融資。這個構想曾獲得各方面一致的讚揚。但是，推行的成效並不理想。我們希望中小企業銀行成立以後，這兩者之間應密切合作，凡是經信用保證基金通過的案件，中小企業銀行便如數貸放，而保證基金本身應卽擴大業務範圍，加强服務項目，凡是中小企業所希望獲得的融資，祇要條件具備，均應予以保證。我們認爲今後信用保證基金的工作重點，應側重於徵信及調查方面，並儘量利用各行庫之徵信資料，藉以節省人力物力，兼可使中小企業銀行的業務，順利展開。

我們深知各銀行對於中小企業的貸款，多不太感到興趣，因爲它們的信用狀況及財務結構多不太理想，放款的風險亦較大。但是各銀行對於大企業的貸款雖然省事，却也照樣會出問題，此次啓達公司的貸款案，便是很明顯的實例。中小企業貸款每筆平均以五十萬元計算，以啓達公司一家的貸款總額，就可貸給近四千家的企業，其受惠廠商之衆多，以及對就業與貿易等各方面貢獻之大，皆不言而喩。因此，我們希望中小企業銀行開業以後，應一反其他銀行的作風，在業務上要不厭其煩，並多做雪中送炭的工作，使得中小企業皆認爲這是它們自已的銀行，確能爲它們解決問題。大家有了這個良好的印象以後，中小企業銀行的業務便會大量增加，然後再輔導其改善經營管理，它們更樂予接受，如此方不辜負各方面對中小企業銀行的期望。（六十五年六月）

讓經濟發生應有的調整功能

我們每一個人都知道在一個人生了一場大病之後，如果調養得宜，其健康情形會較病前爲佳。這是因爲在大病中身體各部門都受到影響，都在調整適應以求保住生命，因而使原來失調的不平衡的部門都調整平衡起來了。這種調整適應的能力係產生於人體內部，在遭遇危機時自然的反應出來，不假外力，如有外力干預，也祇能順應這種趨勢干預，以加速其復原的過程，決不可干擾，阻止，或作相反的干預，否則便是病後失調，重則造成死亡或終身痼疾，輕亦使身體衰弱，疾病纏綿。

人的身體如此，自由經濟體制下的經濟機能亦復如此，它本身內部具有一種自然調整的機能，使整個經濟的運行始終維持適度的秩序與平衡。亞當斯密說是有一隻看不見的手在管理經濟過程的運行，便是他觀察到這種調整機能所得到的結論，成爲經濟學中的名言。

我們中華民國的經濟自六十二年春季開始，迄至目前爲止，約三年多的時間，在强大不可抗衡的國際經濟力量的絕對支配之下，始終隨着國際經濟的巨幅波動而波動，在短短三年多的時間，經歷了一個完全的巨幅循環期。在這一循環期中，使過去各種經濟部門之間的平衡關係，發生了裂痕、摩擦與衝突，使整個經濟失去和諧與穩定，到處都是問題。處在這種情形之下，我們擬訂經濟政策時，有兩個基本原則應該遵循：（一）採取一切可能的措施，減輕這種循環的力量及所產生的不良影響，助其恢復正常；（二）儘量維持自由經濟的市場機能的操作，由經濟內部產生平衡的力量，使其恢復正常。依照此項原則，則在整個的循環期，我們都要：㈠防止聯合獨佔，操縱價格，保持國內外市場的暢通無阻，其目的在儘可能造成一個完全市場，便於內部自動調整，即是前述原則的第二點；㈡如在通貨膨脹時，立即緊縮信用，提高利率，製造財政盈餘。如在經濟不景氣時，立即放鬆信用，降低利率，製造財政赤字；㈢在整個循環期，滙率應視國內外經濟情勢的相對演變而作適時的調整，政府亦可採取所得政策及部份行政管制，以補財政金融政策之不足，視情形而定。㈡㈢兩項即是前述原則的第一點。在採取這些政策性措施時，又必須要有兩點諒解：（一）所有措施必須要時機恰當，力量足够。如果時機太遲，力量太弱，則縱使政策正確，也不會產生預期效果；（二）在一切都完備的情形之下，由於臺灣的經濟結構，仍然絕不可能單獨的維持經濟穩定，仍將隨國際經濟的波動而波動，物價要漲還是要漲，經濟不景氣還是要不景氣，我們所能做到的祇是儘量使我們的處境不致比國際經濟情勢更惡化，或者更進一步，運用我們的智慧與經濟力量，減輕波動及損害，比國際經濟情勢改善一點。這不是我們的過失，而是情勢超出了我們的控制範圍。

即是根據上述的基本觀念與原則，在過去三年多的經濟循環期，我們不斷提出政策性的意見，並對政府的若干財金措施表示我們不同的看法。在外表上，我們的意見忽東忽西，時而偏向工商企業而為政府所不喜，時而偏向政府而不受工商界歡迎，但實際上，我們的基本觀念與原則是前後一貫的，祇是因經濟情況變動而作不同的應用而已。我們的目標祇有一個，那就是國家的利益，工商界與政府官員歡迎與否，都非所問。

在上述的基本觀念與原則之下，在過去二年的經濟不景氣期間，我們曾一再呼籲不要太過重視物價的上升，我們建議在儘量保持完全的市場機能情形下，聽由物價自動調整，安然的接受「調整性的通貨膨脹」，不要過度的重視與壓抑，而妨礙了經濟內部自動調整的機能，延遲了經濟的復甦，產生其他的不良影響。我們並斷言調整性的通貨膨脹是壓抑不住的，今年的物價與工資趨勢可以作證。

最近發生若干企業倒閉，若干企業不穩，及財金當局對若干企業作大量個別融資的情事，對於這一情事的未來演變如何，我們不願在此作預測。在這裏所要提出的，是問題發生的原因及政府應持有的態度或對策。

可以說從三十八、九年開始，我們工業投資的主要資金來源不是企業家或投資者的資金，而是美援或銀行的資金。在四十年代的通貨膨脹情形之下，這些投資都獲取了優厚利潤，偶爾也遭遇危機，但都在一陣物價上漲後度過了。民國五十年代情形比較正常，投資者願意拿出一部份自己的資金來投資。民國六十年代一開始便又有了轉變，投資者的資金儘量逃避，而以銀行信用代替。到了六十二年國內都在通貨膨脹籠罩之下，獲利容易，於是競相向銀行借錢作大規模的投資，而銀行資金的來源又主要靠短期信用的創造。這種資本結構唯有在物價不斷上漲的條件下才能支持，經濟一趨穩定，立即遭遇困難或倒閉。這卽是目前若干企業倒閉及不穩的原因。應付這種局面，有兩種方式：①聽由經濟內部發生調整作用，去弱存強，讓該倒閉的倒閉掉；②政府出面干預，但不是阻止調整，而是幫助調整，以減輕調整的損害。

日本於一九四〇及一九五〇年代亦遭遇與我們完全相同的情形，乃於一九五二年制定「公司重建法」（會社更生法），對有問題之企業予以重建，在重建過程中，政府並不直接以金錢支持，而是以利害關係人之自助自救爲原則，實施以後，成效卓著，這是幫助經濟內部的調整機能。我們的對策則是直覺式，小企業聽其倒閉或自生自滅，大企業則無限制的由銀行貸款支持，最後銀行便成了這些有問題的大企業的所有人，而我們的銀行都是公營的，結果便是政府一肩挑，變成了有問題企業的大老闆，唐榮、大秦都是顯例。前美援會有鑒於此，乃極力主張仿效日本對有問題的公司予以重整，因於五十五年七月公佈的修正公司法中列入「公司重整」一節，而從未引用。

財經五人小組應付這一次的危機，又是走的老路，對於所謂的大企業以銀行資金去支持塡補。這種做法不但不是幫助經濟內部的調整機能，而是阻礙或延緩它的調整機能，終必造成不勝負荷的更大問題，除非有一次國內外的通貨膨脹或反常繁榮來解決它。

我們嚴肅建議財經五人小組對整個經濟情勢及未來可能演變作一徹底的全面的檢討，然後：①引用公司法公司重整條文，或根據其精神擬訂原則，對有問題的公司予以重整；②利率不下降，工資不斷上升，工商業沒有路走，利率必須大幅下降。這二點的用意都在使經濟發生應有的調整功能。（六十五年七月）

論平準基金的操作

報載本年一期稻谷登場，農會倉庫都告滿倉，無法收納之稻谷流入市場，壓低谷價，有違政府設置稻谷平準基金，保證糧價之政策，因此省農會建議政府：(一)六十四年以前各期稻谷於七月底以前全部加工完畢，以空出倉位；(二)迅速撥款興建大型倉庫；(三)由政府租用民間倉庫，撥交農會使用；(四)將稻谷交由農民保管。此項建議爲一不健全之建議，最多僅能解決當前一時之困境，若從較長期觀點看，則根本無法解決問題，欲明其中道理，須先從了解平準基金的意義着手。

近年來政府或爲穩定物價，或爲穩定生產者之收入，常設置平準基金，但由於一則對平準基金之意義不甚了解，再則對平準基金之操作技術及必須知識不甚具備，以致不但未能達到預期之效果，反而引起若干困擾，因而不免對平準基金制度之本身感到懷疑，稻谷平準基金卽是一例，實有澄淸之必要。

在設置平準基金時，必須了解：(一)平準基金之基本作用，在調節某種商品供求之一時失調，尤其是農產品，多半在調節其季節變化，將價格穩定於一定範圍之內，勿使有暴漲暴跌現象，使生產者與消費者同蒙其利。由此可知，設置平準基金，價格仍會有波動，不過波動範圍有限制而已；(二)設置平準基金在於補救市場機能的不健全，幫助市場機能發生正常作用，而不在代替市場機能。換句話說，某種商品的短期供求失調，價格波動，可用平準基金來調節：平衡供求，穩定價格。但如長期供求失調，例如說連續五、七年都是供過於求，價格下落，這卽表示生產與消費結構內部有此趨勢，藉市場供求失調現象表現出來，對於此種趨勢便不宜用平準基金來阻止，而且也阻止不了，應順應市場機能將平準基金所設的價格穩定標準向下移，因此設立平準基金之商品價格，不僅可在平準基金所設立的價格波動範圍之內波動，亦可作波動範圍以外之調整，以順應市場機能趨勢；(三)平準基金不是補貼。如將平準基金了解爲補貼，或當作補貼用，必然會發生兩種後果：①受補貼之商品經常供過於求，大量商品堆積，使平準基金難於處理；②平準基金經常處於虧累狀態，難以爲繼。這兩種後果都會使平準基金破產。

現在，我們卽根據上述三點了解，來討論稻谷平準基金的問題。

(一)政府必須要精確計算，使稻谷平準基金充分發生作用需要資金多少，亦卽平準基金所要掌握之最高稻谷儲存量需要多少，然後據以設立平準基金數額及建立倉儲設備。如在平準基金之外，政府爲應付非常事態，尙須額外掌握糧食若干，則應另行計算資金及倉儲設備。兩者可以合併管理經營，但觀念不可混淆，以免影響操作及決策。

(二)經過精確計算後，設立稻谷中心價格及上下波動幅度。例如假設中心價格爲每公斤十元，上下波動幅度各爲百分之十，即下限爲九元，上限爲十一元。稻谷價格在此上下限之間波動，平準基金可不予理會，但如價格跌至九元以下，平準基金即應無限制收購，價格漲至十一元以上，則當無限制拋售。

在確定稻谷中心價格時，所考慮的不單是稻農收入，尙須計算與稻谷有競爭性之作物如甘蔗、香蕉、魚塭、牧草等等之收入，對兩者作一比較，然後確定一價格，使稻谷生產與其他作物生產維持適度之平衡。如此一中心價格太高，則稻谷將長期供過於求；如太低，則長期求過於供，兩者都將造成資源浪費，並使平準基金不能維持。

在確定上下波動幅度時，必須考慮市場利率高低及倉儲損耗等費用。前面假設上下波動幅度各爲百分之十，即上下限差距爲百分之二十。玆如新谷登場，谷價跌至每公斤九元，商人出面收購一部分，農民亦自留一部分，以待青黃不接時高價出售，每公斤出售價格最高爲十一元，商人及保留部分稻谷之農民每公斤可賺二元。現在，商人是否收購及農民是否保留一部分，單在此二元之利潤，與收購或保留所發生之利息成本加倉儲損耗之成本和之比較：如後者低於前者，商人及農民本身即可擔負調節短期市場價格波動之任務，不必或甚少勞動平準基金採取行動，而目前所謂之倉儲設備不够之問題，亦不會發生。如後者高於前者，則商人即不會收購，農民亦不會保留，全部調節責任均落在平準基金身上，平準基金必須無限制收購，陳米霉爛，倉儲設備不足等現象均將發生，一如目前之情形。此時便必須擴大上下波動限制。

(三)如由於生產及消費結構之改變，使得稻谷長期求過於供，價格始終有衝破上限之壓力，此時便當一面進口，一面檢討整個稻谷生產政策，其最後決定或者長期進口稻米，將稻谷價格維持現有水準，而聽由生產減少；或者將中心價格提高，以維持國內之自給自足。反之，如長期供過於求，則一面出口（即使賠本亦當出口），一面檢討整個稻米生產政策，其最後決定或者長期出口，以維持現有價格及生產水準，或者將中心價格降低，以縮減國內生產。

所以，所謂平準基金並不是單純的撥一筆錢，按固定價格做買賣，將市價維持不動，而是一個很複雜的過程，主其事者必須要具備一定的知識與技巧，而尤其重要的是工作態度，不能只呆板的操作，那裏發生問題，就單純的在那裏堵住。

以上係以稻谷平準基金爲例，擧一反三，其他平準基金均可準此辦理。（六十五年七月）

現階段的經濟情勢與對策

自今年初國際經濟明確的走向復甦之路以來，我國經濟情況亦開始好轉。工業生產及貿易總額均大幅增加，若干工業亦獲有適當之利潤。但卽在此同時，過去三年經濟巨幅波動之後遺症亦告併發：繁榮時期過度擴充之生產設備能量缺乏市場容納；銀行過度擴充之短期信用長期用於固定投資所發生之週轉不靈；以銀行短期信用作爲資本投資及利率居高不下所產生之沉重利息負擔；在衰退時期受壓抑之工資在景氣稍爲恢復時之大幅上升；在經濟巨幅變動後，國內外相對物價水準變動而使我國出口產品競爭能力削弱。所有這些因素加在一起，便形成如下之現象：（一）其產品國際市場暢旺之工業能在合理之利潤下作正常之營運；（二）其產品國際市場平平之工業，如又遭遇强烈之競爭對手，便祇有在利潤低微或甚至虧損之下輸出；（三）其產品國內外市場均頗停滯之工業，便面臨倒閉清算之厄運。

在此種「點狀復甦」之情形下，下半年又可能遭遇若干難題：（一）國際糧食及原料等初級產品價格已有上漲事實；（二）年底石油價格如何在未定狀態；（三）美歐輕工業產品市場有漸趨飽和跡象；（四）目前利潤較高輸出增加快速之若干產品，輸美配額已將用罄。此類難題有些已成爲事實，有些則尚有變化不定之中，若在下半年無全面之好轉，則對我國經濟之復甦無疑會產生更不利之影響。此項不利影響卽使對今年成長率之阻礙不會十分明顯，但必然對以後之成長不利。行政院經設會於前日發表資料內稱：「今年上半年製造業，除少數行業外，大部份廠商營利能力無法改善，加以利息負擔繼續增加，資金週轉更形困難，因而削價求售，利潤更難確保，恐將影響今後新的投資意願與經濟復甦的速度。」「……但新接訂單總額有下降趨勢，綜觀製造業景氣雖未繼續惡化，但亦持平不進，……」。頗與我們在上面所作之分析及推斷相合。

面對此種情勢，我們最近在若干次社論中曾作多種分析及建議，希望有助於困難之克服，爲强調我們的觀點，茲再綜合申述於下。

一、總體政策。我們應付當前情勢的最高總體政策原則爲「在穩定中求進步」，政府在執行此一政策，大家也表示擁護此一政策，因此對於此一政策的本身我們毋庸討論。我們所要指出的是：(一)穩定(與進步)的含義的問題：①什麼叫做穩定？穩定到什麼程度才叫穩定？用什麼指標來表示穩定？指標的可靠性有多大？代表性又有多大？②物價上漲是不穩定，但物價下跌是不是穩定？物價水準不變而企業普遍遭遇困難是不是不穩定？(二)除穩定的含義外，還有貨幣供應量的觀念問題。自去年五月至今年五月，貨幣供應量增加了一八%，用進步國家的標準看，這是一個很高的增加率，已達到非常危險的程度。但另一方面，在幾乎是大部份企業的絕大部份長短期資本都來自銀行的信用創造，如果銀行不繼續創造信用，貨幣供應量不繼續大幅增加，便不能維持下去，則所謂貨幣供應量增加率是否與進步國家同一意義，便值得仔細研究。(三)國內外經濟在過去三年經過如此大幅的波動，而各國應付的政策又如此紛歧，則彼此相對的競爭地位是否有重估的必要，而尤其重要的，是否有根據重估的結果採取行動的必要。決策方面必須先要在觀念方面廓清這幾點，然後再正確精細的評估當前的國內情勢，而採取全面更新的總體經濟政策。這不是一個單純的與孤立的穩定問題，或貨幣供應量問題，或利率問題，或滙率問題，而是一個全盤計算，全盤考慮，與全面行動的問題。

二、個體政策。對於個別企業，我們一向的主張是企業所有人自負成敗責任，政府不能代其負責，尤其不能代其背倒賬。政府祇宜居於扶助的地位，幫助那些自助的企業渡過難關，因此提出企業重整的建議。我們仍堅持此一原則。不過，在這裏有一點要進一步指出的，是那些瀕臨倒閉或業經倒閉的企業，其生產設備及無形資產的損失固然是業主的損失，但也是國家社會的損失，我們仍是一個資本缺乏的國家，我們經受不起這種損失。因此，對於所有這類企業應立即由政府成立小組予以檢查，檢查其生產設備是否尚有甚大的利用價值，產品是否在未來有市場，其所屬的工業是否有前途。如一切答案均爲肯定的，僅因財務結構不良，或一時財務困難，或市場停滯而失敗，則政府有關機構便應當機立斷，以協議或經由法律途徑予以重整，維持生產，以挽救國家資源免於浪費。

三、負責機構。像目前的這種情形，對我們不是第一次。遠在民國四十年代，國際經濟曾因韓戰之發生與結束發生過重大波動，國內經濟則經常在通貨膨脹與經濟衰退中搖擺，企業時而暴利，時而瀕臨倒閉。今天好幾家著名的所謂大財團，在當時都在破產邊緣；今天好幾個重要的出口工業，在當時都曾經是困難工業。當時之所以順利的渡過難關，讓這些個別企業成為財團，個別工業成為重要出口工業，是因為當時有一個強有力的三人小組在幕後作決策，即是財經兩部部長與美援會副主任委員，遇有重大問題，隨時在開會商討。當時還有一個有力的與企業界經常保持直接接觸的關鍵機構——美援會，負責接受企業界的直接訴苦與求助，對企業界的要求給與同情的考慮，迅速有效的執行三人小組的政策決定，或有時此一機構的單獨決定。而尤其重要的是富於「謀定而動，負責到底」的精神。事實上，有時在問題尚未達到嚴重階段，即已採取預防行動而弭患於無形。這一點也可供解決今日問題的參考。（六十五年七月）

國家資源不容浪費

——以大明機械公司為例說明處理個案之途徑

對於當前的經濟情勢與對策，我們自去年九月起，即連續不斷提出我們研判的結果與建議解決的途徑，最近月餘更是多所主張，而彙總於七月三十一日的「現階段的經濟情勢與對策」的社論中。在此一社論中，我們分總體政策，個體政策，與負責機構三方面提出具體建議。茲再進一步就個體政策的執行，以大明機械公司為例作實例的說明。我們對於大明機械公司可說一無關連，其所以選擇這一公司作實例，是因為它涉及當前的經濟發展政策，而全力發展經濟則是我們念茲在茲，無時或忘的一件事。

首先談政策原則。在處理大明機械一案時，必須在政策原則上有兩項了解：

（一）大明為民營事業，其資產為股東所有，其虧損倒閉由股東承擔，這是從私的觀點看。但如從公的觀點看，則大明資產為國家經濟資源，其廢置為國家之損失。故大明可以清算倒閉，但國家資源不容浪費。

（二）大明為製造紡織機械與農業機械之所謂重工業，亦即現在國家亟待發展之重點工業，就一落後國家而言，發展此類工業利潤極薄，而風險特大，遠不如發展加工業、裝配工業、或其他輕工業容易，因此願意從事此類投資者甚少，但站在國家經濟發展立場，此類工業又非發展不可，不然，國家永無成爲進步國家之望。在此種局面之下，即使在一般經濟環境十分正常的情形中，都應該加以特別獎勵與扶植，如長期低利貸款，寬免捐稅，技術協助，市場協助，甚至直接補貼等等。如在經濟普遍衰退中，則應列爲優先救助之對象。

其次，再來談具體步驟。對大明機械這一個案，不是單純的在辦公室中或會議席上審閱財務報告，然後再憑財務報告之好壞而決定救助與否所能了事的。應該先有一檢查小組對其作全面體檢，此一檢查小組應包括技術人員，市場專家，財務分析專家等。如檢查的結果，認爲其技術設備可用，市場亦有前途，困難僅在財務方面，則當立即決定維護大明之繼續經營，財務困難另行解決。如檢查結果，認爲其技術設備已陳舊落伍，市場前途亦甚黯淡，則無論財務狀況如何，亦當聽其關閉清理，而不必給與任何援助。

現在，假如檢查結果認定大明應繼續經營，便當着手整理其財務狀況，整理的基本原則是大明現有股東應負過去失敗的責任。如大明股本一億元，經過整理後淨值僅值四千萬元，則大明現有股東在整理後之新大明中，便祇能有四千萬元股本，其餘股本或則另行增募，或則由債權人以其部份債權轉爲股本。如整理的結果係資產超過負債，純係週轉不靈造成困難，則當令其立即處理部份資產以清償債務，至處理至相當程度後，再予以週轉資金之融通。如整理結果係生產過剩，產品積壓過多，短期內難望售出，則當一方面令其減少生產，一方面以補貼或其他減輕成本方式向國內外市場廉價推銷，同時亦給與適度之資金融通。

總之，無論財務整理結果如何，既然技術設備與市場前途都經認定無問題，則政府便祇有兩件事要做：(一)讓大明股東承擔過去經營失敗的一切責任；(二)爲不使國家資源浪費，與執行扶植重工業發展的政策，政府有責任維持大明的繼續經營。在檢查、整理、及維持大明繼續經營的過程中，政府負責方面必須要公正客觀，要使大明股東保有其應有的權利，不能以其爲失敗者而任意加以侵犯。一切措施最好能與大明協商進行，協商不成，再引用法令强迫執行。

執行上項處理辦法並無任何困難，難在缺乏有力的執行機構或人，我們仔細觀察最近處理經濟問題的情形，一切解決困難的措施都具備，就是缺乏一項——行動，迅速、確實、有效的行動。爲解決當前困難，執行前述個案處理辦法，我們謹建議：決策當局就現有人員、或小組、或機構中，指定一人、或一小組、或一機構，負解決個案之全責，賦以全力之支持與信任，許其動用政府所能支配之財力與人力，所有遭遇困難之企業一律集中向此一被指定對象提出申訴。並限令於例如說一月內或兩月內將問題解決，並提出報告。該挽救者挽救，該淘汰者淘汰，被指定對象自作決定，自負責任。如此，目前若干個案問題或有解決之望。（六十五年八月六日）

與蔣碩傑院士談利率政策

中央研究院蔣碩傑院士於本月十四日在財稅人員訓練所以「滙率、利率與經濟發展」爲題發表演講，指出均衡利率水準之重要，認爲唯有在利率水準處於均衡或趨近於均衡時，才能誘使資源配置於最合理的生產途徑上。並進一步指出主張降低利率水準者的錯誤，其所持理由有三：（一）利率水準太低，將使資源誤用於低效率的生產途徑；（二）使銀行資金供過於求，而不得不採信用配給，降低市場機能；（三）大部份資金無法進入銀行體系，黑市資金猖獗。蔣先生並下結論說，根據專家學者的研究，臺灣地區的利率水準近年來似乎有乖離均衡利率水準的趨向。其意若曰：臺灣現行利率應予提高，亦即若干日前蔣先生在接見報社記者時所提出之主張。

蔣先生爲國際知名之貨幣與外滙理論專家，爲國內外學術界及國內政界所重視，其主張自有其堅强之理論根據。但任何事情均有其另一面，理論亦難例外，即使堅强如凱恩斯之理論，蔣先生亦能指出若干缺失，何況其他。我們願藉此機會指出利率政策之另一面，一方面就敎於蔣先生，另一方面亦在襯托蔣先生之理論而使其益彰，想爲蔣先生所欣然許可者。

首先，我們完全同意蔣先生的說法：「唯有在利率水準處於均衡或趨近於均衡時，才能誘使資源配置於最合理的生產途徑之上」，問題在均衡甚至趨近均衡都永難實現，因爲第一，要達到這種境界，必須要有一完全競爭市場，而完全競爭市場永不存在。以美國那樣完全的資金市場，其利率水準之決定仍受聯邦準備局之人爲操縱，因爲決定利率的兩大因素之一的貨幣供應量就受該局控制，就是一個獨佔因素；第二，即使有一個完全競爭市場，可以決定均衡利率，但經濟情勢瞬息萬變，舊的均衡尚未接近，新的擾亂早已開始，除非在一古老的落後經濟社會，一切都長期呈現靜止狀態，否則即永無達到均衡可能。故所謂均衡利率乃一理論模型而已，一畫餅而已，而畫餅不能充饑，無實用價值。

其次，我們必須要指出理論與實際政策之間還有很大一段距離。從政策的觀點看，所謂利率不過是達到政策目標的一個政策工具而已。既是工具，便可視政策目標的要求而加以運用操縱，其本身均衡與否並不重要，重要的是如何操縱運用方可達到目標。玆舉一例，在整個第二次世界大戰期間，美國集中資源於戰時生產及投資上，通貨膨脹壓力沉重。依照理論，一方面對資金求過於供，另一方面又有通貨膨脹壓力，利率應該大幅上升，但是配合美國政府的公債政策，在整個期間利率都被抑低至極低的程度，聯邦準備局成了財政部的附庸，而戰後還獲得讚揚說是配合成功哩。在這種情形之下，什麼叫均衡利率？什麼叫透過均衡利率對資源作適當分配？一切爲戰爭，一切爲勝利，利率不過是達到勝利目標的衆多工具之一而已。再如最近法國爲了吸引外資流入，以平衡國際收支，暫時抑制法郎貶值，而將利率一再提高，決策者心目中那有什麼均衡利率的影子，等他算出什麼是均衡利率時，也許法郎早已貶值，而法國內閣也可能垮了。這種運用操縱利率以達成政策目標的例子可謂不勝枚舉，誰曾計算過均衡利率？誰又有能力算出均衡利率？算出來了又有什麼用處？能達成政策目標的利率水準就是適當的利率水準。

蔣先生舉韓國爲例，說是韓國正在採取高利率政策，值得我們注意。誠然不錯，但如進一步分析，則又不然。一九七五年韓國基本利率爲一五・五%，但韓國通貨膨脹率爲二十%，實質利息負擔爲負四・五%。今年上半年韓國通貨膨脹率爲五%，年率爲十%，但截至七月止之基本利率仍爲一五・五%，實質利息負擔爲正五・五%。我國去年通貨膨脹率爲五%，基本利率爲一四%，實質利息負擔爲九%。今年上半年通貨膨脹率爲三%，年率爲六%，而基本利率仍爲一四%，實質利息負擔爲八%，我們的利息負擔遠較韓國爲重。這裏請不要忘記韓幣曾在一九七四年底貶值二十%，而我們沒有；韓國工資平均低於我們三〇%，請問我們拿什麼與韓國競爭？我們的利率政策又有什麼資格向韓國看齊？

我們知道蔣先生與所謂的國內學者專家常用黑市利率來證明我們的資金短缺，而主張利率應提高。我們經常有黑市利率，於是便經常證明資金短缺，於是便經常主張利率應提高，我們現在必須要將這一點徹底澄清。臺灣資金市場可以截然劃分爲兩個市場：一個是由銀行體系供應資金，而需求者均爲大企業的市場；一個由各種不同資金來源供應資金，而需求者主要爲中小企業，再加上投機者與詐騙者，所構成的所謂「黑市」市場。構成這一黑市市場的主要理由爲中小企業絕大部份都很落後，拿不出像樣的財務報告，甚至根本沒有現代會計記帳，又拿不出可靠的抵押，無資格向銀行體系融通資金；另一方面政府雖三令五申，但從無合格的金融機構來照顧這些企業。所以在金融機構與中小企業兩者的落後狀況沒有徹底改進以前，這一黑市市場永遠存在，而且利率永遠高於銀行體系的利率，因爲前者包括更大的風險費與手續費在內。這一市場的存在，這一市場的利率高，僅能說明兩種功能不同的市場並存的事實，不是資金短缺的證明。據我們所知，蔣先生所說的「根據專家學者的研究，臺灣地區的利率水準近年來似乎有乖離均衡利率水準的趨向」，即是以有此黑市利率爲根據的。這些專家學者根據一些不正確的統計資料，套用一個現成公式，在那裏算來算去，得出一個答案，未加分析思考，便望數字而生義，實不足以言利率政策！全世界的國家都有這種黑市市場與黑市利率，祇是範圍與程度大小不一而已，又豈可說世界各國的利率都偏低。

蔣先生在提高利率的三點理由中，最後一點是利率不提高，黑市資金猖獗。我們認爲整個臺灣的資金供應就如一碗羹，在兩個同等重要的市場中分配，此多則彼少，此少則彼多。爲什麼一定要流向銀行體系？爲什麼流向另一個市場便是黑市，便是猖獗，須知臺灣佔工廠家數九五%，佔勞工人數七五%的中小企業的存在，便是依靠這一猖獗的黑市哩。

由於篇幅的限制，我們不能在此對臺灣利率政策作正面的主張，留待以

（六十五年八月）

續談臺灣的利率政策

我們曾於本月十六日以「與蔣碩傑院士談利率政策」爲題發表社論，就臺灣當前的利率政策有所陳述，主要係根據蔣先生演講內容所提各點表示我們的不同看法，未提出我們對臺灣利率政策的正面主張，玆專就這一方面加以申論，作爲上次社論之續。

在未提出我們的正面主張以前，我們還要就所謂黑市利率問題的性質加以剖析。如上篇社論所云，黑市利率與銀行體系利率實係兩類不同的資金供求者所構成的兩個不同的市場，所決定的不同利率。其情形一如同一雙皮鞋在中山北路賣一千二百元，在永和鎮則賣六百元；一瓶同樣的香水在紐約第五街賣二十美元，在第五街以外便祇賣十美元。這是因爲對於同一貨品，不同類的供求者構成了不同類的市場，因而決定了不同的價格水準。我們不能因爲中山北路的皮鞋價格高，第五街的香水價格高，便認定皮鞋與香水缺貨，求過於供，發生了黑市，從而主張永和鎮的皮鞋與第五街以外的香水要漲價，以免流入黑市猖獗。同理，一元錢的資本在黑市市場與銀行體系市場所賺取的利息不同，不能據以斷定這便是資金缺乏，求過於供，而要提高銀行體系的利率，以免資金流入黑市猖獗。希望這一比喻能爲學者專家所接受，從此不再提「因爲黑市利率高，所以資金短缺」的話。

除此以外，還有兩個不讓臺灣利率降低的理由，我們一併在此加以解說。一個理由是利率是控制信用及貨幣供應量的手段，如果利率降低，信用會膨脹，貨幣供應量會增加，影響經濟穩定。這在理論上是不錯的，但必須同時注意到其他二點：①現在是在衰退中謀求復甦的過程中，降低利率不會刺激新的投資，而祇是促進現有生產設備的充份利用，通貨膨脹影響或者沒有，或者極微；②臺灣根本沒有敏感的貨幣市場，信用數量與貨幣供應量完全操在金融機構手中，儘管利率降低，信用與貨幣供應量不一定增加，而提高利率則不一定減少。至於人爲分配信用，則由於缺乏貨幣市場，二十餘年來一直如此，在可預見的將來仍將如此，與利率高低無關。

另外一個理由則是利率降低會減低人民儲蓄意願。在理論上，雖然經濟學家常將儲蓄看作是利率的函數，認爲利率高，儲蓄多；利率低，儲蓄少。但經濟學家亦同時承認事實上兩者並無明顯的必然關係，不僅如此，有時利率降低，儲蓄反而會增加。證以臺灣過去的情形亦復如此，在民國五十年代，利率不斷下降，而儲蓄曾不斷快速上升。事實上，假如降低利率而刺激經濟繁榮，所得增加，則儲蓄必然大量增加。

現在，我們要提出我們主張降低利率的理由。經過國際相對的價格變動後，新臺幣宜於六十三年下半年作適當的貶值，但是政府爲了顧及濟經穩定未曾如此做。這對臺灣的出口競爭能力自有不利影響。六十三年以後，美元對其他主要貿易國家貨幣不斷升值，新臺幣釘住美元亦隨之升值，更增加出口競爭的困難。而另一方面，工資則不斷上升，此項上升並非由於經濟繁榮所引起的勞工缺乏，而是工資過低使勞工削弱了工作的意願。預料此一上升趨勢將會繼續，而一旦經濟繁榮達到勞工有缺乏的程度時將更甚。這對國內生產成本及出口競爭能力，又是一個重大不利因素。在這種情形之下，我們所能想到的唯一可以減輕成本，增加出口競爭能力的政策工具，便祇有降低利率了。特別是我國企業的財務結構主要爲銀行貸款，降低利率效果較其他任何國家爲大。

過去三年多來，我們應付國際經濟變局的決策原則，頗類古典學派的理論，即政策變數不動，聽由經濟內部自行調整變化，以達成平衡。這當然不失爲一個政策，祇是所付的代價大了一點。現在的情形是工資上升，滙率不變，如果利率再不變，則唯有以經濟內部的調整變化來求取各經濟因素的平衡。目前企業利潤薄弱，部份企業遭遇嚴重困難，毋寧是此項政策下經濟內部調整的當然結果。這對於短期的穩定及長期的成長都將有不利的影響。

以上係就當前的短期的情形而論，至於就長期的經濟發展的觀點來說，則利率不斷降低乃是當然的趨勢。什麼叫做經濟發展？經濟發展就是生產要素組合的改變，亦即是在要素組合中，資本不斷的增加，勞力不斷的減少。用另一種方式表示，也就是資本的邊際生產力，因而利率不斷的下降，勞力的邊際生產力，因而工資不斷的上升。所以過去若干年實質工資不斷的上升正是經濟發展的自然趨勢，而實質利率不下降則是反自然趨勢。

尤有進者，我們現在舉國上下都一致承認經濟發展到現階段，是發展所謂重工業、高級工業、資本密集工業、技術密集工業的時候了，而這即是表示在要素組合中，要大量增加資本的成份，減少勞力的成份，也就是資本的邊際生產力將降低。但是假如利率不降低，這生產要素的組合又如何能改變，這些需要大量資本的工業又如何能發展呢？

若從實際經營企業的觀點看，發展這類工業，既需要如此大量的資本，如此長的設廠及收回資本的時間，如此複雜的技術，及如此强烈的市場競爭，而利息負擔又是如此之高，則誰還願意來從事這類的投資，發展這一類的工業呢？中船公司與中鋼公司迄無民股應徵，中船公司已宣布改爲國營，豈偶然哉。我們不能這樣定發展的政策目標，那樣定發展的政策工具。

據上分析，我們認爲當前的利率水準宜作向下的調整，並深信政府當局在作全面考慮後，短期內將有所行動。

再論黃金政策應予檢討改變

（六十五年八月）

報載：「根據海關的統計，在以往平常時期，入境旅客携帶黃金的數量，每月平均大約兩三千兩左右，今年起便有明顯的增加，今年四月份達到了五萬兩，七月份更超過了十三萬兩，八月份一至十五日，也有六萬兩之多。黃金的不斷湧入，主管當局雖已予密切注意，但迄今爲止却仍未見採取任何措施」。四日我們曾發表社論，主張就黃金政策加以檢討，並詳細剖析黃金之重要性甚低，及開放黃金自由買賣之可行。玆就此一主張進一步加以申述，並提出具體辦法供有關方面參考，俾能迅速採取行動。黃金政策是否能迅速改變，爲一無關輕重之小事，但却可看出金融政策之是否明快正確，我們願即以此事作爲試金石。

我們當前對黃金的觀念，及根據此項觀念所決定的黃金政策，可遠溯至大陸時代。當時的黃金地位是：①黃金是國際支付工具之一，爲外滙準備之一部份，政府掌握黃金愈多，即是外滙準備愈多，對外經濟地位即愈强；②黃金爲貨幣發行準備之一，黃金愈多，發行準備即愈充足，因而便以爲貨幣價值愈穩定（事實上並非如此）；③在大陸時代，測量通貨膨脹最準確快速的指標，不是什麼物價指數，而是上海市場的黃金、美鈔、及米三項東西的價格漲跌。一聲黃金暴漲，便不知通貨膨脹又已奔馳了多遠。「一朝被蛇咬，三年怕草繩」，即使是現在，聞道這三項東西價格有波動，朝野上下還要爲之心驚不已哩。根據上述①②兩點，政府下令黃金收歸國有；根據第③點，不許黃金買賣。

政府遷臺時期，一切照舊，但在四十年代前後，由於新臺幣發行增加太快，無法收回，乃舉辦黃金儲蓄存款及暗中在市場拋售黃金，使通貨回籠。於是黃金可許民間持有，但不得自由買賣。這當然是一不適當之辦法。再由於飾金買賣需要，及政府有繼續拋售黃金以平抑黃金市價及收回通貨之必要，但一方面爲維持政府顏面，另一方面爲避免國際貨幣基金干預政府對黃金實行「兩價制」，於是於民國四十八年八月二十九日以行政院令公佈「飾金供應買賣管理辦法」，規定飾金原料由中信局標售，祇准銀樓業及兼營銀樓業之珠寶商標購。後者以飾金轉售給大衆時，成色不得超過千分之八七五，並訂定了許多抽查防弊辦法。這又是一個不切實際，在公佈當時卽無意義之辦法。事實上，除中信局照規定標售外（卽是政府公開賣黃金），以下各項規定從未有一條切實執行過。一件很令人費解的事，是這樣一個辦法除五十二年一月作了一點修正外，一直執行至今。在整整十七年期間，國內外經濟情勢及黃金地位已是幾度滄桑，而此一當初卽無實際意義之辦法仍屹立未動，我們仍時見報載中信局標售飾金。

現在，就世界主要國家而言，黃金已與通貨發行脫離關係；除特殊情形外，黃金已多半不用作國際支付工具；因此，黃金在外滙準備中已不居重要地位；黃金已完全商品化，在國際市場自由流通買賣，價格由市場供求決定。就我國情形而言：①我國外滙準備中可能有黃金，但爲數一定不多，而且有無不關重要；②我國新臺幣發行在法律上與黃金有關聯，事實上則毫無關聯，而且我們要勸告政府，千萬不要提醒大衆有這種關聯，或讓其繼續下去；③黃金價格變動早已不是通貨膨脹的指標。六十二年物價上漲時，投機囤積搶購的對象有股票、房地產、各種原料、肥皂、草紙、味精、菸酒等等，黃金價格當然也上升了，但並未成爲特殊搶購囤積對象，受人注意的程度，並不大於肥皂、草紙之類。

所以，無論從那一方面言，當初禁止民間持有；以後准許持有，不准自由買賣；以後准許買賣，却以成色千分之八七五「飾金」爲限等辦法，均早已無存在之必要。那麼爲什麼不將當初卽無意義之飾金買賣辦法廢止，使黃金商品化，可以在市場自由買賣呢？自由買賣至少有下列好處：①可以完全擺脫黃金與貨幣發行之關係，解除其對金融政策操作之枷鎖，一旦情勢緊急時，政府少一項牽制；②國內儲蓄工具太少，目前大部份儲蓄不是存放銀行，便是買房地產，黃金商品化後，可使儲蓄一部份流向黃金購買上；③分散投機對象，在經濟發生變動，有投機現象時，常集中於股票、房地產，不得已便波及肥皂草紙，增加黃金一項，可分散目標，減少投機對象之波動幅度。

因此，我們作如下之具體建議：①立卽廢止飾金買賣辦法，准許黃金在國內市場自由買賣，使黃金完全商品化；②解除黃金與新臺幣發行在法律上之關聯；③外滙準備中可以有一部份黃金，其比例大小由金融當局決定，此事無政策上重要性；④黃金可以自由進口。在國際與國內黃金價格之巨幅差距未能縮小至合理程度前，對進口黃金課以進口平衡稅，稅率機動調整。此項黃金進口，政府可視作消費品或民生必需品進口，不必看得嚴重；⑤指定中信局為進口黃金機構之一，以執行政府黃金政策，補民間操作之不足；⑥黃金不得自由出口，以防資金逃避；⑦國內黃金生產者在國際金價之下如不能生存，則應否維持其存在，由政府決定。如讓其存在，則可對進口黃金課以少量之稅，作為補貼。

除了黃金政策之改變外，現行黃金大量湧進之現象必須予以遏止，這是因為：①旅客攜帶黃金而不攜帶外滙在臺花費，較為有利，減少我們的外滙收入；②旅客以黃金進口，再換成外滙或其他貨物出口，一方面等於免稅進口商品，另一方面助長外滙黑市。遏止的最有效辦法不是限制攜帶，而是課進口稅。

如前所述，黃金政策的改變為一小事，但亦可覘金融決策者之見識與魄力，我們且拭目以待。(六十五年九月)

如何運用超額外滙準備

行政院蔣院長於日前在立法院報告時宣稱，我國外滙準備已達到三十億美元，將妥善運用於國家建設上，我們聆聽之下，實不勝欣喜。一般正在開發中的國家，甚至工業進步國家，在經歷過去三年多的能源及原料的價格上漲，與世界性的經濟嚴重衰退後，國際收支多半陷於困境，難以自拔，或則厲行緊縮，或則仰賴外債度日。而我們以一正在開發中的國家，資源貧乏異常，依出口為生，而竟然於經歷國際經濟艱險局面後，外滙準備累積至空前未有之程度，實非易事。而有關當局之苦心經營，亦殊令人欽佩。

當然，此三十億美元之外滙，並非能全部動用。通常一國需要保持之流動性外滙供不時之需者，約為三個月之進口需要量，據此計算，我國應保持之必須安全外滙準備應在十五億至十八億美元之間，再加上即將到期之外債償付與其他需要，則二十億美元之外滙準備應為適當之數額，準此，則我國目前約有超額外滙準備十億美元可以動用。

此十億美元之外滙超額準備主要來源可分為兩方面：一為出超的結果；一為借入之外債未曾消化掉者。就經濟意義講，出超為我國之國民儲蓄投資在外國，供外國使用。我們以一正在開發中的國家，以一强調經濟發展升段，從事重化工業建設的國家，以一反覆申言資金缺乏，以高利率及優厚條件吸引外國資金的國家，而竟然有多餘的儲蓄自己用不了，以出超的方式借給外國人使用，自然有值得商榷之處。至於借入之外債，應當以進口物資及勞務等方式移轉至國內，供國內經濟發展之用，方能完成借入外債之目的。若果如此，則祇要我們輸入國外資金，無論其方式爲外人在臺直接投資，或長短期借款，或分期付款，我們在貿易上應爲入超。現在不是入超而是出超，即表示我們未曾有效利用所借之外債，而以借債放債方式轉存於國外，亦即表示我們消化外債之能力不强。所以出超與借債放債都表示我們用錢的能力有限，有錢用不掉。此所以我們要一再指出「籌錢難，用錢尤難」的原因。我們現在經濟發展所遭遇的難題，不是沒有錢，而是有錢無法用。政府現在所當積極進行的工作之一，是如何將這將近十億美元的超額外滙準備，以最快速最有利的途徑用掉。這不是一件容易的事，我們試作如下的建議：

(一) 現在企業界正苦於資金短缺，無錢進口所需原料，而金融當局又恐通貨膨脹，嚴格控制貨幣供應量，不欲作一般性的放鬆。則金融當局何不放寬辦理進口原料器材機器設備等外滙貸款，即以進口之物資作抵押，按國際資金市場利率課取利息，另在國內以臺幣貸放適當之週轉資金供支付工資等之用，以資配合。如此，企業界得到與國際資金利率相等之資金融通；而就金融當局來說，將呆存於國外之外滙準備轉作生產之用，可收取較高之利息，而又無通貨膨脹之壓力；再就整個經濟而言，可刺激經濟之繁榮，脫出目前之困境。

(二) 撥出一部份外滙供建立龐大商船隊之用。目前國際航業並不景氣，商船價格較爲低廉，正是我國建立商船隊的大好時機。而無論從國防的觀點，經濟發展與貿易的觀點，乃至國內人力利用的觀點看，建立强大商船隊都有絕對必要，我們應該估量一下在未來若干年應建立多大的商船隊，在不妨礙我國造船工業的前提下，立即撥出若干外滙，照國際資金市場利率貸放國內公民營航業公司，供購買商船之用。

(三) 最後，也是最重要的一個用途，是用此項超額外滙建立國內的重化工業。我們現在工業發展的主要目標，衆口同聲都在喊重化工業，而任何一個具有國際起碼經營規模的重化工業單位，其所需資本動輒以億美元計。區區十億美元的超額準備，不過供兩三家工敞建廠之需而已。舉例來說，汽車工業無論從國防與經濟發展階段而論，都是必須要全力發展的一個工業，我們無論如何都須要在三、五年的時間內，建立一個合於國際水準的汽車工業來。現在既有如許外滙可資利用，政府便當就現有汽車工廠中選一家或二家，或另行設立一家，動用三、五億美元，建立一家完全現代化的汽車工廠。

建立汽車工廠祇不過舉例，其他發展的重化工業如一般機器製造、電機製造、農機製造等等，莫不有待積極發展，而莫不需要按國際利率水準融通的巨額資金，然則爲什麼不將這些等於閒置祇收取低利的超額外滙準備用在這些重要的工業發展上呢？一方面亟待巨額資金發展，一方面有巨額資金閒置無法使用，豈止矛盾，實爲國家之巨大損失。其中關鍵當然在於資金供給與需求無法溝通，這便是政府有關機構的責任了。希望工業局、經設會、交通銀行、經濟部投資處、國科會，全體動員起來，展開一連串的調查、設計、聯絡、發起、籌備、設立的工作，使整個工業發展及整個經濟活動呈現蓬勃向上之勢，使工業化的目標得以完成，使經濟發展升段的理想得以實現，庶幾不負蔣院長的期望。老是困在現實環境中，作些例行公事，是無法創造新局面的。（六十五年九月）

合會改制為中小企業銀行

報載：「財金當局經長時期之磋商，原則同意將民營七家合會儲蓄公司改制爲中小企業銀行，藉以加强調劑中小企業金融的實質任務，以扶植中小企業的正常發展。」

按本省原有合會儲蓄公司八家，公營一家，民營七家。依照民國三十七年臺灣省政府頒佈「臺灣省合會儲蓄業管理規則」，凡以調劑平民金融爲目的，由一定數額之合會會員分期繳納合會儲蓄金，採用抽籤投票或其他類似方法，本零存整付之原則，按期以現金有價證券或其他指定財物付給會員之組織，視爲銀行業務之一種。其主要業務有：辦理現金合會；辦理物合會；接受寄託金（存款）；對會員放款。照上述各點，顯然其資金融通兼及生產與消費，不僅限於對中小企業之生產貸款，爲道地之平民或國民銀行業務。即是因此之故，除公營之合會儲蓄公司已改制爲中小企業銀行外，其餘七家民營合會儲蓄公司則有改爲國民銀行之議。玆財金當局改變初衷，改制爲中小企業銀行，其實，就現代銀行業務的發展趨勢而論，改爲中小企業銀行抑或國民銀行實無關緊要，因爲除執行政策之公營專業銀行外，所有民營銀行無論其名稱爲何，其業務會逐漸混合，無法劃分。縱然個別銀行因環境關係而有不同之業務重點，但亦非由名稱不同而來，此爲大勢所趨，非法律所能限制。因此，我們對於原先擬議將七家合會儲蓄公司改爲國民銀行，固然表示贊成，現在宣佈改爲中小企業銀行，也同樣表示贊成。問題不在名稱如何改變，而在如何使改變名稱後之機構發生政府所預期之作用。我們願就這一點表示一點意見。

首先，我們要指出的，是中小企業在全世界自由國家都佔重要地位，包括美、日、德、英等工業國家在內，而且都遭遇到類似的困難，特別是資金融通的困難，又都沒有專門解決這種困難的政府金融機構，又都沒有將問題完善的解決。我國中小企業以家數而論，約佔總企業家數的百分之九十至九十五，以所雇用人數而論，約佔總人數的百分之七十五左右，美日等國比例亦頗相近。我們的中小企業遭遇的艱苦命運遠較其他國家大，我們政府對中小企業雖一再申言要爲他們解決困難，也採取了一些措施，然而並無任何實惠佈施到中小企業上，迄今我們的中小企業仍是沒人理會的孤兒。現在雖將合會儲蓄公司改爲中小企業銀行，但名稱的改變並不即等於實際情況的改變，除非金融當局與中小企業銀行在做法上有徹底的改變。

就金融當局而言，要使改制後的中小企業銀行能發揮作用，必須要建立對這些銀行再融資的專門系統。這些銀行所融資的對象都是中小企業，每筆融資額數量既小，風險又大，所以融資的成本高過一般的銀行，須要收取較一般利率爲高的利率。但另一方面，中小企業負擔利息的能力又遠較一般企業爲低，不但不能以較高利率對其融資，反而要較一般利率爲低的利率融資。這其間的差距，便有賴政府的政策來填補。也是因此之故，其他國家的中小企業銀行多爲公營，作爲執行政府政策的工具銀行之一。我們現在是民營，如不能在政策上塡補這一差距，便難望這些銀行能有效的執行融通中小企業的任務。基於這一理由，金融當局便不能希望這些銀行專從一般資金來源中抽出資金來作這種融通，而必須要安排特殊的資金來源，以低利率予以優惠融通。我們建議國庫及中央銀行應各撥出一筆錢設立一個基金，以低利率對這些銀行作再融資，讓這些銀行能以一般的利率或甚至較低的利率對中小企業融資。這是這些銀行能否發生預期作用的關鍵所在。沒有這種再融資的安排，僅是改個名稱，恕我們坦白的講，沒有多大實際意義。

就這些中小企業銀行來說，作爲一個現代的中小企業銀行，在業務內容及態度上必須要徹底革新，否則絕難完成政府所賦與的任務。我們亦建議幾點：(一)必須具有動態觀念，設計適應顧客多方面需要的存款與放款業務；(二)必須具有多方面人才，對中小企業能作技術、財務、市場、管理之評估及指導；(三)必須與顧客個人保持密切接觸，保持完整之顧客卡，作爲個人授信之依據；（四）必須將服務項目（包括地方社會服務）詳細說明，印成各種小册或單頁廣爲分發；（五）在改制過程中，應立即挑選若干年輕有能力之幹部赴國外考察或進修，徹底了解進步國家如美、日、西歐、北歐等國中小企業金融機構之任務、建制、業務範圍、操作技術、及與政府之關係等等，作爲本身改進之根據。

我們歡迎七家民營合會儲蓄公司改制爲中小企業銀行，但如要使其發揮預期作用，則無論金融當局與銀行本身都應有若干特殊安排。（六十五年九月）

解決當前銀行放款的死結

近日報載兩個與銀行放款有關的消息，一是銀行作業小組開會時，銀行業與會人士曾請求財金當局明確解釋，銀行放款究係「便民」抑「圖利他人」，二者應如何劃分；一是財金當局發現基層放款承辦人員，對於一般中貸案件，大都不參加任何意見，便轉呈上級，形成不肯負責，敷衍了事現象，因而指示各金融機構，要求基層放款人員，切實依照財政部核定的融資作業處理規定，儘量方便對工商業放款。這兩則消息結合起來，便充份反映了部份銀行從業人員之不盡職守，缺乏紀律。部份銀行從業人員不因青年冒貸案與啓達案而感到羞愧，而思改過自新，對國家所造成的損害有所彌補，以期在國步艱難之際，隨份盡力，共渡難關，反而出以此種反抗與不合作態度，實在令人痛心之至。

所謂圖利他人係法律上的一個用語，指公務員利用其主管或監督的職務，意圖使他人爲不法之所有。這裏關鍵在不法兩字。在合法範圍之內，公務員儘可便民，儘可圖利他人。超出合法範圍，公務員如要便民，使他人得到不法之利得，這種圖利他人便是違法。所以便民與圖利他人界線之明確，雖三尺童子亦能辨之，何用請示財金當局。銀行無論中國外國，無論公營民營，都莫不有詳細的法令規章及周密的手續程序，作爲其經營業務的根據與準則，在此項法令規章與手續程序範圍之內，各從業人員儘可依其本身職掌充份發揮便民精神，充份圖利他人，何來違法瀆職的顧慮？今天銀行界所最令人不滿的是部份從業人員利用這些法令規章，手續程序作爲工具，以逞私欲：或則故意曲解或嚴解這些法令規章與手續程序，以困擾扼制別人，將銀行變成當舖；或則根本不遵守這些法令規章與手續程序，或僅形式上虛應故事，而非法圖利他人，達成自己圖利的目的，將銀行變成貪汚之所。試一檢閱青年冒貸案與啓達案司法機關所公佈之判決與起訴書，所有獲罪之銀行官員，無一不是在破壞法令規章與手續程序，無一不是在虛應故事，自欺欺人，其非法圖利他人之意圖與行為之明顯，可謂一望而知，司法機關以圖利他人予以判罪，有何不當？其餘銀行從業人員正應以此輩為羞恥，以此輩為烱戒，而潔身自愛，益勵節操，何得提出所謂便民與圖利他人之辨，請求說明，既似刁難財金當局，又似譏刺法院判決之不當，可謂不明事理，不識大體矣。

至於基層放款承辦人員對於一般申貸案件，大都不參加任何意見，便轉呈上級，形成不肯負責，敷衍了事現象，則更令我們驚異不已：第一，如前所云，銀行辦事，有一定的法令規章與手續程序，每一經辦人應有之職權，應負之責任，均當有明白規定，何能容其不參加任何意見，便轉呈上級？其上級又何以能接受此一未加意見之申貸案，而不擲回令承辦人重辦？第二，其上級之上級或更上級，何以不層層向下駁斥追究，務必使每一層人員均依其應有之職掌辦事，並就應負之責任負責，而竟聽其不負責任？如此，董事長、總經理、副總經理、經理、襄理……赫赫官階，層層節制，豈不俱是具文？第三，既有如此現象，驚動財金決策階層下達皇皇命令，何以未見有一人受處罰，何以未見各級銀行人員因未依法令規章手續程序之規定善盡職責而降級免職？既無賞罰，則此皇皇命令又能望其發生何種效力？

所以，我們認為解決當前銀行放款的死結，最有效的辦法，仍在建立公務員的紀律，仍在嚴明賞罰，仍在財金主管認眞辦事與不怕得罪人。如果財金主管能認眞辦事與不怕得罪人，一經發現上述現象，不再發佈一道毫無作用的皇皇命令，而是嚴詞詰責各金融機構，着令限期改善，並處罰有關人員，詳細具報，如果逾期未辦，各級主管立卽免職的免職，降調的降調，一人如此辦一人，一百人如此辦一百人，不問背景，不問關係，則情形立刻便可改觀。

解決當前貸款死結另一個要採取的辦法是舉辦政策性貸款。銀行辦事所根據的法令規章與手續程序，均是針對正常情形而設計，祇能應用於正常狀態，在目前非常狀態之下，如果仍舊嚴格遵守，則不足以應付實際需要；但如果不嚴格遵守，隨意放鬆，則必將使銀行業務經營失去準繩，而引起非法圖利他人情事，後者較之前者爲害更烈。處此兩難之間，我們認爲唯一的出路是舉辦政策性貸款。卽財金當局如果認爲目前情勢確是十分嚴重，依照現有的法令規章與手續程序確是不能應付實際需要，便當擺脫所有的現行法令規章與手續程序，另訂一套臨時性的切合當前非常需要的辦法，據以舉辦政策性貸款，自己負起責任來，不再三申五令，要各銀行負起不該負的責任。而應聽由各銀行仍按現行的法令規章與手續程序，作正常性的業務活動。如此事有所屬，責有攸歸，清清楚楚。

由啓達案發生所引起的銀行貸款問題，擾攘半年以上，由於觀念混淆不清，辦法荏弱無力，財金主管則三申五令，銀行從業人員則袖手笑談，以致問題迄無解決跡象。希望從卽日起，各就各位，各自盡應盡的本份，負應負的責任，問題必可迎刃而解。（六十五年十一月）

中央銀行的地位問題

政府爲修改民國二十四年所頒佈的中央銀行法，建立健全的中央銀行體制，曾於民國四十年八月聘請美籍專家莫里爾來臺研究，提出「建立金融最高機構並調整現行中央銀行職能計劃」報告，距今將近二十六年之久。隨後又於四十九年十二月及五十年四月先後聘請美籍專家鄧明及李安樂來臺研究，分別提出「對於當前信用政策及建立中央銀行制度之建議」與「對於中央銀行復業方案之批評與建議」報告，距今亦有約十六年之久，研究與醞釀時間不可謂不長。頃中央銀行法修正草案終於送請立法院審議，不料第一條「中央銀行爲國家銀行，隸屬總統府」卽發生熱烈爭論，頗多立法委員認爲「中央銀行應該隸屬於行政院」，列擧理由甚多。我們未見修正草案全文，然醞釀二十六年之久，應有充裕時間，對此一立法擬成最完整之草案，殊不料第一條卽發生熱烈爭論，不無遺憾。由於此一法案涉及基本觀念及重要制度問題，我們以極其嚴肅的心情表明對此一法案第一條的意見。

中央銀行的地位問題，實卽其獨立自主的程度有多大的問題。在第一次世界大戰前，對於中央銀行的地位有幾個決定性的影響因素：㈠自由放任主義盛行，政府愈少干涉經濟活動愈好；㈡完全的金本位制，對於貨幣及信用供給量，金本位制有自動調整的作用，人爲的干涉都很少，自更用不着政府干涉；㈢民主政府沒有現在健全，深恐政府濫用權力干擾銀行操作，非民主政府自更不用說；㈣經濟現象沒有現在複雜，政府對一般經濟活動的大量干預沒有必要。在這種環境之下，一般都主張中央銀行應超然獨立於政府之外，不受政府控制，此時大部份國家根本沒有中央銀行，有中央銀行的國家又多爲民營。

但此種環境在第一次世界大戰後，於接連的經濟衰退與戰時需要的壓力下，逐漸改變了：㈠自由放任主義已成過去，政府對經濟活動的干預愈來愈多；㈡金本位制逐漸廢止，代之而起的是人爲的管理通貨制度；㈢大多數進步國家都是健全的民主政府，很少對中央銀行作不合理的干涉；㈣經濟活動愈來愈複雜，非要政府積極干預不可。在這種環境之下，對中央銀行的獨立性的觀念也就逐漸的改變了。由於中央銀行係以人爲的方式控制貨幣供應量及信用成本（利率），而這又影響整個經濟活動的榮枯盛衰，一個負責任的政府不能不擔負起金融決策的任務，而代表人民的立法機構也不能不要求政府負起這一責任來。於是中央銀行的超然獨立地位受到挑戰，形勢演變的結果，逐漸置於政府控制之下，現在是控制程度的問題，不是控制與否的問題。

最足以代表這種演變的莫過於英蘭銀行。英蘭銀行是世界上歷史最久遠，操作最理想，爲各國中央銀行視作模範的英國中央銀行，在第二次世界大戰前爲民營，地位超然。但在一九四六年改爲國營，規定總裁、副總裁、及董事由英王（內閣）任命之，財政部於諮商英蘭銀行總裁後，得隨時給予該行爲公共權益所必要之指示，該行向銀行業者發佈指令，須有財政部之授權。寥寥數語，已將英蘭銀行置於財政部之監督指揮下了。

另一個例子是日本銀行。依照現行法律，其總裁、副總裁由內閣任命，理監事由大藏大臣任命。大藏大臣監督日本銀行，得命令其辦理必要之業務，變更其章程及其他必要事項，政策則由政策委員會決定，故日本銀行實際上係置於大藏省的監督指揮之下。

美國中央銀行爲由民營銀行分區組成之十二家聯邦準備銀行，再組成之聯邦準備局，理事七人由總統（最高行政首長）提名國會通過後任命，較有超然獨立之地位，但在二次大戰期間，其政策實際上受財政部左右，戰後仍有重大影響。然最足以代表美國聯邦準備局當局思想之轉變者，爲其於二次大戰後爲菲律賓及錫蘭（現名斯利蘭卡）所設計之中央銀行，菲律賓中央銀行最高權力機關爲錢幣委員會，由包括財政部長及央行總裁在內之七人委員組成，而以財政部長為主席，有決定政策規章及人事任免之權，央行總裁及委員由總統（最高行政首長）提請國會同意後任用。錫蘭中央銀行之最高權力機關亦為錢幣委員會，由央行總裁、財政部次長、及另一人組成，而以央行總裁為主席，均由國務總理提經國會通過後任命，央行每一年度結束應向財政部長提出報告，並由後者轉提國會。此項設計事實上已將央行置於行政當局之控制下，但較英日兩國有較多之獨立地位，可視為中間過渡形態。

莫里爾於民國四十年為我國所設計之中央銀行亦如非、錫兩國，最高權力機關亦為包含財政部長央行總裁在內五人所組成之金融最高機構，而以總裁為此一機構之主席。此五人均由最高行政首長（依憲法顯然為行政院長）與財政部長商議後選派，主席（總裁）之報酬由財政部長呈請核定，其他人員報酬由主席擬訂經財長之同意，呈請核定。顯然央行係置於行政院及財政部之監督指揮之下，僅其程度不若英日兩國而已。鄧明與李安樂則熟悉我國政情，避而不提，僅作空洞之原則陳述，李安樂進一步指出莫里爾之建議仍可供參考。

由以上分析，可知各國中央銀行之地位雖尚未完全統一定型，但其趨勢已絕對明確，即必須置於最高行政機構或其代表者財政部之控制指揮下，由行政機構轉向國會負責。至於在此一大前提下究應保持多少超然地位，及保持之方式如何，則為另一問題。據此，我國中央銀行之應置於行政院或甚至財政部之控制指揮下，當為不爭之理。現在所應該討論者為程度與方式問題。

我們發現有兩件事時常阻礙一個國家之革新進步：一為習於故常，「現在不是很好嗎？何必多此更張」；一為遷就人事安排而犧牲制度建立。前者為進步之最大阻礙，而後者則是以暫時權宜而忽視百年大計，均為謀國者所不取。民國十六年政府奠都南京，一方面積極從事物質建設；另一方面則採用最進步之觀念建立典章制度，我們今天在政府大有為的作風下，允宜重睹此種開國氣象，使國家建設，更臻進步。（六十六年一月）

伍、貿易與對外經濟關係

我們對外來投資應有的態度

政府爲明瞭外來投資所舉辦之事業之經營情形，其本身所遭遇之困難，及對我國經濟發展之貢獻與所引起之問題，去年曾由經合會蔣秉主任委員主持召開僑外資事業主持人座談會，結果至爲圓滿。茲第二次僑資事業主持人座談會已於昨日下午在經合會舉行，仍由蔣秉主任委員親自主持。聞第二次外資事業主持人座談會亦將於近期舉行。鑒於一般人士對於外來投資性質始終缺乏正確認識，而政府政策亦尚有欠明確，以致政府與民間，國人與外人，常持不同的看法，因而於有關實務不無影響，我們願藉此機會就此一極端重要之問題，試加廓清。

在未入正題以前，我們先要申明所謂外來投資係包括僑資與外資而言。僑資與外資在民族及政治意義上，有顯著之不同。僑資是國人的投資；外資則是外人在我國的投資。不過，在經濟意義上，則無甚差別，政府常將僑外資並論，理由或即在此。以下評論主要係從經濟觀點出發，但決策者對兩種投資取捨輕重之間，實宜有不同的區分。

所謂歡迎華僑及外人來臺投資，基本觀念是經濟發展需要大量資金，而我們國民儲蓄的能力仍然甚低，資金缺乏，想利用華僑及外人的儲蓄，供我們經濟發展之用，因而訂定歡迎僑外資的政策，頒佈了獎勵華僑及外人投資的條例。但實際上則並不如此簡單。

第一，落後國家的經濟發展，別有關鍵，資金重要，但不是關鍵因素。過去的殖民地及次殖民地，現在若干幸運的落後國家，從不虞資金缺乏，但經濟並未能快速地發展，因此，來自進步國家的經濟發展理論家，凡過去强調資金重要者，現在無不改變論調。我們絕不可以過於重視資金的重要性，而使經濟發展及僑外資政策有偏差。

第二，一國經濟發展，主要靠自已的儲蓄能力與儲蓄意願，而不是外來資金。一切有關資金的政策，重點應放在如何增加及動員國內儲蓄上，而非放在獎勵外來投資上。注重後者，忽視前者，是本末倒置。

第三，經濟與政治分不開。有的外來投資者利用政治關係以達到經濟上的特殊利益；有的外來投資者則利用經濟以達到政治上的特殊目的，而兩者都非我們所願。强調外來投資的重要性，就有爲人所乘的危險。

第四，資金一如勞力，有國籍之分；經濟一如政治，有主權之別。外來投資過多，可以喪失經濟主權，成爲經濟殖民地，我國已有這種趨勢。

第五，外來投資者的優點在於資力雄厚，技術高明，市場推銷組織健全；而其弱點則在於工資高，或勞工品質差。我國投資者優點在於工資低廉，勞工品質好；弱點則在於資金短缺，技術及市場推銷落後。歡迎外來投資者來臺投資，倘使其兼有我國之優點，而無補於我國投資者之弱點，則在自由競爭法則之下，所謂民族工業將受到扼殺。

第六，外來投資者所選擇之投資事業，不一定是我們亟欲發展之事業；而我們亟欲發展之事業，外來投資者又不一定有興趣。事實上，目前外來資金所投入之事業不外①有優厚待遇，能於短期內獲得厚利者；②可以大量利用低廉勞力者；③可以佔領國內消費市場者。此三種事業對於我國經濟發展貢獻較少而損害實大。另一方面，凡需要大量資金與高度技術之事業，外來投資者從未與我國坦誠合作，協助我們去發展。十餘年來汽車工業之不能健全發展，外來投資者惟恐我們建立汽車工業，不肯給與眞正技術協助，是主要原因之一。這種剝削我們的經濟利益，而不肯給與起碼的協助的行爲，令人憤慨。

根據以上所述種種，我們認爲政府健全的經濟發展政策，應該是針對經濟發展的關鍵因素，謀求解決途徑。對於資金的重要性給與應有的注意，但不宜過於强調。而籌措資金之道，則應以提高國內儲蓄能力，激勵國民儲蓄意願爲主。對於外來投資，我們仍然歡迎，但不能給與超過本國人民的優惠待遇；更不能損害我國的經濟利益，尤其不能妨礙自己國民之經濟發展，因此，我們願鄭重提建議：

①外來投資，在原則上應以貸款給我國自辦事業爲優先，外來資金直接在臺設廠列爲次要，審核從嚴。

②直接投資中，以國人參加股份者爲優先，參加股份愈多應受到愈多的鼓勵。

③直接投資中，以投入鉅額資本，舉辦大規模新興事業，足以提高我國工業水準及引進新技術爲優先。

④歡迎引入新技術及以技術合作爲主之外來投資。

⑤防阻從事包裝、裝配，及純爲利用低廉勞力之外來投資

最後，我們仍須强調的是，所有外來投資，無論其性質如何，一旦許其進來後，政府主管當局即當依據法令予以應有之便利及協助，而不宜有意刁難。（五十九年九月）

管制進口物資制度何去何從

經濟部孫運璿部長於本月五日在立法院審議獎勵投資條例修正草案的會議上，爲了辯護關於授權行政院增減關稅百分之五十的規定，曾提出今後管制物資之進口，將限於㈠與國防及社會安全有關者，㈡與節省外滙有關者，及㈢對本省工業之保護有關者。其中第㈠項係基於國防及安全理由，項目有限，且不屬於經濟政策的範圍，對本省經濟活動亦不產生有意義之影響，故不在評論之列，惟第㈡㈢兩項，則關係到管制進口物資的基本經濟任務，有予以申論之必要。

管制物資進口的制度在臺灣實行了二十一年，好的方面，是幫助政府渡過了外滙短缺，國際收支有巨額逆差的難關；保護了若干工業，使其在不懼外來競爭壓力之下，得以順利發展。壞的方面，則爲少數人製造了暴利的機會，腐蝕了部份外滙貿易行政，養成工業的依賴性，因而阻礙了工業的健全發展，並使消費大衆的利益受到重大損害，這還是有形的。無形的損害，則是敗壞了政治與社會風氣，及使國家的經濟資源分配不當。在這種好壞功過交織的情形下，於是得到好處的，便能振振有詞的爲這一制度辯護；而受到損害的，則又能理直氣壯的加以無情抨擊。再加上動輒引用教科書上敎條的敎授學者的各執己見，以及各自站在本身立場的有關官員的主張，以致這一制度雖然實施了二十一年，經濟環境也不知道改變了多少次，迄今仍是議論紛紜，觀念不清，政策不定，實在令人惋惜。

管制進口物資的制度，並非是我們所首創，而是在二次世界大戰以前卽已盛行於各個經濟大國之間的制度，而以二次大戰期間及戰爭結束後緊接着的幾年，實行的國家最多，辦法也最爲完密嚴格。起初的目的，純然在於維護國際收支的地位，使有限的外滙資源，得以按照政府的政策及整個國家的經濟情況，作合理的分配，以後逐漸演變成爲保護國內工業的一個重要工具，而且是一個最有效的工具，因而在國際收支情況好轉，不再需要維護的情形下，這一制度仍然得以繼續下去。但這一制度對於保護國內工業誠然如前所云，最爲有效，然亦流弊最多，使實行的國家有得不償失的感覺，而國際機構及各主要國家於處理國際經濟問題時，要求各會員國或交涉對手廢止或放寬這種管制的壓力亦極大。因而近十年來，各國或基於國內的理由，如西歐國家；或基於國外的壓力，如日本，均紛紛放棄或大量放寬了這一制度，但仍有大量殘存，這是這一制度的國際趨勢。

至於我國的情形，與國際趨勢有相似之處。二十一年前對進口物資實施管制時，克服國際收支逆勢與外滙奇缺的困難，可以說是惟一的目的。以後經濟局勢漸穩，國內工業逐漸發展，於是爲節省及分配外滙的任務愈來愈輕，而保護國內工業的任務則愈來愈重。但無論經濟情勢及任務有何變遷，有一點是始終未變的，即是這一管制從未放寬過，儘管輿論有放寬的呼籲，政府有放寬的表示，但實際做起來則是寸步難移，現在仍然是全面的高度的進口管制。

我國目前的經濟情況，就國際收支而言，誠然較二十一年前有天壤之別，僅是外滙準備即已累積達五億六千萬美元之多，似乎無需再爲節省及分配外滙而實施進口管制。不過，另一方面，我們仍然是一個資金輸入的國家，上年輸入的資金達到一億五千萬美元之巨。我們也是一個正在發展中的國家，需要大量外滙用於建立新工業上。因此，人民的生活水準仍應有所抑壓，進口物資仍應有所區分，外滙節約與依照政府政策作分配也仍有必要，而這一管制物資進口的制度也就仍須維持下去。

至就保護國內工業而言，儘管用這一套辦法流弊百出，儘管關稅保護富於彈性，對於工業發展及經濟資源的分配，從長期看更爲有利。但管制物資進口仍是一個最有效，最有把握的保護工具，而在目前工業發展的階段，也仍是一個最需要的工具，祇要國外無重大壓力，國內對於這一制度所產生的流弊有補救的措施，則從這一方面講，這一制度仍有維持的必要。

不過，我們要强調一點，即是我們雖然主張維持這一制度，並不表示我們贊成現行制度的全部內容，我們認爲須要改進及放寬的地方很多，希望主管當局注意及之，並立即採取措施。（五十九年十一月）

澄清對當前國際經濟變局的看法

自上月十五日尼克森宣佈新經濟措施，及二十八日日元採取浮動滙率以來，我們所受到的不利衝擊是日本進口貨價格普遍上升；美國進口商採取觀望態度，影響我國出口簽證；日本出口廠商則停開報價單，影響我進口簽證；我國若干出口廠商直接受到附加稅打擊，處境艱難；以及國內投資與對外貿易均遲疑觀望，因而影響整個經濟發展。這些都是不可避免的影響，不是我國單獨採取對策所能挽救。事實上世界經濟强國如日本與歐洲共同市場集團，乃致國際金融機構如國際貨幣基金，又何嘗不是束手無策，讓時光在會議與磋商中渡過。至於開發中的小國，則更無任何影響力可言，惟一對策爲一方面靜待大國塵埃落定，一方面純就國內範圍採取措施，以減輕所受的損害，如此而已。

我國部份人士目覩種種不利影響，不免憂心忡忡，於是紛紛提出補救意見，此中有主張採取復式滙率者，有主張恢復登記外滙制度者，亦有主張新臺幣升值爲三十八元或三十六元對一美元者。我們認爲這些都是不成熟的意見。政府對於如此重大變局應該有所表示，應該採取若干對策，但絕不能病急亂投藥。我們要處變不驚，然後再愼謀能斷。而在愼謀能斷之前，必須要充份了解國際經濟情勢及我們的處境，才能謀必中肯，再依謀而動，而動必有成。

我們首先要指出的，也是大家所熟知的，是出口爲我國經濟發展的命脈，而美國在目前及可預見的將來是我們最主要的出口市場，所以我們與美國的經濟關係，特別是新臺幣對美元的滙率，不容輕易加以擾亂。美國征一〇%的附加稅已經擾亂了這種關係，對我們產生了不利影響，但我們堅信這祇是暫時現象，附加稅終必在短期內取消。我們絕不可在此時輕言新臺幣升值至三十八或三十六元對一美元，自動的爲我們對美出口加上一個永久性的阻礙。

我們還要進一步指出，新臺幣不僅不應對美元升值，也不應對其他外國貨幣輕言升值。誠然我們國際收支有盈餘，外滙準備不斷上升，但那是我們用高利率政策吸引短期外資所造成的，並非由貿易出超而來。這與日本及西德外滙準備大量增加主要由貿易出超而來，意義完全不同。我們的外滙累積是一種虛浮的表面的隨時可以逆轉的現象，而日本與西德的外滙累積則代表了他們的眞正的經濟力量，我們怎能與他們比！我們的對外貿易直到上年才接近平衡，今年才可望有輕微出超。而這種情勢的造成，並非如日本與西德係來自技術的大量革新，與生產力的大量提高，而是工資過於低廉及採用「進步」的落後技術的結果，這祇是代表一種對落後國家環境的充份利用，而不是代表眞正的經濟力量的升級。然則我們有什麼堅强的經濟基礎可以輕易的使新臺幣升值呢？

其次談到與日本的經濟關係，由於日本戰後二十五年技術與生產力的驚人發展，使得日元價值不斷提高，此種提高部份為日本工資上升及國內通貨膨脹所抵消，但新臺幣價值與日元對比，仍有偏高之嫌。不過此種偏高與我們的貿易型態配合起來十分有利。日本是我們的最主要的進口來源國，不是我們的主要出口國，日元無論對美元或新臺幣價值偏低，都可減輕我們的進口成本，而我們從日本進口的絕大部份是機器設備與工業原料，進口成本低當然有助於我們的經濟發展。這次日元採取浮動滙率，使新臺幣對日元貶值，誠然不利，但部份也可改正過去新臺幣價值偏高的趨勢。依我們的判斷，如日元升值在五%左右，由於原來新臺幣價值偏高，我國業者應有吸收的能力；如日元升值幅度過大，例如說一〇%或以上則政府應採取措施以抵消過大的一部份。

但我們不贊成部份社會人士所主張的率直的複式滙率制度，以這種地區為對象的複式滙率有許多不能克服的困難：（一）引起美國的反感及國際貨幣基金的强烈反對；（二）勢必引起複雜的套滙活動；（三）强烈刺激自日進口，因而必須加强進口管制及實施商品別的複式滙率；（四）政府不勝賠累。而最主要的理由還是應付日元升值，用不着採取這種牽涉全局而又流弊甚多已被捨棄的辦法。此外，還有一部份人主張恢復登記外滙制度，那就更不知何所見而云然了。

我們仍堅持我們一向的主張：對美元滙率不變，對因加附加稅而受到損害的廠商，在信用融通及國內稅捐方面予以補救。對日元滙率聽由新臺幣貶值。對受到損害的廠商也是在信用融通及國內稅捐方面予以補救。等待塵埃落定後，再考慮滙率變動及對部份重要日本進口品予以補貼，部份出口至美日商品課以某種方式之出口稅的制度，也就是變相的複式滙率制度。目前政府所立即要採取的步驟，是查清楚究竟那些業者受到損害，受到損害的程度如何，以及公佈一套在信用融通方面及國內稅捐包括關稅在內的調整方面，所擬採取的補救辦法。（六十年九月）

對無邦交國家經濟關係應該制度化

自去年十月加拿大承認共匪政權後，一年多以來，國際局勢日趨惡化，若干國家先後與我中止外交關係，展望今後情勢，恐一時尚難望改善。但設法維繫與這些國家的經濟關係，特別是貿易關係，則爲我們力所能及且應全力以赴的急務，而對外經濟關係的維繫，實爲國家前途之所寄。這是因爲無論國內的安定與國家的日益强盛；亦無論國際地位之保持與提高，關鍵均在快速的經濟成長上，快速的經濟成長則又有賴於對外經濟關係的暢通，這已是朝野上下所一致體認到的，無待我們多所申述。

迄至目前爲止，我們的對外經濟關係，無論是投資與技術合作，或是貿易，尚未受到國際局勢惡化的顯著影響，也正因爲如此，政府在這方面也就未曾積極策劃因應此種新局勢之道，許多措施都屬於解決個案性質，無全盤計劃；也都屬於眼前問題之解決，未曾預防以後國際上可能之演變。這在我們看來，是一件十分危險的事。我們逆料我們與共匪發生射擊戰，目前尚非情勢所許可。但經濟戰與貿易戰則很快便會短兵相接，共匪必然運用一切外交與經濟武器，以圖打擊和枯萎我們的經濟，妄冀經此途徑以逞其圖我陰謀。應付這一對我們而言，實是關係國家存亡的一戰，照目前所已經公開的做法來說，顯然不够。

爲政府借箸代籌，此時便當預計共匪在未來可能採取之行動，各國可能之反應，以及我國之應付能力，擬訂若干策略，並使之制度化。這樣才可避免臨時周章或措手不及。政府目前究有何種尚未公開的想法和打算，我們不清楚。以下是我們認爲必須要做的幾件事。

一、在基本策略方面，與無邦交國家的經濟來往，應儘量由民間組織出面，即使在正常情形之下，必須由政府出面做的事，如領事簽證及各種證明文件的核發，出入境的批准，均可設計特殊的格式，完全授權民間組織辦理，其效力可明文規定與官文書等。這種以民間組織來執行政府政策，爲國家達成某種目標的例子，歷史上最有名的便是殖民地時代英國東印度公司之經營印度，成績輝煌，並不因其爲民間組織而稍有遜色。所以我們必須要改變觀念，確認政府機構所能做的工作，民間組織也能做；政府的某些職權可以授與民間組織代爲執行。至於這種民間組織與政府的權利義務關係，則當由政府當局精心策劃，並形成制度。

二、有二種民間組織不可缺少：一是民營貿易機構；一是協助民營貿易機構的民營貿易金融機構，後者力量大，活動方便，但在無邦交國家設立分支單位不容易，所以當以前者爲主。這些機構應當純粹由民間出資，政府祇居於贊助的地位，並可給與許多特權享受，以補償其爲政府服務所負擔的成本與犧牲，但政府千萬不可加入少量股份，以致影響其民間組織的地位。

三、尋求與國外民間組織的合作。我們的民間組織在無邦交國家活動，當然會有許多不便，受到許多無謂的困擾，爲解決此種困難，我們不妨在當地尋求有聲譽且對我態度友善的民間組織的合作，使其在業務上成爲我們的代理人，在與當地政府及民間辦理交涉時，成爲我們的發言人及權益的維護者。

我們與有邦交國家的經濟及商務來往，原有一套制度及機構，行之有年，習以爲常，於是在不知不覺間便固守這一套制度及機構，以之應用到所有的情況上，遇有變局，很難通權達變。但我們目前的處境不容許我們不通權達變。所以我們應當面對現實，策劃一套與正常情形下迥然不同的制度與機構出來，靈活運用。這必須要將過去的那些觀念與想法完全拋棄掉。我們十分慶幸，自我國退出聯合國到現在爲止，在這一方面政府已有所舉動，美中不足的是未能發展出一套新的構想，並形成制度，建立機構。但是我們現在如不立卽採取成套的行動，則將如何應付勢必日趨激烈的經濟戰，而能穩操勝算呢？我們建議將這一點列入政府最重要的施政項目中，並立卽展開工作。（六十年十二月）

從長期觀點談中美經濟關係

美國商務部長鄧特先生昨日自漢城抵華，作爲期五日的訪問。據了解將與我財經首長討論的主題是：①美國在臺北設立貿易中心的技術細節；②美國明年三、四月間在華舉辦商品展覽的可行性。但這兩個問題都不一定需要一位部長遠道來訪，因此我們認爲這些祇是表面上的或附帶性的問題，實際上雙方必然會有更重要的問題待商討。

近年來中美兩國經濟關係的密切，有顯著的事實與翔實的統計數字可資佐證，無待我們贅述。自國際局勢逆轉後，美國官方及民間在經濟方面所給與我們的合作與支持，我們也由衷地感謝。中美兩國現存的一些短期性的問題，如輸美紡織品之設限，及放寬對我農產品及其他重要物資出口之限制等等，假以相當時日，我們深信會有適當之解決。所有這些都不需要我們寄以特殊的重視。我們所要在此向中美雙方，特別是我國政府當局強調指出的，是應該藉鄧特部長訪華之便，針對當前我國國際情勢，就雙方長期經濟利益作初步的檢討，爲雙方未來的經濟關係繪出一個初步的輪廓。鑒於美國將來必然是我們的主要貿易對手，也卽是我們出口品的主要市場與重要民生物資、機器設備、及工業原料的主要供給地；也將是我們的資金與技術的主要供應來源；同時也將是在國際經濟場合中我們的主要支持者，我們認爲現在與美國負責當局基於雙方長期利益就下列問題作初步探討，爲最適當的時機，不宜再緩。

(一) 我國應針對未來十年國際局勢可能的演變，及我國長期經濟發展的需要，提出整套貿易、投資、及技術合作的計劃，基於雙方平等互惠的純商業行爲的立場，要求美方予以支持，對於若干重要之點並予承諾。

(二) 全面檢討雙方現有的經濟交往途徑，是否足以應付當前經濟關係不斷擴大，不斷趨於複雜的需要，是否足以應付未來國際情勢的演變，從而提出新的構想，新的計劃，以建立雙方官方及民間的經濟交往途徑，足以有效的執行未來的各種任務。

(三) 全面檢討雙方有關通商、交通運輸、及其他經濟方面的條約、協定、契約等等，使其具有應付未來國際情勢的彈性。對於若干基本之點，更宜使其具有比較永久性的效力。

(四) 雙方各就本身所能提出的資料，坦誠檢討美匪貿易及其他經濟關係可能的演變，對我國經濟所可能發生的影響，美國在此一方面所採取的基本態度及政策，我國對美國在此一方面的最低希望。有些地方，雙方應有很確定的默契；有些地方，則應有明白的表示。我國才能根據這些擬訂我們的正確對策。

(五) 勿庸諱言，在未來的國際經濟活動中，我們的處境也將日趨艱難，而環顧世界各國，在經濟及外交上有實力，在歷史淵源及情感上有可能性支持我國的，仍然首推美國。但是我們究竟希望美國在這一方面擔任什麼樣的任務，執行的範圍及深度如何，以何種方式來執行，或者美國在這一方面的意向及基本態度如何，我們現在都要有一幅輪廓，並使美方能充份了解我們的需要與意圖，進一步作實質上的商談。

以上五點實在關係我們國家的前途與命運，其重要性超過目前若干短期問題千百倍。謀國者現在應該在這些方面有若干初步構想，或甚至相當具體成熟的計劃，不妨藉鄧特部長這次來華之便，初步的交換意見。當然，這些問題不完全是我方財經當局與鄧特部長這一階層所能商討決定的，也當然不是一次商討或交換意見就能決定的。但我們可以充份利用鄧特部長這次訪華的機會，於雙方交換初步意見後，再作進一步的安排。

以上所提出的五點，無論是處常態或應付變局，都有積極進行的必要。而且在時間上不能拖延，再遲則噬臍無及。也許政府有關方面已經在這幾點上有所策劃部署，則我們於欣幸之餘，建議政府立刻指派大員繼鄧特部長離華之後，去華府作進一步的商討，如有成果，便立即採取措施，付諸實施。（六十二年七月）

從基本觀點澄清出超問題

自從國內物價受國際物價巨幅上漲影響而隨着波動後，出超及出口便成爲若干人士攻擊的對象，認其爲當前經濟災難之禍首，必欲去之而後快，於是新台幣升值，浮動滙率，取消出口退稅，課征出口稅等等辦法之建議相繼而來，目的均在打擊出口，砍掉出超。由於這一類主張亦頗能言之成理，且受到部份與情的支持，竟使各主要出口工業經營者推派代表晉見經濟部孫運璿部長，要求政府明白宣示其政策，並對與此有關的各項傳說加以澄清。我們深以爲出口貿易爲當前國家經濟的命脈，仍有從基本觀念上加以申論，藉求澄清的必要。

回想過去二十餘年來在國際收支年年赤字，有很長一段時期完全依賴美援彌補的情形下，爭取出口曾經成爲國家首要經濟政策，對出口的獎勵亦幾達到浮濫的程度，但當時全國上下却都欣然接受，無人敢於作一句不利之評論，亦無人敢於提議作輕微之修正。兩相對照，眞可謂今昔易勢，各成極端。而究其實際，我們窮二十餘年努力變入超爲出超者，迄今才不過二、三年而已。於此可見部份國人做事之不求了解事之性質，事之眞相，因而也就一無定見，隨風搖擺，這決非成功之道，長遠之圖。

一般主張打擊出口，砍掉出超的人士，常提出二點理由作爲其主張的根據。（一）出口工業與非出口工業爭用國內生產資源，而國內生產資源有一定的數量限制，分配到出口工業，便分配不到非出口工業，於是出口愈多，非出口工業所能分配到的生產資源便愈少，國內物資供應便愈短缺，致使國內物價上漲。（二）出超愈多，國內貨幣供應量增加愈多，物價也就上漲愈快，而依照頭痛砍頭，脚痛砍脚的原則，將出超砍掉，問題便解決了。請容我們坦率以道，這完全不明瞭臺灣的經濟本質，我們願就這兩點作一分析，以期從基本觀念上澄清這一出超及出口問題。

（一）國內生產資源供應有一定的限制，顧此便會失彼，原則上是正確的。但應用到當前的臺灣出口工業上，便要加以調整。第一，我們的出口工業，至少是主要的，佔絕大多數的出口工業都是出口加工業。這些工業所使用的機器設備是進口的，所使用的原料器材零件是進口的，所使用的技術甚至部份高級技術人員都是進口的。這些工業是右手進口這些東西，經過國內低廉勞力加工，左手轉運出去，何曾用了多少國內生產資源？對於這種工業祇要進口之門常開，出口便可川流不息，根本不發生奪取國內生產資源的問題，更不發生將國內生產資源出口的問題。當然，這些工業的發展，也會用一小部份國內資源，如建廠的磚瓦、水泥、木材之類，而這一類物資都是國內可以充份供應，無虞缺乏的。出口工業所惟一大量使用國內生產資源的是勞力。由於出口工業的發展，使得勞力感到缺乏，工資不斷上升。但這正是我們所祈求的現象。一方面我們要使工資不斷上升以改善工人的生活；另一方面，也是更重要的一方面，我們要用較高的工資迫使經濟結構迅速現代化。臺灣要成爲一個現代國家，農業人口的理想人數約在總人口5%左右，而我們現在佔40%。有關方面所當做的事是如何使一部份農業人口轉變爲工業人口，如何使現有勞力集約的工業或生產方法升段爲資本集約工業與方法，而不是阻止出口工業的發展。

第二，我們絕大多數出口工業都是由進口代替品工業轉變而來的，試屈指一數，現在那一個主要的出口工業當初不是進口代替品工業。所以臺灣所有的主要工業都是出口工業，也都是非出口工業，除了這些出口兼非出口的工業外，我們到那裏去找專供國內需要的非出口工業？我們又到那裏去找出口工業與專供國內需要的非出口工業爭取生產資源的重要例證？有關方面所當做的，不是爲了怕與非出口工業爭取資源而限制出口工業，而是拿出辦法要出口工業先對國內市場在合理價格下作充份供應，然後再儘量發展，儘量出口。這些工業身兼兩種任務—進口代替與出口，我們可以要求他們兼顧，而事實上政府與業者已經在這樣做。假如這些工業能在合理的價格下對國內作充份供應，我們有什麼理由限制他們出口呢？誠然，這些出口工業的國內產品價格也在上漲，但這不是供應短缺的問題，而是生產成本與價格之間，國內價格水準與國際價格水準之間的調整問題。

我們對於主張砍掉出超者所提出的這一理論根據，所下的結論是理論原則是對的，但知識要活用。

（二）至於出超使國內貨幣供應量增加，這也是正確的。但是第一，我們必須要了解貨幣供應量的增加有兩個主要因素：一是民營事業貸款增加；一是外滙資產增加。而外滙資產增加又有兩個因素，一是外人投資（包括短期資金流入）；一是出超，所以出超祇不過是多種因素中的一個。而這一個因素可以用大量投資發展資本集約工業，因而大量增加進口來抵銷；也可用選擇性的收縮信用，選擇性的發行公債或儲蓄券來抵銷；更可用加强所得稅的征收來抵銷，而不應用砍掉出超，動搖國家經濟發展的基礎來抵銷。醫治經濟病，不能用頭痛砍頭，脚痛砍脚的辦法。那樣做，病誠然醫好了，但生命也隨之而失去。

韓國因快速經濟成長而引起的物價上漲問題，一向遠比我們嚴重，但韓國朝野上下的反應是如何在幾年之內建立多少鋼鐵、汽車、造船、機械、石油化學工廠；如何在幾年之內使國民所得提高若干，以抵銷物價之上漲，而無礙於生活之改善！我們國家今日之處境與韓國大致相同，甚而其艱危尤甚於韓國，發展經濟是我們自立自强的主要途徑，此時此地，我們有什麼理由採取經濟上持盈保泰的政策，將推動經濟發展的唯一的一點活力－出口－予以窒息呢？（六十二年九月）

建立大貿易商應有的態度

上月中日斷航，一如約一年半以前中日斷交，激起國人一陣愛國熱忱，使我們感到無限欣慰，深覺民心士氣之可用，國家前途大有可爲。同時亦使我們十分感慨與憂慮，純粹愛國熱忱究竟無補時艱，而必須要繼之以奮鬥意志與實際行動，方能劍及履及，說到做到，使抽象的愛國熱忱轉變爲具體的國力，從而達成愛國目的。日本以經濟大國而不惜屈從毛共無理要求，雖然動機複雜，不能作直線式的單純解釋，但其認定我們不會採取斷航步驟，恐亦爲主要原因之一。而其所以如此認定，則顯然看清我們對日經濟依存關係太大，不會有激烈反應。雖然此次日人估計錯誤，但我們對日經濟依存關係太大的事實一天存在，則日人便可有不斷的錯誤估計發生，而每一次發生錯誤估計，我們便會每一次受到損害。我們所深以爲憂的是當前中日經濟關係型態不改，則日人的錯誤估計與我們的損害便難望避免。但我們要明白指出的，是改變當前中日經濟關係的型態，並不是如若干人士所侈談的隔斷中日經濟關係，甚至也不是減少這種關係。反之，展望未來大局，我們應採取措施升高這種關係。但這種關係必須是兩個獨立經濟體之間的關係，一如美國之與英國，日本之與歐洲共同市場，合則兩利，分則兩敗，但任何一方均可合可分，而非單向的依存，單向依存必然受人控制，爲人輕視。

因此，我們今後對日本乃至對世界任何國家，任何地區的經濟關係都應加强，但都不容許有單向依存關係存在。經濟如此，整個外交亦復如此，我們不妨將這一點看作是我們對外經濟政策的基本原則，作爲努力達成的基本目標。準此，則當一個國家的前途十分有賴於經濟發展，而經濟發展又完全靠對外貿易，對外貿易則有百分之五十控制於另一個國家之手時，便不能不認爲是一種畸形的現象，一種單向的依存，而必須要時時刻刻設法予以改變了。此所以我們一再呼籲有關各方面從速建立現代貿易組織，就今日中日經濟關係而論，這也應該是我們將抽象的愛國熱忱轉變爲具體的國力的一種愛國行爲。

建立現代貿易組織的核心或起點，是儘快培植出若干大貿易商，具有經營現代國際貿易的規模與技能，具有廣泛深入的國際貿易關係，足以取得國際商場上的尊敬與信賴。必須達到這種境界，方可談得上取代他國貿易商在我國貿易中的地位，達成貿易自主的目的。報載大貿易公司的籌組成立，已經獲得突破性的進展，預料在最近期內，幾家綜合性與專業性的大貿易公司，即將正式展開組織事宜。對於這一消息，我們實感到無比的振奮，我們早就應該具有的大貿易商，現在終於有出現的可能。但振奮之餘，我們還須以愼之於始的冷靜態度，從長期全面利益的觀點，建立完善的典章制度，使大貿易商以後能循健全的軌道迅速發展下去。爲了國家的利益，我們要求行動迅速，但我們更要求健全發展。否則欲速則不達，反而誤事。我們過去在其他方面不是沒有這種經驗。

從報上所披露的消息，我們得知籌組大貿易商之所以久而無功，關鍵在於能否經營授信及保稅業務的問題未能解決，現在所謂有突破性的進展，是政府從寬解釋現行法令，將大貿易商認定爲輔導外銷機構，准許辦理授信保稅業務。對於作這種解釋我們無任何意見，但我們必須要提醒政府當局注意的，是大貿易商本身即是貿易商，即是外銷機構，決非輔導機構。此外，專就貿易商即是外銷機構而言，我們還要提出三點請政府有關部門注意的事項：

（一）政府可以對大貿易商之組織與發展給與協助及便利，但不能給與特權特惠，使其以特權特惠的優勢來併吞現有的貿易商。現有的貿易商可以在公平競爭之下被淘汰，但不能在不公平競爭之下被吞併」。在有利的環境之下，現有的貿易商也可逐漸發展成為大貿易商的，僅是時間上緩不濟急而已。

（二）無論大小貿易商都應全力經營貿易業務，而不能不務正業，去經營在特權特惠之下有利的非貿易業務，卻放棄本身正當的業務。大貿易商可以對生產者授予商業信用，這是常態，用不着特殊要求與特殊准許。政府應嚴防大貿易商去經營銀行業務，成為在限制銀行設立中的變相銀行。

（三）大貿易商應以資力、人才、信譽、技能求生存，求發展，不應許其以壟斷與特權特惠維持存在。

最後，建立大貿易商途徑甚多，目前所進行者不過途徑之一，且未必為最佳之途徑，主持其事者不妨多方進行。（六十三年五月）

通盤檢討貿易業務以迎接經濟發展的新境界

政府將於本月二十四日召開全國經濟會議，討論「如何建立整體的經濟發展觀念，俾在計劃性的自由經濟制度之下，謀求國家經濟的整體發展」。預料在此次會議之後，政府可能在政策機構各方面作適當調整，集中全力推動整體經濟發展，將經濟及整個國家帶入一新境界，全國人民實不勝慶幸之至。

推動整體經濟發展，自是千頭萬緒，但仍有綱領可尋。日本基本經濟條件與結構與我們頗為相似，但日本經過二十餘年之努力，現已成為經濟大國，而我們在落後國家中雖然出類拔萃，成就輝煌，然若與日本相比，仍有一段距離。雖然兩國在戰後機遇不同，結果因而有異，但我們不能不承認日本經濟之有今日，在於把握住了戰略重點，而我們則未能。所謂戰略重點，一是貿易，一是技術。前者是解決人多、地狹、資源貧乏的唯一途徑；後者則是衝破落後瓶頸的鎖鑰。我們茲就前者加以申論，後者則容後再提出意見。

貿易之所以成為像日本與我國這類國家經濟發展，甚至生存之戰略重點，是因為這類國家祇有勞力，缺乏資源，必須進口資源，方可使國內勞力得以充份發揮力量，維持高度就業與高所得水準。而有進口便必須有出口，無出口則一切堵塞，整個經濟便會窒息，道理十分簡單。日本人看清楚了這一道理，便以軍事侵略精神從事進出口貿易擴張，一方面在全世界奪取資源，一方面向全世界傾銷貨物，其貿易組織之嚴密，貿易人員之訓練精良與人數衆多，貿易技術之靈活狠準，已經成爲國際經濟社會之一大特色。反觀我國，則態度始終內向，偏重國內發展，對向外擴張之貿易始終未能給予足够之重視。近十年貿易雖有大量增加，政府及民間亦漸了解貿易之重要性，然甚少積極重大之改進措施，以致迄今貿易仍有半數落入外商之手。此種情況如不改善，則整體經濟發展將無由着手。因此我們認爲經濟會議後的第一件事便當是澈底整頓貿易業務。

整頓貿易業務可分爲政府與民間二方面。政府方面又可分爲國內外貿易行政機構與人員，及公營與半公營貿易業務機構與人員，以及與貿易有密切關係之機構與人員，如國際貿易金融、保險、檢驗與船運等等。我們無意於評論這些機構的現狀，相信政府當局、工商界、及國際有關人士對於這些機構的功過優劣，必然有公評。我們所要建議的，是成立一個小組，指派富有經驗之人士主持，配以對實情有深切了解之技術人員，甚至聘請若干外籍人士，就所有上述機構作深入之考察診斷，然後分別就機構調整，業務劃分，人員訓練，升遷獎懲等各方面提出具體意見，作爲整頓之根據。而一旦決定整頓，便貫澈到底。

至於民間方面，則無論政府有關官員或民間工商界人士，一提到發展貿易，便說是要成立大貿易商組織，一似大貿易商爲發展貿易之萬靈藥。而負責籌組大貿易商組織者，又要求經營保稅及授信業務，否則便不成立，一似不保稅，不授信，大貿易商便無法生存。而政府當局偏又不允許貿易商經營保稅授信業務。於是便形成一條死結：政府不許貿易商經營保稅授信業務，籌組大貿易商者便不肯成立大貿易商，大貿易商不能成立，貿易便無法推動。

我們不能同意上項觀點。我們認爲貿易商無論大小，祇要不靠既得特權及非法行爲而能生存，便證明其對貿易有貢獻，因此便有存在價值。政府對於所有貿易商，無論大小，應一視同仁，政府所當做的唯一的一件事，是不許有既得特權及非法行爲。至於大貿易商，我們認爲在未來貿易推廣中確有必要，其經營效率與對貿易推廣之貢獻確較一般貿易商爲大。但我們不贊成在特權之下成立大貿易商組織。靠特權方能存在之所謂大貿易商決非眞正貿易商，不可能對貿易推廣有貢獻。保稅授信不在貿易商業務範圍之內，大貿易商經營此種業務便是享受特權，而一切特權享受都是不健全現象，應該避免。我們認爲與其凌空成立大貿易商組織，而拖延時日，不如鼓勵國內幾家大企業成立貿易部門，由此而逐漸成長成爲大貿易商，迅速確實，於公於私，洵屬二利。

我們迫切希望在此次經濟會議之後，國家能在整體發展之下迅速進入一個新境界。由於貿易爲此項轉變能否成功的關鍵之一，我們也迫切希望貿易業務有通盤的檢討。（六十四年三月）

中日貿易逆差短期內不可能平衡

據亞東關係協會經濟組組長徐永齡十九日在駐外經濟商務人員業務會議上指出：中日貿易逆差，根據日本大藏省發表的通關資料顯示，去年日本對我國出超達十億五千四百萬美元，情況十分嚴重。日本對我國出口以機器原材料等工業必需品爲主，佔日本對我出口之百分之九十。日本從我國進口以食品類及紡織、雜貨等消費品爲主，佔日本從我國進口之百分之七十六。徐氏並提出改善此種逆差之辦法八點，均極允當。

關於中日貿易有巨額逆差，一直爲我國政府與民間所關注之問題，並提出多種改善建議，政府亦已採取若干改善措施，然而效果甚微，逆差不但未見縮小，且已逐年擴大中。顯見我們對於此種逆差發生之基本因素及性質，未能作深入之觀察與確切把握，玆願趁徐氏發言之便，一提我們對此一問題的看法。

首先，我們要提出幾項造成巨額逆差的次要因素，然後再進一步分析基本因素。這些次要因素是：

（一）資金逃避：毋庸諱言，近二年我們有巨額資金逃避的現象發生。由於日本商人在與我國商人共同串通，以便利資金外移方面，遠較歐美商人爲容易，因此，有相當資金係以高報自日進口價格，低報對日出口價格方式外逃，因而誇大逆差差距，我們不知道日本大藏省之貿易統計是否已將此項因素除掉，或雖除掉而不完全。

（二）貿易與投資有密切關係：在分析中日貿易逆差時，應就近年日本對華投資之數額及資金來源作一分析，如有相當數額之投資，而其資金又係來自日本國內，則必然要表現於貿易逆差上，否則便不能完成此項投資過程。

（三）加工出口：我國有很大一部份大中小企業實際上係日貨之裝配工廠或日本大企業之衞星工廠，另有一部份日人在華投資所設立之工廠。此類工廠均係自日本輸入原料器材，利用我國低廉勞力加工後，或則就地銷售，或則輸往其他地區銷售。目前在我國市場所銷售之「國產製品」及我國之出口品，有很大一部份實際上即是日貨，祇不過在國內加工而已。這種自日本進口原料器材，在國內加工，然後出口至其他地區的生產過程，必然形成對日貿易之巨額入超，對其他地區貿易之巨額出超。此種過程短期不能亦不宜有劇烈改變。例如減少自日本之此類商品之輸入，將立即影響國內加工與對其他地區之輸出。結果對日貿易逆差固然縮小，對其他地區貿易順差亦會縮小，整個貿易收支情況基本上可能無甚改變，而整個經濟成長及活動則將萎縮，是在貿易收支上將無所得，而在經濟成長及活動上將必有所失，其理甚明。

現在讓我們進一步來分析更基本之因素，此即二國之經濟發展階段。臺灣與日本的經濟環境基本上相同，因而經濟發展路線大致上也一致，但日本經濟發展階段却遠較我國爲高，因此，日本所生產之若干機器設備與原料器材正合我國較落後之經濟發展階段之用。而另一方面，則我國所生產之物品祇有農產品及初級工業製品爲日本所不願或不宜生產者，方爲日本市場所需要。徐氏所稱日本對我國輸出之機器原材料佔對我輸出總額之百分之九十，自我國進口之初級產品佔自我國進口總額之百分之七十六，實係充份反映二國之基本經濟關係，而我國對日貿易發生巨額逆差亦係此種關係之自然結果，不足驚異，亦無法在短期內作顯著之改善。勉强改善，如限制自日本進口，轉向其他地區採購，其對我國經濟所造成之損害恐將較貿易逆差更爲嚴重。

我們預計中日二國經濟發展階段之缺口，在可預見之將來不再擴大已屬幸事，縮小可能性不太大，而祇要此種缺口繼續保持下去，則巨額貿易逆差便很少改善可能。而且我國經濟發展愈快，自日本進口之數量將愈多。如在對日輸出方面不作努力，則缺口必然愈來愈大，即使目前之十項建設及重化工業在短期內有重大突破性之進展，亦不能改變此種局面。

因此，當前之對日貿易政策應遵循下列路線：

（一）接受巨額貿易逆差之事實，且不必過於憂慮；（二）將平衡貿易之重點放在增加對日出口方面。在未來若干年，日本必將因經濟發展而成爲所謂「大量消費」之廣大市場，一如目前之美國，我國宜善於利用此項機會，大量開拓日本消費市場；（三）日本官員之觀念不能適應日本經濟快速發展之情勢，對進口仍採取二十年以前之舊觀念，限制甚嚴，尤其是非關稅阻礙之限制，我國宜對此點特別注意。

至於中日貿易之長期關係，則將隨二國之經濟發展而日益密切。卽使我國經濟發展階段能追上日本，最多祇能縮小或消除貿易逆差，但二國之貿易量必將不斷增加，此在政治上亦屬有利。我國對日之基本經濟政策，應爲保持經濟獨立，但應有密切之來往，一如美國之與西歐，或西歐各國間之情形。（六十四年五月）

現在是建立强大商船隊最好的時機

基於下列的理由，我們誠懇建議政府立卽著手籌劃建立强大的商船隊：

㈠形勢擺在面前，在光復大陸以前，我們與敵人將有一段時間的對抗與鬪爭，敵人必將運用各種方式來打擊我們，這些打擊方式有些是不能預料的，有些則是可以預料得到的。對於前者的對抗或反擊，我們祇有在平時厚植國力，臨時隨機應變，國力愈厚，應變的能力便愈强。對於後者，則我們應就所預料之點立卽作萬全的準備，以免臨時措手不及，平時多一分準備，臨時卽多一分克敵致勝的機會，而建立强大的商船隊卽爲此項萬全準備中最重要者之一。以我們的地理環境與經濟結構而言，我們對外的海上交通不能有絲毫的阻碍，如有阻礙，小則立卽使經濟運行受到干擾與損害，大則影響國家前途。而在任何情形之下，絕對維持海上交通暢通的唯一途徑，是建立我們自己的商船隊，我們有全權指揮、調配、運用，任何其他的辦法都不能代替這一點。

㈡我們去年的貿易總額爲一百二十六億美元，今後十年之內，如果經濟不能照我們所想像的那樣快速發展，則我們的國家前途將甚爲艱難；如果能照我們所想像的發展，則貿易總額達到四百億至五百億美元，也不算奢望。在將要有這樣一個龐大的貿易額之下，或已經有這樣一個貿易額之下，我們竟無一個够國際水準與國際規模的船公司，也無一支够國際水準規模的商船隊。貿易與船運本是携手並進的二件事，而我們竟然脫節，必須將大部份貨運仰賴外輪，這實是一件不可思議的事。

㈢我們是一個海島，發展海運應當是我們經濟發展的正常途徑之一種，我們的經濟發展固然要發展農業、工業、內陸運輸，但爲什麼不將海運也列爲發展的主要目標之一呢?發展海運一如工業或其他生產事業，照樣可以增加就業，提高每人所得，賺進外滙，爲什麼因爲有外輪可用，便要放棄我們對海運的發展，以致迄今連一套完整的海運發展計畫與發展政策都沒有。我們常稱我們的農業生產增加多少，工業發展有何輝煌成就，從未聽說我們商船隊擴大了多少，運輸量增加了多少，對國民所得、就業，外滙收入有多大貢獻，今後發展計畫與政策如何，這是不可諱言的偏頗與疏忽。

所以根據㈡㈢兩點，即使純從經濟的觀點看，我們也有建立强大商船隊的必要，而現在則正是最好的建立時機。

由於世界經濟的不景氣，貿易數量銳減；世界能源危機；蘇彝士運河的重開；以及過去十餘年海運噸位增加達一倍等原因，使得海運業目前達到前所未有的低潮，很大一部份船隻停航，而船價則巨幅下跌。若干船隻且跌至廢鐵價格。在此同時，我國年造一百五十萬噸之大造船廠完成在望，而一完工卽遭遇到接不到訂單的困境。我們認爲這是我們用最低代價建立强大商船隊的最佳時機，我們認爲船運業的低潮不論原因如何，都是短期高低潮的循環現象，假以時日，低潮終必過去，而高潮終必繼之而來。我們深信就整個世界經濟大勢而言，除非有不可預料之災害，世界經濟必仍繼續擴充繁榮，世界貿易必仍繼續增加，而祇要有此一趨勢，航業便不怕沒有前途。何況任何投資事業都會有一定的風險，如果我們在低潮時怕冒風險，在高潮時又來不及購買船舶，或價格太高不勝負荷，則我們便永遠無法建立我們的商船隊了。而如前所去，就國家的總目標而言，商船隊在任何情形之下都必須要建立的。此時建立有下列利益：

㈠在時間上趕得上我們將來應付危機的日子；

㈡在成本上此時最便宜，最容易以優厚條件購買；

㈢我們大造船廠卽將完工，正好承造我們自己的訂貨，幫助渡過目前的低潮；

㈣我們現在的貿易量在一百二十億美元以上，經過妥當安排，我們的船隊將擁有一部份基本貨運業務。

因此，我們作如下的建議：

㈠確定建立强大商船隊的基本政策與目標；

㈡成立一嶄新之船運公司，其規模必須逐漸發展至國際水準。指派海軍退役及抽調現役優秀人員主持及營運其事，以同時活潑海軍人事及供應海運人才；

㈢高價聘請國外專家與國內主持人及專家合作，詳細釐定公司之規模、組織、業務操作技術、人事制度、人員訓練等等，必須使公司成為一完全現代化之大公司，足可在國際上與其他國家公司相抗衡；

㈣此一公司名義上應民營，並可在外國登記，懸掛外國旗；

㈤由央行撥出外滙準備若干交由中國通商銀行轉貸給新公司，利率在最初幾年可以免息或低息；

㈥政府應就造船、船運、與貿易三方面之依存關係及資金需要請專家作仔細之研究，擬訂整套合作辦法，以求互相支援，共存共榮，但政府必須要肩負應負之責任與義務。

最後，我們懇切請政府有關方面仔細思考一下，是否有此絕對必要，時機是否已甚緊迫，如答案為肯定的，便請立即着手進行。（六十四年八月）

請立卽整頓航運事業

據本報訊：政府有關機關因鑒於船務糾紛不斷發生，去年臺灣航行中東航線之船舶，連續在新加坡被扣留，最近又發生怡祥、安瀾輪債務糾紛，無法開航情事，曾於二十五日上午在鐵路局召開會議，決定修改現行省船務代理業管理規則，以加强管理。同日本報專欄亦對海運之窳敗情形有詳細之報導。多少年來，我們曾反復强調海運之重要性，一再呼籲政府建立强大之商船隊，並對海運確立一健全可行之政策，而迄無有力反應。而今不僅迭生事故，尤足令人憂慮者，為長此以往，必然嚴重阻礙貿易之進行，因而妨礙經濟發展。因此我們要再一次籲請政府有關當局，立卽着手全面整頓航運事業。

據本報專欄報導我國航業界情形是：泰半經驗不深，資金不足，在全國八十餘家公司中，屬於小型者佔百分之八十以上，資金分散，人力浪費，組織未企業化，經營能力薄弱。此一描述，不僅適用於航業界，且可為大部份國內其他行業之寫照。由於經濟快速發展，產生了二種不健全的現象：一為獲利機會多，培養出一股投機取巧之風，不問主觀條件與客觀環境如何，以打濫仗的方式隨意辦生產事業，幸而投機成功，便是暴發戶，企業家；一多半歸於失敗，便留下一大堆濫賬，輕則連累少數親友，重則嚴重損害國家社會利益，而其本人反而輕鬆無事。另一不健全現象爲若干企業單位拘泥舊觀念，舊方法，不能適應現代經濟社會及企業經營之需要，而被無情淘汰。其本身被淘汰原無足惜，但在淘汰過程中，往往連累若干健全事業之發展，進而亦對國家社會造成重大損害。

以上兩種現象爲一經濟快速發展過程中之必然現象，原無足怪。問題在政府應該針對此種必然現象，採取一套防堵或減輕措施，這便有賴於現代工商業之立法，及對此項立法之嚴格執行。試一查考現代進步國家之情形，經濟法律之嚴密完備，執行此項法案之嚴謹態度，以及對經濟立法之重視與研究之普遍深入，實非我們所能望其項背。我們如不欲轉變爲一現代國家則已，如欲轉變爲一現代國家，首先便必須將經濟法律全盤現代化，當然包括與航業有關之一切法律在內。

鑒於航業對貿易與經濟乃至國防之重要，再鑒於航業之窳敗有如本報專欄之所述，我們認爲對航業作全面澈底之整頓，實刻不容緩。而整頓之第一件事，便是革新全部與航業有關之法令，對缺失部份並予以增補。有完善周密之法令爲根據，便可產生健全合理之制度及機構，對航業從事有效率之經營與管理。報載修改現行省船務代理業管理規則，雖有必要，但遠不足以解決問題。建立一健全可用之航業，決非修改一區區之代理業管理規則即可。

整頓航業的第二件事，爲船隊的建立與航線的開闢及維持。我們一向認爲無論從經濟或國防立場看，都有建立強大船隊的必要。因此對於十項建設中之大造船廠計劃，我們特別關切，並寄以無限希望。若干人士認爲造船業現正陷入低潮，而對正在興建中之造船廠前途表示憂慮，我們不作如是看法。建立大船隊除自己造船外，應利用機會向國外購置船舶。在去年經濟不景氣，船隻價格劇跌時，我們曾大聲呼籲有關方面立即動用政府儲存之外滙之小部份，廉價購進，似未被接受。時機稍縱即逝，現在恐怕已嫌遲了。至於航線之開闢與維持，則應以未來若干年之展望爲根據，而不應僅斤斤計較於短期之盈虧得失。經營一條航線爲長期投資事業，不能以短期得失爲衡量標準。

整頓航運的第三件事爲政府本身對航運應有明確堅定之扶植政策。此項政策包括對造船、船運、特殊航線之補貼，對大船運公司之扶植，以及對本國船舶裝運本國貨物之優先權利及義務之規定。航運事業具有兩項特質：㈠航運與國家利益不可分，故無論其爲公營民營，都在政府嚴密監督與扶植之中，視爲國家事業之一部份。所有進步國家均係如此，就我們當前環境而言，此種要求尤較其他國家迫切。㈡航運事業爲起伏最大事業之一，時而獲利億萬，時而傾家蕩產。過去三年之經歷即足資證明。有此兩項特質，便使得各國航運不能不有賴於政府之支持，各國政府不能不對航運時時給與巨額之補貼、扶植、與特殊優惠。本報專欄報導行政院主計處與財政部認爲補貼中東航線有困難，自有其理由。但我們要肯定指出，即除非我國不預備發展本身之航運則已，否則一套補貼、扶植、與優惠政策便決不可少。以進步國家航運事業之健全與財力雄厚，猶不免於其政府之補貼扶植，何況我們的航業。

我們願重申過去所說的話，切盼政府有關部門對當前航運作全面檢討，全面整頓，並確立明顯政策，嚴格執行，以建立我們强大的船隊與現代化的航運事業。（六十五年二月）

從汽車開放進口與牛肉限制進口談經濟政策

報載政府正在考慮限量開放進口汽車的問題，同時亦將大力協助業者發展汽車零件工業，除了內銷供應各製造廠用，將大量拓展外銷。另一方面，國內汽車製造廠家三陽、裕隆、福特六和負責人則籲請政府訂定一項徹底的發展汽車工業的長期政策，對資金、原料、技術、自製率、人力等均予詳擬計畫，俾使業者有所遵循。

又據連日報載，經濟部國貿局曾邀集冷凍牛肉銷售業者開會，說明由於農方一再要求限制冷凍牛肉進口，於是暫時收回冷凍牛肉進口簽證權，將來可能在限量下由貿易商自由進口。自經此項宣佈後，國內市場的牛肉市價已上漲一、二成，於是省物資局鑒於最近國內市場牛肉市價上漲，決定按照原訂售價，加强銷售，以調節供需及穩定肉價。

這兩件事在實際業務上並無任何關聯，但在決策的理論根據與基本觀念上則是一件事，因此合併評述。對於這兩件事，我們都曾一而再，再而三的從基本觀念到實際措施，作過詳盡的分析與建議，每次都是痛切陳詞，誠懇呼籲，希望有關方面循正當的途徑，作正確的抉擇，將這兩件事辦好。我們並不特別重視這兩件事，或認爲這兩件事關係國家興亡。我們之所以不嫌詞費的反復陳詞，係基於一個信念，即假如我們能對每一個問題都認眞的去研究，每一件事都能徹底的辦理，則日積月累，便會造成國家的重大進步，促成整體的重大改善。無奈迄今所得到的反應，仍是走最容易簡便的路，以求將問題搪塞過去，拖延過去。這如何能使國家進步？因此，我們又再一次的陳詞，希望引起有關方面的注意，迅速採取認眞解決問題的辦法。如能由此蔚爲風氣，對所有問題都能認眞尋求解決辦法，便是國家之福了。我們曾在本月六日以「爲什麼不拿出一套辦法來發展汽車工業」爲題，發表社論，就開放汽車進口及如何發展汽車工業問題，作過詳細分析與建議，敬請參閱該篇社論，此處便不再提及，以下專就限制牛肉進口問題立論，但理論與觀念同樣可適用於汽車問題上。

首先，我們要剴切指出有關貿易與生產方面的幾個基本觀念：

㈠自有人類文明以來，就有分工合作，各專一行，各自生產自己所專長的那一行的產品，以交換不是專長的那些產品，以己之所有，易己之所無，謂之貿易。所謂貿易並不是如一般人所想的，祇求自己的產品出口，賣給外國，而不顧別人的產品進口，賣給自己。祇希望我們的猪肉賣給日本，而澳洲的牛肉進口便是天大罪惡。假如全世界的國家都採取這種態度，我們的經濟便會第一個窒息而死。我們必須要記住，出口的目的乃是爲了進口，出口猪肉乃是爲了進口牛肉，出口是手段，進口是目的，不要本末倒置，將進口當作壞事。

㈡迄今爲止，我們還沒有看見一個什麼都是自己生產，完全自給自足的國家，總有些產品由外國生產，然後再進口。而且愈是生產力强大，愈是繁榮進步的國家，自己不能生產，因而向國外進口的產品便愈多，不信請看看美、德、日三個經濟大國的情形。反之，愈是貧窮落後的地區，便愈是講求自給自足，不買外國產品，不信請看現在的大陸情形。所以，作爲一個進步的現代國家，我們必須要放棄一部份不是自己所長的，成本高的產品的生產，由國外進口，而集中生產自己所專長的，成本低的產品，以之出口，換取進口品。尤其重要的，不是有山就開鑛，有水就養魚，有草就牧牛，而是要比較一下國內外的成本的。

㈢在比較成本時，不但要比較現在的成本，且要比較未來的，長期的成本。例如說，汽車生產現在的成本高，但如作適當的發展後，將來的成本低，那麼我們便決定生產汽車。養牛的現在成本高，將來的成本也高，那麼我們便決定放棄養牛。換句話說，我們不僅要看這一生產事業的現狀，尤其要看它的發展前途。

㈣任何經濟決策都是一個選擇問題，利害權衡問題，兩害相權取其輕，兩利相權取其重，無絕對的利或害。

在具備這些觀念後，冷凍牛肉是否應該全面開放進口，或如國貿局所稱的有限度的開放進口，或如農復會所主張的，爲了保護國內養牛事業，最好不讓外國牛肉進口的問題，便可非常容易的解決：㈠首先就國內養牛事業的整個環境，亦即生產成本，與國外作一比較，如比較的結果，我們的成本太高，而且將來永無降低至國外水準之望，那麼便當停止養牛事業，讓冷凍牛肉全面進口；㈡如果全面進口，對現有養牛戶自然是打擊，但是爲了一千六百萬的消費者的利益，爲了避免人力物力長期浪費在這種不經濟的生產上，應讓這些養牛戶停止養牛，及早轉業；㈢爲了避免養牛戶的目前損失，政府可以照成本收購牛隻，照市價出售，以後如再養牛，政府即不負任何責任；㈣如從長期觀點看，養牛成本太高，則現在的補貼政策便是絕對的錯誤，因爲這是以全體消費者的血汗錢，長期養活一羣沒有效率永遠不能自己生存的養牛戶，這對整個社會，對養牛戶都是損失。靠別人救濟的業者有什麼前途可言，正是愛之適足以害之；㈤如果比較的結果，臺灣可以養牛，其成本可以降低至國際水準，那麼自當暫時局部或全面禁止冷凍牛肉進口，以保護扶植國內養牛事業，但是請拿出證據與計畫來。

據上所述，我們主張恢復冷凍牛肉全面進口，國貿局不必收回簽證權，任何機構都可主張局部或全面限制進口冷凍牛肉，以保護國內養牛戶，但必須在拿出確實的證據與可行計畫，並保證可以做到後，才能接受。像現在這樣一方面不負責任的主張限制冷凍牛肉進口，以保護國內養牛戶，一方面輕易的予以接受，或輕易的予養牛戶以補貼，豈是爲政之道。

如前所云，我們對於冷凍牛肉進口問題並不特別重視，但有關機構的辦事態度如果不認眞，那問題就大了，我們所要指正的正是這一點。（六十五年十一月）

對日貿易應有的看法與做法

據政府公布一至十一月份對日貿易統計，出口爲九九六百萬美元，進口爲二、二一〇百萬美元，逆差達十二億一千四百萬美元。於是對日貿易逆差問題又引起了朝野的注意，紛紛發表如何平衡的意見，國貿局對日貿易專案小組且已決定了五項對策：（一）向日交涉減少對我農產品進口之限制，並增購我國工業產品；（二）減少自日進口零件配件；（三）愼重審查日本來臺投資及技術合作案件；（四）對日本在臺商社課予輸日出口責任額；（五）加强對日本市場之調查分析。對日貿易逆差爲多年來之老問題，政府擬訂辦法謀求平衡也有多次，但從未收效，而且逆差愈來愈大。過去如此，我們可以斷言現在仍將如此，在可預見的將來也將如此，而且我們並不爲此感到任何憂慮，認爲是不可避免的當然現象，泰然接受。要了解我們這一立場，先得從觀念說起。

首先，我們要强烈的指出，在我們的這種經濟發展階段，整個對外貿易都應處於逆差地位才是正常現象，出超則是反常的，這是表示我們在利用外資發展經濟，出超則表示我們的資金自已用不完，投資到外國去。正在我們高呼加速發展經濟，獎勵外人來華投資，國內資本缺乏致使利率高出國際水準幾達一倍時，而竟然有巨額出超，亦即有巨額資金投放在國外，顯然是矛盾現象，表示我們對資金的胃納不佳，亦卽國內投資環境與機會不佳。所以，我們可以歡迎出超，避免逆差，但是出超不一定總是好，逆差不一定總是壞，應視情形而定。

再就對日貿易而言，逆差乃是當然現象。這是因爲第一，在我們歡迎外人投資中，日本資金流入臺灣的爲數甚巨，尤其日本廠商與我們很多的中小企業都有技術合作關係，我們的若干小廠實際上等於是日本大廠的衞星工廠，在這種情形之下，日本的生產設備、零件、原料的大量輸入，乃是必然的事。

第二，坦白的說，我們不敢說整個臺灣的工業都是日本的加工業，但大多數都是日本的加工業則斷然不錯。我們大部分的工業從日本進口機器設備、零件、原料、技術，與部分資金，在國內設加工廠予以加工、包裝、裝配，然後以一小部分供應國內市場，大部分出口至國外，主要出口至美國。我們從日本進口與自臺灣出口至其他國家，約有一半要經過日本的貿易商，我們在國內加工時，還有無數的小廠靠日本融通資金。如此，我們自日本源源不斷的進口，形成對日貿易的逆差；於加工裝配之後，又源源不斷的輸往美國及其他市場，形成出超，而我們的整個經濟也就得以繁榮發展。

所以對日貿易總是逆差，對美貿易總是出超，是由我們的基本經濟結構所決定的，目前改不了，也不必改。要改變，要平衡，是可以的，但必須要先改變基本經濟結構，而這是十分遙遠的事。目前勉强地驟然地改變，徒然有害於經濟的繁榮成長，而收不到任何效果。再說，這種逆差對我們有什麼害處呢？改變過來又有什麼好處呢？我們總不能純為平衡貿易而平衡吧！

記得為了平衡對日貿易，政府有一陣曾雷厲風行的限制自日本的進口，獎勵自歐美採購資本設備等等進口，然而曾幾何時，便雷息風止，而對日貿易逆差愈來愈大，毫無效果之可言。做生意就是做生意，那裏便宜方便便向那裏買，為什麼要捨棄廉價地方却去就昂貴的地方，而其目的僅在平衡貿易，那這生意是如何一個做法呢？幸而我們對所謂分散採購政策執行不力，未產生效果，如果嚴格執行，收到預期效果，那對我們的經濟的繁榮發展可能反而是一個嚴重的打擊。

當然，這並不是說我們不去設法增加對日本的出口。正好相反，我們主張要全力增加對日本的輸出，不過，其目的不是在於所謂平衡中日貿易，而是在擴大我們產品的市場，以加速我們的經濟發展。站在這一立場，我們十分贊成國貿局所擬平衡對日貿易五項對策中的第（一）項，向日方交涉減少對我農產品之進口限制，並增購我國工業產品；與第（五）項，加強對日本市場之調查分析，至於第（三）項，審查日本來臺投資及技術合作，其標準應是以我國經濟發展的需要為主，而非所謂平衡中日貿易。其（二）（四）兩項則是可行則行，不可行則止，不必强求。

中日貿易逆差問題擾攘多年，政府一再採取辦法謀求平衡，從未收效，朝野上下視為一個嚴重問題。我們希望本文有助於對這一問題觀念的澄清，從而有一個正確的看法與政策。目前待解決之經濟問題正多，何必亟亟於這一不是問題的問題，何況，縱使是問題，也是個不能解決的問題呢！（六十五年十二月）

陸、教育與科技

加強職業教育‧突破技術瓶頸

立法委員劉杰認為凡開發中國家都在謀求職業教育的發展，而我國却發生三種值得憂慮的現象：（一）學生和學校都不重視職業教育，（二）除非萬不得已，考生不願報考高職，（三）聯考時無人以專科為第一志願。我們不但對劉委員的意見深具同感，而且認爲這是現階段經濟發展中一個非常嚴重，非立卽着手解決不可的問題。

一般人都以爲經濟發展靠資本，我們過去二十年的經濟發展政策也偏重資本的籌集，實在是不盡正確的看法。資本在經濟發展中誠然重要，但更重要的是技術。技術的創造，技術的累積與傳播，技術水準的提高與普及，是現代經濟的基礎，而現代經濟則是現代國家的基礎。所有現在進步的國家也都是技術進步的國家，而他們之所以成爲進步國家，也是因爲他們是最先採用進步技術的國家。有技術而缺少資本，可以成爲二次大戰後之德日，白手興家；有資本而無技術，則好比現在中東許多擁有石油的國家，依然不能脫離落後的面貌。

臺灣經濟發展的基本環境與機會絕不亞於日本，我國人民的勤勞、智慧及政府對經濟發展所作的努力，亦絕不下於日本，然而二十年發展的結果，日本扶搖直上，不但成爲進步國家，而且是進步國家中的經濟大國，而我們則仍是個人所得不及三百美元的落後國家，這其中的關鍵因素之一，便是技術不如人。二十年來，我們的技術始終沒有重大進步因而所能發展的工業也始終限於技術簡單的初級工業。這種發展可以使我們溫飽而有餘，但不足以使我們成爲現代化的經濟大國。何況其他開發中國家如韓國泰國等都在急起直追，在不須太久的時間中就可以追上我們，到那時，我們連溫飽都未必能長期保持。因此，今天要打破這一局面，而建立一現代國家，突破技術瓶頸是必須具備的條件。我們特別在此强調這一點，希望能喚起國人及有關當局的注意，早爲之圖。

但這打破技術瓶頸並非容易之事。要突破技術瓶頸，必須要在教育的觀念與制度上作根本的改革。就觀念上講，無論接受教育的人及其家長，無論教育主管及其政策，都停留在農業社會「萬般皆下品，唯有讀書高」、「窗前勤苦讀，馬上錦衣還」的階段。清末廢科擧與學校，祇是改變了教育的形式，並未改變教育的觀念，眞正是新瓶裝舊酒。民國以來六十年，這一觀念並未有重大改變。劉委員所憂慮的三種現象便是這一潛在的普遍深入的觀念在作祟。臺灣每年有數以萬計的大學新生入學，和數以萬計的大學生畢業，但社會無可用之人才，而技術水準遠落在進步國家之後，也是這一觀念所造成的結果。這是一個非常嚴重的問題。一個國家如果充滿了一無所長，祇知放言高論的大學畢業生或高級知識份子，其不亡國者幾希。

徹底改變這種情勢，剷除這種觀念，一賴經濟發展；一賴政府的教育政策。這種觀念與由這種觀念所形成的實際風氣，有阻礙經濟發展的作用。反過來說，經濟快速發展，則有無形中根除這種觀念與風氣的效力。就臺灣當前的實際情況而言，二十年的經濟發展已經開始在這方面產生了影響，受教育者注重實用技術，放棄傳統知識份子的地位與想法者已逐漸增多。但這種純靠自然力量的潛移默化，需時甚長，在初期尤難發生顯著的影響力量。對我們這個社會當前的需要而言，緩不濟急。我們不能等待自然的移轉，而必須要採取積極的政策以加速其改變。

因此我們主張對大學教育的擴充加以嚴格的限制，而且還要進一步的縮小大學教育的規模。我們因爲每年升入大學的人數太多，便被迫擴充大學教育以求容納，這是絕對錯誤的政策，而且不能算是政策，祇能算是應付而已。一個負責任的教育當局必須要立即改變這種情勢：限制大學教育的擴充，並進一步加以緊縮。達到這一目的的方法有二：嚴格大學入學考試和大量提高大學學費，另設獎學金幫助優秀貧窮子弟，使大學成爲少數極優秀份子研究高深學問之所，而不是製造一無所長，不合社會需要的「士大夫」階級的工廠。在此同時，政府應寬籌職業教育經費，辦好職業教育，使國中畢業而願有一技之長的人，都能有機會接受成本低廉而充實的職業教育。這應該是「建教合一」的教育方針的最基本的實踐。

以上祇是我們的初步意見，如有機會，當再提出更詳盡的辦法以就教於邦人君子。（六十年五月）

國科會應有的作法

行政院國家科學委員會副主任委員張明哲最近透露：我國科學發展第一期四年計劃將於今年六月結束，共用去經費九億元，補助了若干大學教師，派遣了若干出國進修人員，延攬了若干回國學人，供應了若干科學儀器資料。第二期四年計劃將以更多的經費，仍將朝着人才培育，基本科學，應用科學，人文社會科學四個方向進行，並提出了四點做法：將以人爲對象之補助逐漸改爲以計劃爲對象，注意研究計劃與國計民生之關係，注意配合工作，及展開集體創作研究。

無論從經濟、國防、或其他任何角度看，我國科學與技術水準之落後，亟待全力推動發展，殆爲全國人士所公認。而最高當局尤其予以極大之重視，主持此一工作之人員受特達之知，寄望殷切。也因此在此百事待舉，財政調度極端困難之情形下，政府猶能撥出九億元之巨款供科學發展之用。然而四年發展結果，顯然距離理想目標甚遠。雖云科學發展為長期工作，不能求速效；為無形之成就，不能以具體事實來衡量。但三年即可有成，四年究不算太短，而任何無形成就，亦可有客觀標準判斷。以四年之時間，九億之經費，達成如前述張副主任委員所列舉之成效，實不能謂為任務圓滿，是則在第二期四年計劃開始之際，對國科會之工作目標與達到目標之方法，確有詳加檢討之必要。

國科會從一開始設立起，其主要任務為何，目標何在，即無明確之界說，至少給與外界之印象是如此。該會在設立時曾宣佈發展科學應從基本科學做起，並應從基層普遍推廣着手。但揆諸政府設立該會之用意，似在領導、推動實用科學之發展，以應當前國防與經濟發展之急迫需要。至於基本科學之研究，則政府設有中央研究院，各大學亦設有有關學系及研究所；科學知識之普及與科學人才之培養，則政府設有教育部及各級教育行政機構主管其事。國家政府祇須對此等機構加强督責，多予支持充實即可達到發展基本科學培育科學人才之目的，無須另設新機構。國家所猶感覺需要者，政府所猶感覺缺乏者，厥為與國防及經濟發展等有直接關係之科學與技術之引進、研究、推廣應用，應有一專責機構主持其事，而為上述中研院、大學、及教育部等機構職掌與能力所不及，於是乃有國科會之設立。國科會必須明瞭此點，方可訂立正確工作目標，採取正確步驟以達到目標，完成任務。

由於任務及目標不明，於是推動工作之方法亦鮮實效。九億元之經費，極大部份用於補貼大學教師之生活，用於資送人員出國研究，用於延請國外學人回國講學。而接受生活補貼者所撰寫之研究報告內容如何，無人過問，一律塵封於檔案室，於是研究報告純粹成為換取生活補助之工具；資送出國研究者所研究之科目是否與國科會之任務有關，回國之後有無研究報告，報告內容是否與派遣出國之目的相符，亦無嚴格考核，於是派遣出國完全成為留學津貼或獎學金；延攬海外學人回國講學，其效果亦僅限於幫助各大學以額外經費聘請額外教師而已。所有以上補貼教師生活，資助留學生，幫助學校延聘教師，均為教育部及其他政府機構與社會團體之責任，與國科會之任務甚少直接關係，而國科會以大部份經費用於此等地方，其不能圓滿完成本身之任務，實為必然之結果。

因此我們建議國科會將所有此種業務均歸還教育部及其他有關政府與社會機構，而專心致力於尋求在現階段的國防與經濟發展下，有那些科學與技術爲我們所急迫需要，一條條列舉出來，成立個案計劃，然後根據個案計劃內容尋求執行此項計劃之有效方法。例如某一計劃之執行，需要某一大學某一系所或某一教授協助，甚或主持其事者，則以契約方式委託協助或主持；如需派遣人員出國學習者，或需由國外聘請外籍專家或中國學人來臺協助者，亦可以契約方式辦理。一切以能完成計劃爲主，而此一計劃之完成，必然有助於現實問題之解決，如此，則國科會之工作將可完全與生活補貼，留學補貼，講學補貼等等隔離。而必須要完全隔離，國科會方能爲國家盡一份應盡的責任。

當然，尋求在現階段下我們所需要的科技項目，建立個案計劃，是一個十分繁雜的工作，較之接受申請，然後分配補貼費用的方式，其難易自不可以道里計，該會從業人員必須具有充份的知識，動態的觀念，與主動的精神，因此在此第二期四年計劃開始之際，在人事上亦應有所刷新調整。（六十一年三月）

配合經濟發展需要改革教育與科技制度

隨着經濟的快速發展與社會及經濟結構的激劇轉變，使得我們有許多古老的觀念與制度弱點畢露，成爲經濟發展及國家現代化的重大阻力。而有關人士常不去追本溯源求出癥結所在，徹底打散舊的不適當的觀念與制度，配合實際需要建立新的觀念與制度，却將精力與時間以及財力物力用在這些舊觀念制度與新情勢磨擦所產生的表面現象上，企圖加以壓抑、掩蓋、應付，將問題拖下去，而歲月悠悠，一拖就是若干年，問題始終不能解決，而國家現代化也就始終受到妨礙，不能放手進行，實令人憂心不已。銀行經營觀念與制度是一個例子，教育與科技發展制度是另一個例子。即以教育制度而論，主管當局及時賢所注意及討論，並要設法解決的問題是惡補，私立小中學的畸形教育與畸形發展，以及隨之而來的代用國小的爭執，聯招的利弊得失與存廢，以客座教授來鼓勵學人回國等等，其實這些都是病徵，不是病源。企圖消除病徵，而不除病源，將永不能成功，問題永遠存在，而經濟發展與國家現代化永遠受到損害。

當前教育之所以發生問題，產生一些千奇百怪的現象，主要原因在於舊的觀念與制度不能適應新環境的需要，這可用一句話來說明，農業社會的教育觀念與現代社會的教育機會不能配合。過去在農業社會，由於生活貧窮，祇有極少數人有能力接受教育，而由於接受教育的人太少，受教育的人不是政治上的領袖，便是社會上的領袖，成爲大衆艷羨的對象。家家望子成龍，便是要成爲這樣一條龍，於是家家都要盡力使子弟受教育，雖然由於經濟能力的限制，受教育的人始終很少。現在，在當前的社會，由於生活富裕，一般人接受教育在經濟方面所受的限制已大爲減少，反面便是接受教育的機會大爲增加，如無智力上的限制，幾乎人人都可受到他所希望受到的教育。而農業社會的教育觀念則並無改變，於是造成了盲目的湧進大學，湧往國外留學的現象，其他惡補、聯招等問題便隨之而來。而政府現在所採取的廉價教育政策更加强了這種趨勢，使得問題更爲嚴重，更難解決。

農業社會的教育觀念終必要爲時代進步的潮流所淹沒，而形成一種能與時代需要相配合的教育觀念，但這需要很長久的時間，而且在其演變及被淘汰的過程中，會因妨礙國家社會進步而造成許多損害。這便需要有遠見的政治家與教育家出來，不爲傳統的觀念所拘束，不爲眼前的環境所蒙蔽，不爲個別的利益所壓服，瞻望未來若干年的經濟與國家整個發展的前途與需要，設計一套新的教育制度，形成一套新的教育觀念，以取代現有的制度與觀念。如若能做到這一點，則現有的惡補、聯招等枝枝節節的問題便自然會消失掉，如不能做到這一點，則豈止這些枝節問題不能解決，整個經濟及國家的進步都會受到拖累。

至於與教育原爲一體，最近二十餘年才分開成爲單獨一個項目的科技發展，在我國始終未見成效。自政府設立專門機構起至目前爲止，連中心的政策都未形成，更遑言工作的展開與成果的評價。除了也許有若干機密的科技發展成績卓著爲我們所不知者外，就表面我們所能見到的情形來說，有若干政策或措施可能還會發生極不良的影響。例如無論以人爲對象或以計劃爲對象所撥出的若干研究費，都變成了研究者的生活津貼。這些所謂研究者主要爲大學教授，於是將大學教授分成兩類：一類爲有生活津貼的，一類爲無生活津貼的。後者固然尊嚴掃地，前者在申請津貼時要受到其同僚或從前爲學生現在爲同僚的審查評估，因而尊嚴亦告掃地。更有所謂客座教授之設，現並計劃以高出國內教授待遇若干倍的待遇來聘請海外學人回國講學，如此更使國內學人面對海外學人尊嚴掃地。海外學人固不乏飽學謙虛之士，能與國內學人以平等地位共同工作，融洽相處。但亦有盛氣凌人，卑視國內學人的海外學人，則更使國內學人忍氣吞聲。而海外學人又從不在國內生根，半年一載，甚至三、二月後便要飛走。如此，則此一制度一方面使國內學人忍氣吞聲，一方面使海外學人飛來飛去，連人都不能生根，如何能使科技發展生根，更遑論發展推廣了。

因此，我們建議有關方面設立一短期之專案調查研究委員會，聘請若干專家暫停其原來工作，就當前教育與科技發展作一徹底之調查研究，提出建議，作爲革新及建立新制度之根據，則無論對經濟發展及整個國家之現代化均將有莫大之貢獻。（六十三年四月）

引進新技術以衝破經濟發展的瓶頸

經濟部孫部長運璿，於前天參觀「臺灣機械外銷推廣展售會」後表示政府將盡全力協助業者，引進歐美新技術，以建立我高級精密工業。本報前此社論，都曾提到技術的重要性。一則指出輸入國外新技術爲日本戰後經濟發展的主要戰略之一，卒賴以造成經濟大國的地位，再則指出在某些方面，我們的技術已落後於韓國、香港，如不急起直追，在國際市場的競爭能力便將削弱。果如此，便不是進一步求發展的問題，而是維持現狀都有困難的問題，眞令人憂心不已。

事實上，過去若干年來，政府對於科技的發展並非沒有給與適當的注意，用於科技發展的經費也不能算少，然而就是未能使科技有令人滿意的發展，足以適應我們的需要。當然，科技發展並不能完全靠政府，公民營企業爲其本身業務的發展與需要，對某些特定的技術也有研究發展的責任，這些企業也曾如此做，但似未能收到顯著的效果。據我們的觀察，其所以致此的原因，可分爲觀念、環境、與方法三方面。

就觀念來說，我們祇鼓勵有把握成功的事，對於有失敗危險的事則不願意去嘗試，事實上，我們整個民族就是一個習於保守，缺少冒險精神的民族。而發展科技却是十次可能就有九次失敗的一種冒險事業。但一次成功的貢獻必然遠超過九次失敗的成本，然而我們不甚明白這一道理。觀念方面的另一個死結，是我們喜歡看到具體的結果，對於抽象的，無形的結果不甚重視，而若干科技知識的累積常是抽象的與無形的。在這些觀念之下，自然難望有適當的人才與資源用於科技的研究發展了。

就環境來說，由於很多大企業及其主持人都與日本企業及日本人有密切關係，我們在科技方面遂依賴日本成性，一切生產方面的科技問題仰賴日本人來解決，本身則不求甚解，甚至不去過問，於是科技便難望有獨立的發展了。

再就方法來說，則無論政府及公民營企業對於科技研究發展，都未能建立良好的制度，與訓練合格的人才，更未能針對實際的需要去推動工作，以致研究發展是研究發展，實際需要是實際需要，二者各不相涉。迄至今天爲止，我們還沒有一套有效的方法將科技研究發展與實際需要連在一起，這也是一件令人憂心的事。

鑒於科技不能有適當的發展，我們經濟發展的瓶頸便無法衝破，而此一瓶頸不衝破，我們便祇有盤旋於目前的工業水準無法升段，一如過去這些年的情形，因此我們迫切希望這次經濟會議對此一問題有適當的獻策。我們也願意就發展科技的方法方面提供一些淺見，以供參考。

關於科技發展應分爲基本理論與實用兩方面。基本理論應由中研院及各大學負責，這是百年大計，我們不在這裏討論。至於實用方面則當由現有的政府專設機構及公民營企業負責。其研究發展可遵循下列途徑：

(一)對機器與新產品的仿造。遇有進步國家有新機器及新產品出現，我們立即購買交由特定的研究機構作詳細的研究，及試行仿造。事實上，這種抄襲辦法,即使在若干進步國家都在採用,日本便是一例。日本的抄襲仿造，在品質及效用方面常超過原製品，也因此常使日本人的某些技術超越了其他進步國家，煉鋼便是一個著名的例證。

(二)若干技術無法從新機器新產品的仿造中獲得者，便當不惜重價購買專利權。政府及公民營企業都應有適當基金供此項購買專利權之用。在某種情形之下，政府並可對公民營企業之購買專利權者給與貸款或補貼。

(三)整廠購買。在建立某一新工業或生產某一新產品時，可購買一整個工廠，連同技術及技術人員之雇用在內。舉例來說，在目前經濟不景氣時，美國若干小電子工廠無法生存，紛紛倒閉。而此等工廠常常擁有新穎設備，進步技術，及若干優秀技術人員，我們如能以合理價格將整廠購買回來，並以同樣待遇僱用原有之技術人員，必可使我們的電子工業得到很大的進步，至少可由目前的裝配狀態突破到可以自力製造零件的境地。

以上發展實用科技的三項建議，都是具體而切實的途徑，現在孫部長既有明確的表示，我們希望在政府策劃推動之下，能有計劃的，大規模的進行，俾在短期之內產生可以見到的效果，將我們的工業技術水準及整個經濟發展帶到更高的境界。（六十四年四月）

如何培育一株中國科技之樹

由中央研究院中美科學合作委員會與美國國家科學院聯合舉辦之中美工業創新及產品發展研討會，於本月十一日在臺北舉行，會期八日，會議目的在針對當前我國工業界實際需要，研討更新企業管理，發展新產品，開拓新市場。

我們非常感謝美國友人對我國工業創新及產品發展的熱心，遠道前來參加。我們深信此次合作將會一如過去中美間無數次的合作計劃，充分達到合作的目標，並將在我國的科技發展、創新能力等方面產生良好而深遠的影響，有助於我國當前科技瓶頸的解決。但誠如安克志大使所言：「在此間作短期停留的專家們，很難提供更大的幫助，只不過協助開發土地，播下種子和提供一些如何照顧幼苗的秘訣，使其儘量早日成熟而與我們的中國朋友分享他們的集體經驗」，美國友人祇能幫助我們播下科技發展與產品創新的種子，這棵種子能否適時的適當的播下，播下以後能否發育滋長成爲一棵中國樹，則全部是我們自己的問題了。

對於儘速播下科技發展的種子，使其成長爲一棵中國科技之樹，以適應國家的需要，我們從不懷疑我國決策階層及執行階層的誠意與所作的努力。正如嚴總統所指出的：「目前，我們舉國一致的在爲建設一個資本密集與技術密集的經濟體系而努力」，「這種經濟結構與技術水準的變遷，原本是歷史的必然過程。我們科學界的領袖，在多年前便已指出這個變遷卽將來臨，我們的經濟計劃當局，也不斷爲此喚起國人的注意，這種呼籲，一年比一年更爲迫切」。現在問題是爲什麼多年來，在舉國一致的努力之下，未能培養出一棵中國科技之樹，直到今天還需要美國友人遠道前來開會，爲我們做幫助播種的工作？如果對這個問題不作誠實的深入的研究，求出正確的答案，坦白的承認我們在這一方面的缺失，則這次會議的影響能否充分發揮到我們所希望的程度，能否因這次會議的播種而產生中國科技之樹，便值得懷疑了。但以我們目前的處境與需要而言，我們又絕不能讓這次會議的影響不充分發揮。世界上沒有一個國家像我們現在這樣迫切的需要一棵科技之樹的了。

我們檢討過去二十幾年來在這一方面的演變過程，認爲迄今未能培養出一棵中國科技之樹的主要原因不外：（一）對科技發展及資本與技術密集工業發展對國家經濟及政治前途的重要性認識太遲。在民國五十年代的中期猶在爲應否設立大鋼廠而辯論，而不決，而擱置，其他可想而知了。（二）決策階層及工商界都未能放手花錢，科技發展的效果間接遙遠，而且分散，但有權花錢的人所注意的是能產生直接的，立即的，集中的效果的計劃，因此對於科技發展花錢便不免有不合算的感覺，在政府便儘量節省，在民間便根本不花這種錢。（三）執行階層不認眞，過分遷就現有機構、人員、與辦事過程，無法開展新局面，亦不願費力去開展新局面。（四）對於科技發展無具體的目標及完善的有系統的計劃。臨時想到便設立一個機構，添列一個研究項目。

我們目前的科技發展無論在機構、人才、目標、做法等各方面都有重新檢討，澈底革新的必要。我們不認爲在現狀之下，我國科技發展有何前途可言。因此，我們懇切建議政府當局下令主辦此次會議的機構，就議程重估安排，刪除一些不太重要的，另行加上關於科技發展的行政組織與管理，及今後十年科技發展的目標與項目等議題。如已有這兩項議題則更好。如現有議程不能變更，則於會後挽留與會專家多留數日或數月從事此兩項工作，我們建議出席會議的中美雙方主要人員及專家成立一個臨時性工作小組，在一定期間內完成下列工作：

（一）就我國現有的科技發展的機構、組織、人員、設備、工作項目等，作實地考察與研究，以澈底了解現狀，及科技不能發展之根本原因。

（二）根據（一）項結果，提出我國科技發展應有之機構、組織、人才來源、設備、及工作項目等等全套十年長期發展計劃之建議。工作項目中，我們認爲原子、火箭、汽車、電機等應列爲必有的項目。

（三）提出民間發展科技方法，政府對民間發展科技之基本政策，以及政府與民間在科技發展方面之關係或聯繫之建議。

（四）提出與科技發展有密切關係之教育制度與方法，每年一次的國建會對科技發展之影響，專利，檢驗等等之改進建議。

我們認爲唯有在這些具體行動之下，才眞能做到如安克志大使所說的「播下種子和提供一些如何照顧幼苗的秘訣」，而培育出一棵中國科技之樹。

最後，我們要提醒政府的，是卽使美國友人因爲時間或其他原因，不能與我們合作做上面所建議的那些工作，我們自己也要做，這是我們科技發展的必須要經過的一道手續，省略不得。（六十四年八月）

將教育與經濟發展連在一起

——請進行我國教育史上第二次重大改革

我政府在臺澎地區從事經濟發展已有二十六年之久，雖然在量的方面有巨大的擴充，但在質的方面則始終盤旋於初級工業的水平，無法衝破上升至所謂資本及技術密集的高級工業，原因固然很多，但其中最重要者有二個：一是金融不能配合；一是教育科技不能配合。前者涉及資本問題，後者涉及技術問題，這兩者都不能配合，則資本及技術密集的高級工業之不能發展，使國家長期停滯於落後階段，乃是當然的事了。關於金融之不能配合經濟發展的需要，各方面論列甚多。但關於教育之不能配合經濟發展的需要這一現象之受到重視，則是近數年的事。然而儘管各方面强調所謂人力資源的開發與利用，教育主管部門則始終未能採取最有力的與切實有效的行動。玆值全國教育會議正在擧行，全國教育界俊彥之士集中智慧經驗，全面檢討教育問題，包括「如何培育經濟與技術人力」問題在內之際，我們願站在經濟發展的觀點，提出我們的一得之見，供與會諸君子及全國人士之參考。

我們默察教育爲什麼未能配合經濟發展的需要，主要有二個原因：一是傳統觀念未能改變：一是配合經濟發展的現代教育制度未能建立。而後者之未能建立，又係由於前者未能改變之故。造成這種情勢全體國民都有責任，不僅是教育行政當局與教育界的過失。

教育在古代爲貴族的特權，到孔子將其平民化，這是教育史上最重大的一件事。但由於二千年以來，我們的經濟發展始終停留於落後的農業階段，我們的社會始終是一個貧窮的社會，於是接受教育者仍限於極少數的人，這些人形成一個階級，稱之曰士，士在朝爲政治領袖，在野爲社會領袖。無論在朝在野，都是領導階級，都受到特殊的尊敬和享受特殊的地位與權利，在社會結構中成爲最上層的，截然與其他社會階層分開的一個階層，五穀不分，四體不勤。因此教育在我國成爲培育領導階層的工具，與技能職業完全不相干。這一二千年來所形成的傳統觀念到今天還未改變。例如在清代接受教育的目的是考秀才、考舉人、考進士、做官，成爲領導階層，家人引以爲榮，社會以此爲重。現在是進小學、考中學、考大學、考留學、做官或在國外做事，也是社會領導階層，也是家人引以爲榮，社會以此爲重，也是與社會生產所需要的技能職業不相干。所以現在與以前接受教育的形式雖有不同，但基本觀念及目的則幾乎完全一致。縱有改變，也是近十餘年經濟發展以後的事，改變過程極爲緩慢。而且這種改變是經濟發展迫使教育改變，而非教育主動改變來配合經濟發展。

這種傳統的教育觀念在以前的時代是可以的，不致形成重大迫切的流弊，因爲：(一)從前是貧窮社會，一般人受不起教育，除非是極優秀的份子，通常是不接受這種教育的。這卽是以教育費用來淘汰不宜接受教育的人，使接受教育的僅限於極優秀的少數人，因而不發生人數過多之患；(二)以前是一個停滯的農業社會，農業技術二千多年沒有改變，因而也不發生教育不能配合經濟活動的情形。但是現在完全不同了：(一)我們是一個富裕社會，而大學教育之低廉等於免費，家家可以供應，於是家家在傳統觀念下望子成龍，家家使其子弟擠小學、擠中學、擠大學、擠留學，目前這種擠的現象便是這樣造成的；(二)現在是一個技術的時代，百業都要技術，而且都要新技術，而技術來自教育。但是我們接受教育的觀念與目的在成爲社會領導階層，與焊工、電工、繪圖員、測量員、簿記員不相干，非萬不得已，不接受此種訓練。於是形成政府年以億萬經費辦教育，大學畢業生以多少萬計，而國家各行各業缺乏可用之人，科技發展始終不能奠基，生產技術始終幼稚落後的現象。當前的教育與經濟發展的關係一如二千多年以來的關係，始終是兩回事，縱有改進，程度亦屬有限，這實在是國家進步的一個重大阻礙。

要改變這種情形，不能寄望於民間，而必須要政府決策階層認淸上述事實。採取强有力的措施：

第一、不顧一切阻礙與反對，大幅提高大學學費，恢復以教育費用淘汰不宜接受大學教育的人，這在其他富裕國家如北美西歐諸國都是如此，我們沒有理由不這樣做。爲顧及清寒而優秀之子弟，國家可大量設立獎學金，在此同時，淘汰現在不合格的大學，嚴格規定大學設立及辦理標準，並嚴格入學考試，使大學成爲眞正培育社會各門各類領導人才之所。

第二、廣設各類職業學校，其數量多少應以社會需要爲準隨時調整，其修業期限長短應以實際課業需要爲準，不作硬性或一律之規定。職業學校不以考試入學，凡國民中學畢業即可申請入學，但師資設備要完善，訓練要嚴格，畢業證書即是執業證書，以後逐漸推行一種制度，任何有技術性之工作，無論自雇或受雇，均應具備此種證書。職業學校學費應以收回訓練成本爲原則。

第三、普通高中爲大學之預料，應比照前述辦大學之原則辦理。

第四、國民教育之目的在訓練良好之國民。從經濟需要觀點看，國民學校畢業不願升入高中或職業學校者，及在此等學校受淘汰者，均爲普通勞力之來源。國民學校應不收任何費用。

我們確切認爲非如此做，不足以使教育配合經濟發展需要，而教育一日不配合，經濟發展即一日不能有前途，經濟發展不能有前途，國家即不能有前途。但是要這樣做，便必須要違反傳統，打破傳統，而遭受各方面的攻擊與反抗。這便需要決策階層能夠認識清楚上述現實，才能產生勇氣，決定政策，負擔責任，而貫澈到底。假如政府眞能如此做，則將是我國歷史上第一次將教育與經濟發展聯繫在一起，與實用，與民生樂利聯繫在一起，脫離過去專爲培育社會領導階層的範疇。假如孔子將我國教育平民化是我國教育史上第一次的重大改革，則這一次將教育與經濟發展聯在一起，使教育成爲實用的工具，如果成功，便是二千多年以來繼孔子以後的第二次重大改革，創造歷史，事在人爲。（六十四年十一月）

我們對國科會工作計畫的看法

行政院國家科學委員會主任委員徐賢修氏於本月二十四日在立法院預算等七個委員會聯席會議報告中指出：國科會今年發動及籌劃的大型計畫共有電子、製藥、地熱、電動車、抗癌、農業增產、及人力資源利用等七項。此外，徐主任委員還提出了若干爲從前所未有的，國會科工作計畫的目標與方法，使人有清新之感。

我們論事一向採取「過去的就讓它過去」的原則，不願追溯既往，更不願斷言責任誰屬。但對於國科會自成立以來十餘年的工作成績，雖然年有進步，然而我們仍不得不坦誠的說不如理想，未能達成當初設立此一機構的目標。其所以如此，並非政府支持不力，信任不够，或經費不足，而是因爲：㈠不知道工作目標與重點何在，其工作結果也就不能配合國家的需要，例如我們曾經有很長一段時間强調研究颱風與地震的重要性，而作爲主要工作計畫。而這是完全不切實際的計畫，因爲第一，我們亟待研究解決的科技問題太多了，輪不到颱風與地震；第二，以美日等國國富之强，科技水準之高，受颱（颶）風地震之災不下於我國，而猶未能研究出結果，如何能希望我們產生結果。㈡不知道推行工作的方法。例如普遍對大學教授發補助費，使國科會成爲代教育部發放大學教授生活津貼的機構，與科技發展全不相干。現在發放方式略有改變，但實質未變。如此，對於一項工作，既弄不清它的目標與重點，又不明白推行方法，要產生良好結果，自然就戛戛乎其難了。

這一次徐主任委員在立法院的報告，對於國科會的工作目標與重點及推行方法，使進步多多了。例如他說到國科會的工作目標與重點：「一方面要對長期性的厚植基礎作責無旁貸的努力，希望逐漸培養出若干獨特的能力，在學術上有高潮式的突破；在工業上有創新與自己設計的能力；在農業及醫學上有解決本身困難，克服環境的技術；在國防上有接受新興科學，並能消化創新，使之工業化的能力……另一方面，則爲多方面配合當前國家的需要，尤其是國家近代化的需要而引進技術，培育人才」。除最後一句培育專才外，我們對於此項宣示都欣然同意，也因此我們覺得有清新之感。

但不幸的是，徐主任委員所宣布的七項大型計畫中很大一部分似乎與此項目標與重點不合。例如地熱與電動車計畫可以看得見的不僅勞而無功，而且缺少實用價值，不合我們當前的迫切需要，應該讓那些富有的國家去好整以暇的做去，成固可喜，敗亦無傷。我們所急迫需要的不是發展地熱，而是探勘石油的技術；不是電動車，而是不要進口零件，完全憑自己的力量造一輛在成本與品質上可與美、日、西歐等國產品媲美的普通汽車，我們更需要憑自己的力量造性能優越的坦克車。我們不需要研究抗癌，美國及其他富有進步國家用在抗癌研究上的經費與人力，豈是我們所能望其項背的，在這一方面，我們祗是等着利用他們的結果就可以了。我們所要做的，應該是研究中藥抗癌，這是外國人無法做，而我們處於較爲優越的地位的。至於人力資源利用屬於經濟設計部分，不是一個科技問題。農業增產則包羅萬象，我們無法評斷這個計畫是否適當。

假如我們來爲國科會借箸代籌，代擬幾個研究計畫或工作重點，內容便會有很大的差別：我們大造船廠正在興建中，我們亟需要從設計到建造完成的全部造船技術，造戰艦技術，造潛水艇技術；我們正在興建大鋼廠，我們亟需要鍊製各種鋼品，並在品質與成本上不劣於外國的鍊鋼技術；我們正在發展汽車工業，我們亟需要從設計到零件到裝配全部製造汽車過程的技術，而且要在品質及成本上不劣於其他國家，並希望進一步發展完全自造坦克車的技術；我們正在探勘石油，我們亟需要探勘、抽油、及煉油的全套技術；我們正在發展石油化學工業，精密儀器工業，電子零件工業，我們急迫需要這一方面的改進技術；我們的初級紡織品出口工業的國際競爭壓力不斷在增加，我們急迫需要發展像瑞士、英國那樣高級紡織品的技術；我們的農業正在全力推行機械化，我們迫切需要製造價廉物美，適合臺灣小型耕地操作的農業機械的技術；我們國家處境艱難，我們要保持强大武力，因而迫切需要自己製造火箭、飛機、及其他現代武器的技術；籠統一點說，我們還需要發展改進現有生產及發展新生產路線的一切技術；最後，恕我們說一句不甚莊重的話，我們還迫切需要國科會幫助改進一下電燈泡、螺絲釘等的製造技術哩。總括一句話，我們迫切需要國科會努力的工作項目實在是太多了，也太重要了，以前那有時間與精力去研究地震颱風，現在又那有時間與精力去研究地熱電動車呢？

以上祗是舉例性的就國科會的工作項目表示一點我們的淺見。此外，對於國科會的工作重點，我們願簡單的提出三個原則：㈠不要涉及純科學的研究，那是中央研究院的事；不要涉及科學教育與人才培養，那是教育部的事。國科會應集中力量於技術性與實用性的項目。㈡結合全國作此類研究的公私機構，分工合作，共同努力。對於公家機構，政府應賦與國科會以監督獎懲甚至人事大權，對於私人機構，應訂立輔導協助標準，由國科會予以輔導協助。㈢應成爲輸入國外技術的有力中介機構。

時乎不再，過去十餘年已經過去了。我們切盼國科會能切實把握未來的時光，將此一攸關國家興亡的工作做

好。（六十五年四月）

發展科技必須要立卽着手做的幾件事

我們中國人的智慧不能說不高，臺灣的教育建制不能說不完備，受高等教育的人數不能說不多，政府對科技發展的重視不能說不早，爲科技發展所撥的經費不能說不充裕，而臺灣接受外國科技知識傳播的機會不能說不大，也不能說不便利。然而二十餘年來我們的科技豈止未能有滿意的發展，而且尚未開始生根。當然，工業方面的技術有若干的進步，然都限於簡單的輕工業的技術，而這些技術大半都是企業界人士基於商業上的需要從國外輸入的，很少是我們自己的發明與創新。我們的科技發展對工業的貢獻假如有的話，也微乎其微。至於較高級的比較複雜一點的工業技術，如汽車製造、造船、電子等等，則連模仿抄襲都不能，祇有按圖裝配的能力，有時連裝配都要外國技師指導。我們也製造一點零件供裝配之用，然而這種零件如車身、外殼之類，更不需要多少技術。造成這種情勢，顯然不是任何客觀環境不利所能解釋的。

這種情勢絕不能讓其繼續存在下去，就經濟發展言，我們必須要在最短期間升段，全速發展需要大量科技的高級工業，否則我們便永無希望成爲現代國家。就國防需要言，看看我們所面對的兇狠敵人，我們發展科技更是刻不容緩。因此，我們必須要在這一關鍵性的時刻，全盤檢討過去科技發展完全失敗的原因究竟何在，並擬訂新的發展策略，從頭做起。檢討過去完全失敗的原因當然很多，但依我們的看法，最主要的原因祇有兩個：一是沒有實事求是的認眞精神；一是沒有有效率的辦事方法。在這種情形之下，於是便進行一些連自己都不相信有結果的計劃，做些輕鬆容易的工作，這無論如何不足以言科技發展。爲了整個國家的前途，我們要求政府有關各方面必須斷然改弦易轍，另擬有效的辦法，從頭做起。我們並願趁此機會提出下列三點，以供改弦更張的參考。

（一）建立完整的科技情報檔案。這是以最省錢最快速的途徑發展科技所必不可少的一個步驟。所謂建立科技情報檔案，並不是買幾本專門著作，買幾册工作手册，訂幾份科技雜誌，剪幾份報紙，陳列在一棟房屋中，供參觀展覽之用，便算是做到了。而是對科技發展的資料有細密的分類，嚴格的選擇，廣泛周詳的搜集、探求、收買，並且時間上要迅速，要接近最近最新的發展，同時本身研究的結果也要隨時加上去。這不是一件簡單的事，這得有專家主持、整理、分類，而尤其重要的是要以國家的力量作後盾，保持與國內外情報供應來源的密切聯繫。

這種情報檔案可以告訴我們前人已走的路，我們不必重複的走，我們祇是接着別人的路走。也可以告訴我們全世界第一流專家所發表的工作的結果，讓全世界專家已公佈的最新的知識都供我們之用，節省我們不計其數的時間、金錢、與人力，使我們得以迎頭趕上那些最進步的國家。據我們所知聯合國爲協助落後國家發展科技，曾在這些國家設立過這類的檔案。這種由別人公事化的來設立這類檔案，自然不會產生多大的效果，但他們設立的方法可以供我們參考。

（二）實例研究發展。我們中國人做事的最大缺點是凡事尙空談、講原則、大而無當的喊些口號，說些理論，而很少針對實際問題，一步一步的尋求解決。這種做事精神用在科技發展上永無成功之望，也因此我們的科技便發展不起來。爲實事求是，我們建議採用實例研究的方法，例如我們現在在工業方面所需要的是自己造汽車（戰車）、造船（軍艦、潛水艇）、煉鋼、造電視機、冷氣機、冰箱、發電機、農具機械、一般機械、照相機等等，這些就進步的國家而言，都已是成熟了四處散播的技術，甚至是陳舊的技術，稍具現代國家雛形的大小國家，如北歐小國，如澳大利亞，如印度，都具有這種科技知識，都有製造這些產品的能力，以我們的聰明才智，以我們的物質條件，我們有什麼不能製造的，而一定要長期停留在進口零件的裝配階段？是不爲也，非不能也。我們現在要用實例研究的辦法來校正缺點，來建立這一類的科技。所謂實例研究，以汽車來說，政府可以指定一個廠，一組人，在一定的期間內，用一輛進口的汽車做模型，從頭到尾全部製造一輛汽車出來，不能有半點東西是進口的，再以此爲根據求改良，求進步，求大量製造。汽車如此，造船如此，其他工業亦是如此。

（三）善用人才。在發展科技的過程中，人才最重要。我們時常聽說人才缺乏，找不到人，這是不正確的，推卸責任的說法。一千六百萬人中要多少人才都有，問題在發掘，在訓練，而尤其重要的在利用，在獎掖。人才是用出來的，不是叫出來的。人才不但要用，而且要有獎掖，要有引誘，要有壓力，才能發揮潛力，而發揮潛力的時候，就是人才利用達到最高峯，有偉大的成就的時候。人力的精華常是隱藏在潛力的那一部份中。

我們聽說清華交大有六十幾位年輕的回國博士，除了刻板的教書，傳授一點知識，培養更多的留學生外，想做點事而無從下手。那麼爲什麼不將他們分門別類的組織起來，將上面所說的實例研究交給他們去做。要他們造汽車、造船、造電視機、造火箭、造人造衛星，給他們優厚的待遇，不許擔任其他的工作，假如教書，也祇是爲了研究所從事的副業，不能超過一個課程。由此視國家的需要形成多少個研究小組，有一個需要就成立一個研究小組，再以每一小組爲中心，向國內吸引人才，訓練人才，及累積科技情報。

總之，爲了國家的前途，我們要在此沉痛的呼籲，科技發展必須改弦更張，我們深信我們所建議的辦法必可收到確實的效果，幸勿等閒視之。（六十五年九月）

現在應該是我們的科技爆炸時代

行政院蔣經國院長於二十七日上午在中國工程師學會第四十一屆年會上發表演講，指出爲了完成六年計畫，我們必須正視兩個問題：第一，人才的培養。各項建設中，經濟財政固然重要，但最重要的還是人才問題，有了人才，就能從事現代化建設。第二，注重研究發展。講求發揮高度智慧，運用多方面經驗，吸取先進技術，以加速、加深我們的建設。這些話可謂是一針見血之論。

我們知道自二次世界大戰開始，以迄於今天爲止，可以說是人類科學知識與與技術的大爆炸時代，這前後不到四十年的時間，在科學知識與技術上的進步，遠超過人類過去幾千年所累積的成就。這不僅表現在軍事方面，也表現在生產方面；不僅表現在工業方面，更表現在農業方面；不僅表現在經濟方面，也表現在醫藥及其他應用科學方面。其爲人類帶來的福利價值實在難以估計。

但是，非常不幸的，這種人類科學知識與技術的大爆炸，祇侷限於少數幾個進步的國家，可以說所有落後或正在發展中的國家，都無機會與能力參與，祇有袖手旁觀與坐享成果的份。而我們以一個以高智慧著稱的優秀民族，以一個在科學知識與技術上具有豐富歷史遺產的民族，竟也與其他落後國家或落後民族同列，除了留在進步國家的少數學人外，在這個大爆炸的時代中可說一無表現。不僅如此，連引進現成的知識，利用已有的技術的工作都不曾做好，實在是令人感到羞愧。

現在，爲了改善當前人民的生活，爲了確保國家的長期安全，我們要執行六年經濟建設計畫。而這個計畫能否執行成功，有兩個決定性的因素：一個是資金；一個是人才。對我們而言，資金不是一個問題，我們在國內有居世界前幾位的高儲蓄率，有歷年累積的三十多億的外滙準備，在國外則債信良好，祇要我們有消化的能力，我們可以無限制的吸收外資。所以決定六年經建計畫成敗的祇有一個因素，一個關鍵，那就是人才，也就是蔣院長所說的：「但最重要的還是人才問題，有了人才，就能從事現代化建設。」這裏所稱的人才，應包括現代管理與工程技術的人才。

假如我們一查六年經建計畫的目標與內容，則更可見出人才的重要性，或者更確切的說，科學知識與技術的重要性。六年計畫是一個改變經濟結構的計畫，是一個將勞力密集工業升格爲技術密集工業的計畫，是一個從落後的生產型態轉變爲進步生產型態的計畫。整個計畫的本身就代表一種技術的升格，一張引進外國進步技術與發展自己的新技術的藍圖，計劃的執行與技術的引進、生根、發展不可分，如何執行計畫與如何發展技術實在是一件事。

在了解了世界技術的發展情形與技術對六年經建計畫的重要性以後，我們便當冷靜的、周密的擬訂技術的發展計畫，包括政策、制度、與辦法在內。我們的目標不僅在便利六年計畫的執行，更要以六年計畫爲契機，培養出我們自己的技術發展力量，讓科學知識與技術在自己國土上生根，讓我們祖先所遺留下來的科學知識與技術種子在我們身上復活，來創造一個我們自己的科技爆炸時代。

關於如何引進外國的進步科技，及如何發展我們自己的科技，我們曾屢次發表社論，有所建議，不難覆按。我們在這裏不再重複這些建議，祇補充一點意見：我們深信種瓜得瓜，種豆得豆，有什麼因，結什麼果，世界上決無偶然倖致的事，亦決無不付代價，不經犧牲，便能得到豐碩成果的事。愈要成果豐碩，便愈要付出重大的代價與犧牲。在世界科學知識與技術爆炸的時代歷時將近四十年，而竟無我們參加；在經濟發展歷時將近三十年，而技術竟不能起飛，仍停留在勞力密集工業與零件裝配工業的階段，豈是偶然現象，必然是在現在的有關科技發展的觀念、態度、制度、政策、辦法、機構、人事等等因素中，存有重大的缺點，阻礙了我們科技的發展。對這些因素不下決心剷除改進，以後的科技發展也就難望有前途。

現在蔣院長既已明白指出科技發展的重要，那我們全國上下便應在政府的領導主持下，認眞檢討過去科技不能發展的原因，並針對檢討的結果，一步步，一件件，作新的部署，創造出一個中華民國的科技爆炸時代來。爲了恢復我們中華民族的光榮與驕傲，爲了建設一個進步的中華民國，爲了提高我們在國際社會中的地位，爲了確保我們民主自由的政治經濟體制，我們多麼渴望這樣一個爆炸時代的來臨，願國人一致奮起，爲製造我們的科技爆炸時代而努力！（六十五年十一月）

柒、民生主義與社會建設

重新解釋節制資本

中央決策方面最近將要舉行一項會議，以如何節制資本爲主題，俾使國家濟濟建設走上民生主義全民均富的最高目標。近二十年來，政府及民間所一直關心的，都是如何穩定經濟，如何發展經濟，對於經由多方努力後究將建立一個什麼樣的經濟制度，還沒有給與足够的關切，至少是不曾有過通盤的規劃。政府曾於民國四十年前後實施耕者有其田，這是屬於建立經濟制度的一部份，但那是針對當時情勢，因應當時局面所採取的一種孤立性的行動，並不是有系統的建立某種經濟制度，也不是將其看作整個經濟制度中的一部份。因而形成了今天土地民生主義化，資本資本主義化的跛脚制度。國父平均地權，節制資本的遺教，也顯出前一半那樣執行，後一半這樣執行的畸形現象。在若干年前，經濟尚不十分發展，私人資本累積尚在發軔階段時，這一問題尚未爲人所注意。現在則資本家由少而多，由小而大，跛脚制度便愈來愈使人感到惶惑，而不得不求解決了。如今，中央決策方面有此決定，實爲明智之擧，令人欣慰。我們亦願就此問題提出若干意見，供中央決策方面之參考。

民生主義的精義在於平均地權與節制資本。平均地權，節制資本的精義則是由社會來控制土地與資本這兩大生產工具。社會來控制這兩大工具，社會便可按照一定的法則來分配生產的成果，而財富的平均分配問題也就從根解決了。所以 國父說：「民生主義就是社會主義」，就是這個意思，誰是最高最大的社會組織呢？國家，所以要發達國家資本。

但是發達國家資本能不能解決所有經濟問題呢？不能。這是因為追求利潤——亦即追求生活的改善為人類天性，人類為追求利潤，不惜冒險犯難，辛勤奮鬪，甚而犧牲生命財產去創造、開闢、革新、改進、而且永不停息，有了此一動力的存在，於是生產乃得提高，人類生活乃得改善。國家資本則缺乏這種活力，前幾年蘇俄的經濟改革，捷克的革命，今年波蘭的暴亂，都是肇因於此。所以國父雖然主張發達國家資本，但不主張消滅私人資本，而僅是節制而已。

明瞭了這些關鍵之點以後，則對於建立民生主義經濟制度，當前所應當走的路便十分明顯了。那即是讓私人資本充份發揮作用，而由國家或其代表者——政府加以節制。國父所稱發達國家資本，是指投資於關鍵性的事業而言，政府掌握關鍵性的事業，即可控制及影響非關鍵性的民營事業，所以發達國家資本本身不是目標，而是節制或控制私人資本的手段。當然，政府控制私人資本的手段很多，發達國家資本僅是這些手段中的一種，而且不一定是很有效、很重要的手段。

至於節制私人資本，一般人解釋為節制私人資本的數量，不使其過於龐大。因為有此解釋，所以對於目前日益壯大的私人資本，便感到不安。其實數量的大小多寡完全是一種由比較而產生的觀念。在經濟開發初期，有三五十萬元也可以算得上是資本家，但在經濟充份發展的社會，有三五十億元財富的企業家比比皆是，他們所擁有資本數量的多寡，直接影響到社會的榮枯。私人資本多，對於整個國家和社會，並不是一件壞事。若論民生主義節制私人資本的精義，實在是控制私人資本的運用方向，使其符合社會與國家的利益，與數量大小無關。祇要私人資本的運用，能符合國家的利益，則資本在國家手中抑在私人手中，便無區別；而數量的大小，也無關宏旨了。在這裏要强調指出的，是控制私人資本運用方向，並不是干涉限制私人資本的每一項活動，使其束手縛脚，不能發揮私人資本應有的功效。而是利用國家資本以及財政、金融、其他經濟手段，讓私人資本自然的走上與國家利益相符合的道路。

但節制私人資本，如果照這一解釋採取行動，一定會發生財富過度集中，貧富不均的現象。對於這一問題的解決，必須了解三點：①經由正當途徑而產生的財富集中，與學問集中於少數人一樣，是個人聰明才智勤勞努力的結果，不宜過份抑壓，但可用課稅方法減輕集中程度；②重點應放在這些財富的使用是否適當上，應以課稅或其他方法阻止個人浪費這些財富；③不容其大量傳之子孫。這些都是政府容易做到的事，因而這一問題也是一個不難解決的問題。

總結上面所說，則我們在這一方面的正確政策應該是：㈠讓私人資本儘量擴充，充分發揮作用；㈡控制私人資本運用的方向，使其與國家或社會的利益相符合，最重要的，是有助於大多數人民生活的改善和提高；㈢運用國家資本，財政，金融，以及其他經濟手段，引導私人資本走上與國家利益相符合的道路，避免干擾妨礙私人資本的自由活動；㈣因私人資本累積而產生的財富集中，國家及社會應作某種程度的容忍，但可採取行動，防止個人浪費此種財富及將其財富傳之子孫。

以上四點，實在是世界潮流之所趨，完全符合 國父遺教精神，而在臺灣執行起來亦不發生任何問題，對於經濟發展及穩定亦無不良影響。希望決策當局在進一步討論這一問題時，能參考我們所提出的這些意見。

（六十年一月）

逐步推行社會福利措施全面實現民生主義

日昨我們已就如何加速經濟發展，增加生產，造成豐裕社會，有所論列。茲進一步就如何對此增產之財富作合理之分配，使全國人民各得其所，提出我們的看法。

自十八世紀以來，資本主義爲人類帶來巨大的財富與日益增高的生活水準，同時也爲人類帶來無窮的災難與痛苦。目前舉世擾攘，共產邪說横行，主要卽肇因於資本主義制度下的財富分配不平均。西方進步國家早已有鑒於此，自十九世紀末期卽已開始實施社會安全制度與福利措施，求能減輕資本主義之災害，確保社會之安寧與秩序。

二次大戰以後，此等國家爲順應大勢，更一方面藉累進稅率，另一方面藉全面社會福利措施，對社會財富作重分配，保障每一國民之合理生活。二十餘年之動盪紛擾，此等國家仍能在政治上保持民主，在經濟上享有自由，安享其有秩序之富裕生活，未爲共產橫流所呑噬者，端賴此平均社會財富之措施。西方進步國家之政治家實可謂之有遠見。聯合國創立之初，即鑒於國際政治問題之解決，世界和平之維繫，發展經濟，消滅貧窮爲不可缺少之條件。同時亦了解經濟發展而不伴以社會改革，使廣大人羣之命運得以改善，仍不能解決問題，因而設立經社理事會，將經濟發展與社會改革並列，其着眼點亦全在於此。

保障全體國民之合理生活，使各得其所，本爲我國二千餘年來之政治理想——大同世界，載於禮運大同篇。國父奔走革命，接受西方思想潮流，揉合於我國固有文化之中，因此對於如何平均社會財富，創造一均富之社會，在其遺敎中曾三致其意。曰平均地權，曰節制資本，曰謀求衣食住行四大生活要素之解決，均在求社會財富之平均與全體國民合理生活之保障，並一再申言民生主義即是社會主義。中華民國憲法秉承 國父三民主義遺敎，對於實施社會福利措施，保障國民合理生活，曾列有專章專條。

綜上所述，則無論從世界大勢看，我國固有文化看，國父遺敎及憲法看，乃至從現實利害看，全面實施社會福利措施，保障全體國民合理生活，實爲由中國國民黨所組織之政府不可推卸之責任。乃自國民革命軍北伐以後，軍事粗告底定，政治設施因內憂外患交相煎迫，一時未遑展開，民生主義之實施遂告一再延擱，使國民黨與其所組織之政府失去特質，迷失目標，缺乏響亮之口號與號召力，遂爲共黨所乘，區區一虛僞之所謂土改政策，即足以傾服外人，誘惑國內青年與知識份子，言之令人痛心。

三十八年政府播遷來臺，銳意革新，毅然實施耕者有其田政策，使中外人士對政府之觀感爲之一新。六百萬農民謳歌政府德政，無數知識份子亦爲之同感振奮，而國際人士之讚揚欽佩，則迄今未衰。然而此所謂土地改革或實施耕者有其田，祇不過 國父遺敎之一端，且其效果僅限於經濟發展落後之社會，在一高度發展之社會即無甚意義，然政府所得到之報償，竟有如是之豐碩。則如政府進一步推行社會福利措施，全面實現民生主義，其對人心振奮，國民團結，國際觀感，及國際地位之有利影響，豈可以道里計。不幸，過去二十年來，政府傾全力於經濟發展，以增進社會財富為首一目標，而對社會發展則不免有所偏失，然而如國民就業之輔導，勞工及軍公敎人員保險之推行，最低工資之保障等，仍能獲得普遍的讚譽，惜乎成效未彰，未能形成一完善的社會福利制度，殊不足以消滅經濟快速發展中之畸形現象，適應廣大人民之需要，滿足一切有理想、有抱負的知識分子之社會良心。今日若有人詢及民生主義經濟社會之特質為何？現有經濟設施又如何能到達民生主義的理想社會？衡諸目前情況，恐難有人能提出具體而明白的回答。

因此，我們懇切籲請新閣毅然宣佈逐步推行社會福利措施，全面實現民生主義，為其重要政綱之一，並立即付諸具體行動。我們之所以主張「逐步」推行，是因為玆事體大，而客觀條件並不完備，遽爾全面推行，挫折堪慮，而以我們今日之處境，則不容許有任何挫折和差跌，為求萬全，遂不得不採逐步推行方式。當年土地改革亦係如此。至於如何逐步推行，則我們願就所知，提供下列意見。

（一）新閣設立一社會福利委員會，起用青年有為之士主持，並徵聘考選大量知識青年充作幹部，千萬不宜在舊官員中指派人員主持，並就現有有關機關人員合併組成之，此係重大新政。行新政，宜用新人。

（二）該委員會並不立即展開實際業務，主要任務應為廣事收集國內外社會福利資料，針對我國需要及實況，設計一套完整之社會福利制度，並針對我國經濟及社會發展階段與財政負擔能力，分別輕重緩急，擬訂分期實施計劃。

（三）在研究工作及分期實施計劃完成後，即將該委員會改組為社會福利部。

（四）社會福利部第一期工作應為就現在已有之社會福利措施加以整理、合併、與改進。此將包括青年就業、勞工保險、公務人員保險、國民住宅、公共衛生、社會救助等項。在現有社會福利措施整理完竣後，再開始新項目的推動。

（五）財政與預算必須早作配合行動。

當然，所謂民生主義福利社會，乃今日全人類所共同追尋的目標。在建立過程中，既須絕對保障私有財產，基於人性，以維護經濟生產的動力；又須兼顧大多數人民的福祉，藉以實現社會的公道，其中千頭萬緒，實非一蹴可幾。然而執政黨以實現三民主義，建立自由、民主、平等的社會為其最高目標，而今日欲破斥共產主義邪說，推翻能力可以勝任，其官民之摩擦、不便、及其他流弊豈可勝數。現在擁有大量房屋之機關，其房屋之分配與修理，早已成爲舞弊之淵藪，不知浪費多少公帑，豈可將此種不良現象擴大及於全國。而且住戶自有房屋與租賃房屋在心理上有極大之差異，其對房屋之維護與愛惜，在態度上亦完全不同。

因此，我們極力建議所有國宅一律出售，將分期付款期限延長至二十五年或三十年，政府予以低利之優待，使其各期所付之款與所付之房租相差不遠，容易爲住戶負擔。在房款未繳清以前，准許住戶以極簡單手續將房屋隨意轉讓，政府不必加以限制。實際上，這卽是若干進步國家所實行之辦法。

(三)政府出面興建廉價之國民住宅誠然爲社會福利措施之一，但並非救濟行爲，政府出售價格必須要能收回成本，各住戶亦必須要照承購時之契約切實履行其義務，如有違約霸佔，拒不繳納價款情事，應不必經過法律程序，立卽強制其遷出，如有損毀，並令其賠償。此點十分重要，過去國民住宅政策之失敗，住戶霸佔房屋，拒不繳款，社會給與同情，政府不嚴格執法，爲最重要的原因。救濟與情面之觀念必須澈底清除，否則國民住宅政策之推行絕無成功之望。

(四)政府興建國民住宅既非救濟行爲，而係一種正常的交易買賣，則對於承購對象及房屋之轉讓與處理，便不宜多所限制，訂出若干令人望而却步的防弊辦法，使政策本身反而窒礙難行。

(五)我們完全贊成政府爲興建國民住宅，應設立基金，以便能低利運用，減低房屋興建成本，同時既有基金之設，則每年均可完成若干棟，而且基金可循環運用，生生不絕，對於國民住宅之不斷增建，將有莫大之助益。

(六)原辦法對於運用金融機構力量及吸收民間儲蓄用於興建住宅上，曾有原則性之建議，我們亦甚爲贊同。國民住宅所需資金甚巨，自非政府之力量所能單獨勝任，運用金融機構及民間本身力量爲一極正確之途徑，有關方面宜從此一方面籌劃建立一切實可行之完整制度。

與建國民住宅應爲新閣要政之一，幸望愼之於始，指派專家成立臨時研究小組，廣事收集各國資料，參照我國過去實施缺失，擬訂詳細周密之制度及執行步驟，再宣布實施。此次不推動則已，一推動卽必須成功。

(六十一年六月)

大陸毛僞暴政，此正所以說明爲何而戰，爲誰而戰之根本要圖。我們深望新閣成立後，能立卽明示其社會福利的政策，並積極加以推動，只此一端，卽足以令海內外耳目爲之一新，而臺澎金馬基地將因此而更加鞏固，大陸七億人心，亦將因而獲得莫大的鼓舞！（六十一年五月）

逐步推行社會福利措施的第一步

——欣聞政府將改進國民住宅的興建

有關方面爲了改善國民居住環境，已經研擬了一項興建國民住宅改進方案，正呈報行政院核示之中，依據報導，除將修改各有關法令外，新方案主要內容有：㈠今後興建國民住宅應改以出租爲主，而以出售爲輔；㈡由中央、省、市政府編列年度預算，設置國民住宅基金；㈢全面調整中央、省、市政府有關興建國宅之機構，以配合此一新政。

國民住宅爲維持人民合理生活水準基本項目之一，政府有責任對此項問題加以適當解決，尤其在快速經濟發展及快速都市化之現狀下，政府亦不得不出面予以解決。故本報曾一再主張將興建國宅列爲社會福利項目，並優先實施。過去政府對國宅之興建並非沒有注意，遠自俞鴻鈞內閣時代，中央卽有國宅興建委員會之設，省市亦有類似機構，然始終未能收到預期效果，所謂興建國宅僅徒具形式，對日益嚴重之國宅問題，可以說絲毫未產生減輕影響，自更談不上解決了。追溯原因，人謀不臧，制度不備，執法不嚴，兼而有之。今新閣就任伊始，卽有全面改進之議，足見新閣對人民基本福利之重視，以及篤踐力行之精神，我們於欣慰之餘，並懲於過去之曠久無功，特分條提出下列意見，幸望新閣及有關機關注意及之。

（一）由於臺灣幅員不廣，國民住宅之興建與管理，必須集中於中央政府，以便統籌財源，按全國各地需要情形作適當之分配。政府並當起用青年有爲之士主持其事，先作周詳之策劃，建立必需之制度，然後認眞執行。千萬不可爲求急效，草草行事，而後漏洞百出，以致將大部份財力物力用於補偏救弊工作上。

（二）我們堅決反對以出租爲主。試想政府成爲若干萬戶房客之房東，日日從事出租轉租修理維護之事，縱然

我們對建立公務人員年金制度的看法

行政院為安定公務人員生活，增進公務人員福利，正式成立一個專案小組，就如何建立年金制度的問題進行研究。據傳公務員繳付的年金，已初步決定每月以不超過本薪百分之二為原則，以免增加公務員的負擔，並傳為維護公保制度，年金制度建立時，政府亦考慮將公保費率酌予提高。我們一向認為一個適合國家需要的現代化的文官制度不但是廉能政府的要件，而且也是政治及社會安定的基石之一，而公務員年金制度則是現代文官制度重要的一環。因其關係重大，我們願在政府開始研究並預備建立此一制度時，提出我們的看法，供有關方面的參考。

首先我們要澄清關於公務員待遇低的一個觀念。我國公務員待遇誠然偏低，需要改善；但公務員待遇低並不限於我國，而是全世界普遍的現象。我們常以美國公務員多少待遇，新加坡公務員多少待遇，來形容比較我國目前公務員待遇低。殊不知美國公務員新加坡公務員待遇與他們的平均每人所得比，與他們的工商自由職業及技術界人士收入比，其低的程度，與我們公務員的待遇與我們平均每人所得比，與工商自由職業及技術界人士收入比，低的程度可能相當，其所以如此的原因，是因為公務員這個階層在整個社會中的地位與性質正在變動中，而且愈是進步的社會愈是如此，純從收入的觀點看，公務員是一個不甚值得熱中的職業。但從事公務員這一職業，不應僅是為了收入，還有榮譽、權力，為大衆服務等因素在內，以補償收入低的損失。

但由於公務員待遇低的觀念深入人心，少數不肖之徒便以此為藉口而對國家造成種種不可補償的損害，例如：(一)作為貪污舞弊的藉口；(二)作為工作不力或能力低的理由；(三)作為不肯退休，佔據位置，置國家利益於不顧的理由；(四)作為佔住公家房屋出租轉讓，侵佔國家財物，破壞國家法紀及政府威信的藉口；(五)作為另設財團法人一類機構，運用國家權力及各種設施與便利以圖私利的藉口；(六)作為巧立名目，設立各種福利及獎金，使各機關待遇懸殊的理由。再加上各級主管官員不識大體，徇情阿私，曲予庇護，遂使公務員及一般社會視法紀與政府尊嚴為無物，誠令人痛心之至。現新閣既銳意革新，對於所有這些衰敗現象都必須施其鐵腕，痛加掃除。而另一方面，參照我們的平均每人所得水準及工商各界收入情形，訂定對公務員的合理待遇，包括其退休後的終身生活，亦即年金制度，亦爲應有之擧措。所以，年金是整個公務人員待遇的一部份，似不宜單獨訂定，單獨訂定收不到預期的效果。而公務員待遇又是現代文官制度的一部份，也不能單獨訂定，單獨訂定也收不到預期的效果。因此，我們認爲這個問題既已拖延了若干年，也不必急在一時，不妨以一年或更長一點的時間，指定專人設計一套現代文官制度，將公務員待遇及年金制度均包括在內，從根解決建立一個廉能政府的問題。

單就傳說中的年金制度而言，我們也還有幾點意見：

（一）如果公務員繳付的年金不超過其本薪的百分之二的傳說爲屬實，則除非政府有大額的補助，否則不切實際，而政府大額補助勢將加重財政負擔。以目前公務員本薪之低，月繳百分之二絕不能使公務員退休後可以安享餘年。我們不能爲減輕目前的負擔而從根破壞此一制度的作用。究竟應該繳多少，應根據各種因素作極科學的計算，不能遷就現實隨意決定。政府則應加一倍補助，例如公務員繳本薪的百分之十，則政府當補助百分之二十。

（二）年金係獨立於政府預算之外，爲公務員本身所有的基金，政府應設專門機構負責管理與運用，平日操作獨立於立法與行政系統之外，不能隨意干涉。

（三）在年金制度建立後，所有退休金優利存款及公保養老給付等辦法一律廢止，公務員老年保險可與其他國民一樣，自行向保險公司投保，在社會福利制度未普遍實施以前，政府不負擔此項保險之盈虧責任。

（四）從年金建立之日起，所有公務員一律適用年金制。在此以前公務員所已經享受之有關權益，則政府可訂定幾項選擇辦法，或則併入年金中計算，或則聽其享有該項權益至年金建立之日止，總以不使公務員受損失而又能保持完整之年金制度爲原則。

最後，由於玆事體大，我們僅建議廣事收集進步國家及聯合國之資料，作周詳之研究與設計，寧可延長建立時間而求其完備可用，不可爲求迅速而倉卒定議，以致欲速則不達。（六十一年七月）

調整勞工基本工資宜慎重其事

政府爲因應經濟發展的需要，擬比照民營事業平均工資的增長情形，將基本工資提高爲每月新臺幣八百元，這是自民國五十七年三月以來第一次的調整，調整幅度爲百分之三十三點三，與上次調整幅度同。

這段簡訊並沒有說出決定最低工資的標準及詳細計算方法，衹說比照民營事業平均工資增長情形及增加率與上次同，但這兩者都不是合理的科學的標準。我們十分希望這次的最低標準不是根據這兩者決定的，否則便太過草率，而最低工資却關係着無數工人的切身生活甚至生存，是一個十分嚴重的問題，我們絕不可以草率簡單的方法來解決嚴重而複雜的問題。至於八百元是否是一個合理的數字，我們在沒有得到詳細的資料前，自不能下斷語，但却可以提供幾個決定最低工資的重要考慮因素。

（一）我們是一個以民生主義相號召的國家，執政黨更以實行民生主義爲其職志，而所謂民生主義則是一個求財富分配適度平均，保障勞工及農民大衆享有合理生活水準的主義，所以勞工及農民的所得與生活水準必然成爲政府施政的重點之一。對於農民的所得與生活水準，政府現正撥出巨款全力提高與改進之中，預料很快即可產生效果，至於勞工，大都市較大規模工廠及公司行號之普通勞工，以及技術勞工，在工資與工作環境方面可能獲得較適當之待遇。但在較偏僻地區及所謂中小型企業中工作之普通勞工，其工資與工作環境是否合理，便很值得懷疑。而我們的工商業百分之九十爲中小型企業，此種普通勞工人數當不在少數。我們擬訂最低工資，首先便須使此種工人得到合理待遇，使其本人及眷屬得以維持合理之生活水準，否則便違背了民生主義經濟制度。

（二）必須能維持勞工之起碼生活水準。如前所云，所謂最低工資必須能維持勞工本人及其眷屬之起碼或合理生活水準，而所謂起碼或合理生活水準乃一活動標準，隨整個社會生活水準之上升而上升，並非如以前之觀念，僅以維持工人之生存爲已足。美國普通工人之起碼生活水準可能相當甚或超越我國中產階級之生活水準，而我國工人之起碼生活水準又當遠超越赤貧之落後國家工人之生活水準。如果接受此一觀念，再觀察參酌我國社會生活水準情形，便可了解每月八百元之最低工資距離實際需要甚遠。試想每年不過一萬元之所得，如以四口之家計算，每人每年不過二千五百元，折合美金不過六十二元五角，而我國平均每人所得則爲三百二十九美元，其不平孰甚，以如此工資，又如何能維持合理之生活水準？

（三）必須與生產力相配合。就長期觀點言，工人之工資應由其生產力決定，亦卽由其對生產所作之貢獻決定。如工資超過其生產力，將使整個經濟發展受到阻礙，此絕非我們所樂意見到者。但另一方面，工人工資決不應長期太過低於其生產力，而長期大量受到資方之剝削，就我國目前實際情形言，出口工業之能蓬勃發展，外人直接投資之源源而來，顯然由於我國生產成本低廉，利潤優厚，而分析到最後，則爲工資廉而工人品質高，換言之，卽是工資遠低於工人之生產力，使工人應得之一部份爲資方所得。尤其因爲我們缺乏强有力之勞工組織與完善之勞工市場，使得此種現象更易存在，更易普遍。爲經濟快速發展之前途着想，我們並不反對在當前環境及發展階段下，讓工資低於其生產力，讓投資者有較優厚之利潤，以刺激經濟進一步之發展。我們不僅不反對，還認爲爲全社會利益着想有此必要。但我們堅決反對不合理的壓低工人工資，使其生活水準與社會一般水準脫節。基於此一觀點，我們也要求對八百元之最低工資標準重作考慮。

此外，我們願意很沉痛的在這裏指出，卽使是現行之六百元所謂最低工資標準，亦未普遍認眞執行，卽使在如此低微之最低工資下，我們確切知道若干廠商仍以種種藉口，對無組織、無知識、無援助之工人給與最低工資以下之工資，我們認爲以後無論最低工資訂於何處，嚴格執行最爲重要。

如何決定最低工資及如何切實執行，就我們的經濟制度言，就我們目前的環境需要言，均爲極端重要之施政，在無强有力勞工組織之情形下，惟有依賴政府作公正與確實之決定，我們不能同意前述我們所提及之決定標準，應再就各種因素予以詳細研判，作愼重之決定。（六十一年十一月）

興建國民住宅是一個組織與運用的問題

報載決策當局曾指示有關單位積極進行國民住宅之興建。隨後又有報導，謂政府無法籌措大量資金，將鼓勵民間興建。我們對於這二項報導一則以喜，一則以憂；喜的是前者，憂的是後者。

關於國民住宅的興建，我們曾屢次撰寫社論，反覆申述其重要性與推進的方法。我們之所以這樣做，是因爲住在食衣住行育樂六大民生需要之中，僅次於食衣二項。於今食衣二項需要，就一個開發中國家的標準而言，可算已完全解決，至少就我們所能見到聽到的，全國已無凍餒之人，雖然就進步國家的標準而言，尙待改進之處仍多。其餘住行育樂四項除教育普及外，則距離必需的要求尚遠，而尤以住的問題對民生關係最密切，也最急迫。這個問題不澈底解決，則由於經濟發展所增加的一點個人所得，將爲房租及高房價吸收以去，一般人民得不到經濟發展的實惠，徒爲少數囤買囤賣房地產者製造暴利，而財富分配將因此而愈不平均。

住的問題之所以一再拖延，未作長期澈底的解決，不外二個原因：（一）政府官員及社會對於住的問題未能給與應有的注意，這是受了舊觀念的影響。在一個貧窮的農業社會，衣食不全，凍餒堪虞，無暇及於住，所以住不是嚴重問題。但在一個富裕的工業社會，衣食問題早經解決，剩下來住就是最重要最急迫的問題了。而由於迅速的都市化，使得這一問題更形嚴重。然而我們是身在富裕的工業社會，而心（觀念）在貧窮的農業社會。（二）一個疲滯的效率不高的社會，往往以「沒有錢」作爲懶做事的藉口，而我們的國宅興建之所以缺少進展，就是因爲「沒有錢」。其實，以我們目前的所得水準及政府財政收支規模，籌集適當的財源應該不是問題，問題在於如何組織及運用這些財源而已。這也是一個觀念問題，以爲沒有錢，便坐在那裏叫沒有錢，也就永遠沒有錢而一事無成。一個積極進取的社會，即使眞的沒有錢，也會做出事來。關鍵在人、在觀念、在能力、在組織、在運用、不在錢。

由於國民住宅問題在未來的歲月中將日形嚴重，不僅是關係到人民有無房屋居住，而且還有財富集中，投機取巧，敗壞社會風氣的問題；由於我們是民生主義經濟制度，政府有責任爲人民解決住的問題，尤其有責任阻止房地產集中於少數人之手。大多數人住無屋，而少數人以房地產作爲剝削他人的工具，即使在純資本主義社會都不容許，何況我們是民生主義社會。因此，我們願在此誠懇迫切的直接向決策當局建議：

（一）臺灣在地狹人稠的先天條件之下，再加上快速的經濟發展與都市化，房地產早已成爲稀有之物，成爲囤買囤賣的對象，成爲暴利致富的捷徑，成爲剝削他人榨取經濟發展成果的工具。在這種情形之下，而竟然鼓勵民間投資興建國宅，還要給以種種優惠，這豈僅是與虎謀皮，而且是爲惡虎添翼。試問民間興建國宅，有幾人不純自牟利的動機出發？有幾人能本諸服務的熱忱，使完全符合國家的政策？當初有這種構想，作這種建議的人，既不知世界潮流，又不知本國經濟制度與實況，眞可謂爲無知。因此，我們願坦率陳辭：所謂鼓勵民間興建國宅之說千萬不可採行。此一要政必須由政府辦理，沒有錢也得辦，辦不好也得辦，不能將政府應負的責任輕輕往民間一推而了事。

（二）現在與國宅興建有關的一些機構，無論觀念、學養、能力、操守，恐均難切合實際需要，其多年來負此重任，並未能拿出一套切實可行的辦法，以獲致預期的成效，即可證明。似此等機構，大可棄置不用，聽其自然淹化。而另在最高行政機關設立一新的機構，負策劃推動及監督之責。此新機構全部人員應不超過一百人，由一閣員級的高級人員主持。

（三）派遣精幹人員組織考察團，至歐美新加坡等地詳細考察，（其實我們已有過太多的這種考察）回國後就住宅興建之推動、財源、所有權、付款辦法、式樣、技術等等作一報告，再參酌本國情形，建立一套興建國宅之制度及計劃。

（四）報載中央政府有預算盈餘二百餘億凍結在中央銀行，似可撥出一百億作爲國宅基金。省市兩政府應在三年之內各籌五十億。臺灣銀行與臺北市銀行接受無息之公庫存款甚多，應各貸無息貸款五十億。以上三項共三百億元作爲基金，再按市場流行利率發行債券募集一部份資金，與基金混合，即可以極低利率融通國宅資金。

（五）在省市適當地點征購土地，無論公有私有一律按合理價格征購，並課征土地增值稅，此項增值稅即撥充國宅基金，任何人不得違抗。這裏有三點屬於觀念方面的要予以進一步說明：①我們政府對人民財產與權益之保障，遠超過資本主義國家，違背世界潮流；②國民無公共紀律觀念，無社會責任觀念，貪婪自私，政府未能予以嚴格管教約束，這不能成爲一個有秩序的現代國家。報載高速公路可因一棟房屋拒不遷讓而使工程受阻，桃園機場因土地征收遷延不決有年後方始解決之說，凡此未聞政府即時採取有力行動，予以制裁。這絕對與民生主義及現代國家要求不合；③在臺灣這種地狹人稠之情形下，無論土地係公有私有，都已是社會化了的財產，即已是爲社會所有，私人對私地並無全權，政府有全權爲公益而處置任何土地。我們願在此要求政府針對臺灣實況，民生主義精義及世界潮流頒訂土地所有權法及土地使用法。

（六）國宅應分中產者、次中產者及貧民三種，一律付款住屋，先繳價款四分之一，其餘分二十年付清，嚴格執行。國宅興建不能寓有救濟之意，否則整個制度便會完全破壞。

我們深信在此項建議之下，十年之內，全國住宅問題即可完全解決，而房地產投機及暴利現象亦可完全消除。

（六十四年一月）

我們對於年金制度的主張

有關機關現已着手研究企業建立年金制度的可行性，初步結論認爲可行，並提出具體建議。主要內容爲（一）年金制度應由政府統一建立，經過立法程序，制訂具體辦法。（二）年金制度之對象爲所有民間營利事業及財團法人之所有員工。（三）年金制度可合併於目前勞工保險制度中。（四）被保險人退休時可按規定申請年金給付（即月退休金）或一次給付。（五）給付按基數計算，此基數以被保險人最後任職五年的平均月薪爲準。（六）年金給付按年資計算，由基數的百分之四十至七十。（七）如遇物價有重大波動，年金給付標準應調整。（八）給付中如基金不足，由國庫負擔。我們知道，此項建議，是在行政院研究發展考核委員會的一項研究報告中提出，主要的參考爲日本厚生年金保險法。

先是，財政部爲加强國民儲蓄，有效收縮通貨供應，藉以穩定經濟及增進受薪人員之福利，保障其老年生活，大體上參照新加坡及馬來西亞之經驗，擬訂「公積金條例草案」，於數月前報請行政院核議。其要點爲：（一）初期計劃自公民營事業機構、團體、學校之受薪人員開始辦理，然後逐步擴及個人或家庭僱用人員。（二）公積金由受薪人及薪資給付人按月入現金繳百分之五，共爲百分之十。（三）有年滿五十五歲死亡，購建自用住宅，失業達六個月以上等情形者，可提領公積金。（四）公積金由主管機關予以運用收益。

我們現在還不知道政府對於上述兩案將採擇何者，或另找第三案，惟政府之正謀求積極建立年金制度，則可以確定。因此我們願一述對於年金制度的主張。按年金（Pension）的意義是於人們退休以後，可照常領取規定數額的收入，以維持生活。近代社會的劇烈變遷，發生了兩種現象：一是平均壽命大爲延長，如臺灣人口在光復時平均約五十歲左右，而目前已達七十歲左右。但各公私機構由於新陳代謝的需要，退休年齡仍無多大改變，因此社會上無業的老年人日益增加，茫茫前途，釀成嚴重的社會問題。二是家庭制度的改變，互相扶助的大家庭已不復存在，代之以小家庭的自主生活。因此要子女來奉養老年父母可能性日低。所以年金制度的需要乃日見迫切。再就時機來談，我國近年來經濟發展，企業規模逐漸擴大，人力資源逐漸缺乏，所以應有能力和必要以致力於員工的福利的增進。雖然目前各業正處於不景氣，但不久可望好轉。立法需要一個相當的時期，積極進行，正可適時配合。年金制度的實施，既可使國家進入現代化，又符合憲法一五五條「國家為謀社會福利，應實施社會保險制度」的規定，因此我們在原則上，希望這項制度，能够早觀厥成。

不過在實際執行方面，對於這樣一個規模宏遠關係重大的制度，自不能草率從事。我們現就前述行政院研考會和財政部兩案為基礎，加以討論。

首先，就實施的範圍來說，我們贊成財政部的草案，即初期自公民營機構、團體、學校之受薪人員開始，再擴及個人及家庭僱用人員。因為年金制度既為社會保險之一種，即應以全民為對象。且愈是沒有正式職業及家庭僱用的人員，往往對年金的依賴愈切，因此雖目前也許能力不及，但仍當懸為普遍實施的目標。

其次，年金制度是一種社會的福利措施，而公積金制度顯然着重財政的目標，旨在收縮通貨，並提供國民住宅及其他公共建設計劃等之資金。但是兩者是無法兼施的，必須擇一而行。如果通過了財政部的公積金辦法，年金制度就很難獲得實施的機會。所以我們希望政府在抉擇時作審慎的衡量。而就長遠的建國目標來看，則年金制自比公積金制合理得多。因為公積金只是單純的一種儲蓄方式，而年金制則徹底的能够解決老年人的生活問題。

不過，年金制之所以能解決老年人生活問題，是由於它保證定期的對於沒有工作的老年人，作足以維持其最低限度生活的給付。如果受益人所繳的費用不足支付時，由政府列入國家預算來開支。一切管理費用亦由政府開支。譬如現行退休制度中的「一次給付」，就不應視作年金。但是要實現這樣一種年金制度，就要具備相當的條件。譬如現在各機關退休辦法中，有「一次給付」和「月退休金」兩種任憑選擇，後者即是年金，但許多退休人員則多選擇前者，因為月退休金由於物價波動等關係，缺乏保障。假使按研考會的建議，遇物價有重大波動時，年金給付標準應予調整，則其調整之數勢必由政府負擔。這數字將十分龐大，政府又將如何籌措財源以資挹注。觀乎公教保險，承保機構每年要賠累一億餘元，全面實施年金制，則政府所負之風險，自應預為計及。

總之，我們樂觀年金制度之實現，但也希望政府謀定而動，俾能達成預期的目的。（六十四年五月）

接受外人及國內大財團投資的範圍問題

經濟部長孫運璿氏於日昨在四十四年國家建設研討會上回答回國留學生的問題，曾宣稱基本工業不接受外人投資，以免操於外人之手，控制民族工業，亦不准國內大資本家投資，以免被大資本家把持，妨礙中小企業的發展。孫氏談話，實際上係復述民生主義的原則，亦即我們在經濟方面的基本國策之一，自屬絕對正確。問題在基本工業的範圍問題，對於那些是基本工業，屬於公營範圍，那些是非基本工業，屬於民營範圍，民營中又有那些可以由外人投資，自 國父提出民生主義的主張一直到現在，始終未能有清楚的界說。根據 國父遺教，對於此一問題的主張可以歸納為兩點：

(一)「經濟建設應分兩路進行：①個人企業；②國家經營。凡事業之可以委諸個人或其較國家經營為適宜者，應任個人為之，由國家獎勵，而以法律保護之。至其不能委諸個人及有獨佔性質者，應由國家經營之。

(二)「中國經濟之開發，有賴於外資與外國技術之援助，故應擇最有利之途徑，以吸收外資」。

我們細繹這兩段話的內容，便知 國父的主張重點在於運用一切手段，以加速中國的經濟開發，希望在最短期間使中國變成一個富強國家。至於何者公營，何者民營，何者由外人經營，則祇提原則，而此項原則又非常富於彈性。所以我們可以說 國父的主張是開發第一，也就是富強第一，其餘都是次要問題。

自遜清末葉辦理洋務，興辦現代工業以迄現在，有三次工業大規模國營或公營的高潮：一即遜清末葉初辦現代工業時；一為北伐成功至抗戰發生政府為準備抗戰軍事上需要時；一為抗戰勝利接收敵偽產業時，包括臺灣在內。由於這三次高潮，使我們成為全世界除共產主義國家外，公營事業最多的國家。而這三次高潮都是由特殊環境所逼迫而成，並非依照一定思想原則或 國父遺教所形成的政策的結果。

自中央政府還臺，在長期的安定繁榮之下，公民營事業範圍的劃分及外人投資範圍的確定問題，曾經一再的被提出，並引起熱烈的討論，但未得到具體的結果，更未形成政策。政府當局雖曾申言若干公營事業將移轉民營，但除為實施耕者有其田曾將四大公司移轉民營外，其餘公營事業卽甚少移轉民營者。至新辦事業，則由民營者居多數，但若干事業依一般看法可以民營者，却又受到限制。在此種情形之下，公營民營犬牙交錯，根本劃不出任何範圍。對外人投資亦復如此，無確定原則可循。

對於這一問題的解決，我們認為仍應回到前面引述之國父遺教上。首先，我們對於公民營事業範圍的劃分，及歡迎外人投資及技術的態度，應以能否加速當前的經濟發展為標準。我們目前整個國家處境艱難，而突破艱難，創造新局面的惟一途徑，是建立强大的經濟力量，再由此而建立强大的軍事力量。在此一大前提之下，則所有民間可用之資金及技術，均應儘量便利及鼓勵其按照國家需要充份利用，充份發揮。對於外資及技術，亦當在不損害國家主權危害國家經濟力量的要求下，擇最有利之途徑予以吸收。總之，所有能够强化我們的經濟力量，幫助我們克服困境的投資，不拘一格，都在我們的歡迎之列。

其次，基於上項原則，則對於「不能委諸個人及有獨佔性質者，應由國家經營之」，便當從嚴解釋，為民營事業多留活動餘地。依我們的看法，所謂不能委諸個人及有獨佔性質者，應限於自然資源的開發，創導性工業為民間所不願辦理者，國防機密工業不宜由民間辦理者，以及有獨佔性之公用事業。孫部長之所謂基本工業似宜以此類事業為限，其餘均可民營。至於政府現正在經營之非此類事業，則移轉民營固佳，不移轉民營而與同類民營事業共存，從事公平之競爭亦可。但無論如何不能因為有了同類公營事業，便不准民間投資經營。

至於外人投資，則應以當時國家需要為主，這又與國家經濟發展階段有關。例如泰國係理髮、計程車等不許外人經營，菲律賓係肩挑負販等零售業不許外人經營。我們的經濟發展階段遠超過這些落後國家，我們國人所賴以維生的主要係勞力密集之輕工業，這類工業如讓外人經營，無補於我們的經濟發展與國力，有礙於我們的民族工業。因此我們對外資應以能强化國力，有助於經濟發展的重工業為限。

當然，我們作此主張，並未忘記我們是民生主義國家，亦未忽視外資力量過大的危險，正如 國父提出前述之主張時，並未放棄民生主義及未忘記外人經濟侵略一樣。但決策有經有權，目前我們要從權，更何況我們還有辦法防止上項建議的副作用呢。（六十四年七月）

政府措施和觀念革新雙管齊下保護消費者利益

參加國家建設研究會的學人，有鑒於國內工商道德的沒落，大聲疾呼的提醒大家重視保護消費者的利益，幾位立法委員起而響應，得到不少社會人士的共鳴。經濟部決定採取十項措施，加强管理廠商，並已擬訂商品標示法草案，以期促進公平交易，維護大衆利益。

在農業社會裏，購買力低，消費品的種類非常簡單，而且都已建立了統一的水準，不會離譜。生產和交易都在鄰近的區域內進行，主顧是固定的，彼此間有交情，唯有「貨眞價實」、「童叟無欺」，工商行號才能立得住足。消費者的利益是有保障的，那一家要欺騙顧客，便會一傳十，十傳百，立刻惡名廣播。吃虧者還是作僞者自己。因此用不到政府的管理。

可是現在已進入到工商業社會，新商品層出不窮。隨便進入一家百貨公司或超級市場，陳列的貨品種類動以萬計，令人眼花撩亂。這些商品來自遠近不同的千百家製造商，再加上多層次的經銷，顧客和產銷者之間根本漠不相關。滿街的商店，滿街的人，「消費者」和「商店」的結合全是萍水相逢，偶然的機遇。由於經濟的發展，國民財富平均增加，以臺灣而論，今天的平均所得較之二十年前至少增加十多倍，也就是消費的量值增加了十多倍。數目如此龐大，而其所交易的對象、所購買的商品，却又是如此的紛亂雜遝，毫無把握，這種現象，豈不是太危險，太沒有保障。

在這樣複雜的情形下，要消費者自已去明察秋毫，貨比三家，顯然是不可能的。無疑的，這應該是政府肩負的責任。恕我們坦率以道，我們的政府，對於這方面實在做得太不够了。試問這二十年來，對於消費者保護的工作，究竟做了幾許?工商業的設立和營業，都要辦理登記。但這種登記，除了頒發一紙證書外，唯有列爲徵取稅收的對象而已。充其量，也不過是對於其作爲「法人」所負的權利義務，加以管理約束。試問對於其產品銷售對象的廣大消費者的利益，幾曾有絲毫的注意。

政府要管理工商業，保護消費者，首先應該從立法着手。沒有法律的强制力，是不足以儆刁頑而維紀綱的。過去我們有什麼不二價運動、商品標價、商場禮貌、正字標記等等，區區運動或一紙證明，又如何能與商人强烈的賺錢的慾念相對抗。其無效果可言，不卜可知。我們認爲保護消費者的立法，必須迅速作通盤而完整的考慮。不要枝節零星，予人以「打游擊」的印象。不久前臺北市衛生處發表沙拉油化驗結果，其含鉛汞量超過標準。這是根據法令行事，自無問題。但沙拉油只是食油中之一種，而且是生產過程最嚴密最進步的一種，猶且如此，則其他的油類又如何？食油以外，還有成千上萬種食品又如何？假使不全面管理，豈不是貽「明足以察秋毫而不見輿薪」之譏。而有人因爲沙拉油有「毒」而改吃猪油，豈非笑話。

再就制訂法律的尺度而言，我們認爲不妨從嚴。有人說我們的社會發展還沒有到一定程度，法令太嚴會影響工商業的發展。這完全是不爭氣的想法。如果工商業的發展建築在犧牲廣大消費者利益之上，那又何必發展工商業。而況取法乎上，僅得乎中。立法的步調，一般都遠落在社會的前進脚步之後，立法時嚴密一些，又有何不可。

有了法令以後，執行機關的職掌如何劃分，職責如何踐履也是重要問題。保護消費者的內容涵蓋廣濶，譬如工業局主管製造、商業司主管販賣、標準局訂立規格、檢驗局檢查品質、衛生署職司保護健康衛生、警察單位負責取締，機構既如是之多，彼此間應如何協調，以免互相矛盾，互相衝突，或者要管則大家管，要不管則大家不管的現象。同時，如果要某一機關管，就要給予某一機關必需的編制和配備，使其能眞正發揮力量。譬如醞釀中的藥物食品管理局，計劃只是將原有的機構，換一塊招牌。果如此，其無法達成保護消費者的目的，是不問可知的。

不過，除了政府的措施外，我們也不能忽略社會大衆的觀念的革新。這可以從兩方面來說，一方面是工商界，必須徹底的消除「混水摸魚」的觀念，堂堂正正的，對於其產品，負責到底。國建會學人建議的「退貨還洋」、「包退包換」，便是一種具體表徵。我們知道戰前的「東洋貨」，是品質低劣的代名詞，其後日本工商界力矯此弊，遂能使其產品聞名於世界。正可爲我們的借鏡。另一方面是消費者，不應該再作沉默的大多數。一個人的力量是薄弱的，但團結的力量却可以左右一切。美國有一個南特，組織消費者，制裁工商業，發揮了無比的力量。爲了保護自己的利益，我們的消費者，也應該覺醒、團結、奮鬪！（六十四年八月）

消滅貧窮計畫與現代社會福利制度

臺灣省政府自從民國六十一年十月二十五日頒布「臺灣省消滅貧窮計畫綱要」以來，推行至今卽將屆滿三年。在這三年之中，由於省屬各單位都能發揮團隊精神，全面配合推行，及各級人民團體與社會各部門人士的熱烈響應，已收到相當效果。省新聞處並公佈了十二個消滅貧窮計畫項目的施行結果的統計數字。我們知道謝主席是一位出身民間的省政首長，深知民間疾苦；也是一位能親民愛民的省政首長，有決心去解除民間疾苦。消滅貧窮計畫卽是在謝主席這樣的背景與決心之下形成與推行的。我們所重視的不是貧窮是否已經消滅了，與受惠的人有多少，而是主政者的這種精神與作風。

但另一方面，我們必須要指出的，是消滅貧窮計畫不是解決貧窮問題的根本之圖，祗能看作是一種消滅貧窮的救急辦法，進入現代富裕社會的一個過渡階段。在目前有其重要性，值得全力推行。但不能老是停留在這一階段，必須隨着經濟情況的演變採取進一步的措施，則謝主席目前的這一仁政便顯得更有意義了。

現代社會的消滅貧窮辦法分爲二路同時進行：一是充份就業；一是完善的社會福利制度。解決貧窮的一條最佳的路莫如給貧窮者以職業，以工作，讓這些貧窮者憑勞力，憑勞力去爭取自己的生活資料，去改善自己的生活水準，以自己的力量去擺脫自己的貧窮。所以問題就落在如何創造就業機會，及如何維持充份就業水準上。這當然不是一個地方政府所能爲力的，這需要中央政府有適當的經濟發展政策，有適當的財政金融政策，來創造及維持充份的就業機會，使每一個有能力工作與有意願工作的人都有工作。

臺灣在近十餘年的快速經濟發展之下，就業率不斷提高，時有勞力缺乏的現象，以致工資不斷的上升。假如仍有貧民存在，則不外幾個原因：(一) 工作的收入太低，不足以維持一家適當的生活；(二) 不知道有工作機會；(三) 缺少工作的技能；(四) 在轉業途中臨時失去工作；(五) 由於懶惰或其他個人原因不願意工作。以上五點除最後一點外，其餘四點均有一定的補救辦法與制度，而這些補救辦法與制度則中央與地方政府有共同的責任。事實上，謝主席的消滅貧窮計畫中已列有這一類的項目，諸如輔導生產，輔導就業，就業訓練，輔導貧民接受敎育等。今後如果將這些項目予以制度化，撥給充裕的人員與經費，在全省切實推行，則對全省貧窮的消滅必將立卽產生顯然的效果。但讓我們重複一句，必須要制度化。

但僅憑這些仍不能完全消滅貧窮，這是因爲：（一）遇到經濟有重大的災害與波動，如去年下半年到今年上半年世界性的經濟衰退所引起的失業，這既不是當事人個人的過失，也不是個人的能力所能解決，甚至不是中央或地方政府的消滅貧窮計畫所能解決，而必得憑藉一種特殊的制度方可渡過困境；（二）遇到殘障廢疾，幼無所養，老無所歸的人，這些人或者不具備生產能力，或者已喪失了生產能力，因而陷於貧窮之境，要想消滅因這二種因素所產生的貧窮，便得走前面所說的第二條路—建立完善的社會福利制度，使得失業者有失業的「救濟」，殘障老幼有殘障老幼的「救濟」，而所有這些「救濟」都是制度化的，常規化的，條件相符，「救濟」便自然隨之而來。實在這不能稱爲「救濟」，而是當事人應享有的權利。這是一個制度，不是一個計畫。在這樣一個制度之下，必然是「使老有所終，壯有所用，幼有所長，矜寡孤獨廢疾者皆有所養」，用一句現代的話來說明，便是保障全社會每一個人合理的生活。這在西方稱爲福利國家，在我國古代稱爲大同世界，在我國現代則稱爲民生主義。

建造這樣一個社會，已是當前全世界國家的共同潮流，也是全世界國家的政府應有的責任，政府必須要這樣做，人民也有權要求政府這樣做。在古代，這樣做是慈善事業，是仁政；在現代，這樣做是政府的責任，是要政。這當然不是一個地方政府所能勝任的，必須要由中央政府主持其事，地方政府可以參與協助。

年來我們在這些方面已做了不少的事，也建立了不少的制度，但過於凌亂，沒有體系，也不完備。現在所要做的事是就已有的加以有系統的整理，未有的予以增添，形成一套完整的社會福利制度。蔣院長在指示六年計畫的內容時，其中有一項便是建立社會福利制度，我們將拭目以待其成，屆時謝主席的消滅貧窮計畫便可終止了。但我們要鄭重指出的，是在完整的社會福利制度未建立以前，謝主席的消滅貧窮計畫仍有絕對的必要。（六十四年八月）

政府須着手解決行的問題

報載體壇元老郝更生先生以七七高齡，竟在校園中爲一無燈機車撞傷不治逝世。凡熟悉郝先生爲國家爲體育所作的奮鬭與貢獻及其愛國情操的人士，均同聲悲悼。由於郝先生的逝世，使我們不禁連想到近五年來因機車肇禍致死的立法委員、學者、教育家、甚至警察首長等知名之士已有多起，至於一般人民之被撞死撞傷者則幾於無日無之。由機車肇禍之嚴重情形，大城市交通之紊亂，及一般人民在行的方面所感到之困難與所受到之痛苦，使我們不能不進一步連想到行的問題之嚴重，已到政府非下決心澈底解決不可的時候了。

國父曾以衣食住行爲民生四大需要，解決此四項需要，卽解決了民生問題。故總統　蔣公又針對現代社會需要加上育樂二項。由於我們已進入一個相當富裕的社會，二千多年來絕大多數人民終年凍餒交迫，愚昧無知的生活狀態已徹底掃除，在中華民國的臺澎金馬地區，除非由於絕對的個人過失，否則衣食育三項已不是問題。剩下來住的方面，政府已在着手大規模興建國宅，並列爲六年計劃的十大項目之一。樂的方面亦在逐漸改善中，問題不太緊急嚴重。目前最感緊急嚴重的應屬行的問題，而由於經濟的快速發展，南北各地都市化的大規模進行，更使行的問題之解決刻不容緩。再遲延三、五年，必使全國約半數的都市居民受到重大犧牲，生產效率及生活便利受到嚴重損害，而問題之解決亦愈困難。因此，我們建議政府現在卽着手認眞徹底解決此一行的問題，我們之所以特別提出認眞徹底，實是鑒於過去此一問題曾一再被提出，一再被認爲已解決，而終於未曾解決。爲求此一問題之解決，我們願提出若干意見供政府有關方面參考。我們的意見分爲工具與制度兩方面。

一、工具方面：這又可分爲大衆運輸工具與小型汽車兩類。

①大衆運輸工具。從長期觀點看，整個臺灣行的問題之最終解決，在於大衆捷運系統之建立，但此非短時期所能完成。在此以前，都市大衆運輸工具仍當以公共汽車爲主。而在缺乏完密管制民營公車辦法及官民守法精神之情形下，公車又當以公營爲主，以公營公車作爲標準，使民營公車跟上。因此，中央政府交通內政兩部宜聯合設立一臨時大衆運輸改進小組一類機構，聘請國內外專家對大城市如臺北市高雄市之大衆運輸情形作周密之研究與規劃，包括運輸工具、數量、路線、調配、及公車處之組織、人事、管理、技術、財務等等在內。根據研究之結果，對公車處作全面之革新，大量淘汰冗員及操守不良份子，寧可厚給資遣費，不宜遷就折衷。

至於票價方面，則我們主張調整至合理程度。我們不認爲廉價卽爲最佳政策，廉價換來惡劣服務，乘客得不償失。我們也不贊成優待票成為制度，任何優待的基本性質都是加重一部份人的負擔，而使另一部份人享受特權，政府不宜輕給。以公車優待票而言，即是加重普通乘客的負擔，而給與公敎人員及學生以特權。但普通乘客絕無責任負此負擔。政府給與公務人員之待遇如果不能買公共汽車全票，則如何可以養廉。學生誠然無謀生能力，不能負擔交通費。但學生家長應有能力負擔，對於部份家長可能無能力負擔，政府宜建立補貼制度。

在對公營公車予以整頓及票價調整後，則一般人民便應享有適當之行的便利。民營公車應照公營公車辦理，如不能照辦，即予淘汰或合併。

②小型汽車。汽車工業為重要國防工業，但我們二十餘年來始終未能有堅定合理的汽車工業政策，以致到今天還停留在裝配階段，這是一件非常令人遺憾的事。昔希特勒為使德國人普遍有汽車，曾下令研究生產價格在當時一千美元以下之汽車供德國人使用。研究成功而二次大戰爆發，未及實施。戰後即繼續此一計畫發展成為世界著名之國民車，我們建議政府下令工業主管當局，全國工業技術研究機構，及汽車製造業聯合研究適合國民購買力之小型汽車，期以一年成功。一旦成功之後，即全面禁絕機車。

二、制度方面：我們的社會尚在落後型態，國民幾乎完全不能適應現代社會之生活，故即使有良好之運輸工具，仍不能保證行的問題之圓滿解決。因此必須在交通規則、執照發給及駕駛人員之訓練與資格方面，建立良好完備之制度，並嚴格執行，重刑重罰，勿枉勿縱，以建立現代社會所必需之交通秩序。

總之，我們既已進入享受一個富裕的生活水準，我們既已進入一個現代的社會，則我們的一切生活方式與行為規範便要與此相配合，否則便是一片混亂。上述行的問題及其解決途徑便是最好的例證，願有關當局三思之後，立即採取行動，並將此項原則擴展到行的問題以外的部份。（六十四年十月）

辦好社會福利的幾個要件

為期兩天的全國社會福利業務檢討會，業於日昨舉行，由內政部長林金生主持，中央及地方社政主管及學者專家一百二十餘人參加。會議議程主要在於實務方面，包含了全部我國社會福利措施在內。關於目前亟待解決的若干社會福利問題，及亟待社會福利照顧的部份同胞，各報均有詳盡的報導，相信與會人士必可給與適當的注意，在會議中作適當的討論與處理。玆謹就以後如何辦好社會福利工作提出若干意見，供與會人士參考，或有助於此一工作的推行。

首先我們要指出的，是社會福利工作並不自今日始，實際上是我國二千多年傳統文化與傳統社會制度的一部份。我國基層社會單位係由家族組成的，聚族而居，構成一個社區，而社區的社會活動則以家祠爲中心，由族長主持，社區內貧富相濟，有無相通，疾病災害相扶助，形成一十分完整有效的社會福利制度。二千多年來，多少社會問題，多少需要救濟幫助的人民，都賴這一制度的運行得以解決。但隨着經濟的現代化、都市化的快速進行，二千多年的家族社會組織隨之解體，附着於這種社會的社會福利制度也就隨之解體。同時在現代大規模的複雜的經濟活動之中，其所產生的社會問題也決非過去那種小規模的單純的社會福利制度所能應付。於是社會福利這一重任便落在政府身上，成爲政府的重要職責之一了。

由國家負責社會福利，爲民生主義的基本精神之一，並載在我國憲法上。爲實現民生主義此一基本精神，及實施憲法對於此一方面之規定，五十三年執政黨中常會曾通過「加强社會福利措施案」，同年九屆二中全會亦曾訂定「民生主義現階段社會政策」，五十八年十全大會又通過「現階段社會建設綱領」。政府主管部門爲執行上述各案，曾於民國五十六、七兩年實施「中華民國第一期臺灣社會建設計劃」，及於五十八年至六十一年實施「中華民國第二期臺灣社會建設四年計劃」。但不幸得很，迄今爲止，並未產生重大的效果。其所以致此的原因，據我們的觀察，約有下列四項：

（一）未曾給與應有的重視。包括各級政府及全國人民在內，大多數都不曾對社會福利有清楚的認識，總以爲社會福利是一種純救濟行爲，既是純救濟行爲，便可多可少，可有可無。從不知道在現代的社會，社會福利是人民應享有的權利，政府及全體國民應有的義務，已是現代社會中必不可或缺的一個制度。缺少這一制度，民主自由的政體便不能維持，安和樂利的社會便不能存在，繁榮成長的經濟便不能建立。因爲認識不清，於是社會福利便未受到應有的重視，成爲一種點綴品，推行社會福利也就難望有重大績效了。

（二）未曾選擇重點推行。因未受到應有的重視，於是可能分配到的經費便甚爲有限，實不足以展開工作。而各級政府又是採取的百廢俱擧政策，每一項社會福利都要擧辦一點，其結果雖然不是一事無成，至少是沒有一項能够達到預期的目標，沒有一個社會福利問題能獲得徹底的解決。

（三）缺少完善制度與足够有訓練的人才。任何現代政府的業務，要辦得成功，都缺少不了兩個要件：完善的制度與專業的人才，推行社會福利自然也不能例外。但在既未受到重視，又無足够經費的情形下，便難望建立完善的制度，更難望有專業訓練的人才進入這一工作之內了。現在推行社會福利的行政組織與業務體系，都是若干年前的組織與體系，未曾因應環境的巨大變動而有所改變。人員方面也以普通行政人員居多。在這種情形之下，便自然難望進展了。

（四）未曾認眞辦理。由於上述三個因素，使得辦理社會福利的機構與人員在失望之下，未免感到沮喪，再由沮喪便產生了應付與不認眞的態度，於是事情便更難辦好了。當然，並不是所有社會福利機構與人員都是如此，但大部份不能認眞辦理則是事實。但是要將社會福利事業辦好，不僅要認眞，而且還要有一點宗敎熱忱才行。

我們希望這次全國性的社會福利會議，能就這四點加以檢討，從而能在未來幾年之內，使各級政府及全體人民對社會福利有清楚的認識，給與應有的重視；能取得足够的經費，並在經費限制之內，選擇重點推行；建立完善的制度與訓練足够的人才；鼓舞負責社會福利機構及人員的士氣，確立認眞的態度與宗敎的熱忱。我們認爲這四點是辦好我國社會福利措施，使能產生具體效果的必備條件，這次會議果能在這幾方面有所成就，則社會福利推行的成功，將指日可待。我們特別在這次會議閉幕以前提出這幾點來，以表示我們對社會福利問題及這次會議的重視與期望，並祝大會成功。（六十五年三月）

向實現民生主義的目標邁進

自第二次世界大戰結束以來，一方面由於全世界廣大民衆，包括政治及社會領袖在內，對基本經濟權利的覺醒與要求；另一方面由於民主自由集團與共產集權集團的强烈對抗，所謂民主社會主義，所謂混合經濟制度，所謂福利國家，在民主自由的國家中，便成爲一股不可抗拒的洪流，無論願意或不願意，都祇有順應它與接受它，別無其他選擇。

所謂民主社會主義或類似的名稱，其共同的特質是：（一）政治上保持民主，經濟上保持自由；（二）維護私有財產制度，保障私人經濟權利，但限制私人財富的過度集中；（三）生產以民營事業爲主，鼓勵及保障私人資本與民營企業，准許民營企業獲取利潤，以保存個人的經濟動力與創造精神，但政府予以有效控制，以符合國家及社會的最佳利益；（四）政府可以辦理公營事業，但有一定的標準與範圍，以避免侵越民營企業的領域，損害個人的創造精神；（五）財富分配仍經市場機能自由決定，個人並得充份享有及自由支配其所賺得之財富，但政府對於全國人民的合理生活水準，有保障的責任。

具有這些特質的制度現正盛行於自由歐洲。北美、澳紐、日本等進步國家均在向此一方向接近。而這一制度正是我們的民生主義經濟制度：（一）民生主義主張「平均地權，節制資本」，但從不主張沒收土地與沒收資本，這即是維護私有財產制度，而這一制度正是政治民主，經濟自由的必須條件，雖然不是充份條件，但曰平均，曰節制，即是不准財富過度集中；（二）民生主義主張發達國家資本，節制私人資本。但所謂國家資本限於「凡本國人及外國人之企業，或有獨佔的性質，或規模過大爲私人之力所不能辦者，如銀行、鐵道、航路之屬，由國家經營之」。而所允許的私人資本則是「凡事業之可以委諸個人或其較國家經營爲適宜者，應任個人爲之，由國家獎勵，而以法律保護之」。這即是以民營企業爲主，並予以獎勵及保護，但民生主義明白指出：「物質文明之標的，非私人之利益，乃公共之利益」，即是要對個人經濟活動加以控制，使與社會利益的趨向一致；（三）民生主義主張進行大規模的實業建設，積極開發資源，使中國經濟現代化，並主張「應擇最有利之途徑，以吸收外資」，因而提出實業計劃，所謂實業計劃，即是利用外資以發展中國經濟的計劃；（四）民生主義主張解決人民的衣食住行問題，接受禮運大同篇的福利國家的理想：「……故人不獨親其親，不獨子其子。使老有所終，壯有所用，幼有所長，鰥寡孤獨廢疾者皆有所養……」。所以總統　蔣公曾說過：「這幾句話（大同篇）就是　總理在實行革命中的最高理想，惟其如此，所以他創造的三民主義是以民生哲學爲基礎，是以人類全體幸福爲依歸，而終結理想，是爲世界大同。」這卽是說，民生主義不僅要求全國人民有合理的生活水準，也希望全世界人民都有合理的生活水準。

所以，我們今天重新演繹民生主義的精義，放眼觀看全世界民主自由國家的潮流，便知道兩者若合符節，我們實爲執政黨慶幸，擁有這樣一個歷久常新，爲所有民主自由人民所接受採行的主義。我們更爲中央政府遷台二十餘年來，在困難重重之下，一步步實現這一主義而感到欣慰。我們可以斷然的向世界宣佈：（一）我們是全世界以不流血的方式，貫徹耕者有其田的一、二個國家之一。全面平均地權亦正在立法過程中，很快便可付諸實施，而這在世界各國似乎尚無先例；（二）我們是在混合經濟制度之下，獎勵及保障民營企業最成功的國家之一。民國四十一年，公民營事業佔總生產的比例各爲五七%與四三%，但到了六十四年，便變成了各爲二三%與七七%；（三）但是國家資本也在同樣的發達，在同一期間，屬於國家資本範圍的電力成長率爲十六倍，交通與運輸爲十七倍，石油爲三十倍；（四）我們是利用美援、外資、僑資，以開發國家資源，加速經濟發展最成功的國家之一，這已爲舉世所公認；（五）我們以一資源缺乏、人口衆多、資本技術不足的地區，在二十多年的高度成長下，衣食兩項問題已完全解決，住行兩項亦正在加緊解決中；（六）在社會福利方面：①我們的勞工、公務人員、及軍人已納入社會保險，現正在向全民推行；②社會救助，福利服務，及就業輔導正在加强中；③國民住宅已在有計劃的推行，全省醫療網亦在着手佈置；④國民教育普及率已達到九九．三%；⑤電燈、自來水、現代的道路、電話等現代生活必需的設施，已普及到全省每一個角落，每一家住戶，或每一個村莊，這放在全世界富庶進步的國家中，我們毫無遜色。

現在，擺在我們目前的問題，不是我們的經濟制度與經濟思想是否合於世界潮流的問題，不是我們是否在順應世界潮流，爲我們的人民謀經濟福利的問題，而是如何在現有的主義領導之下，與在現在已有的成就與基礎之上，以執政黨爲主體，集合全體人民，再加强，再奮鬪，以求在最短的時間，將民生主義百分之百的實現，使我國二千多年以來的福利國家的理想，在我們這一代手中完成，使這二千多年來的福利思想與現代西方國家的福利思想，在民生主義的名稱下合流的問題。爲此，我們建議：

（一）進一步加强對民營企業的獎勵與扶植，放寬他們經營的範圍，擴大他們經營的規模，不怕他們的規模大，不怕他們的利潤厚，以加速經濟的發展，以擴大社會財富的生產。這是實現民生主義理想，解決民生問題的先決要件；

（二）但是另一方面，政府要運用行政權力與賦稅手段，嚴格範圍這些民營企業的活動，務使這些企業的活動與整個社會的利益相調和，並阻止財富的過度集中。這（一）（二）兩點應同時存在，有了第（二）點，我們才不怕第（一）點，同時我們也要向資本家說明：在現代思潮之下，資本家的利益必須要與社會利益一致才能生存，專為本身利益打算的時代早已過去，如果為了私人利益而與社會利益背道而馳，那即是自取滅亡。以後，假如有資本家存在，那一定是有社會良知與社會責任感的資本家，否則資本家便會是一個歷史名詞；

（三）衡量全體人民的願望與需要，斟酌政府能夠負荷的財力，全面展開社會福利的措施，包括全面的社會保險，國民住宅，醫療設施等等；

（四）在十一全大會閉幕後，政府宜立即根據上述三點，全面檢討有關政策、制度、與機構，重新部署。我們深信一個充滿活力、充滿希望、切合世界最新潮流的經濟遠景便在眼前，願全國人民在執政黨領導之下，共同為此而努力。（六十五年十一月）

為做好興建國宅工作再向政府進言

興建國宅工作，中央及地方政府已在積極展開中，這是我們所樂於見到的。為使這一要政能順利的展開，儘管我們在這一方面已發言甚多，仍然不嫌詞費的再次進言，供政府有關方面參考。

（一）我們對大量興建國宅表示重視，有下面幾點理由：①在我國歷史上，能使人民豐衣足食已是郅治，我們現在除豐衣足食外，還能解決住的問題，直追西方富裕進步國家，這是劃時代的一件大事；②興建國宅是實現民生主義解決人民衣食住行育樂六項民生問題中的第三大項，無論政府及執政黨都有完成的責任；③有恆產而後有恆心，住者有其屋是社會的一個安定力量。

（二）儘管如此，但興建國宅不是救濟工作，如果含有救濟貧窮的觀念在內，必致將這一要政全部破壞，永無成功之望。興建國宅是在協助具有購買能力的中下收入者順利買得住宅。因此申請購買國宅必須要有繳納一定數額的基數，例如全部價款的百分之十至二十的能力，並要有一定的職業及可靠的相稱的固定收入來源，足以按期繳付分期付款的數額。此點必須列爲申購國宅的重要條件。

至於對於赤貧戶的救濟問題，最好的辦法是全力發展經濟，讓他們有工作，有收入。如必須要救濟，亦當另撥救濟金，興建簡易住宅，予以暫時收容，例如半年一年，在此期間，協助其覓得工作。此種救濟必須要與興建國宅完全分開，千萬不可混而爲一。

(三) 國宅全部出售，絕對不可出租。我國人民缺乏守法觀念，缺乏公共道德。如果出租，可能長期拖欠租金，迫其搬家時，不但拖欠租金不付，而且拆毀牆壁，搬走門窗，使後住者無法遷入，政府除欠租收不回外，還要付出一大筆修繕費。而且由於房屋不是自己的，平日也不會注意保養，縮短房屋壽命。凡是主張出租的意見，都是不明瞭國情，也會將這一要政的成果大大破壞。

另一方面，興建國宅資金的利率不得高於百分之六，分期付款年限不得短於二十年，務使分期付款的數額不致大於每月房租的數額，這是興建國宅的基本要件。

(四) 因爲興建國宅是協助中下收入者買得住宅，不是救濟；也因爲國宅是私產，不是公產，所以管理辦法要寬，但執行要嚴。國宅在分期付款期間不得私自轉讓，如欲轉讓，應交由國宅會拍賣給其他有資格之國宅申購者。得標者除繼續繳納未完之分期付款外，其所付之標價應付給原國宅所有人。應有特別立法，對於不按期繳納分期付款之國宅戶，可不經過訴訟程序，無條件强迫其搬遷，無任何理由可以遷延。其權利義務關係應照前述中途轉讓辦法處理。

國宅在分期付款完畢後，即爲完全之私產，可聽其自由買賣。此時房屋已經過二十年，剩餘價值無幾，同時興建之國宅已多，無虞其投機。

(五) 可邀請國內名建築師，參照國外情形，設計四、五種大小不一的國宅型式，在全省統一建築。建築材料，房屋式樣，大小，內部裝修，及周圍環境，雖然不必奢華，但必須堅固耐用，美觀便利，合於衞生及高尚條件。記住：我們是一個富裕的社會，而且富裕的程度不斷在提高，不要造些窮人住的簡陋房屋，幾年以後又要拆了重建。都市地區應造十層以上的建築。

（六）鑒於過去國宅舞弊及偷工減料事件層出不窮，使我們對於若干經辦公務員及承包建築商失去信心，因此建議由政府徵召全省少數幾家著名建築商承包所有國宅工程，寧可付出較高之價格，另一方面，亦可商請這些建築商少賺。爲此，應單獨立法，與建國宅可採議價制度，就徵召之建築商範圍內議價。

（七）爲興建國宅，所有公私土地均可徵收使用，但照徵收前之市價給與公平補償，不得有任何異議。土地雖可私有，但係社會財富，仍可徵作公共之用，與其他私有財產不同。對於廟產、祠產、祭祀公產等產權分散，無法利用之土地，尤當徵用。記住：我們是民生主義國家，民生主義含有民主社會主義的成份在內——尊重私產，但政府亦可爲公共利益徵用私產。

（八）每年三十五億元，一萬二千戶的速度距離實際需要太遠，不足以解決問題。中央政府十項建設支出將會大幅降低，可暫緩進行其他新的重大建設工程，一次或分次撥出大量資金供建造國宅之用。省市政府亦應停止一、二項巨大建設一、二年，以其預算移作興建國宅之用，再由臺灣省銀行與臺北市銀行撥貸一筆無息貸款，共同設立無息基金。另向銀行及資金市場按正常利率籌集部份資金，即可平均以低於百分之六的利率貸放給國宅戶。

（九）有人主張政府應獎勵或補助民間興建國宅，這是不明瞭國宅性質的主張。興建國宅是社會福利事業，政府舉辦不但不能贏利，且需要以低利率補貼，而民間包商建築商都是以營利爲目的的，兩者基本性質上便衝突，如何能放在一起。更何況建築商中良莠不齊，偷工減料與詐騙層出不窮，政府又如何能放心將這一要政放在這些人手上呢。

（十）停止軍公教機關自建國宅的辦法，所有土地一律徵收作爲建造一般國宅之用，但被徵收土地之機關之員工，有優先按一般辦法購買國宅的權利。

我們誠懇希望將興建國宅這一要政辦好，我們也深信以上所提到的各點是辦好這一要政的關鍵所在。

（六十六年一月）

捌、國際經濟

世界貨幣危機解決期近

從剛結束不久的十國財長羅馬會議中所透露的消息，美國財長康納利已有將美元對黃金的價值貶低的表示，據傳貶低的幅度不少於百分之五。這是自今年五月國際貨幣危機趨於嚴重以來，美國與其他主要貿易國家所爭論不下的一個問題，現在既然美國表示讓步，同時昨日外電報導英國及其他國家停止支持美元，使市場美元價格繼續下跌，以及日元升值幅度傳在二十日前可決定，均顯示十國財長會議對於美元貶值，其他貨幣升值，可能已有初步的協議。歐洲市場美元再度下降，即表示美元將對黃金貶值，或各國貨幣升值的程度將較目前「自由市場」所決定者爲大，因此我們判斷延續半年的嚴重貨幣危機可能在最短期內獲得解決。

我們看不出美國堅持美元不對黃金貶值，而却要求各國貨幣升值的理由。美元與黃金的價比還是一九三三年訂定的，快四十年了。從任何角度看，美元都有貶值的必要。過去之所以堅持不貶，主要理由，也是最足以說服人的理由，是美元是自由世界國際支付工具，其價值不宜隨便變動，以免擾亂國際經濟及金融，造成不安。今則美元價值幾乎一日一變，這一理由早不存在，而美國堅持不貶值如故，是則除了爲保持「金圓王國」的面子外，實在找不出其他有力的理由。日前傳說康納利財長有承諾貶值之意，不過幅度可能祇有百分之五，是則面子雖已撕破（事實上早已撕破了），然猶竭力遮掩，而不肯針對事實，作現實性的貶低。西方人動輒曰面對現實，可見說與做並不一致。甚矣，面子之誤人與革新之難，東西無殊，又何必苛責東方人與落後國家人也。

美元貶值即是其他國家貨幣升值，經濟效果完全一樣。但其他國家却堅持美元貶值，而不肯將本國貨幣升值，主要原因當是美元貶值，則其他各國貨幣彼此間之滙率關係不變，貶值影響僅限於對美關係。如其他各國貨幣升值，則彼此間之關係勢必因升值程度不同而有所改變，打破以往平衡局面，建立新平衡又十分困難。十國財長會議過去一再無成就，一再要求美元貶值，此當是關鍵所在。日昨外電報導法國總統龐畢度與西德總理布蘭德於四日作第二度會談，主題即爲美元貶值案確定後，因德法兩國貨幣過去在自由市場升值程度不同所產生的問題如何解決。推測此當是這次或過去幾次十國財長會議所爭論不決的問題。另一困難問題則是日元與歐洲各國貨幣的關係的問題，日本一如法國，也是不容易妥協的國家，爭論必烈。外電傳日元升值幅度廿日前可決定，則這一部份的問題可能已大致獲得解決了，這是十分令人欣慰的事。

美國長時期的國際收支危機對外部份，這次可望有一合理的解決。當然，這一危機的徹底消除還在美國內部：如何抑制或降低工資物價水準，如何促進技術發明及改進企業組織以提高生產力等等。美國由於經年累月經由談判都不能解決問題，這次乃改變了策略，先以搗亂的方式將現有的國際經濟金融平衡局面打得粉碎，逼使各國攤牌，然後再以被動的姿態與各國協商以收拾殘局，而於收拾殘局中達到美國的目的。照目前的情勢看，這一策略是成功的。我們莫謂美國政府無人。

國際貨幣危機既然解決期近，則我們如何因應這一局面此時便當有所決定。過去的策略是靜以觀變，等待塵埃落定，這當然無可厚非。現在變動已接近尾聲，塵埃已貼近地面，應當是我們拿出辦法來的時候了。政府當局於上月初曾為此一問題專誠請留美學人蔣碩傑氏回國備諮詢，蔣氏當有機密報告送呈當局。為恐引起投機及其他不良反應，此類報告照例保密，自無問題。惟蔣氏返國一週，與國內經濟學家及工商界領袖並無接觸，僅憑若干不完全之資料及與三、二高級行政人員接觸而作之研究報告，其可行性究有多大，不無可疑。但願蔣氏能點石成金，為政府提出正確的建議。不過，就政府作法看，似乎國內已少可用之才，亦鮮可信之人，而國外學人又不能長期留在國內，則以後漫漫長夜如何渡過？恐有檢討之必要。

我們對於此一問題一向的主張，是為了維持對美貿易，新臺幣與美元滙率應儘量維持不變，日元升值如在百分之十以內，我們可以吸收，而以國內措施，特別是金融措施如放寬信用及降低利率來補救。今美元如貶值，而日元升值又遠超過百分之十，則究應採何態度，宜作進一步分析。外電傳稱日元一旦決定升值幅度後，日政府將再度降低長期利率，與我們過去的主張若合符節，值得政府當局參考。（六十年十二月）

取消黃金兩價制的意義與影響

美國聯邦準備局主席彭斯於本月十三日宣佈：七個國家政府（美國、西德、比利時、義大利、荷蘭、瑞士、英國）最近幾天在瑞士巴塞爾舉行的一次會議上，同意終止一九六八年三月協議的黃金兩價制——卽政府間的黃金交易按每盎斯四二·二二美元價格成交，商用黃金則由市場自由決定其成交價格。彭斯站在美國立場解釋放棄黃金兩價制的意義是：美國能以任何價格出售黃金，但是美國收購黃金的價格不得超過美國官定的四二·二二元。換句話說，出售的官價取消，收購的官價並未取消，所以是一種跛脚的取消，這當然不能持久，問題在於爲什麼要採取這種跛脚方式，這點容在後面解釋，現在先從長期觀點來看取消黃金兩價制的意義何在。

從長期觀點看，這次取消黃金兩價制實是終止黃金貨幣功能的倒數第二站，再下一站便是黃金貨幣功能的完全終止，成爲純粹的商品。黃金貨幣功能之充份發揮實在十九世紀及二十世紀第一次大戰發生以前的那段期間，那時第一流的國家都是實施金本位制，次要的國家也要實施金滙兌本位，而測量一國在國際上的經濟地位與力量，卽常以是否實施金本位制爲準。第一次大戰以後，黃金卽漸成爲發行紙幣的準備，黃金貨幣不再在市面流通，黃金亦不能自由進出口，於是金本位制卽告破滅。但國際支付最後決算仍以黃金爲工具。第二次大戰後，自由世界各國黃金集中於美國，以黃金爲國際支付工具亦不可能，乃採用美元爲支付工具，而美元可以按每盎斯三十五美元兌換黃金，可稱之爲變相的或集中的金滙兌本位。後來由於情勢的演變，黃金之貨幣功能在國內固已不存在，在國際上亦已名存實亡。現在黃金與貨幣惟一發生聯繫的一點便是依國際貨幣基金規定，各國中央銀行須按四二·二二美元收購黃金。這一點遲早必然要取消，到時黃金便將成爲一種純粹國際性商品了。這是一種自然的歷史演變。從這一觀點看，美國此次的措施不過是被迫順應歷史趨勢而已，無足驚奇。

但從短期的觀點看，意義便頗不尋常。美國之於此時採取此一措施，很可能有下列的意義或作用：第一、協議七國可以按市價在國際市場拋售黃金，可作爲有力的收縮國際供給過多的某種貨幣的工具，成爲國際金融市場的穩定力量，亦是防阻此次國際通貨膨脹重演的對策。

第二、在過去硬性的規定有關中央銀行（事實上所有自由國家中央銀行）必須按三五美元及以後之四二·二二美元換一盎斯黃金在國與國之間移動黃金，實際上等於將黃金調節貨幣的功能完全凍結了，將所有壓力放在美元身上。因此在過去二十餘年，美國國際收支如有餘額，國際卽有美元短缺荒，黃金亦大量集中美國；美國國際收支如有赤字，國際即有美元汎濫荒，黃金又大量流出美國毫無廻旋折衝餘地。此次措施從長期看，固是解除黃金的貨幣功能，但從短期看則實是加强其調節功能，逐漸減少或抽出美元在國際金融及經濟活動中的任務。

第三、自中東石油危機日趨嚴重後，現在所謂强勢貨幣國家如日本、西德、荷蘭、比利時等國經濟都將受到打擊，特別是所謂經濟大國如日本與西德，所受打擊將尤爲嚴重。另一方面，對美國影響則甚小，尤其在阿拉斯加舖設油管案業經參衆兩院以絕大多數通過後，所受影響更小。因此在可預見將來，美元對外價值可能不斷上升，美元短缺現象重現亦非不可能。現在各國中央銀行黃金在市場出售之限制既已取消，則各國中央銀行便可以其過去所累積之大量黃金自由在市場出售，經由市場取得美元，減輕對美元之直接壓力，美元對黃金價值之比率亦可經由市場隨時調整決定，使美元價值不致過度擺向另一極端，給與國際經濟運行、以及美國經濟運行以重大阻礙。

第四、美國採取此次措施的用意既係如此，則自不願再如二次大戰期間及以後一段時間的情形，以美元無限制收購黃金，將黃金集中美國。而收購價格固定於四二・二二美元不變，實際上即是拒絕收購。同時亦是日後迫使各國中央銀行在必要時減少黃金持有額，避免黃金集中囤積於少數國家之手。

總之，美國之取消黃金雙重價格制度，基本用意實在增加國際貨幣調節工具，及逐漸擺脫美元在這一方面的羈絆。其可以預見的影響有三：(一)今後美國對美元的管理與操作將更自由，美元價值將比較穩定；(二)黃金價格無特殊的國際通貨膨脹及其他可供投機的因素發生，勢必將作某種程度的下跌；(三)在黃金的作用擴大，美元的作用相對縮小後，建立新的國際貨幣體制的需要將日益迫切，因而可能加速其到來。

至於取消雙重價格對我國的直接影響目前還看不出，但間接的美元價值更趨穩定的影響，則有利於我國的經濟穩定與貿易的發展。不過，另一方面，如果說在未來一、二年之內，國際金融經濟情勢無意外突變，則我們又可能要考慮對美元貶值的問題，將不會令人感到意外。(六十二年十一月)

當前的世界經濟問題與經濟新秩序

自由世界各主要工業國家爲解決當前的世界經濟問題，建立世界經濟新秩序，在近期內舉行一連串的國際經濟會議：國際貨幣基金與世界銀行已自九月一日起召開爲期五日的聯合會議，石油國際聯合會議的預備會議將於十月七日在巴黎擧行，部長級全會將在十一月至十二月召開，美、英、法、德、日五工業國高層會議亦可能在年底擧行。所有這些會議議程內容雖有不同，但目標祇有一個，那就是建立世界新的經濟秩序，恢復世界經濟的正常活動。

談到當前的世界經濟問題及經濟秩序，我們不能不追溯到以前的情形。遠在第一次世界大戰結束以後，當時各戰勝國及主要工業國家因目光短視，各爲私利，以致國際經濟秩序紊亂不堪，國際及各國國內經濟問題層出不窮，經濟活動始終未趨正常，終於導致希特勒的上臺，及引起第二次世界大戰。

在第二次大戰行將結束之際，以美國爲首，包括我們中華民國在內的世界主要國家集會商討戰後世界經濟秩序的建立，與國際及各國國內正常經濟活動的維持問題，決定㈠設立國際貨幣基金，建立以黃金與美元爲主的國際貨幣制度，採取固定單一滙率，但可在一定條件下調整；㈡設立國際復興開發銀行（即通稱之世界銀行）以融通國際長期資金，協助戰後復興及各國特別是落後國家之經濟發展；㈢設立國際貿易組織以減少貿易阻礙，促進貿易發展，此一機構因美國國會反對未能成立，改由關稅貿易總協定擔任此項任務。大戰結束後，又陸續在聯合國下設立各種貿易與經濟發展機構以促進國際經濟合作，同時美國亦設立各種援外機構，協助世界經濟秩序之建立及各個國家之經濟復興與發展。

在此種制度上的安排之下，並主要靠美國一國的大力支持，戰後世界經濟秩序得以建立，世界經濟繁榮持續二十餘年之久，使全世界人類的生活水準都大爲提高，所有國家都有快速的經濟發展，這與第一次大戰後的景象完全不同。

但此種好景在一九六〇年代行將結束之際，便逐漸發生式微的病徵，而在一九七〇年代一開始便爆發成爲難於解決的嚴重問題。主要原因是美國經濟力量因對外負荷太重與其他國家經濟力量的壯大，在國際經濟中所佔比率迅速下降，無法單獨負起維護世界經濟秩序的重任。最重要與最顯著的一個指標是美元外流太多，價值須要貶低，而如前所云，美元是國際通貨，一旦價值不穩，便影響所有國際間的經濟活動，進而影響各國國內的經濟活動。但迄今爲止，尚無一種新的貨幣或發明物足以充份替代美元的地位，黃金之是否能繼續擔任貨幣任務，及是否能由各國中央銀行自由買賣等問題，亦係由此產生。

在一九七〇年代開始不久所發生的另一擾亂世界經濟秩序的問題，是所謂石油危機。由於產油國聯合控制此一重要能源的供應，並巨幅提高其價格造成工業國家的失業及經濟萎縮，通貨膨脹，與國際收支赤字。更由於此一控制誘發出落後國家聯合控制原料供應的意圖，再加上因通貨膨脹造成的工業產品國際價格的上漲，使得進步國家與落後國家在觀念上，實際利害關係上，與處理世界經濟問題的態度及策略上，形成更爲尖銳的對立，也造成了世界經濟的更大擾亂。

以上二點爲當前世界經濟的主要擾亂來源，要解決世界經濟問題，必須要先解決這二點。九月一日起舉行的國際貨幣基金與世界銀行的聯合會議中關於國際貨幣基金部份的主要議題，爲滙率制度、黃金地位、及貨幣基金增加資本額三項，除第三項爲一增資多少及攤派辦法的業務問題外，其餘二項都與建立國際貨幣制度有關。這二項雖僅獲得部分的協議。但就長期觀點看，我們確信在新國際貨幣制度中，較有彈性之固定滙率制度將被採取，即仍採行固定滙率制度，但給與各國以較大之調整幅度。至於黃金的貨幣地位，已因協議撤除黃金官價及同意國際貨幣基金出售庫存黃金二千五百萬兩而降低，長期亦必將成爲虛擬制度或無形中趨於消失，正如黃金在我國新臺幣制度中之情形。至於新國際貨幣制度究竟如何建立，則因其關係過於重大複雜，迄今國際間仍無定論，但無論如何，單獨以一國之貨幣作爲國際貨幣之時代，一如單獨以黃金作爲國際貨幣一樣，必將過去，問題在代替物之難覓，因此仍成拖局。

關於石油問題，從短期看，供應當不成問題，問題在於價格，石油價格受到長期之壓抑，升到十美元一桶並不算高，問題在於短期內劇升所引起之衝擊及調整，使各主要工業國家承受不了。照目前情勢看，石油漲價終不能免，但漲幅不會大，可能在百分之十左右，對世界經濟有不利影響，但不致到傷害程度。從長期看，石油壟斷不能持久，價格必將經由供求情況調整至合理水準，如國際無通貨膨脹，則石油價格可能略爲回降。此一結論可適用於其他原料之供應。落後國家欲消除世界貧富對立狀態，及求原料價格不受工業國家控制之最佳途徑，不在聯合控制原料供應，而在全力求取本身之快速經濟發展，參加進步國家行列。（六十四年九月）

國際經濟合作前途甚難樂觀

由八個工業國家，八個產油國家與十一個開發中國家，共二十七國所組成的國際經濟合作會議，自本月十六日起在巴黎舉行，已於十九日閉幕。這次會議所討論的主題有四個：能源、初級產品、開發援助與國際金融，實是「建立國際經濟新秩序」的一個實質性的會議，如果成功，自將是整個國際經濟的一個福音，將爲國際經濟帶來一個嶄新的繁榮與和諧局面。但是不幸得很，如一般人士在會前所預料到的，會議徹底的失敗了。在四天的會議中，幾度陷入僵局，終於在最後的公報中，將所有的問題都推到將於明年二月十一日開始工作的，新成立的四個委員會頭上，也即是由決策階層推向專家階層。而這些問題都是政策性的問題，專家最多祇能作點技術性的準備工作而已，又何能寄予厚望。

這次會議所討論的四個主題中，除能源係一九七三年所發生的新問題外，其餘三個都是舊問題，且都設有專門的國際機構負協商解決之責。例如國際糖協一類的機構便是負責協調初級產品生產國與消費國的利益，規定每年的產量及進出口限額，以及價格波動的幅度等等，差不多所有重要初級產品都有這類組織。世界銀行及聯合國的直屬機構和聯合國開發計劃，聯合國工業發展組織，其主要任務都在協助落後國家的經濟發展。國際貨幣基金則專門協助各國克服短期的國際收支的困難，維持一個適當的國際金融操作。設想不爲不週，但却未能充分發揮作用。現在另外舉行會議來討論這些問題，甚至設立專門委員會來進行研究協商工作，便可證明早先的努力與早先設立的機構都未能達到預期的效果。由於設立了多少年的這類機構，擁有熟悉的人事關係，熟練的操作技術及豐富的知識，都無法解決這些問題，我們便很難望一個臨時性的會議與一種臨時性的機構會有多大成效。換句話說，我們對以後國際經濟合作會議的解決這些問題，不抱多大希望。至於能源雖是一個新問題，其難於解決的程度與其他三個舊問題相同。

這些問題之所以難於解決，關鍵在於富裕國家與貧窮國家，進步國家與落後國家之間的傳統對抗態度，這種對抗在一國之內也經常出現——富裕階級與貧窮階級，進步地區與落後地區的對抗——也從來沒有得到妥當的解決，何況是不同的國家與不同的人民種族，自然更難了。但如果落後國家放棄對進步國家的嫉視仇恨心理，反而求諸己，埋頭從事自己國家的經濟發展，在最短的時間內將自己的國家變成一個進步國家，不再去依賴別人，向別人伸手乞討；而進步國家則放棄其對落後國家的優越感，及以其雄厚的資力、進步的技術與完備的商業組織來欺凌剝削落後國家的作風，改爲與落後國家從事公平的貿易與經濟交往，及給與同情的援助，則問題便要容易解決得多。我們可以斷言，對抗的態度一日不改，問題便愈是一日比一日嚴重，終將造成國際經濟的混亂，而致兩敗俱傷。當然，最受到損害的還是落後國家，自一九七三年能源危機以來落後國家所蒙受的沉重打擊比任何其他國家都重，便是明證。國際經濟混亂對富裕的進步國家而言，祇是繁榮與衰退，及多與少的問題；對貧窮的落後國家而言，則是過得去與過不去，及生與死的問題。基於這一觀點，對於當前這四大國際經濟問題的解決，落後國家應更爲急迫，應採取更爲積極的合作態度，不幸的是在這次會議中，落後國家的態度並非如此，常陷於無意氣用事與幼稚無意義之爭，落後國家太缺乏政治家與領導人才了。

落後國家雖應採取積極的合作態度，但解決問題的重心仍落在進步國家身上，這是因爲解決這些問題及維持國際經濟的秩序，需要强有力的領導，而祇有進步國家才有能力與聲望擔負領導任務，這其中尤以美、德、日三個經濟大國具有這樣的能力與責任。領導國家的重要性，祇要回顧一下戰後國際經濟情勢的演變便可了然。戰後初期，由於美國的强有力的領導，國際經濟得以保持有秩序的繁榮達二十年之久，而今日的混亂，則正是美國經濟力量相對衰退，已無力單獨負起領導任務所引起。進步國家能否負擔得起領導的任務，經濟實力固是重要條件，而領導的態度與風格尤其重要。領導國家必須具有自我犧牲與自我克制的精神，才能作有效的領導。但這些進步國家或者缺乏有識見的政治家，或者受本國既得利益集團的壓迫，除美國稍有例外，仍處處與落後國家斤斤計較得失，甚至剝削欺壓，動輒限制落後國家的產品進口，藉國際卡特爾任意壓低產品價格。而其本國產品及技術出口，則在壟斷之下，任意抬價，再不就在落後國家以投資方式建立經濟王國。這自然難服落後國家之心，而所謂領導也就成爲空談了。

除非上述落後國家與進步國家的態度都有重大轉變，否則這次會議所討論的四大問題將不會有結果，而所謂建立國際新秩序也就難於成爲事實了。展望未來，在可預見的期間內，這種對抗態度不可能有重大改變，因此對國際經濟合作也就難予樂觀，處在此種情況下，我們所能做的祇有一條路，那就是加緊經濟發展，參加進步國家的行列，情勢永遠是有利於富裕的進步國家的。（六十四年十二月）

歐洲共同市場國家的貨幣危機

最近歐洲共同市場的英、法、義、比幾個國家相繼發生貨幣危機。先是年初義大利外滙市場的暫時關閉，繼之以里拉的貶值，自年初迄至目前爲止，對美元貶值達百分之二十；隨之而來的爲比利時法郎的下降；英鎊的持續跌落至一英鎊僅兌換一‧九〇美元左右的低潮，英首相威爾遜隨之辭職；法國法郎的大幅下瀉，迫使其脫離聯合浮動陣營，法總統季斯卡之聲望亦遭受重大打擊。而尤其令人躭憂的，是此種紊亂下跌趨向，尙無戢止跡象，正不知何時可以終了。歐洲共同市場各國，僅馬克與荷盾始終維持堅挺，而事實上亦以此兩國國內經濟最爲健全。在一自由外滙市場，一國貨幣之對外價值最足以反映其背後之整個國內經濟力量，此次歐洲共同市場國家貨幣對外價值之變動，可爲明證。

造成這次貨幣危機的短期原因，當然是經濟恢復景氣的進度緩慢，出口不振，國際收支有巨額逆差，投機者趁機利用，遂致被迫非一再貶值不可。但如熟知二次世界大戰後歐洲經濟情況的人士，便知這次的所謂危機，不過是戰後長期危機中的一次而已。自二次大戰後，英義兩國經濟一直處於劣勢，始終未曾出現過足够長期的經濟好景，因此其貨幣亦一直在不斷的貶值中。法國僅在一九六〇年代戴高樂執政期間出現過一短暫時期的好景，以前及以後都是在困境中掙扎。法國在那短暫的好景中，戴高樂便以之驕人，向美元及美國挑戰，擠兌黃金，主張金本位制，實在是不知道自己國家的國力。偶發一次的危機，可以用短期的表面的理由解釋，但長期的持續的危機，便當從基本的深入的因素尋求解釋了。

我們細繹這幾個國家經濟之所以長期陷於困境，主要原因不外：（一）這幾個國家都是經濟資源貧乏的國家，能源尤其貧乏；同時以現代生產技術來衡量，也都是經濟規模不够大的國家；而對於傳統工業，則又技術平平，不能超越其他進步國家。在這種情形之下，在國際競爭中，勢必長期居於劣勢，而危機頻頻。(二)克服此一困境的主要途徑之一，是儘量抑低生活水準，不使其超過經濟供應能力。但事實不然，這幾個國家在傳統習慣、尊嚴、及政治情勢之壓力下，其人民生活水準實已超過其供應能力，而英國浪費式之社會福利與其工人之罷工行爲，實已成爲英國經濟之致命傷。(三)即使經濟資源貧乏，經濟規模不够，生活水準太高，如果其人民生活態度嚴謹，工作勤奮努力，一如日本人，亦未嘗不可克服困難。然而事實又不然，其人民一般生活散漫，工作隨便，動輒以罷工爭取高工資，以致工資高而生產力低。(四)政治不穩，始終受左翼份子之威脅。

在以上四個原因交互作用之下，其經濟之危機重重，實爲可以想見之事，此次之貨幣危機不過多種危機中之一端而已，此項危機何時結束，如何結束，此時尚難預料。這些國家在本質上都是資本主義自由經濟與民主社會主義的國家，其前途與自由世界前途息息相關，我們站在自由民主國家同一立場，實不勝其隱憂。

但儘管如此，其此次之貨幣危機，尚不致如若干危言聳聽之專家所云，會引致世界貨幣危機。主要理由爲這些國家在國際經濟金融舞台上僅居於二、三流地位，影響力不够大。英鎊在國際經濟社會使用雖較廣，但久已不是關鍵性貨幣。至於法郎里拉則地位更差，在自由世界中，如果美元、馬克、日元能維持有秩序之交易，特別是美元能維持穩定，則國際經濟金融秩序即可維持。這些國家的貨幣危機，毫無問題會對國際金融秩序引起擾亂，但尚不足以造成危機。

至於對我國的影響，主要在貿易方面，但貿易額不大。以六十三年我國出口至這些國家爲例，僅佔總出口值之百分之五·三八，其中英國最大，佔百分之二·七一，義大利一·一七，法國〇·六七，比利時〇·八三，故僅從數字看，雖有影響，並不嚴重。但另一方面，我國與英義兩國貿易頗有發展前途，尤其是義大利，近年貿易關係相當頻繁，是值得經營開展的市場。這些國家貨幣一再貶值，在我國滙率釘住美元之情形下，對這些國家出口自然愈來愈感覺困難。但我們認爲目前尚不是急於採取措施的時候，應靜觀一段時間，看這些國家繼續演變的情形如何，及各主要國家如美、德、日等國的反應如何，再作決定。當然，在任何情形之下，我們不會放棄這些市場。如必須要採取措施時，而我國滙率又不作普遍性調整，則可針對這些貨幣貶值國家的出口，予以特殊的優惠待遇或獎勵，

以免喪失這些市場。（六十五年三月）

玖、其　他

萬博給與我們的啓示

在亞洲地區首次舉行，歷時半年的萬國博覽會將於本月十三日結束。對主辦國日本來說，這是一次成功的博覽會，顯示了日本的國力與組織能力。至於參加的國家，則幾個主要的進步國家，也都能把握主題，適當的表現了各自的進步情形，與在國際社會中的地位。尤其是幾個大國，雖然建築輝煌，展出內容豐富，但並未給人以誇張驕矜的感覺，而這些國家的進步及其對人類的貢獻，都使人留有深刻的印象。

這次展出的主題是進步與和諧，因而展出的東西，從時間方面來說，可從人類有歷史記載起，直至目前爲止；從內容方面來說，則可包括人類整個的文化：宗教、藝術、經濟……等等。這是在亞洲舉辦這類博覽會一個很適當的主題。因爲有了這一主題，落後國家才有一點東西展覽出來。特別是歷史悠久，過去文化昌明的亞洲國家，雖然目前大多數都是貧窮落後，但過去對人類進步的貢獻，均在此次展覽中有充份的表達。而其中最令我們感慨系之的，是從亞洲幾個主要展覽舘以及美術舘的展出，可以明白看出整個亞洲在歷史上對人類的貢獻，絕大部份屬於中華民族，可以與西方國家在歷史上的貢獻對抗的，也只有中華民族。但另一方面，對人類現代的貢獻，則我們一無所有，交了白卷。我們有進步，但無貢獻。我們祇是吃力的追趕別人，而無創造性的建樹，凡屬稍爲留心的參觀人士，便可感覺出這種强烈的對比。

過去的貢獻究竟過去了，中華民族的前途還得看現在及未來有無貢獻而定，那麼擺在我們面前的顯然有兩個重要工作，一是追究原因，何以過去有那樣大的貢獻，而現在竟一無貢獻？是什麼因素阻塞了我們的創造性？是什麼因素使我們的進步停滯不前？是什麼因素銷蝕了我們的活力，扼殺了我們的進步契機？二是求出原因後，針對需要採取行動。

我們現正在從事文化復興運動。這一運動的主要工作不在懷念過去，不在復古，不在讀孔孟語錄，不在將暮氣沉沉詡為精神文明過人，不在將西方人的活力充沛貶為物質奴隸，不在宣揚過去的偉大，因而證明今日的偉大，更不在一些不倫不類枝枝節節的仿古行為；而在於追查文化發展停滯的原因，尋求對策，重新激發我們的活力，恢復我們的創造性。這需要一批有學養，有懷抱，有現代科學知識的仁人志士，埋頭鑽研。更需要政府的鼓勵，支持，與虛心接納研究的結果，認眞執行從研究產生的建議。

這次萬國博覽會雖然如上面所云，可以展出歷史上的貢獻，但重點仍在當前的成就以及對未來的展望上。當前的成就是人類已經達到的成就，值得讚揚，但已成過去。左右人類進一步的發展與命運的，是對未來的想像，是向前看的精神。而這正是這一次萬博給與參觀者的重要啓示之一。這次萬博給與人一種感覺，使人產生一種印象，覺得人類前途無窮，覺得上窮碧落，下至深海，一切自然現象都在人類的控制之下，覺得在未來的歲月中，這種控制將會逐漸加强加緊，因這種加强加緊而為人類帶來更大的幸福。使參觀者對人類前途充滿信心與希望，激發一個人，一個國家要向前看，向前奮鬪，參加人類進步的行列，向前邁進。

這一啓示對於我們具有特別的重要性。我們是一個愛遵循祖制，愼守祖業，而終日緬懷往烈的民族；我們也是一個不輕易離經叛道，開闢新天地的民族，這恐怕即是我們文化發展停滯的重要原因之一。而萬博的這種向前看的精神，對未來的想像，正好是我們的對症之藥。我們在此萬博即將閉幕的前夕，誠懇希望國人於讚歎主辦國成功，幾個主要進步國家展出的壯麗豐富之餘，接受萬博給與我們的啓示，奮發精神，重振我們過去對人類貢獻的偉績。

（五十九年九月）

認識和參加這一劇烈變動的時代

戰後二十五年，特別是最近十年，是一個前所未有的劇烈變動時代。世界性的經濟快速成長，世界性的生產技術與方法的革新，各種各樣新產品的出現，固然使我們目迷神眩，深切感到這個世界在變。但這祇是變的一面，從人類前途看，與這種經濟成長及生產技術變動平行而影響更爲深遠，更爲重要的是人類思想與對事物態度的變動，是國與國之間，人與人之間關係的變動。這種變動從殖民地的消失到性的解放，從皇室與平民通婚到披頭受動，從嬉痞之向社會傳統挑戰到學生要管理學校。所有這些都不是一個單純的現象，其背後都代表人類思想與觀念的大轉變，制度與行爲的大革命，這種轉變與革命方興未艾，未來演變如何尙難逆料。

美國是這些劇烈活動的發源地之一，也是領導者之一，因而所受的衝擊也最大。然而美國是一個年青的國家，無論在思想與制度方面都極富於彈性，對於這類衝擊能夠很容易的吸收與消化，產生一套新的思想與制度，以繼續保持這個國家的進步與繁榮。這種例子在經濟方面不勝枚擧。但一個更使人印象深刻的例子，是一月二十一日尼克森總統向國會提出的國情咨文，將原有的七個部改爲四個部，即是自然資源，人力資源，經濟發展，與社區開發部。待撤銷的部中則有商務與農業兩個聲譽卓著，歷史悠久的部。這一改組計劃是否正確，是否能獲得國會的批准，尙待時間證明，但對我們而言，無關重要。重要的是這種改組計劃背後所代表的思想與美國做事的基本精神與態度。這次改組側重生產資源的充份開發與利用，以及利用結果的合理分配，也就是所謂社會福利。這表示美國要針對因技術進步所帶來的許多經濟問題，及因此而引起的社會、教育、代溝、種族等等問題，作澈底的解決。這也充份表達了美國的彈性與實事求是的精神；它處理這些劇烈變動所產生的問題，不是引述華盛頓或林肯的遺訓，不是强調美國的光榮歷史，也不是發佈命令禁止這樣，不許那樣；而是針對問題，尋求解決。這種精神與態度值得我們學習。

我們不是這些劇烈變動的發源者，更不是領導者，但我們是現代國際社會的一員，這些劇烈變動遲早會波及我們，感染我們。我們對這些變動所持的態度不應該是以未被波及爲幸事，或以我們的傳統文化、傳統思想、傳統制度來防阻或對抗，就像自鴉片戰爭以來所做的愚蠢事一樣。我們應該試圖認識這些變動的性質和可能產生的影響，接受這些變動，而尤其重要的是看看別人在如何應付這些變動，我們可以及早學習採用，可以盡得這些變動的利益，而避免其損害。以尼克森總統這次的改組計劃來說，我們儘可將以後的施政重點也放在生產資源的開發與利用及社會福利上，我們可以一如美國此次改組的理想，建造出一個富庶而分配比較平均的社會。

西方工業革命以後所帶來的大衝擊，我們是以輕視、懼怕、孤立、固拒、半推半就的態度來對待，百餘年來貧窮積弱都種因於此。現在一波未平，一波又起，第二次的衝擊又要來了，旁觀國人的反應，似乎與對待第一次衝擊的態度並無兩樣，我們為之憂心無已。我們誠懇呼籲國人認識這些變動，承認這些變動，並且還要參加進去，轉變出來，這樣，我們才眞正是一個現代國家。（六十年一月）

如何衝破現局？

蔣經國先生抱孤臣孽子之心，受命於國勢艱困之際，肩負千百萬中國人民之命運與付託，憂時愛國之士不分階級，不論地域，不問立場，除對經國先生表示無限敬佩之外，同時紛紛建言，殷殷寄望，此景此情，在中外歷史上均屬少見。此次經國先生及其所組之內閣之負有歷史任務，必須要完成歷史使命，其受擧國之擁戴，萬姓翹首以期有成，則為千百萬軍民有目共覩之事實，後世史家對此必有翔實之記載。筆者個人懍世局之詭譎，念國家之安危，關切之情自更逾於常人。惟愧無長策作芻蕘之獻，願作沉默大衆，默禱其成功。不料聯合報記者一再要我表示一點意見，乃勉强成篇，愚者千慮，或有一得，若然，則不負聯合報堅邀之意矣。

一

一、以建設現代臺灣為總目標。人無志不立，政府與國家亦然。一個政府如果要有所作為，一個國家如果要有前途，首先便要立志，也就是要有努力的目標。這一目標還必須為政府與人民所共同接受，才能統一意志，集中力量，為共同目標而努力奮鬪，這一個政府、國家，與人民才顯得朝氣蓬勃，前途無量，玆試擧數例如下：

㈠距今一百零四年以前，日本還是封建落後社會，內有藩鎭割據，外有列强環伺，屢受欺凌，國亡無日。而明治君臣風雲際會，以建立現代化之强大日本，避免亡國之禍為其全國上下之努力目標，一時教育、政治、軍事、經濟齊頭並進，改革之擧不絕於朝，呼應之聲相繼於野，四十年之內，一戰而勝中國，再戰而勝俄國，遂為列强之一。

㈡以色列以八千平方英里不毛之地之彈丸小國，人口不過二百八十萬，而居四戰之地，以十百倍計之敵人，挾强國之援助，日夜壓境，退一步卽無死所，而以人宏獎科技，廣設工廠，勤闢土地，暢通貿易，平時全國皆工，而戰時則全國皆兵，於是，一個現代的富强的以色列，遂屹立於羣敵虎視之中。一九六七年六日之戰追奔逐北，敵人喪膽，迄今不敢越雷池一步。

以上實例，從一般情況看，均係不可爲之局，而卒能大有可爲者，全國上下在統一目標之下莊敬自强，能建立一現代强盛國家之故也。我國去年因國際局勢逆轉，一時民氣高昂，海內外愛國之士，特別是知識份子與青年學生，爲維護中華民國的生存，爲維護自由生活方式，爲維護國家與中國人的尊嚴，奔走呼號，熱血澎湃。此時政府與民心之結爲一體，全國上下奮鬥目標之一致，除對日抗戰以外，我還是第一次見到。衷心爲之感動不已。參加他們的集會，常爲之熱淚盈眶，新內閣卽可以這種客觀環境爲根據，善加運用、領導，並鼓舞全民，以建設現代的富强的臺灣爲其總目標，共同奮鬥。有了一個現代的富强的臺灣，則進可以攻、退可以守；可以守常，亦可以應變；**可以促進內部團結，亦可樹立國際地位。此卽立國之道，操之在我則存的意思。**

二

二、以建立制度作爲建設現代臺灣的第一步。歷代名君賢相之能勳崇當代，名垂百世，成其不朽之功業者，主要依賴二事：建立制度與識拔人才；而識拔人才又半賴制度，故建立制度又爲治國之首要。我們所謂現代化，並非一般人所想像的單純輸入一點生產技術，建立幾個工廠等等，而是針對國家的需要，建立或改造各種制度。例如我們的教育制度落後，不足以配合需要，於是加以改造；我們的社會福利制度尚不完整，於是建立一套合於需要的社會福利制度；工業發展不及進步國家，於是形成一套合於工業快速發展的制度。如此，將每一方面的制度都不斷的加以改造或創新，使合於國家最近期的甚至可以預見的未來的需要，這個國家便現代化了。

然而，針對國家需要建立制度，却是我們所最短缺的。也正因爲如此，我們國家現代化的進度很慢。隨手舉例來說，我們的教育制度、租稅制度、金融制度、中小企業信用融通制度、公營事業企業化制度、文官制度、農產運銷制度、農業現代化的一套政策與制度、發展重工業的一套政策與制度、發展國際貿易的一套政策與制度等等，如**果在十多年以前便改造的改造，創新的創新，使其粲然大備，則我們今天豈不就是一個進步國家了嗎？由於這些制**

度到今天還是短缺的短缺，落後的落後，所以我們不能成爲進步國家。

因此，要建設一個現代臺灣，第一步便是脚踏實地建立一個現代國家所必須要的一套制度。有了這一套制度，配以適當的人才來運用，則現代化便是一件很容易的事。以我們現有的基礎，十年之內便可進入現代國家之列了。新閣宜指派專人，對各種制度加以冷靜檢討改造，切不可隨便修改幾條法令，設立幾個機構便算完事。建立典章制度，我國歷朝都是以第一流專才主持。

三

三、財政爲庶政之母。很顯然的，今後施政重點在經濟社會的發展，而經濟社會的發展則沿兩條軌道並進：經濟方面是重工業與對外貿易；社會方面則是逐漸建立完整的社會福利制度，前者關係整個國家的力量與人民的生活，後者關係社會的安定與團結。至於如何發展重工業與對外貿易，如何建立社會福利制度，筆者在許多地方都曾提到，此處不再重複。惟有一點必須要指出者，卽無論經濟發展也好，社會發展也好，政府都必須掌握很大一部份資源，也就是財源，來推動這兩種發展。惟有掌握很大一部份財源，政府才能居於主動的地位，推動發展，領導發展，操縱發展，使這些發展的進度與方向完全符合國家的需要與政府的意願。

因此在財經方面，新閣所當做的第一件事便是對財政現狀作澈底的檢討與衡量，看看在現狀之下究竟有多大的負荷能力？未來的潛力又如何？除開支出不談，在籌措收入方面，不外五途：稅收、公營事業盈餘及公營金融機構所吸收之儲蓄，內債，出售國有財產，及外債。現在宜就這五項在政策與制度方面重作估價，檢討缺失，建立新的制度，釐訂新的政策，以便在未來歲月中擔當重任。在這五項中，當然稅收最重要，政府曾專設機構改革過。但最重要的可以稱之爲改革核心的一點，却被忽略了，那卽是稅務行政，尤其是稅務行政中的稅務人員的人事制度，與稅務人員汰舊更新的計劃。現在必須要在這方面從頭做起，而且必須要做好，做不好則將影響整個國家的施政。此外，政府並宜廣事宣傳，並從基層教育中灌輸納稅的必要及如何納稅等一類知識。

四

四、立卽着手建立文官制度。中興靠人才，人才分兩種：一種是風雲變幻的政治人才，一種是崇法務實的事務人才。兩種人才的性質與作用截然不同，因此對這兩種人才的培育訓練與任用便完全不同。我這裏所說的是後一種人才。事實上，不能稱爲人才，只能說是人員。要國家行政乃至政治走上軌道，要建立一個所謂廉能政府，則一套完整的文官制度絕對不可缺少。有了一套完整的文官制度，負責處理日常行政事務及執行各項政策，則這個國家整個政務的推行便算穩定下來了。在任何情形之下，都不會發生紊亂中斷以及受政客左右，怕政客干擾等現象，政治人才儘管從事政黨活動，從事競選或其他活動，儘管擔任各機關首長，今天一個政策，明天一個口號，整個行政體系及業務處理完全不受影響。要在這種情形之下，才能談公務員的能力、操守、效率、與尊嚴。

我十餘年來都在主張人事改革，我所謂的人事改革不是社會上流行的那一套，而是建立從選拔、訓練、任用、升遷、進修、到退休的一套完整的文官制度。我在聯合國亞遠經會工作期間，得知印度、泰國、馬來西亞、新加坡、緬甸等國家，都有一套類似英國的文官制度，而且運用得很好。我們是優秀民族，文官制度本來源出中國，而居然迄今還沒有使文官制度走上軌道，實在令人難以置信。新閣當立即做這件事，絕不能再拖延下去。如果連一個像樣的文官制度都沒有，那能稱爲現代國家。

五

五、治理一個國家，本來千頭萬緒，何況是一個半進步半落後，半新式半舊式，半平時半戰時的國家，自較其他的國家更難於治理；而時急勢迫，又非求速效不可。克服險阻，引導我們渡過難關，端在冷靜沉着，抓住重點，運用現代知識及研究技巧，深思熟慮，細密策劃，然後下決斷，而一旦決斷之後，便雷厲風行的去執行。在策劃與執行過程中，不避權勢情面，隨時撤換不稱職的大員。這一次的內閣是我們殷切希望之所寄，蔣經國先生固然不能容許其失敗，全國軍民也不能容許其失敗，我們全國軍民有協助其完成使命的天職，也有嚴格督促的責任，因爲我們的命運就決定在這裏！（六十一年六月聯合報）

重振尹仲容作風

中華民國五十二年一月二十四日，前外貿會主任委員，美援會副主任委員，臺灣銀行董事長尹仲容先生因公積勞謝世，一代才人長眠地下，朝野上下，中外人士同聲震悼。歲月不居，轉瞬十年，仲容先生墓木早拱，宿草屢新。今天其戚友部屬及社會人士爲其擧行逝世十週年紀念，丁玆國步艱難之際，既傷逝者，復念來玆，心情之沉痛與對當前負財經重責者寄望之殷切，實非言詞所能形容於萬一。

仲容先生於三十八年四月挈家來臺，同年六月出任前生管會常務委員，旋改任副主任委員，實際主持該會會務。這是一個以全面經濟爲對象之決策計劃與推動機構，在戰爭破壞之影響猶深，戰後通貨膨脹之烈焰未戢，資金、外滙、原料、器材無一不缺，而又人心浮動之際，仲容先生毅然負起責任，動員當時所有能動員之資源，全力協助公民營生產事業積極生產，並親赴日本交涉半年，與盟軍簽訂貿易協定，由此在萬難中打開生產與貿易之門，穩住臺灣經濟陣脚，爲以後二十年之繁榮發展奠立基礎。以後歷任經濟、金融、外滙、貿易等方面要職，定大計、決大疑，擧凡工業發展之全面推進，美援之爭取與有效運用，外滙貿易政策之轉變，以及金融政策與經濟穩定及經濟發展之密切配合，無不深思熟慮，策劃周詳。而一旦有所決定，卽全力付諸實施，一往無前，並獨負成敗責任。其忠於謀國，勇於任事，名位不問，毀譽不驚，勞怨不辭，成敗不計之精神，足以媲美我國歷代名臣。今日臺灣經濟之全面發展、全面繁榮，成爲國際兇險漩渦中之中流砥柱，使國家有如磐石之安，仲容先生肇始發端之功要不可。凡熟悉過去二十年臺灣經濟發展之歷程者，當同意此絕非過譽之詞。

仲容先生之能對國家對社會有此巨大貢獻，實得力於其具有我國國士之以天下爲己任之傳統修養，由此而培養出無私之性格。因其無私，所以大勇，定計決策，一以國家利益爲前提，苟利國家，生死以之，絕不徘徊瞻顧。仲容先生作事有擔當、有主張、有決斷，從不作模稜兩可之詞，從不作鄉愿依違之態。擧國皆曰不可，他能一人獨往；擧國皆曰可行，他能一人獨持已見，這卽是因無私而產生之大勇所致。

試擧一例：民國四十年前後，物資奇缺，作爲民生必需品之紗布價格昂貴，波動劇烈。仲容先生欲在國內建立紡織工業，從根本上解決此一問題。當時資金短缺，而有資金者又多瞻顧不前，不願大規模投資設廠。於是仲容先生毅然實行代紡代織政策，一方面解決資金及原料等問題，一方面使業者獲取厚利。當時攻訐之聲四起，誣其爲官商勾結，誣其圖利他人。仲容先生認爲有利國家，對於所有攻擊一肩承擔，絕不退却。去年一年紡織品出口達十億美元，佔總出口三分之一。我們要突破當前工業進一步發展之關隘，正需要仲容先生這種眼光、魄力、與做法。

仲容先生的無私性格使他能容，因其能容，所以大智。他貌似固執，實極融和；形似驕傲，實極謙遜。廟堂莊嚴，他能擇善固執，諤諤進言，決不看上峯顏色行事；同僚議論，他能侃侃而辯，但決不心懷怨恨，退有後言。而書生一字之善，部曲一得之愚，他又能從善如流，莫不拜納嘉言。他禮賢下士，博訪周諮，勤於閱讀，勇於認錯，都非常人所及。因此而增益其智慧，開拓其視野，這對於一個決策者實有無比之重要。

再舉一例：四十七年四月在通貨膨脹餘威猶在，經濟發展尚在萌芽之際，他能當機立斷，對執行將近十年之外滙貿易政策予以改變，同時對有關制度予以革新，即是他平日從閱讀中吸取新知識，從輿論及部曲建議中擷取新觀念，再經自己融化貫通之結果。這實是一種高度智慧之表現，而此種智慧之產生，則在於他之能容，而惟有不爲私欲所蔽，方有心胸氣魄能容。我們目前多少改革需要這種智慧！

我們國家當前處境略同於民國四十年代，因此所需要於經濟力量之支持者亦同於民國四十年代；而我們經濟基礎則遠優於民國四十年代，因此經濟力量之能用以支持國家者亦當遠易於遠優於民國四十年代。故當前正需要財政、金融、經濟決策當局竭股肱之力，繼之以忠貞，困心衡慮，勞怨不避，全力求經濟之發展，再一次措國家於磐石之安。我們切盼各有關當局充份發揮仲容先生無私之性格，從而產生大勇大智之境界，毋意，毋必，毋固，毋我，勇敢負責，團結奮鬬，在蔣院長堅强領導之下，共同爲國家生存打開一條出路。聞鼙鼓而思猛將，我們處今日之境地，展望未來之困難，追思十年前盡瘁國事之尹仲容先生，不禁愴然淚下。願財經當局及全體國人體念時艱，重振尹仲容作風。（六十二年一月）

擴大利用大專服役學生從事基層建設

據悉政府爲加速農村建設工作，正在擬訂一項方案，甄選出身農家，大專院校農業科系及農專、農職畢業青年，在服役期間調派參加農村基層建設工作，一方面使政府農村建設計劃得以切實執行；另一方面亦可提高農業人力素質。對於這種構想，我們鑒於國家今日之需要，不僅全力擁護，而且主張儘快予以擴大及於其他經濟部門之基層建設。我們之所以如此主張，係基於下列理由：

㈠我們現在所能動員的國內人力物力，祇限於三萬六千平方公里，資源極端貧乏的土地，和一千五百萬的軍民。而我們所負擔的任務則是在匪寇窺伺和國際逆流衝擊之下確保我反攻基地的强大，並伺機光復大陸，重建一民有、民治、民享的三民主義新中國。以這樣的人力物力肩負這樣的任務，欲求其克竟全功，則必須講求一切人力物力最經濟有效的運用，做到生產條件與戰鬥條件完全一致，戰時全民皆兵，全國生產事業皆是戰時生產事業。反過來說，在射擊戰未發生以前，我們便必須在不妨害國家安全的前提下，盡可能使國防體制與生產體制相結合，使軍事戰線上的人力也能用之於經濟戰線上的生產。這種作法，絕非國防戰力的削弱，而實乃戰時作戰基礎的擴大。因此，大專學生——全國人力的精華，是否有在軍中服役二至三年之必要，就大大值得研究。如果在服役期間，使熟練作戰技能之後，即依國家總人力資源合理分配的觀點，調派擔任更能增强國家總體戰力的工作，一方面於軍事作戰能力無損，而於整個國家之基層建設則能發生莫大的助力，應該是最合理而有利的構想。

㈡坦白地說，任何國家政策能否貫徹，主要決定於幹部，特別是決定於基層幹部。而我們今日的幹部實在不够健全，用之於日常行政事務的處理或有餘，用之於計日程功的重大政策的推行則不足。因此政府的許多良法美意，領導階層的勵精圖治，都每每不能貫徹到基層，而時間又是如此寶貴，實在不能再任令歲月蹉跎。在此種情形下，倘能就每年以萬計的大專服役青年中，依政府需要而調用，使成爲政府各種改革方案及基層建設的基層執行人員，則以他們一定的專業知識，與大專學生應有的道德規範及作人風格、在能力、操守、及工作精神上應能成爲一股强大的推動力量。

㈢自國際局勢逆轉後，大專知識青年報國之心至切，而苦於投效無門，鬱積日久，便演變爲對現實之不滿。如在其服役期間，調其參加國家基層建設與執行各種改革方案，使其直接從事謀求全國同胞福利之工作，俾其愛國家，愛同胞，愛鄉梓之熱情有所寄托和表現，當必能有助於民心士氣的激勵。此與蔣院長鼓勵青年積極參與國事之旨完全符合。且直接的行爲之實踐，較諸國家建設研究會之徒爲意見的具申，尤必勝過多多。何況在大專青年以個人身份步入社會謀求一己之發展以前，能有一段時間集體從事國家基礎建設及執行各種改革方案，當亦爲一種意志的與能力的磨練，等於是學校專業教育的延長，等於是一種實習，而且是最切實基本的實習。即令所派的工作不一定即是在學校所習的科系，也是進入社會以前的一種基本工作訓練，對這些青年可謂有百利而無一害。

假如以上的三項觀點爲當局所接受，則我們願意進一步建議立即交由有關部門搜集各種資料，作詳細之研究與策劃，使此一辦法組織化、制度化，並適應事實的需要，隨時將其適用範圍擴大。就我們現在所能想到亟待這批大專青年去執行改革任務的，除政府已決定的農業外，稅務也是一個主要的項目，特別是綜合所得稅及營利事業所得稅的嚴格追踪課征。這不僅關係到政府的財源與各種建設，尤其關係到一個社會的紀律，人民對國家的基本義務，以及財富分配，社會安定等等。我們是否能一如蔣院長所提示的消滅一切不公平的現象，建立一個均和樂利的三民主義社會，這當是關鍵之一。

如前所云，我們祇有這點人力物力資源，而我們所負擔的任務又是如此其艱鉅，我們惟一能完成任務的途徑是人盡其才，地盡其利，物盡其用。我們的經濟政策應該是讓每一個人，每一寸地，每一滴物資都能發揮應有的作用。如此，我們的國力才能無限制的擴張，同時，我們也將是一個生機暢旺的社會。政府調派大專畢業之預官（士）從事農業基層建設已開其端，我們謹願樂觀其成。（六十二年七月）

正本清源革新社會風氣

我們如果稍爲留心當前的社會現象，便知有二個特色：一是奢侈風氣盛，一是詐騙行爲多。就前一項特色而言，我們有種種豪華奢靡的享受，不僅與我們的落後經濟型態不相稱，更與我們應該臥薪嘗膽的國家處境不相配。就後一項特色而言，則公務員貪污受賄，商人欺騙政府與消費者等等，更比比皆是，所牽涉的金錢數字，大者以億計，小者則可以爲三、二百元。這二種現象有極密切的關係，實際上可以看作是一件事。因爲奢侈風氣盛，有限之正當收入不足以塡無底之奢侈慾壑，於是出之以詐騙；因爲詐騙行爲多，不義之財來源易，於是奢侈風氣盛。

這兩種現象都是落後國家所特有的現象，祇有在落後國家才普遍的有這二種現象存在。至於大家心目中的進步國家如西歐，如北美，則據我們所知，大多數人日常生活行爲的準則仍是節儉與工作，他們勤奮的工作，節儉的生活，以求累積一點財富，提高一點生活水準。他們也注重生活的享受與安適，但必然是經過節儉與工作而來，這正應了我們「勤儉致富」的格言。他們也有少數人不滿意於這種過程緩慢，效果不大的節儉與工作的致富方式，希望能在短期內獲致鉅額的財富。但他們所採取的方法不是詐騙，而是冒險與奮鬪。冒險與奮鬥而失敗，他們或則傾家蕩產，或則喪失生命。冒險與奮鬪而成功，則可爲整個國家社會，乃至整個人類帶來新的更有效率的生產方法與技術，新的更有效率的生產組織，新的資源，新的產品與市場，而使他們的國家社會及全人類的生活水準都爲之提高，命運都爲之改善。至於他們個人當然也累積了很多財富，而成爲豪商巨富，不過，站在整體的觀點，這僅是餘事而已。而且，近二、三十年來，個人對社會的責任感一天天在加重，他們在冒險與奮鬪中所得來的財富，很大一部份都用於社會，至於個人生活享受則又僅是餘事而已，這些人多半不在乎個人享受。祇有在大多數人節儉與工作，以求一點一滴的改善個人生活；少數人冒險與奮鬪，在求大幅累積個人財富與改善個人生活中，使整個國家社會及全人類都受到有利影響的這一個社會，才能算是進步社會，這樣一個國家，才能算是進步國家，而且現在進步，將來還會進步。

西歐與北美國家何以是這種情形呢?這與他們長期以來便已經是一個富裕社會，以及悠久的基督文化有關，因爲長期的富裕，使得他們的人民都能知榮辱禮義；因爲他們的基督文化，使得他們都能節儉、工作、冒險、奮鬪，而基督文化又實在是他們成爲富裕社會的主要根源。

我們是一個有悠久文化的國家，我們也是一個禮義舊邦，我們幾千年來的道德教條，都在强調勤儉的生活規範，照理說我們不應有奢侈風氣，詐騙行爲。我們也應該與西歐北美一樣，大多數人節儉，工作，少數人冒險，奮鬪。但何以竟然普遍發生奢侈風氣與詐騙行爲呢?這與我們的經濟發展太快有關，製造了太多的暴發戶，一如日本的情形；這也與我們的法令制度有關，製造了太多的漏洞，容許甚至鼓勵了詐騙奢侈行爲；這也與我們的公務人員的操守與能力有關，助長與便利了這些壞現象的發生；這更與我們的文化教育工作者未能盡責有關，在這新舊交替的時代，我們未能對舊有的文化與道德規範作一番清理淘汰挑選的工作，未能針對新經濟社會形成新的文化與道德規範。

我們現在對於這些現象所採取的對策，不外政治及社會領袖公開指責，呼籲改正，警察及治安人員的取締與防範；以及司法機關的判刑。但這是一個牽涉到文化、道德規範、風俗習慣、教育、制度、立法及執法等等的問題，不但複雜，而且若干措施收效也將十分緩慢，決非枝枝節節的努力，可能成功。因此我們建議應有專責的機構，對這些現象形成的原因及解決途徑，予以徹底的研究，提出適當的對策，庶幾目前不正常的社會風氣，得以消除。

（六十四年九月）

維持經濟與社會生活的平衡

以我們中華民族為首的東方民族，都具有走極端的民族性，正因如此，所以我們的往聖先賢才諄諄告誡走極端的危險，教以中庸之道，教以如何致中和，天地位焉，萬物育焉。這些教誨有防範的作用，無改造的力量，少數知識份子勉强接受，勉强實行；絕大多數人走極端的本性未改。再加上目前正遭受經濟與社會的大變革，舊有的生活規範與行為標準或則破壞，或則不適用，而新的未形成，於是在觀念上與行為上都紛紛走極端，以致在經濟與社會生活上失去平衡，紛擾不已，實深足憂慮。玆舉數例說明此種情形：

（一）工商企業的利潤。我們社會大衆及大部份知識份子與政府官員，對於工商企業賺取利潤都抱敵視態度，認係奸商行徑，尤其對於公營事業，往往祇要求其產品或服務價格儘量低廉，此為一極端。另一方面，則很大一部份工商企業不以管理、技術、企業精神謀取正當之利潤，却以聯合獨佔，投機取巧，違法亂紀，欺詐撞騙謀取暴利，希望一夕之間成為巨富，而對於在正當經營下謀取正當利潤之企業則不屑一顧，此又一極端。

（二）生活水準。我們這個民族兩千多年以來都是以落後的生產方式，維持極端貧窮的物質生活，因此我們便極力提倡節儉，提倡精神生活高於物質生活。於是節儉與知足便成為我們的重要道德規範之一，並進一步使冒險犯難去追求物質生活的改善成為一種恥辱貪鄙行為，由是堵塞了我們的物質進步之路。在這一觀念下，也使得我們不能適應現代的生活水準，將一些現代生活必須具備的設施如汽車電視冰箱等等，都視為奢侈品，因而提出超越現實的節約要求，此為一極端。另一方面，若干暴發戶則窮奢極欲，三十萬元一套北歐沙發，一千元一客牛排，五百元一杯咖啡，萬元以上一桌酒席，而若干淺薄無知者流又起而仿傚，使整個社會充滿驕奢淫佚氣氛及由此而產生的搶刼掠奪的行爲，而爲西方富裕進步國家所少見，此爲又一極端。像西方進步國家一般人民都享受那種富庶樸實的生活水準，具有敦厚和樂的生活情操，始終不能在我們這裏出現。

（三）平均社會財富。由於長期的貧窮生活，而愈是貧窮，對財富分配的不平均便愈敏感，因之孟子說的不患寡而患不均的話便成爲歷史名言。歷代政治與社會領袖都强調均富的重要，我們這一代亦復如此，我們天天都在要求均富。一般人民對於富有者的擁有財富及與其相稱的生活水準，不是像西方國家人民出之以稱讚，或經由正當的途徑趕上去，而是出之以敵視與鄙夷，要設法消滅掉，此爲一極端。另一方面，我們的賦稅征收情形，是愈是窮人，負擔愈重，富人有時負擔輕，有時根本沒有什麼負擔。我們還沒有開始有系統的推行社會福利措施，便有很多有影響力的人認爲社會福利措施會使人懶惰而加以反對。我們的中小企業從來得不到適當的融資，而巨商富賈融資則動輒若干億。我們動輒監視市場小販、肉商、理髮業等，不准漲價，而對於聯合獨佔，操縱價格的大企業則連防阻的法律都沒有。在這種有利於富人，不利於窮人的情形下，於是產生了許多暴發戶，使貧富對照更爲鮮明，此爲又一極端。像西方進步國家一方面維持公平競爭環境，使對社會貢獻大的取得較多的社會財富，成爲富有階級，對社會貢獻小的取得較少的社會財富，成爲平民階級，各守本份，相安無事；另一方面，則以重稅富有階級及社會福利措施，以維持全社會人民之合理生活水準，我們雖有決策，却乏實效。

以上三點僅是擧例的性質，用以說明在這樣一個大轉變的時代，觀念與實際生活的如何失去平衡，走向極端，使得我們這一代的人，特別是可塑性極大的年輕人感到迷惘，感到無所適從。而繼無所適從之後，便是爲所欲爲了。迄今爲止；對於這種現象，除了各自站在一已的極端立場，向對方提出改正要求與指責外，尙無有效的改正與恢復平衡的辦法。因此，我們這一代人的一個最重大的任務，便是在這大轉變的時代中，建立一些觀念與行爲準則，維持經濟與社會生活的平衡：我們要求工商業在正當經營之下，享受正當的利潤，既不希望他們不賺錢，也不希望他們巧取豪奪，成爲暴發戶；我們要將節約與奢侈生活兩皆拋棄，依照我們的生產能力，考慮經濟資源的其他用途後，來享受我們應有的生活水準；我們不要求絕對的均富，也不贊成富者愈富，我們希望各盡所能，各取所值，而以重稅與社會福利維持全體人民的合理生活水準。這便是中庸之道，中庸就可產生平衡，而平衡即含有穩定意思。要做到這一點，政府必須制訂法令，建立制度，而學術思想界的領袖必須形成新的觀念，建立新的經濟與社會行爲的道德規範。（六十五年六月）

綠化臺灣

行政院蔣院長於立法院本會期總質詢期間，曾宣佈將使臺灣綠化與工業化，爲達到綠化臺灣目的，將選擇適當山地闢爲國家公園。這是一件十分令人興奮的消息。惟對一般人來說，爲什麼蔣院長如此重視綠化臺灣的問題，爲什麼要鄭重其事的在立法機關正式宣佈，爲什麼要將臺灣綠化與工業化連在一起，有進一步說明的必要。我們願引申其義，並就綠化臺灣的制度與做法方面提出若干建議，以便早觀其成。

大家都知道，過去二千多年以來，我們都是過的典型的農業社會的生活，直到二十多年前才在臺灣開始轉變爲工業社會。全世界所有農業社會的最顯著特點便是貧窮，極端的貧窮。農人生產力極端低落，終年辛勞都難求一家的溫飽。在這種情形下，所有的時間與精力都用在工作上了，所有的收入都用在維持起碼的生活上面去了，無時間，無精力，無金錢供適當的娛樂與休閒之用。所以在農業社會裏，休閒與娛樂是少數有錢階級的奢侈品，絕大部份的人根本沒有這種觀念，自然更不知道其重要性了。我們中國人到現在都不知道休閒與娛樂的重要，因而也不知道作正當的休閒與娛樂，社會在這一方面的設施也少得可憐，而政府也不重視這一施政，這就是因是我們剛從一個落後的貧窮的農業社會脫離出來的緣故。

但是我們現在是一個進步的富裕的工業社會。我們的人民的生產力高，所得高，除了能享受適當的物質生活水準外，我們還有時間，有精力，有金錢去享受休閒與娛樂。我們需要休閒與娛樂，是爲了身體與精神的平衡發展，爲了增加生活的樂趣與調劑，而尤其是爲了增進工作的效率。我們必須要了解唯有身體與精神的平衡發展，唯有生活有樂趣與調劑，個人的生活才健康愉快而更具人生意義，社會的生活才能享受和平，秩序與安全。我們也必須要了解休閒與娛樂是有效率工作的預備階段，是一件事的兩面。所以休閒與娛樂已是一個富裕社會的生活必需品，這與農業社會的看法與習慣完全相反。蔣院長之所以重視綠化臺灣，之所以將綠化臺灣與工業化連在一起，相提並論，其理由便是在此。作爲一個工業化的富裕社會的政府，有責任要爲全體人民提供這一生活必需品。這與毛共强迫大陸民衆「鼓足幹勁」「挑燈夜戰」，恰成强烈的對照。

現在讓我們來爲綠化臺灣的工作，提出若干具體的建議：

㈠綠化臺灣爲我們這個現代社會的福利措施之一，爲政府不可推卸的責任，所以不能民營，必須由政府以國家的力量來經營。我們建議在內設政部立國家公園管理司專司其事。

㈡應聘請專家就全臺灣可以闢作國家公園之處詳加探勘規劃，氣魄要大，眼光要遠，至少要看到未來五十至一百年的需要。國家公園不僅限於山地，也包括海濱，對全省海濱也應作同樣的探勘規劃。海濱同樣是全天候的休閒勝地，不僅供夏季游泳而已。

㈢在開闢建設這些國家公園時，應儘最大可能保存自然環境，愈少人工開鑿痕跡愈好，愈少人工栽培修飾愈好，返回人類的老家——大自然，本是人類的天性。所有的設施必須要安全、耐用、便利，不花費，甚少維持費。

㈣所有國家公園原則上不收費，但如政府財政有困難，亦不妨酌收維持費，但以一般平民均能負擔爲原則。所有國家公園均可隨時自由進出，不能以國防治安等爲理由加以限制，不能要求遊客任何身份證明。在現代國防治安技術之下，若干設防查證觀念及辦法業已落伍，不必爲此增加遊客困擾。

㈤從各大城市或人口聚居之處通往所有國家公園的交通運輸必須要便捷與不擁擠，所有住宿用餐設施必須要清潔，價格必須要合理，澈底掃除存在於落後國家公共場所的不良現象：髒亂、敲詐、不便、勒索等等。卽以國家公園作爲一種示範工具，來訓練國民成爲現代國民，要做到北美與西歐的水準。

㈥爲做到第㈤點，我們建議在青年救國團下面或其直接支持下，設立一「國家公園遊樂公司」，負責有關各事。此一公司爲以營利爲目的之民營公司，完全照現代企業經營方式經營，收取合理利潤以作改善各項設施及服務之用，但絕不如一般民營公司之榨取厚利與提供不誠實服務。

對我們而言，綠化臺灣代表我們的生活水準與生活方式進入了一種新的境界，是我們進入現代國家的主要象徵之一，我們不能僅從字面上來解釋它。爲了進入這一新的境界，我們要在觀念上作改變，在行爲上作適應，一如我們從農業社會轉變爲工業社會的過程中，在其他方面必須要作的改變與適應一樣。（六十五年十月）

我們再度呼籲建立完整的文官制度

本報市聞版昨日報導，臺北市政府核派原任省建設廳第四科長之蔡兆陽接充建築管理處長，以八職等權理十職等主管職位，市議會認爲與分類職位公務人員任用法不合，引發了各界對人事管道探討的關切。這原是一件小事，我們不欲就其本身的是非有所論列。但其背後却涉及中央與地方政府的文官制度問題，而此一文官制度之是否完整健全，則又關係到廉能政府，行政安定，與國家現代化，而所有這些却不容我們忽視，因此我們不嫌詞費，再一次的提出我們主張建立完整文官制度的呼籲。

我們由於沒有完整的文官制度，以致人事管道阻塞，各機關人員充斥，而竟少可用之人，且頗多操守不良，知識欠缺，能力薄弱，無責任心，無榮譽感之人員在內。這種樣子的文官自難勝任一個現代國家，現代政府的需要。政府有鑒於此，年來乃起用了若干青年才俊之士，政務官與事務官兼而有之，爲政府機構注入一些新血輪，激發一些朝氣。這自是減輕多年沉疴的對症之藥，也是在急切需要之下唯一能行的辦法。但作爲一時的權宜之計則可，作爲長期經常的辦法，則必然是舊制度被破壞，新制度未建立，造成紛亂局面，那就得不償失了。因此政府應一面起用青年才俊以救急，一面着手建立完整的文官制度以樹國家百年大計。試一披閱史乘，與朝勝代，明君賢相，第一件要做的事，便是開科取士，銓選官吏，建立完整的文官制度。 國父有五權並立之說，以考試爲五權之一，獨立於行政之外，而與立法司法等量齊觀，政府於建都南京時，卽據以設考試院，專司文官考試銓選之職。足見 國父及政府亦知此事之重要，於開國之初，在此一方面之建樹，亦不遜於歷史上之興朝勝代。然而五十年來，此一制度終未臻於完善，此則不得不使人爲之扼腕者。現政府爲一大有爲之政府，我們深盼卽日着手，以最大決心與最有效手段，在現政府之下，完成此一任務，爲國家奠百年之基。

我們堅決主張將政務官與事務官分開。所謂文官制度祇適用於事務官。政務官可以自由選任，不受制度約束，但亦須隨時可以去職。事務官之選任則必須遵循一定制度，並爲終身職，可任職到退休年齡爲止。即使是政務官可以自由選任，我們也主張仍應約略有軌跡可循。我們主張政務官應由政黨培植，以競選方式進入各級民意代表機構，在此等機構從事實際政治磨練後，再進入各級政府機構充任首長。中央政府各政務官宜多在立法機構挑選。而政黨在輔助其黨員競選民意代表時，即當以將來從其中挑選部長政務次長爲着眼點。如此，可使政務官員熟悉政策、政務，與立法機構保持良好關係，而尤其重要的，是經立法機構磨練後，可具有較開濶之胸襟與較熟練之政治技巧，此爲政務官所不可缺少者。

至於事務官，則必須嚴格遵守文官制度任用。所謂文官制度，應包括考試、訓練、任用、升遷、進修、退休、養老、及待遇等一全套在內，一體遵守，無一人有例外，無一事有例外。就我們現狀而論，有兩點要特別提出來：（一）考試，以考試及格取得任官資格，在我國以前，在外國現在，都認爲是殊榮。印、巴及東南亞等受英國影響國家，以考試及格任官者常將其印在名片上，以示其身份與衆不同。但在我國現在，考試及格未必能任官，任官未必有前途，有前途亦未必受到應有之重視，於是考試及格任官者反不如未經考試或考試不及格而任官者。於是考試遂成爲聊備一格之舉，以一以考試任官聞名世界，爲進步國家所倣效之國家，其考試任官竟淪落如此，良足惋惜。考試任官爲建立文官制度的第一步，必須予以檢討，徹底改革，恢復其尊嚴與榮譽。（二）待遇，我國歷朝政治上最大的一個汚點，便是待遇不讓官員吃飽，而任令其貪汚，清廉之官則窮困以死，甚至死無以爲殮。清官常載之史籍，名垂後世，足見歷史上清官之少，從而反證貪官之多，此一觀念及做法無形中沿襲至今未改，因而貪汚事件時有所聞。我們再一次建議官員待遇不僅要能維持官員之溫飽，且應使其能維持應有之尊嚴與地位，以便利公務的執行。在從前，官員社會地位崇高，即使窮困，亦仍有足够之地位與尊嚴，使其能順利執行公務，推行政令。在現在，官員爲公僕，社會地位與一般公民等，如果待遇不足以使其維持應有之水準，便將貶抑地位與尊嚴至一般公民之下，而公務政令便難於推行了，何況還會逼使其走上貪汚之路。

除政務官與事務官以外，還有所謂「學者從政」一類。學者當然可以從政，但僅限於三種情形：（一）政務官；（二）政務官之智囊，即參謀幕僚人員，如所謂參議、顧問、特別助理、秘書之類；（三）以契約方式聘請之專業人員。所有此三類人員均不屬於文官系統，其任期可長可短，長亦不過數年，短則可以半月一月，其待遇可高可低，其任用則祇問專長，不問資格年齡。

政府如欲在極短期間建立一完整的文官制度，勢必要動用大筆金錢，但我們認爲値得，不僅値得，而且爲必需之開支。政府常以千百億經費用於物質建設上，而對於建立此種關係國家前途的制度，則以其無具體結果，而往往吝惜金錢，不願撥款。殊不知文官制度一日不完善建立，公務推行便難望有效率，國家便難望現代化。然則何不權衡輕重，匀撥巨額經費於文官制度之建立上，一舉而樹立一個廉能政府呢？（六十五年十月）

滄海叢刊已刊行書目(四)

書名	作者	類別
清真詞研究	王支洪	中國文學
宋儒風範	董金裕	中國文學
紅樓夢的文學價值	羅盤	中國文學
中國文學鑑賞學隅	黃慶萱 許家鸞	中國文學
浮士德研究	李辰冬譯	西洋文學
蘇忍尼辛選集	劉安雲譯	西洋文學
文學欣賞的靈魂	劉述先	西洋文學
現代藝術哲學	孫旗	藝術
音樂人生	黃友棣	音樂
音樂與我	趙琴	音樂
爐邊閒話	李抱忱	音樂
琴臺碎語	黃友棣	音樂
音樂隨筆	趙琴	音樂
樂林蓽露	黃友棣	音樂
樂谷鳴泉	黃友棣	音樂
水彩技巧與創作	劉其偉	美術
繪畫隨筆	陳景容	美術
藤竹工	張長傑	美術
都市計劃概論	王紀鯤	建築
建築設計方法	陳政雄	建築
建築基本畫	陳榮美 楊麗黛	建築
中國的建築藝術	張紹載	建築
現代工藝概論	張長傑	雕刻
藤竹工	張長傑	雕刻
戲劇藝術之發展及其原理	趙如琳	戲劇
戲劇編寫法	方寸	戲劇

滄海叢刊已刊行書目（三）

書名	作者	類別
野草詞	韋瀚章	文學
現代散文欣賞	鄭明娳	文學
藍天白雲集	梁容若	文學
寫作是藝術	張秀亞	文學
孟武自選文集	薩孟武	文學
歷史圈外	朱桂	文學
小說創作論	羅盤	文學
往日旋律	幼柏	文學
現實的探索	陳銘磻編	文學
金排附	鍾延豪	文學
放鷹	吳錦發	文學
黃巢殺人八百萬	宋澤萊	文學
燈下燈	蕭蕭	文學
陽關千唱	陳煌	文學
種籽	向陽	文學
泥土的香味	彭瑞金	文學
無緣廟	陳艷秋	文學
鄉事	林清玄	文學
余忠雄的春天	鍾鐵民	文學
卡薩爾斯之琴	葉石濤	文學
青囊夜燈	許振江	文學
我永遠年輕	唐文標	文學
分析文學	陳啓佑	文學
思想起	陌上塵	文學
心酸記	李喬	文學
離訣	林蒼鬱	文學
孤獨園	林蒼鬱	文學
韓非子析論	謝雲飛	中國文學
陶淵明評論	李辰冬	中國文學
文學新論	李辰冬	中國文學
離騷九歌九章淺釋	繆天華	中國文學
累廬聲氣集	姜超嶽	中國文學
苕華詞與人間詞話述評	王宗樂	中國文學
杜甫作品繫年	李辰冬	中國文學
元曲六大家	應裕康 王忠林	中國文學
林下生涯	姜超嶽	中國文學
詩經研讀指導	裴普賢	中國文學
莊子及其文學	黃錦鋐	中國文學

滄海叢刊已刊行書目（二）

書名	作者	類別
印度文化十八篇	糜文開	社會
清代科學	劉兆璸	社會
世界局勢與中國文化	錢穆	社會
國家論	薩孟武譯	社會
紅樓夢與中國舊家庭	薩孟武	社會
財經文存	王作榮	經濟
財經時論	楊道淮	經濟
中國歷代政治得失	錢穆	政治
先秦政治思想史	梁啓超原著 賈馥茗標點	政治
憲法論集	林紀東	法律
憲法論叢	鄭彥棻	法律
黃帝	錢穆	歷史
歷史與人物	吳相湘	歷史
歷史與文化論叢	錢穆	歷史
中國人的故事	夏雨人	歷史
精忠岳飛傳	李安	傳記
弘一大師傳	陳慧劍	傳記
中國歷史精神	錢穆	史學
中國文字學	潘重規	語言
中國聲韻學	潘重規 陳紹棠	語言
文學與音律	謝雲飛	語言
還鄉夢的幻滅	賴景瑚	文學
葫蘆・再見	鄭明娳	文學
大地之歌	大地詩社	文學
青春	葉蟬貞	文學
比較文學的墾拓在臺灣	古添洪 陳慧樺	文學
從比較神話到文學	古添洪 陳慧樺	文學
牧場的情思	張媛媛	文學
萍踪憶語	賴景瑚	文學
讀書與生活	琦君	文學
中西文學關係研究	王潤華	文學
文開隨筆	糜文開	文學
知識之劍	陳鼎環	文學

滄海叢刊已刊行書目(一)

書名	作者	類別
中國學術思想史論叢(一)(二)(三)(四)(五)(六)(七)(八)	錢穆	國學
兩漢經學今古文平議	錢穆	國學
湖上閒思錄	錢穆	哲學
中西兩百位哲學家	鄔昆如 黎建球	哲學
比較哲學與文化(一)	吳森	哲學
比較哲學與文化(二)	吳森	哲學
文化哲學講錄(一)	鄔昆如	哲學
哲學淺論	張康譯	哲學
哲學十大問題	鄔昆如	哲學
老子的哲學	王邦雄	中國哲學
孔學漫談	余家菊	中國哲學
中庸誠的哲學	吳怡	中國哲學
哲學演講錄	吳怡	中國哲學
墨家的哲學方法	鐘友聯	中國哲學
韓非子哲學	王邦雄	中國哲學
墨家哲學	蔡仁厚	中國哲學
希臘哲學趣談	鄔昆如	西洋哲學
中世哲學趣談	鄔昆如	西洋哲學
近代哲學趣談	鄔昆如	西洋哲學
現代哲學趣談	鄔昆如	西洋哲學
佛學研究	周中一	佛學
佛學論著	周中一	佛學
禪話	周中一	佛學
天人之際	李杏邨	佛學
公案禪語	吳怡	佛學
不疑不懼	王洪鈞	教育
文化與教育	錢穆	教育
教育叢談	上官業佑	教育